Das Gewissen im Recht – oder:
Wo kann das Gewissen noch Recht haben?

Frankfurter kriminalwissenschaftliche Studien

Bd./Vol. 166

Zu Qualitätssicherung und Peer Review der vorliegenden Publikation

Die Qualität der in dieser Reihe erscheinenden Arbeiten wird vor der Publikation durch Herausgeber der Reihe geprüft.

Notes on the quality assurance and peer review of this publication

Prior to publication, the quality of the work published in this series is reviewed by editors of the series.

Lisa Mareike Ostendorf

Das Gewissen im Recht – oder: Wo kann das Gewissen noch Recht haben?

Eine Untersuchung zur Krise des modernen Gewissens und ihrer Bewältigung

PETER LANG

Bibliografische Information der Deutschen Nationalbibliothek
Die Deutsche Nationalbibliothek verzeichnet diese Publikation in der Deutschen Nationalbibliografie; detaillierte bibliografische Daten sind im Internet über http://dnb.d-nb.de abrufbar.

Zugl.: Frankfurt (Main), Univ., Diss., 2020

Gedruckt auf alterungsbeständigem, säurefreiem Papier.
Druck und Bindung: CPI books GmbH, Leck

D 30
ISSN 0170-6918
ISBN 978-3-631-82458-0 (Print)
E-ISBN 978-3-631-82621-8 (E-Book)
E-ISBN 978-3-631-82622-5 (EPUB)
E-ISBN 978-3-631-82623-2 (MOBI)
DOI 10.3726/b17132

Peter Lang – Berlin · Bern · Bruxelles · New York · Oxford · Warszawa · Wien

Diese Publikation wurde begutachtet.

www.peterlang.com

Inhaltsverzeichnis

Abkürzungsverzeichnis 13

1.) Einleitung und Problemaufriss 17

a.) Zum Bedeutungsschwund und zur Krise des modernen Gewissens 17

b.) Gang der Untersuchung und Aufbau der Arbeit 23

2.) Welche Bedeutung hat das Gewissen im Recht? 27

a.) Zum Verhältnis von Gewissen und Recht 27

aa.) Zwischen Autonomie und Heteronomie der Rechtsordnung 27

(1) Ist ein „echtes Sollen“ für das Recht überhaupt erforderlich? Zu Moralität und Legalität nach Kant 27

(2) Eine Pflicht als „echtes Sollen“ 28

(3) Der positivistische Lösungsansatz 30

(4) Anerkennung und Konsens als Elemente der Rechtsgeltung 31

(5) Wann ist eine Rechtsordnung konsensfähig? 32

bb.) Recht als Summe von Gewissensentscheidungen 35

cc.) Der Richter und sein Gewissen 36

(1) Der Eid auf das Gewissen 37

(2) Der strafrechtliche Schuldspruch als stellvertretendes Gewissensurteil? 38

dd.) Art. 38 GG – das Gewissen des Abgeordneten im Bundestag 41

(1) Ist das Gewissen der richtige Bezugspunkt für die politischen Entscheidungen des Bundestagsabgeordneten? 42

(2) Die Problemlösungsmethode nach dem allgemeinen Vernunftschema 44

(3) Die Aufgabe des Gewissens 45

ee.) Zum Begriff der „gehörigen Anspannung des Gewissens“ beim Verbotsirrtum 49

(1) Das Gewissen des Täters als untrügliches und den Maßstäben der jeweiligen Rechtsgemeinschaft entsprechendes Wertbewusstsein? 49
(2) Wenn ein Rekurrieren auf das Gewissen versagen muss 50
b.) Die Freiheit des Gewissens im Recht 53
aa.) Die These von der Freiheit des Gewissens als „Urgrundrecht" 54
(1) Historische Perspektive 54
(2) Verständnis in einem substanziellen Sinn 57
bb.) Die Gewissensfreiheit als Grundlage des modernen Freiheitsdenkens 59
(1) Anerkennung der Autonomie der Persönlichkeit 61
(2) Neutralität als „Beginn des modernen Staates" 63
cc.) Das Grundrecht der Gewissensfreiheit als Schutz des „Persönlichkeitskerns" jedes Menschen, nicht aber einer „absoluten Wahrheit" 66
dd.) Die Kriegsdienstverweigerung aus Gewissensgründen 70
(1) Situation in Deutschland 70
(2) Kriegsdienstverweigerung und ziviler Ungehorsam 73
(3) Internationale Regelungen und Ausblick auf andere Rechtskreise – „Conscientious Objections" in den USA 74

3.) Theologische und philosophische Betrachtungen zum Begriff des Gewissens 77
a.) Objektivistische Auffassungen 78
aa.) Ursprüngliche Bedeutung des Gewissens und theologische Grundlagen: Das Gewissen als „Erkenntnisorgan des Guten" 78
bb.) Hegels Konzeption des Gewissens 82
(1) Das formelle und das wahrhafte Gewissen 83
(2) Der Staat als Träger des Gewissens – eine verhängnisvolle etatistische Identifikation? 86
cc.) Objektivistische Rekonstruktionen des Gewissens in der Rechtsphilosophie der 1960er Jahre 90

(1) Schutzwürdigkeit nur desjenigen Gewissens, in welchem sich das „Wissen um das objektiv Richtige" zeigt? 91
(2) Zur Unvereinbarkeit derartiger Positionen mit dem modernen Staats- und Gewissensverständnis 93
b.) Subjektivistische Ansätze 95
aa.) Kant und Fichte – zur Subjektseite des Gewissens 97
(1) Kant 97
(2) Fichte 100
(3) Diskussion – insbesondere zur These von der Irrtumsfreiheit des Gewissens 103
bb.) Das moderne subjektivistische Gewissensverständnis in der Rechtswissenschaft 110
(1) Die subjektive Ausrichtung des Gewissens als Ergebnis eines freiheitsgeschichtlichen Emanzipationsprozesses 111
(2) Zu Luhmanns funktionalistischem Gewissensverständnis 112
(a) Das Gewissen als Systemstabilisator der eigenen Persönlichkeit 113
(b) Diskussion und kritische Würdigung 115

4.) Die rechtsgeschichtliche Entwicklung des säkularen Grundrechts auf Gewissensfreiheit in Deutschland 123

5.) Gewissensentscheidungen auf unsicherer Grundlage 129
a.) Zur Justiziabilität von Gewissensentscheidungen: Lässt sich der Ruf des Gewissens vor Gericht stellen? 129
b.) Ernsthaftigkeit statt „Richtigkeit" als Kriterium für eine echte Gewissensentscheidung 132
aa.) Die Bereitschaft zur Konsequenz 134
bb.) Konsequenz des Gewissens und lästige Alternativen im Fall der Kriegsdienstverweigerung 135
cc.) Inkaufnahme von Nachteilen in anderen Fällen 138

c.) Das Urteil des 2. Wehrdienstsenats des Bundesverwaltungsgerichts vom 21. Juni 2005 und seine Rezeption ... 140
aa.) Zum Urteil ... 140
(1) Sachverhalt ... 140
(2) Entscheidung und Begründung des Gerichts ... 142
bb.) Urteilsanalyse und Diskussion: „Primat“ oder „Verschleiß“ des Gewissens – wie weit darf eine Gewissensentscheidung reichen? ... 145
d.) Gewissensentscheidungen auf unsicherer Tatsachengrundlage in der ausdifferenzierten und verkomplizierten modernen Welt ... 148

6.) Zum Bedeutungsschwund des Gewissens in der aktuellen Debatte – was rechtfertigt die Rede vom Gewissen noch? Eine Abgrenzung von den „moderneren“ Begriffen der Vernunft und der Verantwortung ... 153
a.) Gewissen und Vernunft ... 154
b.) Gewissen und Verantwortung ... 155
c.) Bedeutungsschwund oder Bedeutungszuwachs des Gewissens? ... 157

7.) Die Krise des modernen Gewissens – von der Wertoffenheit zur Perversion? ... 159
a.) Zum „Gewissenskollaps“ während des Nationalsozialismus ... 163
aa.) Das moralische Selbstverständnis im Nationalsozialismus ... 164
(1) Massenmord aus Moral? ... 165
(2) Eine „Ethik der Anständigkeit“ ... 166
(3) Eugenik und „Rassengewissen“ ... 168
(4) Die Richter des Nationalsozialismus: Blinde Diener des positiven Rechts oder indoktrinierte „Überzeugungstäter“? ... 169
bb.) Hannah Arendt, die Banalität des Bösen und die Eichmann-Kontroverse ... 170
(1) Arendts Leistung für die Holocaust-Forschung ... 173
(2) Das Böse als „partikular rational“ ... 175

(3) Das Milgram-Experiment, das Stanforder Gefängnisexperiment und die Performancekunst „Rythm 0“ ... 177
(4) Die Ambivalenz des Gewissens ... 179
b.) Die Krise des modernen Gewissens als Krise der modernen Welt 181
aa.) Eine Krise aus Verlust von Tradition und christlicher Sittlichkeit? ... 182
bb.) Eine generelle Krise des menschlichen Geistes gegenüber dem Guten? ... 183
cc.) Der Weg zu einem größeren Bewusstsein von der „Gefährlichkeit“ des Gewissens ... 184
c.) Zur Gewissenskrise aus psychologischer Sicht – das Gewissen als „repressives Organ“ ... 187
aa.) Das Gewissen in Friedrich Nietzsches „Zur Genealogie der Moral“ ... 188
bb.) Das Über-Ich bei Sigmund Freud ... 190
cc.) Zum „autoritären Charakter“ nach Erich Fromm ... 192
dd.) Das zermarternde Gewissen in der Psychopathologie ... 194
ee.) Kontrastierende Gewissensfunktionen in Verfassungsrecht und Psychopathologie ... 197

8.) Ein Weg aus der Krise ... 199
a.) Gewissen und Willensfreiheit ... 200
b.) Strawsons agnostischer Kompatibilismus – zu „Freiheit und Übelnehmen“ ... 204
c.) Vergleichbare Ansätze für das Recht ... 207
aa.) Ist die Frage nach der Willensfreiheit überhaupt die richtige für das Strafrecht? ... 209
bb.) Das Prinzip der Verantwortlichkeit als unumstößliche Realität unserer menschlichen Existenz ... 210
d.) Bedenken gegenüber Strawsons Ansatz ... 212
aa.) Kritik an Strawsons Betrachtungsweise vom rein internen Standpunkt ... 213

bb.) Stimmen Strawsons Annahmen hinsichtlich des Verantwortlichkeitspessimismus und menschlichen reaktiven Verhaltensweisen? ... 214
e.) Übertragung auf das Gewissen – das Gewissen aus einer Teilnehmerperspektive ... 216

9.) Zum Umgang mit der Gewissensfreiheit und dem Gewissen im Recht ... 221
a.) Wie weit darf die Toleranz eines „abweichenden Gewissens" reichen? ... 221
aa.) Zur Schrankproblematik in Bezug auf die Gewissensfreiheit nach Art. 4 Abs. 1 GG ... 222
(1) Grundsätzliches zu den absoluten Grenzen der Gewissensfreiheit ... 222
(2) Luhmanns Ansatz zur Lösung eines Konflikts zwischen Gesetz und Gewissen ... 223
(3) Abwägung und Herstellung von praktischer Konkordanz 226
bb.) Einschränkbarkeit des Rechts auf Kriegsdienstverweigerung ... 228
cc.) Zum „Gewissensirrtum" des Straftäters ... 229
(1) Die Debatte um die strafrechtliche Einordnung des „Gewissensirrtums" – der Weg zur „schuldtheoretischen Lösung" des § 17 StGB ... 229
(2) Eine Sonderbehandlung für Gewissenstäter? ... 232
(a) Unterscheidung zwischen Gewissens- und Überzeugungstäter ... 232
(b) Straflosigkeit in besonderen Fällen ... 233
b.) Wenn Gewissen und Recht im Widerspruch stehen ... 235
aa.) Zur Bedeutung des Konflikts zwischen Gewissen und Recht ... 235
bb.) Aktuelle Gewissenskonflikte und Dilemmata ... 236
(1) Besondere Notstandssituationen ... 237
(a) Der „Flugzeugabschuss" ... 238
(aa) Das Urteil des Bundesverfassungsgerichts ... 239
(bb) Stellungnahmen in der Literatur ... 241

(cc) Zur Strafbarkeit im konkreten Fall – auch eine Frage des Gewissens? ... 244
(b) Die „Rettungsfolter“ ... 247
(aa) Folterverbot und Menschenwürde ... 248
(bb) Strafe für den Folternden? Die Gewissensentscheidung in Dilemma-Situationen ... 251
(c) Ausblick auf rechtskulturell bedingte Unterschiede in Bezug auf besondere Notstandssituationen – der „Flugzeugabschuss“ und die „Rettungsfolter“ in den USA ... 253
(2) Fazit zum Konflikt von Gewissen und Recht ... 255

10.) Schlussbetrachtung ... 259

Literaturverzeichnis ... 261

Abkürzungsverzeichnis

a. A.	andere Ansicht
a. F.	alte Fassung
a. M.	am Main
Abs.	Absatz
allg.	allgemein(e)
AöR	Archiv des öffentlichen Rechts
Apg	Apostelgeschichte
APuZ	Aus Politik und Zeitgeschichte
ARSP	Archiv für Rechts- und Sozialphilosophie
Art.	Artikel
AWACS	Airborne Warning and Control System
BAGE	Entscheidungen des Bundesarbeitsgerichts
BBC	British Broadcasting Corporation
Bd.	Band
Begr.	Begründer
BFHE	Entscheidungen des Bundesfinanzhofs
BGBl.	Bundesgesetzblatt
BGH	Bundesgerichtshof
BGHSt	Entscheidungen des Bundesgerichtshofs in Strafsachen
BT-Drs.	Bundestagsdrucksache
Bull. Nara Univ. Educ.	Bulletin of Nara University of Education
BVerfGE	Entscheidungen des Bundesverfassungsgerichts
BVerwG	Bundesverwaltungsgericht
BVerwGE	Entscheidungen des Bundesverwaltungsgerichts
CFR	Code of Federal Regulations
d. h.	das heißt
ders.	derselbe
Dez.	Dezember
dies.	dieselbe
DDR	Deutsche Demokratische Republik
DoDI	Department of Defense Instruction
DVBl	Deutsches Verwaltungsblatt
DZPhil	Deutsche Zeitschrift für Philosophie

E 1922	Entwurf eines Allgemeinen Deutschen Strafgesetzbuches von 1922
EL	Ergänzungslieferung
Erg.-Bd.	Ergänzungsband
EU	Europäische Union
EWE	Erwägen Wissen Ethik
FAZ	Frankfurter Allgemeine Zeitung
FDP	Freie Demokratische Partei
FG	Festgabe
Fla. J. Int'l L.	Florida Journal of International Law
Fn.	Fußnote
f.	folgende
ff.	fortfolgende
fortgef.	fortgeführt
FR	Frankfurter Rundschau
FS	Festschrift
GA	Goltdammer's Archiv für Strafrecht
GG	Grundgesetz
GS	Gaudium et spes
Halbbd.	Halbband
Hg.	Herausgeber
hg.	herausgegeben
HRRS	Höchstrichterliche Rechtsprechung zum Strafrecht
i. Br.	im Breisgau
ICD-10-GM	International Statistical Classification of Diseases and Related Health Problems, 10. Revision, German Modification
ILO	International Labour Organization
Inc.	Incorporated
insb.	insbesondere
IT	Informationstechnik
JURA	Juristische Ausbildung
JuS	Juristische Schulung
JZ	JuristenZeitung
Kap.	Kapitel
KJ	Kritische Justiz: Vierteljahresschrift für Recht und Politik
Lfg.	Lieferung
LuftSiG	Luftsicherheitsgesetz

m. W. N.	mit weiteren Nachweisen
MschrKrim	Monatsschrift für Kriminologie und Strafrechtsreform
NATO	North Atlantic Treaty Organization
NJW	Neue Juristische Wochenschrift
Nr.	Nummer
NS	Nationalsozialismus
NSDAP	Nationalsozialistische Deutsche Arbeiterpartei
NStZ	Neue Zeitschrift für Strafrecht
NVA	Nationale Volksarmee
NVwZ	Neue Zeitschrift für Verwaltungsrecht
O. V.	Ohne Verfasser
OLG	Oberlandesgericht
PKK	Partiya Karkerên Kurdistan (Arbeiterpartei Kurdistans)
Röm	Römer
RGSt	Entscheidungen des Reichsgerichts in Strafsachen
Rn.	Randnummer
S.	Seite
SASPF	Standard-Anwendungs-Software-Produkt-Familien
Sec.	Section
SED	Sozialistische Einheitspartei Deutschlands
SG	Soldatengesetz
SJZ	Schweizerische Juristen-Zeitung
SK-StGB	Systematischer Kommentar zum Strafgesetzbuch
SS	Schutzstaffel
StGB	Strafgesetzbuch
StPO	Strafprozessordnung
TAZ	Die Tageszeitung
Teilbd.	Teilband
u. a.	unter anderem/und andere
U.S.	United States Reports
UK	United Kingdom
UN	United Nations
US	United States
USA	United States of America
USAGov	Official Guide to Government Information and Services
USC	United States Code
v.	von/versus

vgl.	vergleiche
VVDStRL	Veröffentlichungen der Vereinigung der Deutschen Staatsrechtslehrer
WD	Wehrdienstsenat
WDO	Wehrdisziplinarordnung
WStG	Wehrstrafgesetz
z. B.	zum Beispiel
ZIS	Zeitschrift für internationale Strafrechtsdogmatik
ZRP	Zeitschrift für Rechtspolitik
ZSR	Zeitschrift für Schweizerisches Recht
ZStW	Zeitschrift für die gesamte Strafrechtswissenschaft
2. StrRG	Zweites Gesetz zur Reform des Strafrechts

1.) Einleitung und Problemaufriss

a.) Zum Bedeutungsschwund und zur Krise des modernen Gewissens

Im Laufe der Geschichte wurde das Gewissen sehr oft Gegenstand philosophischen Denkens. Es tritt in Systemen der Ethik in der Regel als „moralische Instanz“ auf. Der Begriff des Gewissens zählt jedoch zu den umstrittensten und uneinheitlichsten, er divergiert wie kaum ein anderer in seinen Bewertungen und Auslegungen. Das Wort „Gewissen“ ist durch die Tradition der theologischen und philosophischen Ethik bis in die aktuelle Diskussion hinein einer der kontroversesten Termini geblieben. Das Phänomen „Gewissen“ lässt die Möglichkeit einer solchen Vieldeutigkeit offen. Es trägt etwas Rätselhaftes und Verborgenes in sich und kann daher auf vielfache Weise verstanden oder auch missverstanden werden.[1]

Doch nicht nur im Bereich der theoriebasierten Gewissensdeutung, auch im alltäglichen Sprachgebrauch herrscht mehr Verwirrung als Klarheit. Die Redewendung „Das muss jeder mit seinem Gewissen ausmachen“ bringt nur auf den ersten Blick die sittliche Wahrheit zum Vorschein und verweist nur scheinbar auf das „punctum inconcussum“. Oftmals entspringt sie vielmehr der resignativen Einsicht in die Aussichtslosigkeit weiterer vernünftiger Überlegungen, womit nicht davon ausgegangen werden kann, dass sie von einem echten Vertrauen in die Urteilskraft des Einzelnen gestützt wird.[2] Eine Aussage wie „Jeder muss das mit seinem Gewissen ausmachen“ oder „Ich habe nach bestem Wissen und Gewissen entschieden“ dient nach Dina Emundts dazu, die Diskussion abzubrechen. Diese Redeweise bedeute, dass man nicht weiter diskutieren möchte. Es handele sich um einen Diskussionsabbruch aus Unwillen.[3]

So vermeidet Richard Rothe in seiner Ethik die Verwendung des Begriffs „Gewissen“ generell. Der Sprachgebrauch sei in Bezug auf das Gewissen vage und chaotisch. Die populäre Vorstellung fasse im Begriff des Gewissens die gesamte moralische Natur des Menschen samt all ihrer Erscheinungsweisen

1 Vgl.: Stelzenberger, Gewissen, in: Fries (Hg.), Handbuch theologischer Grundbegriffe, Bd. 2, S. 150; Kümmel, Zum Problem des Gewissens, in: Blühdorn (Hg.), Das Gewissen in der Diskussion, S. 441; Schockenhoff, Wie gewiss ist das Gewissen?, S. 13.

2 Schockenhoff, Wie gewiss ist das Gewissen?, S. 13.

3 Emundts, DZPhil 64 (2016), 495, 519.

zusammen.[4] „Gewissen“ sei ein Wort der Alltagswelt, gleichsam ein „Allerweltswort“.[5] Emundts äußert, dass man angesichts der scheinbaren Uneinheitlichkeit des Gewissensbegriffs dafür plädieren könnte, diesen aufzugeben.[6]

Auch in der Stanford Encyclopedia of Philosophy findet sich die Aussage, dass in Debatten, welche besonders durch ein Rekurrieren auf das Gewissen geprägt sind, oftmals gar nicht klar ist, was mit dem Gewissen überhaupt gemeint wird. Daher bleibe es häufig im Dunkeln, was genau jemand unter Gewissen versteht, der beispielsweise Abtreibung aus Gewissensgründen ablehnt. In welchem Sinne steht Abtreibung dem Gewissen eines katholischen Arztes entgegen? Ist das Gewissen der Vernunft und der öffentlichen Debatte zugänglich oder basieren Gewissenserscheinungen nur auf Intuition und persönlicher Moral? Wie unterscheidet sich das Gewissen von moralischen Präferenzen?[7]

Zugleich ist in der aktuellen philosophischen Debatte – nach seiner Konjunktur in den 50er und 60er Jahren als eine Folge der Auseinandersetzung mit dem Nationalsozialismus – immer weniger die Rede vom Gewissen. Das Wort „Gewissen“ findet sich kaum noch in den Sozial- und Humanwissenschaften. Es wird nicht selten als für die Wissenschaftssprache ungeeignet angesehen, da es sich sperrig gegenüber definitorischen Feststellungen zeigt und anfällig für weltanschauliche Konnotationen ist.[8] Die Begriffe der Pflicht, der Verantwortung und der Vernunft scheinen das Gewissen abgelöst zu haben. Es wird eher vom moralischen Bewusstsein gesprochen.[9] Piaget beschreibt das „moralische Urteil“[10] sowie seine Entwicklung und Kohlberg befasst sich mit kognitiven „moralischen Dilemmata“[11], wobei sich in deren Bewältigung die Entscheidungskompetenz der eigenen Persönlichkeit zeigt.[12] Selbst im Bereich der Ethik und der philosophischen Anthropologie befindet sich das Wort „Gewissen“ auf

---

4 Rothe, Theologische Ethik, Bd. 2, hg. v. Albert, S. 20 ff.; vgl. hierzu auch: Honecker, Testimonium conscientiae, in: Höver/Honnefelder (Hg.), Der Streit um das Gewissen, S. 83.

5 Honecker, Testimonium conscientiae, in: Höver/Honnefelder (Hg.), Der Streit um das Gewissen, S. 83.

6 Emundts, DZPhil 64 (2016), 495, 502.

7 Giubilini, Conscience, in: Zalta (Hg.), The Stanford Encyclopedia of Philosophy, unter: https://plato.stanford.edu/entries/conscience/, zuletzt abgerufen am 25. September 2017.

8 Schockenhoff, Wie gewiss ist das Gewissen?, S. 14.

9 Schockenhoff, Wie gewiss ist das Gewissen?, S. 14.

10 Piaget, Das moralische Urteil beim Kinde.

11 Kohlberg, Die Psychologie der Moralentwicklung, hg. v. Althof.

12 Vgl. hierzu auch: Schockenhoff, Wie gewiss ist das Gewissen?, S. 14.

dem Rückzug, obwohl die Überlegungen zum Gewissen hier seit jeher zu Hause waren.[13] So stellt Hübsch den systematischen Bedeutungsschwund einer Grundkategorie der praktischen Philosophie fest, ohne welche die spätere Entwicklung von Begriffen wie Person, Recht und Moral nicht denkbar gewesen wäre. Das Prestige des Terminus Gewissen sei im Schwinden begriffen. Das Gewissen erstarre allmählich nur noch zu einer historischen Größe, das Verhältnis zu ihm werde immer distanzierter.[14] Die verantwortliche Gewissensentscheidung wird durch eine Güterabwägung oder die praktische Vernunft ersetzt.[15]

Auch bei der Verfassungsauslegung wird beklagt, dass das in Art. 4 GG verankerte Grundrecht der Gewissensfreiheit schnell zur Leerformel wird, welche es nur „ob ihres ehrwürdigen Alters im Verfassungstext mitzuschleppen“ gilt.[16] Dem Grundrecht wohne stets ein „Hauch des Unverbindlichen und des Pathetischen“ inne.[17]

Das Wort „Gewissen“ ist kein allgemeiner Rechtsbegriff. Die Wortbedeutung wird aus der Begriffswelt der abendländischen Philosophie und der christlichen Moral geschöpft. Die Philosophie und die Theologie haben über mehrere Jahrtausende hinweg keinen Konsens über die Kontur und Bedeutung des Begriffs Gewissen erzielen können. Doch Resignation und die Erklärung des Gewissens zum „definiens indefinibilis“ sind dem Verfassungsinterpreten versagt. Eine Norm kann schließlich nur dann praktische Geltung erlangen, wenn sie handhabbar ist, ihre Begriffe also definiert werden können.[18] Doch auch dem Bundesverfassungsgericht fällt es nicht leicht, das Gewissen im Sinne des Grundgesetzes auf einen Begriff zu bringen. Es umschreibt das Gewissen als ein wie immer begründbares, jedenfalls aber tatsächlich erfahrbares seelisches Phänomen, „dessen Forderungen, Mahnungen und Warnungen für den Menschen unmittelbar evidente Gebote des unbedingten Sollens“ sind.[19] Als Gewissensentscheidung ist dabei „jede ernstliche sittliche, d. h. an den Kategorien von ‚Gut‘ und ‚Böse‘ orientierte Entscheidung anzusehen, die der Einzelne in einer bestimmten

13 Schockenhoff, Wie gewiss ist das Gewissen?, S. 14.

14 Hübsch, Philosophie und Gewissen, S. 14; vgl. hierzu auch: Schockenhoff, Wie gewiss ist das Gewissen?, S. 14.

15 Schockenhoff, Wie gewiss ist das Gewissen?, S. 14.

16 Freihalter, Gewissensfreiheit, S. 17.

17 Freihalter, Gewissensfreiheit, S. 17.

18 Isensee, Gewissen im Recht, in: Höver/Honnefelder (Hg.), Der Streit um das Gewissen, S. 41, S. 46.

19 BVerfGE 12, 45 (54); vgl. hierzu: Isensee, Gewissen im Recht, in: Höver/Honnefelder (Hg.), Der Streit um das Gewissen, S. 41, S. 51.

Lage als für sich bindend und unbedingt verpflichtend innerlich erfährt, so daß er gegen sie nicht ohne ernste Gewissensnot handeln könnte".[20] Anhand dieser Definition wird die Aporie deutlich, welche bei der Auslegung des Begriffs Gewissen unumgänglich ist, indem „Gewissensentscheidung" tautologisch mit „Gewissensnot" definiert wird.[21]

Auch in wichtigen verfassungsrechtlichen und strafrechtlichen Gebieten wird immer weniger auf das Gewissen rekurriert. Im Bereich der Sterbehilfe beispielsweise wird das Gewissen in neueren Entscheidungen kaum noch ausführlich thematisiert, obwohl man dies vielleicht vermuten würde.[22] Es handelt sich um eine rechtlich ausdifferenzierte Dogmatik, welche weitestgehend ohne Rückgriff auf das Gewissen oder das Grundrecht der Gewissensfreiheit auskommt.

Die sprachliche Mehrdeutigkeit des Gewissensbegriffs stellt die Rechtsordnung in demokratischen Gesellschaften vor ein echtes Dilemma. Zwar lässt sich die Bedeutung des Terminus einerseits durch Aussagen der philosophischen Anthropologie oder humanwissenschaftliche Erkenntnisse nicht eindeutig und zweifelsfrei festlegen. Andererseits wird das Gewissen als soziale Wirklichkeit Quelle verschiedenartiger Rechtskonflikte, sodass das Recht diese schon deswegen nicht übergehen darf.[23]

Im Verlust einer einheitlichen Terminologie kann der Verlust der Einheit der Sache selbst liegen, gleichsam als Reflex oder Zeichen einer „heutigen Gewissenskrise".[24] Folgt hieraus etwa „die Situation der Modernität, des sich selbst aufhebenden Gewissens"[25], oder handelt es sich nur um eine „mangelnde Unterweisung der Gewissen"[26], sodass nicht von einem generellen Gewissensverlust gesprochen werden kann? Kann von dem sprachlichen Indiz, dass das Gewissen aus der zeitgenössischen Sprache fast verschwunden ist, auf einen generellen Abfall oder die schleichende Verflüchtigung des Gewissens in der vom „Wertezerfall" geprägten säkularisierten Gesellschaft geschlossen werden?[27]

---

20 BVerfGE 12, 45 (55).

21 Isensee, Gewissen im Recht, in: Höver/Honnefelder (Hg.), Der Streit um das Gewissen, S. 41, S. 51.

22 Vgl. z. B.: BGHSt 55, 191; BGH, NJW 2014, 3572.

23 Schockenhoff, Wie gewiss ist das Gewissen?, S. 15.

24 Vgl.: Blühdorn, Einleitung, in: Ders. (Hg.), Das Gewissen in der Diskussion, S. 1, S. 5.

25 Kuhn, Begegnung mit dem Sein, in: Blühdorn (Hg.), Das Gewissen in der Diskussion, S. 162, S. 183.

26 Ebeling, Theologische Erwägungen über das Gewissen, in: Blühdorn (Hg.), Das Gewissen in der Diskussion, S. 142, S. 158.

27 Dies verneinend: Schockenhoff, Wie gewiss ist das Gewissen?, S. 16.

Der Bedeutungsverlust des Gewissens wird tatsächlich häufig auf den Verlust absolut gültiger Werte in der pluralistischen und säkularisierten Welt zurückgeführt, welche eine Auflösung des objektiv-ethischen Bezugspunktes des Gewissens mit sich bringt. Gewissenskrisen seien damit immer auch normative Sinnkrisen.[28] So fragt Thiele-Dohrmann: „Moses hatte die Zehn Gebote, Sokrates sein ‚Daimonion', Kant den kategorischen Imperativ – aber was haben wir?"[29] Auch Hannah Arendt beobachtet eine „Krise der modernen Welt", die daraus resultiert, dass es unabänderlich feststehende Maßstäbe des Guten nicht mehr gibt.[30] Das „nationalsozialistische Gewissen", welchem sie sich in ihrem Werk „Eichmann in Jerusalem"[31] widmet, sei die entsetzliche Kulmination einer grundsätzlichen Krise des Gewissens und des persönlichen Urteilsvermögens in der abendländischen Welt, welche der nationalsozialistischen Normperversion weit vorausgeeilt sei.[32] Um es mit den Wortes Hegels auszudrücken: „Das Gewissen ist als formelle Subjektivität" immer „auf dem Sprunge [...], ins Böse umzuschlagen".[33] Wie Blaise Pascal bereits feststellte: Niemals tut man so vollständig und ruhig das Böse, als wenn man es aus Gewissens- oder aus religiösen Gründen tut.[34] Tatsächlich bescheinigte Erhard Eppler dem „furchtbaren Juristen"[35] Hans Filbinger in den 1970er Jahren ein „geradezu pathologisch gutes Gewissen".[36] Wenn Eichmann sowie die anderen Täter des Nationalsozialismus ein Gewissen hatten, ist die moralische Welt zusammengebrochen in einem mit Arendts Worten „verheerenden Versagen dessen, was wir gemeinhin Gewissen nennen".[37] Das Böse hat moralische Züge bekommen, das Gewissen ist zu etwas geworden, vor dem man Angst haben muss.[38]

---

28 Dauner, Das Gewissen, S. 53, Fn. 170.

29 Thiele-Dohrmann, Abschied vom Gewissen, S. 10.

30 Arendt, Was ist Politik?, hg. v. Ludz, S. 23; vgl. hierzu auch: Dauner, Das Gewissen, S. 86.

31 Arendt, Eichmann in Jerusalem.

32 Arendt, Die Nachwirkungen des Naziregimes, in: Ludz (Hg.), In der Gegenwart, S. 38 ff.; vgl. hierzu auch: Dauner, Das Gewissen, S. 85 f.

33 Hegel, Grundlinien der Philosophie des Rechts, hg. v. Lasson, § 139.

34 Pascal, Pensees, 895, S. 190.

35 Vgl.: Müller, Justiz ohne Gewissen, S. 1.

36 Eppler, zitiert nach: Schwab-Trapp, Konflikt, Kultur und Interpretation, S. 137, Fn. 27; vgl. hierzu auch: Müller, Justiz ohne Gewissen, S. 1.

37 Arendt, Über den Zusammenhang von Denken und Moral, in: Ludz (Hg.), Zwischen Vergangenheit und Zukunft, S. 128, S. 129; vgl. hierzu auch: Dauner, Das Gewissen, S. 35.

38 Dauner, Das Gewissen, S. 36; vgl. auch: Fritze, Täter mit gutem Gewissen, S. 378.

Das in Art. 4 Abs. 1 GG garantierte Grundrecht der Gewissensfreiheit setzt jedoch auf der anderen Seite eine Wertoffenheit des Gewissensbegriffs gerade voraus. Die säkulare Gewissensfreiheit symbolisiert die Verabschiedung von einer objektivistischen Gewissensqualifikation.[39] Das Grundrecht der Gewissensfreiheit schützt nicht die ewige Wahrheit, sondern die Subjektivität des Menschen, den Kern seiner Persönlichkeit.[40] Wie Luhmann schreibt: „Jeder hat ein Recht auf *sein* Gewissen. Man kann den Gewissensinhalt dann nicht mehr auf überpositives Recht beziehen und daran binden."[41] Der demokratische Rechtsstaat gründet nicht auf einer ganzheitlichen, letzten Wahrheit, sondern auf den praktischen Bedürfnissen des menschlichen Zusammenlebens. Nicht das Gewissen ist damit Baustein des Rechtsstaates, sondern die Gewissensfreiheit.[42] Der hieraus resultierende Bewertungsmangel ist ein vom Grundgesetzgeber gewolltes, gleichsam programmatisches Defizit.[43]

Zugleich stellt sich aber die Frage, woran das Gewissen überhaupt noch rückgebunden werden kann, wenn das Recht auf es rekurriert und das Gewissen beispielsweise auch in besonderen Notstandssituationen – wie bei der Problematik um die Zulässigkeit der Rettungsfolter oder des Abschusses eines von Terroristen entführten Flugzeuges – relevant wird. Wie unterscheidet sich das Gewissen von einer bloßen Subjektivität, die sich jeder Bewertbarkeit entzieht? Eine achtzehnjährige Schülerin bringt diese Problematik um das Gewissen in einem Aufsatz zum Thema „Was erschwert in unserer Zeit eine Lebensgestaltung nach dem Gewissen?" deutlich zum Ausdruck: „Es ist heute schwierig zu sagen, was eindeutig richtig und falsch ist. Die Palette der Möglichkeiten hat sich vergrößert. Man sagt: 1000 Gesichter, 1000 Meinungen. [...] Was einen aber so unsicher macht, ist, dass diese 1000 Leute ihre Meinung auch rechtfertigen können. Man kann heute so viele verschiedene Stellungnahmen und Erklärungen über ein Thema hören und alles erscheint uns logisch. Der Mensch fühlt sich wie auf einem schwankenden Schiff, das sich nach allen Seiten dreht und jedes Mal umzukippen droht."[44]

---

39 So auch: Dauner, Das Gewissen, S. 79.

40 Isensee, Gewissen im Recht, in: Höver/Honnefelder (Hg.), Der Streit um das Gewissen, S. 41, S. 43.

41 Luhmann, AöR 90 (1965), 257, 261 (Hervorhebung im Original).

42 Isensee, Gewissen im Recht, in: Höver/Honnefelder (Hg.), Der Streit um das Gewissen, S. 41, S. 42 f.

43 Dauner, Das Gewissen, S. 80.

44 Zitiert nach: Müller, Personal-soziale Entfaltung des Gewissens im Jugendalter, S. 164, Fn. 214.; vgl. hierzu auch: Schockenhoff, Wie gewiss ist das Gewissen?, S. 43.

Schon Voltaire sah im Gewissen etwas Unbeständiges: „Beim Gemetzel der Bartholomäusnacht, bei den Autodafés, den heiligen Glaubensakten der Inquisition[,] hat sich kein Mörder ein Gewissen daraus gemacht, Männer, Frauen und Kinder scheußlich zu Tode zu martern, die nichts anderes verbrochen hatten, als dass sie das Abendmahl anders feierten als ihre Inquisitoren. Daraus folgt, dass wir eben das Gewissen haben, das uns von der Zeit, vom Beispiel, von unserem Temperament und unserem Nachdenken angebildet worden ist. Der Mensch ist mit keinem Prinzip geboren, aber mit der Fähigkeit, jedes Prinzip anzunehmen. Sein Temperament mag ihn zur Grausamkeit oder zur Milde neigen; sein Verstand wird ihm eines Tags beibringen, dass 122 = 144 ist, daß man anderen nicht tun soll, was man nicht will, daß uns geschehe. Aber er wird auf diese Wahrheiten in seiner Kindheit nicht von selbst kommen; die erste wird er nicht verstehen und die zweite wird er nicht fühlen."[45]

Wenn in Art. 4 Abs. 1 GG die Gewissensfreiheit vorbehaltlos gewährleistet ist und nach Art. 4 Abs. 3 GG niemand gegen sein Gewissen zum Kriegsdienst an der Waffe gezwungen werden darf, wenn Art. 38 Abs. 1 Satz 2 GG die Abgeordneten des Deutschen Bundestags nur ihrem Gewissen unterwirft, hält der Verfassungsgesetzgeber das Gewissen aber offenbar für einen Sachverhalt, auf den er bauen kann. Doch ist dem tatsächlich so? Die entscheidende Frage lautet, ob das Gewissen ursprünglich, schöpferisch und unfehlbar ist, ob es also sein Wissen aus sich selbst heraus hat, oder ob es lediglich von außen aufgenommene Normen repräsentiert. Die Antwort auf diese Frage hat eine besondere Bedeutung für das Vertrauen in den einzelnen Gewissensanspruch.[46] Es ist daher den Chancen und Gefahren des Gewissens in einer durch einen nicht mehr rückgängig zu machenden Pluralismus geprägten Zeit nachzugehen.[47]

b.) Gang der Untersuchung und Aufbau der Arbeit

In der vorliegenden Dissertation wird herausgearbeitet, wie angesichts einer solchen Auflösung des Gewissensbegriffs überhaupt noch am Gewissen und seiner Funktion – auch für das Recht – festgehalten werden kann, welche Bedeutung dem Gewissen noch zukommt. Wo findet das Gewissen als Sachverhalt, auf den

---

45 De Voltaire, Kleine Philosophische Aufsätze, Kap. 46, hg. v. Welcker, in: Spiegel online, Projekt Gutenberg-DE vom 20. September 2008, unter: http://gutenberg.spiegel.de/buch/-2437/46, zuletzt abgerufen am 25. September 2017.

46 Kümmel, Zum Problem des Gewissens, in: Blühdorn (Hg.), Das Gewissen in der Diskussion, S. 441.

47 Vgl.: Schockenhoff, Wie gewiss ist das Gewissen?, S. 17.

das Recht an verschiedenen Stellen rekurriert, in einer säkularisierten und pluralistischen Welt noch einen festen Rückhalt und was unterscheidet das Gewissen von bloß subjektiver Willkür?

In der Arbeit soll zuerst dargelegt werden, wo das Gewissen im Recht Bedeutung erlangt. Zunächst wird das Verhältnis von Gewissen und Recht analysiert und die grundlegende Frage gestellt, wie Gewissen und Recht zusammenhängen. Dann wird die Freiheit des Gewissens im Recht als Grundlage des modernen Freiheitsdenkens und Symbol für Toleranz, Säkularisierung und Pluralismus dargestellt. Die Gewissensfreiheit schützt in diesem Sinne den Persönlichkeitskern des Menschen, nicht aber eine objektiv richtige Wahrheit, auf welcher die Gewissensentscheidung beruht. Es folgen theologische und philosophische Betrachtungen zum Begriff des Gewissens, wobei zwischen objektivierenden und subjektivierenden Gewissensauffassungen unterschieden und die Entwicklung hin zu einem subjektiven und individualistischen Gewissensbegriff, wie er dem Grundgesetz zugrunde liegt, nachgezeichnet wird. Es schließt sich eine Darstellung der rechtsgeschichtlichen Entwicklung des säkularen Grundrechts der Gewissensfreiheit, wie es heute verfassungsrechtlich verankert ist, an.

Daraufhin widmet sich die Arbeit der wichtigen Frage, inwiefern ihrer Natur nach rein innerliche Gewissensentscheidungen überhaupt justiziabel sein können, wobei schon aus Praktikabilitätsgründen eine Justiziabilität angenommen werden muss. Es wird, da im Sinne staatlicher Neutralität, Toleranz und Pluralismus keine Gewissensauffassung als falsch oder irrig gewertet werden darf, schließlich das Kriterium der Ernsthaftigkeit anstatt einer objektiven Richtigkeit der Gewissensentscheidung für eine Berücksichtigung derselben dargestellt.

Welche Probleme sich in Bezug auf Gewissensentscheidungen und deren Berücksichtigung durch Gerichte in einer modernen und ausdifferenzierten Welt stellen und wie weit eine Gewissensentscheidung reichen darf, soll am Beispiel des Urteils des 2. Wehrdienstsenats vom 21. Juni 2005 BVerwG 2 – WD 12.04 – betrachtet werden. In der Entscheidung geht es darum, dass ein ehemaliger Bundeswehrmajor sich weigert, an der Entwicklung einer Software mitzuwirken, welche möglicherweise im Irakkrieg eingesetzt werden könnte, da er diesen für völkerrechtswidrig hält. Gewissensentscheidungen sind nicht nur einer inhaltlichen Bewertung entzogen, das Gewissen muss aufgrund der vielfältigen Zusammenhänge und Produktionsketten in der modernen globalisierten Welt auch oftmals auf unsicherer Tatsachengrundlage entscheiden, sodass sich hier besondere Probleme ergeben.

Es folgt ein Kapitel zum Bedeutungsschwund des Gewissens in der aktuellen Debatte als ein Symptom der Krise des modernen, auf keiner festen Grundlage mehr fußenden und vieldeutigen Gewissens mit der Frage danach, was die Rede vom Gewissen noch rechtfertigt. Hier wird eine Abgrenzung von den „moderneren" Begriffen der Verantwortung, der Vernunft und der Pflicht vorgenommen und dargelegt, warum am Gewissen noch festgehalten werden soll. Sodann wird die Auflösung des Guten, der Moral und der Sittlichkeit sowie die Krise des modernen Gewissens als Krise der modernen Welt, welche nach Hannah Arendt im Nationalsozialismus ihren Höhepunkt fand, beschrieben.

Anschließend soll ein „Weg aus der Krise" konstruiert und beschritten werden. Hierfür wird ein Ansatz von Peter Strawson, welcher sich mit der Frage nach der Willensfreiheit des Menschen beschäftigt, auf das Gewissen übertragen. Strawson kommt zu dem Schluss, dass es im Ergebnis unerheblich ist, ob der Mensch einen freien Willen hat, da dieser darauf ausgelegt ist, in all seinen Handlungen implizit vorauszusetzen, dass es einen solchen freien Willen gibt. Ebenso verhält es sich mit dem Gewissen, welches aus einer Teilnehmerperspektive zu betrachten ist. Unabhängig davon, ob es für immer feststehende Wertmaßstäbe für das Gewissen gibt, existiert dieses als genuin menschliche Haltung, welche abzulegen in der menschlichen Gemeinschaft nicht möglich sein wird, sodass auch das Recht auf es Bezug nehmen kann.

Schlussendlich werden die Konsequenzen dessen für das Gewissen im Recht aufgezeigt und es wird auf aktuelle Gewissenskonflikte im Recht wie die Frage, ob ein von Terroristen entführtes Flugzeug abgeschossen werden sollte, oder ob Rettungsfolter in Ausnahmesituationen zulässig sein darf, eingegangen. Hier soll insbesondere herausgestellt werden, an welcher Stelle die Gewissensentscheidung des Einzelnen in solchen Fällen rechtlich relevant wird. Die Dissertation endet mit einer Schlussbetrachtung, welche die gefunden Ergebnisse noch einmal reflektiert.

2.) Welche Bedeutung hat das Gewissen im Recht?

a.) Zum Verhältnis von Gewissen und Recht

aa.) Zwischen Autonomie und Heteronomie der Rechtsordnung

Es ist nach Carl August Emge seit jeher die Grundfrage der Rechtsphilosophie, wie aus Imperativen, „erfahrungsgemäßen Sollensanmaßungen", und seien sie auch solche eines obersten Machthabers, verbindliche Normen und damit ein echtes Sollen, möglich wird.[48] Dieses Problem verstanden zu haben, bedeutet für Emge, die ganze Struktur der Rechtsphilosophie durchschaut zu haben.[49] Die entscheidende Frage ist damit, wie die Imperative des Gesetzgebers, welche faktisch *durchgesetzt* und damit *gemusst* werden, als *verpflichtende* Normen, die *gesollt* sind, aufgefasst werden können.[50] Diese Frage nach der Verbindlichkeit der Norm für den Einzelnen ist klar von der zwangsweisen Durchsetzbarkeit zu unterscheiden. Recht ist zwar mit Macht und Zwang unmittelbar verbunden, seine Normativität ist aber mehr als die sich bloß durchsetzende Macht. Recht und Gewissen kommen erst dann miteinander in Berührung, wenn es um ein solches normatives Sollen geht.[51]

(1) Ist ein „echtes Sollen" für das Recht überhaupt erforderlich? Zu Moralität und Legalität nach Kant

Es stellt sich jedoch die Frage, warum ein „echtes Sollen" für die Rechtsordnung und die Befolgung von Gesetzen überhaupt notwendig sein muss. Hiergegen lässt sich mit Kants Differenzierung zwischen Legalität und Moralität argumentieren: „Man nennt die bloße Übereinstimmung oder Nichtübereinstimmung einer Handlung mit dem Gesetze, ohne Rücksicht auf die Triebfeder derselben, die Legalität (Gesetzmäßigkeit); diejenige aber, in welcher die Idee der Pflicht

---

48 Emge, ARSP 21 (1928), 519, 529; vgl. auch: Emge, Vorschule der Rechtsphilosophie, S. 85.; siehe hierzu auch: Kaufmann, Das Gewissen und das Problem der Rechtsgeltung, S. 2.

49 Emge, Vorschule der Rechtsphilosophie, S. 86; vgl. hierzu auch: Kaufmann, Das Gewissen und das Problem der Rechtsgeltung, S. 2.

50 Kaufmann, Das Gewissen und das Problem der Rechtsgeltung, S. 2.

51 Schreiber, Gewissen im Recht, in: Höver/Honnefelder (Hg.), Der Streit um das Gewissen, S. 29, S. 32.

aus dem Gesetze zugleich die Triebfeder der Handlung ist, die Moralität (Sittlichkeit) derselben."[52]

In Bezug auf Rechtspflichten gilt nach Kant, dass sie äußerlich und erzwingbar sind, während Tugendpflichten, welche inhaltlich über Rechtspflichten hinausgehen, der Sphäre der Innerlichkeit angehören. Ihre Erfüllung ist im Gegensatz zu den Rechtspflichten nicht erzwingbar.[53] In der Rechtslehre ist ausschließlich die äußere Übereinstimmung der jeweiligen Handlung mit dem Gesetz von Interesse.[54] Für den Rechtsstaat, so Dreier, sei insofern konstitutiv, dass allein die äußerliche Befolgung der Gesetze ausreichen muss. Die innere Motivation gehe ihn schlicht nichts an. Bei der Befolgung einer Rechtsnorm allein aus Furcht vor Strafe werde der Vorschrift genüge getan, ohne dass der Handelnde die Norm als rechtens oder legitim anerkennen und internalisieren müsse. In dieser Möglichkeit bloß äußerlicher Übereinstimmung mit den Rechtsnormen ohne *innere Gewissensüberzeugung* von der Richtigkeit des Rechts liege in einem relevanten Ausmaß die Freiheit der Rechtsunterworfenen.[55]

(2) Eine Pflicht als „echtes Sollen"

Man spricht daher oft von der Heteronomie der Rechtsordnung und der Autonomie des Gewissens, die einander gegenübergestellt werden. Die Verbindlichkeit einer rechtlichen Forderung verlangt zudem nach einer Größe, die nicht rein subjektiv bleiben kann.[56] So traf das Militärstrafgesetzbuch von 1872 in § 48 eine klare Entscheidung: „Die Strafbarkeit einer Handlung oder einer Unterlassung ist dadurch nicht ausgeschlossen, daß der Täter nach seinem Gewissen oder den Vorschriften seiner Religion sein Verhalten für geboten erachtet hat."[57]

Auf der anderen Seite lässt sich nach Kaufmann eine Pflicht als echtes Sollen, und so auch eine Rechtspflicht, grundsätzlich aber nur sittlich, aus ihrer Bindungskraft gegenüber dem Gewissen, begründen.[58] So zeigt sich im geltenden

---

52 Kant, Die Metaphysik der Sitten, in: Weischedel (Hg.), Immanuel Kant, Werke in sechs Bänden, Bd. 4, S. 307, S. 324.

53 Vgl. Ottmann, Geschichte des politischen Denkens, Bd. 3, Teilbd. 2, S. 178; siehe hierzu auch: Dreier, JZ 2004, 745, 746.

54 Martinsen, Staat und Gewissen im technischen Zeitalter, S. 134 f.

55 Dreier, JZ 2004, 745, 747.

56 Schreiber, Gewissen im Recht, in: Höver/Honnefelder (Hg.), Der Streit um das Gewissen, S. 29.

57 Vgl. hierzu auch: Schreiber, Gewissen im Recht, in: Höver/Honnefelder (Hg.), Der Streit um das Gewissen, S. 29, S. 30.

58 Kaufmann, Das Gewissen und das Problem der Rechtsgeltung, S. 3.

Art. 4 Abs. 1 GG eine im Ansatz grundlegend andere Position im Vergleich zum Militärstrafgesetzbuch von 1872, wenn die Freiheit des Glaubens, des Gewissens und des religiösen sowie weltanschaulichen Bekenntnisses für unverletzlich erklärt wird.[59]

Entwickelt hat sich das Grundrecht aus einem Abwehrrecht des Einzelnen gegen Glaubens- und Gewissenszwänge der Landesherren. Zunächst war dieses Recht auf Religions- und Glaubensfragen begrenzt. In der Folge hat sich die Gewissensfreiheit dann von der Glaubensfreiheit gelöst. Die Freiheit des Gewissens wurde zur Freiheit des Sichverhaltenkönnens nach dem eigenen inneren Gesetz, nach der inneren Überzeugung. Die autonome Person hat im eigenen Gewissen das Organ ihrer Erkenntnis und kann sich nur selbst die Regeln ihres Handelns vorschreiben. Nach heute ganz herrschender Auffassung sind sowohl das *forum internum* als auch das *forum externum* des Gewissens geschützt. Damit gilt die Freiheit des Gewissens also nicht nur für die innere Überzeugung, sondern auch für alle Formen des Handelns und Unterlassens aus Gewissensgründen. Das Gewissen ist damit ein gelebtes Gewissen.[60] So äußert sich dies auch in den Ausführungen des Bundesverfassungsgerichts: „Die von der Verfassung gewährleistete Gewissensfreiheit umfasst nicht nur die Freiheit, ein Gewissen zu haben, sondern grundsätzlich die Freiheit, von der öffentlichen Gewalt nicht verpflichtet zu werden, gegen Gebote und Verbote des Gewissens zu handeln."[61]

Doch kann dies letztendlich eine Befreiung von rechtlich verbindlichen Normen, welche das Gewissen des Einzelnen verletzen, ohne jegliche Einschränkung und ohne jede Berücksichtigung der Tatsache bedeuten, dass die gesellschaftlichen Folgen womöglich nicht zu ertragen wären, wenn sich ein jeder auf die Gewissensfreiheit beriefe? Der Leser des Gesetzes wird die Botschaft, dass die Freiheit des Gewissens – ohne Einschränkung – unverletzlich ist, erfreulich finden, solange ihm nicht der Gedanke kommt, es könne jemand existieren, der es zur Sache seines Gewissens gemacht hat, ihn im Rahmen einer rituellen Reinigung auf grausame Art und Weise zu töten.[62] Kann die Geltung der allgemeinen

---

59 Schreiber, Gewissen im Recht, in: Höver/Honnefelder (Hg.), Der Streit um das Gewissen, S. 29, S. 30.

60 Schreiber, Gewissen im Recht, in: Höver/Honnefelder (Hg.), Der Streit um das Gewissen, S. 29, S. 30; siehe auch: Germann, in: Epping/Hillgruber (Hg.), Beck'scher Online-Kommentar zum Grundgesetz, Art. 4, Rn. 89.

61 BVerfGE 78, 391 (395); vgl. hierzu auch: Schreiber, Gewissen im Recht, in: Höver/Honnefelder (Hg.), Der Streit um das Gewissen, S. 29, S. 30.

62 Luhmann, Die Funktion der Gewissensfreiheit im öffentlichen Recht, in: Kallenbach/Schemel (Hg.), Funktion des Gewissens im Recht, S. 9.

Gesetze tatsächlich dem individuellen Urteil, dem Gewissensvorbehalt des Einzelnen, unterliegen und würde damit die Anerkennung des Gewissens im Recht nicht die Basis einer jeden Rechtsordnung, ihre Allgemeinverbindlichkeit, sprengen?[63]

Ein gänzlich heteronomes Sollen kann es nicht geben, aber auch ein konsequent durchgeführter Autonomiegedanke beseitigt als reine Selbstgesetzgebung die normative Gesetzlichkeit.[64] Schließlich gibt es keine Grausamkeit, keinen rechtsfeindlichen Satz, der nicht durch das autonome und individuelle Gewissen als geboten erscheinen und damit „Rechtspflichten zerstören" könnte.[65]

(3) Der positivistische Lösungsansatz

Zur Lösung dieses Problems wird die Auffassung vertreten, dass alles Recht ist, was in einem von der Verfassung vorgeschriebenen Verfahren zustande gekommen und ordnungsgemäß verkündet worden ist.[66] Diese positivistische Ansicht ist jedoch unzulänglich. Woher nimmt schließlich die Verfassung selbst ihre Geltung?[67] Es wird damit erforderlich, auf eine frühere, etwa naturrechtliche Verfassung, eine verfassungsgebende Gewalt, oder, wie bei Kelsen[68], eine fiktive Grundnorm, zurückzugreifen.[69] Eine solche Grundnorm kann jedoch nur dann vorausgesetzt werden, wenn die Rechtsordnung in ihrer Gesamtheit wirksam ist. Damit wird schließlich ein *faktisches Gelten* zur Grundlage für die Verbindlichkeit, sodass der Sache nach die *normative Geltung* verlassen wird. Die empirische Geltung wiederum hängt von der Durchsetzbarkeit ab. Bei der Verbindlichkeit für den Einzelnen kommt es jedoch, wie dargestellt, nicht auf die Durchsetzbarkeit an. Es geht vielmehr um die normative Frage, ob eine Vorschrift

---

63 Schreiber, Gewissen im Recht, in: Höver/Honnefelder (Hg.), Der Streit um das Gewissen, S. 29.

64 Kaufmann, Das Gewissen und das Problem der Rechtsgeltung, S. 3.

65 Rudolphi, Die Bedeutung eines Gewissensentscheides für das Strafrecht, in: Stratenwerth u. a. (Hg.), FS Welzel, S. 605, S. 611.

66 Zu einer derartigen Auffassung: Welzel, An den Grenzen des Rechts, S. 6 f.; vgl. hierzu auch: Schreiber, Gewissen im Recht, in: Höver/Honnefelder (Hg.), Der Streit um das Gewissen, S. 29, S. 31.

67 Schreiber, Gewissen im Recht, in: Höver/Honnefelder (Hg.), Der Streit um das Gewissen, S. 29, S. 31.

68 Kelsen, Reine Rechtslehre.

69 Schreiber, Gewissen im Recht, in: Höver/Honnefelder (Hg.), Der Streit um das Gewissen, S. 29, S. 32.

befolgt werden *soll*, mithin ob sie den Einzelnen verpflichten kann.[70] So muss man schließlich zum Ergebnis kommen, dass dieser positivistische Ansatz zur Lösung des Problems, wie Rechtsnormen ein echtes Sollen statuieren und damit für den Einzelnen zur Pflicht werden, nicht weiterhelfen kann.

(4) Anerkennung und Konsens als Elemente der Rechtsgeltung

Ganz überwiegend werden daher heute Anerkennung und Konsens als Elemente der Rechtsgeltung herangezogen und sollen eine Brücke zwischen dem heteronomen, allgemeinen Gesetz und dem individuellen Gewissen bilden. Der dahinterstehende Gedanke ist stets, dass die Verbindlichkeit eines Gesetzes niemals im Zwang, sondern immer in der Zustimmung oder Anerkennung der Normunterworfenen liegt. Eine rein auf Macht und Durchsetzbarkeit abstellende Geltung wird mithin zurecht abgelehnt.[71]

Ein Rekurrieren auf die Gedanken von Anerkennung und Konsens findet sich auch in verschiedenen neueren Ansätzen. Nach Luhmann wird Konsens in Institutionen vorweggenommen und schließlich bei mangelndem Widerspruch unterstellt.[72] In den „consensus-Lehren" wie etwa bei Rawls wird auf das Gesellschaftsvertragsmodell zurückgegriffen, um universalisierbare Normen zu entwickeln. Das Diskursmodell wiederum stellt auf einen im Wege der Kommunikation gefundenen Konsens ab.[73]

Zugleich offenbart sich aber auch die entscheidende Schwäche dieser Anerkennungs- und Konsenstheorien: Eine wirkliche Übereinstimmung der Rechtsgemeinschaft oder einer Mehrheit derselben kann schlichtweg nicht festgestellt werden.[74] Nach Kaufmann ist daher das Anerkennens*ollen*, die Konsens*fähigkeit*, das entscheidende Element normativer Verbindlichkeit.[75] Ähnlich hierzu gibt es

---

70 Schreiber, Gewissen im Recht, in: Höver/Honnefelder (Hg.), Der Streit um das Gewissen, S. 29, S. 32.

71 Schreiber, Gewissen im Recht, in: Höver/Honnefelder (Hg.), Der Streit um das Gewissen, S. 29, S. 33.

72 Vgl.: Luhmann, Rechtssoziologie, S. 64 ff.; vgl. hierzu auch: Schreiber, Gewissen im Recht, in: Höver/Honnefelder (Hg.), Der Streit um das Gewissen, S. 29, S. 34 f.

73 Kaufmann, Das Gewissen und das Problem der Rechtsgeltung, S. 13 f.; vgl. auch: Schreiber, Gewissen im Recht, in: Höver/Honnefelder (Hg.), Der Streit um das Gewissen, S. 29, S. 35.

74 Schreiber, Gewissen im Recht, in: Höver/Honnefelder (Hg.), Der Streit um das Gewissen, S. 29, S. 35; vgl. auch: Kaufmann, Das Gewissen und das Problem der Rechtsgeltung, S. 15.

75 Kaufmann, Das Gewissen und das Problem der Rechtsgeltung, S. 16.

für Welzel auf die Frage danach, wie Rechtssätze ein verbindliches Sollen konstituieren können, nur die folgende Antwort: Gemeinschaftliche Gesetze als Vernunftgesetze müssen so beschaffen sein, dass die Person als vernünftiges Wesen in sie einstimmen *kann*.[76]

Ein Widerspruch zwischen individuellem Gewissen und allgemeinem Gesetz bleibt jedoch weiterhin möglich. Somit darf das Recht im pluralistischen Staat – in den Worten Jellineks – nur ein „ethisches Minimum" darstellen und muss das individuelle Gewissen so weitreichend wie möglich respektieren, um Konflikte zu vermeiden.[77] Recht soll schließlich das geordnete Zusammenleben aller Menschen in der Gemeinschaft ermöglichen und keine bis ins letzte Detail vorgeschriebenen strengen moralischen Anforderungen durchsetzen.

(5) Wann ist eine Rechtsordnung konsensfähig?

Doch wann ist eine Rechtsnorm oder eine ganze Rechtsordnung konsensfähig, wann kann die Person als vernünftiges Wesen in sie einstimmen? Dies hängt wesentlich vom Norminhalt ab. Um die „richtigen" Norminhalte herauszuarbeiten, bedarf es nach Kaufmann eines Diskurses, aber nicht eines bloß gedachten und fiktiven, sondern eines realen, wie er durch die Geschichte hinweg stattfand. Kaufmann plädiert dafür, die Diskurstheorie nicht abzulehnen, wohl aber um ein inhaltliches Kriterium zu ergänzen: einen Gegenstand oder ein Thema, welches ihm seine Identität verleihe. Der Gegenstand dieses Diskurses sei stets etwas Relationales, nicht aber etwas Substanzielles. Alle Ordnung habe Verhältnischarakter.[78]

Die Urrelation wird vom Menschen als Person verkörpert. Dies wiederum wird verstanden als Gesamtheit der Beziehungen, in denen der Mensch zu anderen Menschen oder Dingen steht. Das, was den juristischen Diskurs als solchen ausmacht, sind die personalen Beziehungen. Recht wird sich daher dem Grunde nach „immer nur dadurch legitimieren lassen, daß es einem jeden das ihm als

---

76 Welzel, Gesetz und Gewissen, in: v. Caemmerer u. a. (Hg.), Hundert Jahre Deutsches Rechtsleben, Bd. 1, S. 383, S. 392.

77 Zum Begriff des „ethischen Minimums" bereits: Jellinek, Die sozialethische Bedeutung von Recht, Unrecht und Strafe, S. 45; Kaufmann, Das Gewissen und das Problem der Rechtsgeltung, S. 21; Schreiber, Gewissen im Recht, in: Höver/Honnefelder (Hg.), Der Streit um das Gewissen, S. 29, S. 38; Rudolphi, Die Bedeutung eines Gewissenentscheides für das Strafrecht, in: Stratenwerth (Hg.), FS Welzel, S. 605, S. 614.

78 Kaufmann, Das Gewissen und das Problem der Rechtsgeltung, S. 17 f.

Person Zustehende gewährt".[79] Person ist dabei immer Relation.[80] Sie ist nicht statisch und zeitlos.

Auch das Gewissen hat personalen Charakter und ist mithin aus einer Teilnehmerperspektive zu betrachten. Recht muss sich als analog zum Menschen darstellen und darf diesem nicht als etwas gänzlich Fremdes entgegentreten.[81] Kaufmann kommt daher zum Schluss: „Ein Recht, das dem Menschen das ihm in seinen Beziehungen zu [...] anderen und zu den Dingen Zustehende gewährt, hat [einen] Anspruch darauf, im Gewissen der [E]inzelnen anerkannt zu werden. Ein solches Recht ist konsensfähig und interpersonal gültig."[82]

Wann jedoch gewährt ein Recht dem Menschen das ihm in seinen Beziehungen zu anderen und zu den Dingen Zustehende? Die Antwort auf diese Frage kann nicht jederzeit unabänderlich und absolut gelten, sondern betrifft immer die Moral, „Wahrheit" und Werte als Gewissensgrundlage, auf die man sich als Teilnehmer an der moralischen Gemeinschaft verständigt hat. Sie betrifft die „Wahrheit", welche von der eigenen moralischen Gemeinschaft angenommen und von ihren Mitgliedern als richtig verinnerlicht wird. Die Personen sprechen einander moralisch und sittlich als Teilnehmer an und nehmen reaktive, interpersonale Haltungen ein. Dies ist der menschlichen Natur immanent und unabhängig davon, ob es eine objektive und letzte Begründung für all die durch die Haltungen verkörperten Werte gibt. Jede Epoche, jede Zeit muss *ihre* Wahrheit finden, sie muss *ihr* Recht schaffen.[83]

Doch das relativ und geschichtlich Richtige bedarf der Verständigung. Aus diesem Grund ist alles Handeln begründungsbedürftig. Damit ist Skepsis gegenüber jeder Gewissensauffassung, die sich hinter den angeblichen Selbstwert ihrer Subjektivität zurückzieht, veranlasst. Offenheit und Kommunikation sind für das Gewissen wesentlich.[84]

Für das Verhältnis von Gewissen und Recht ist diese Erkenntnis entscheidend. Es wäre kein Raum für das Gewissen im Recht, ließe sich eine Wert- und Rechtsordnung von absoluter Wahrheit und Gültigkeit entwerfen, weil dann nicht einzusehen wäre, warum das Gewissen sich unterschiedlich entscheiden dürfen soll. Wo man der Ansicht ist, im Besitz der ganzen Wahrheit zu sein, kann sich ein abweichendes Gewissen nur als sündhaft irrendes erweisen.[85] So

---

79 Kaufmann, Das Gewissen und das Problem der Rechtsgeltung, S. 18.

80 Kaufmann, Das Gewissen und das Problem der Rechtsgeltung, S. 18.

81 Vgl.: Kaufmann, Das Gewissen und das Problem der Rechtsgeltung, S. 18 f.

82 Kaufmann, Das Gewissen und das Problem der Rechtsgeltung, S. 19.

83 Vgl. auch: Paul, Gewissen und Recht, S. 13.

84 Bäumlin, VVDStRL 28 (1970), 3, 8 f.

85 Paul, Gewissen und Recht, S. 14.

wird die Gewissensfreiheit nach Luhmann dort, wo – wie in den Sozialordnungen des sowjetischen Einflussbereichs in den 1965er Jahren – das Zusammenfallen von Wahrheit, Recht und Moral proklamiert wird, keine Anerkennung finden.[86]

Gewissensfreiheit setzt also immer Toleranz und Offenheit gegenüber abweichenden und auch unliebsamen Auffassungen voraus. Diese Problematik wird auch an einem aktuellen Beispiel deutlich: Eine der bedeutendsten Schriftstellerinnen der Türkei Aslı Erdoğan wurde im August 2016 festgenommen. Sie warnte schon früh vor Erdogans wachsendem Autokratismus, machte auf die Repressionen gegen Kurden aufmerksam und schrieb gegen Intoleranz sowie Gewalt. Im Jahr 2008 war sie eine der ersten Intellektuellen, welche gegenüber den Armeniern eine Entschuldigung für das erlittene Unrecht vorbrachten. Seit 2011 war sie Kolumnistin bei der pro-kurdischen Zeitung „Özgür Gündem" und zuletzt auch Mitglied in deren Beirat. Einige Stunden vor der Festnahme wurde von einem türkischen Gericht die Schließung der Zeitung angeordnet. Der Vorwurf lautete auf Betreiben von Propaganda für die kurdische Arbeiterpartei PKK. Die Zeitung berichtete jedoch als einzige noch über den Konflikt in den Kurdengebieten und stand als Symbol für das Ringen der Kurden um eine angemessene mediale Darstellung.[87] Die inhaftierte Autorin übermittelte die folgende Botschaft aus der Strafanstalt: „Aus einem Gefängnis, einem Frauengefängnis zwischen einer Psychiatrie und einem ehemaligen Lepra-Krankenhaus, rufe ich heraus zu euch Literaten. Hinter Steinen, Beton und Stacheldraht rufe ich – wie aus einem Brunnenschacht – zu euch: Hier, in meinem Land, lässt man mit einer unvorstellbaren Rohheit das Gewissen verkommen. [...]"[88] An diesem Fall von Aslı Erdoğan wird also noch einmal deutlich, wie essenziell Toleranz

86 Luhmann, AöR 90 (1965), 257, 262, Fn. 12.

87 Krüger, Schriftstellerin Asli Erdogan festgenommen, in: FAZ vom 17. August 2016, unter: http://www.faz.net/aktuell/feuilleton/debatten/tuerkische-autorin-asli-erdogan-in-tuerkei-festgenommen-14393005.html, zuletzt abgerufen am 25. September 2017; dies., Asli Erdogan spricht aus, worüber andere schweigen, in: FAZ vom 19. August 2016, unter: http://www.faz.net/aktuell/feuilleton/debatten/zur-verhaftung-der-schriftstellerin-asli-erdogan-in-der-tuerkei-14394973.html, zuletzt abgerufen am 25. September 2017.

88 Erdoğan, zitiert nach: Breidecker, Festgenagelt an das Schicksal, in: Süddeutsche Zeitung vom 18. Oktober 2016, unter: http://www.sueddeutsche.de/kultur/eroeffnung-der-frankfurter-buchmesse-festgenagelt-an-das-schicksal-1.3210547, zuletzt abgerufen am 25. September 2017.

und Offenheit gegenüber anderen Anschauungen und Werten sowie auch Kulturen für die Freiheit des Gewissens sind.

Wie bereits dargestellt, erhält die grundrechtliche Gewährleistung der Gewissensfreiheit erst dadurch ihren Wert, dass gerade keine absolut gültige Wahrheit in Bezug auf die „richtige" Gewissensentscheidung vorausgesetzt wird. Mit Kaufmann lassen sich Recht und Gewissen daher zwar – ebenso wie Recht und Moral – nicht auf einen Nenner bringen. Jedoch darf, soll die Rechtsordnung nicht vom Menschen entfremdet werden, auch keine strikte Trennung erfolgen.[89]

bb.) Recht als Summe von Gewissensentscheidungen

Jede Rechtsordnung – abgesehen von extremen Ausnahmefällen – basiert nach Egbert Paul auf den Gewissensentscheidungen ihrer Träger. Im demokratischen Rechtsstaat setzt sich die jeweilige Rechtsordnung aus der Summe der Gewissensentscheidungen der Mehrheit zusammen. Demnach ist das Gewissen die bedeutendste und auch erste Rechtsquelle. Nichts wäre mithin abwegiger, als in Recht und Gewissen von vornherein Gegensätze zu erblicken.[90] Jede Rechtsordnung repräsentiert also das Gewissen der Gesellschaft. Das Charakteristikum der Demokratie ist der Mehrheitsbeschluss, in welchem sich die Wert- und Gewissensentscheidung der Mehrheit, nicht aber notwendigerweise auch der Respekt vor der Wert- und Gewissensentscheidung der Minderheit oder des Einzelnen, widerspiegelt.[91]

Fast zwangsläufig musste aus dem Gedanken, dass dem Einzelnen die letzte moralische Kompetenz auch in Bezug auf die Prinzipien des geordneten Zusammenlebens zukommt, die Idee der Demokratie hervorgehen. Die freiheitliche Demokratie soll auf der gleichberechtigten Mitwirkungsbefugnis und der gleichen Achtung eines jeden Bürgers gründen.[92] Nach den Ausführungen des Bundesverfassungsgerichts sollen sich die politischen Ziele in ständiger Auseinandersetzung zwischen den sich begegnenden sozialen Kräften, Ideen und Interessen klären und wandeln.[93] Mithin erhält die Freiheit des Gewissens über den

---

89 Kaufmann, Das Gewissen und das Problem der Rechtsgeltung, S. 25; vgl. zu diesem Kapitel: Ostendorf, Wissenschaftliche Hausarbeit zum Thema „Das irrende Gewissen", S. 3 ff.

90 Paul, Gewissen und Recht, S. 14 f.

91 Paul, Vorwort, in: Kallenbach/Schemel (Hg.), Funktion des Gewissens im Recht, S. 5, S. 6.

92 Zippelius, Glaubens- und Gewissensfreiheit im Kontext staatlicher Ordnung, in: Gründel (Hg.), Das Gewissen: subjektive Willkür oder oberste Norm?, S. 53, S. 57.

93 BVerfGE 5, 85 (135), (198).

status negativus hinaus eine konstitutive Funktion, da die geistige Auseinandersetzung und damit auch die politische Willensbildung ihre Wurzeln in der Entscheidung des Gewissens des Einzelnen hat.[94] Das Grundgesetz hat sich durch die Gewährleistung der Freiheit des Gewissens und der Würde des Menschen für eine Staatsform entschieden, welche nach Maunz „von der Freiheit des Bürgers ausgeht und auf seiner Gewissensentscheidung aufbaut".[95] Auch Kägi bringt die Verflochtenheit von Autonomie und Demokratie zum Ausdruck, wenn er betont, dass die Autonomie, die Selbstbestimmung, die Freiheit des Bürgers, erst dadurch respektiert wird, dass „er an der Setzung des Rechts, dem er untersteht, als Mitbestimmender (zumindest potenziell) teilhat".[96] Darin bestehe das Große und Unverlierbare der Demokratie.[97]

So sind die Abgeordneten des deutschen Bundestags nach Art. 38 Abs. 1 Satz 2 GG als Vertreter des ganzen Volkes „nur ihrem Gewissen unterworfen". In ihrer Stimmabgabe äußert sich ihre persönliche, durch besondere Einsicht korrigierbare und zurechtweisbare oder durch Mehrheitsbeschluss überstimmbare Überzeugung als innere Gewissheit. Sie sind an Weisungen und Aufträge nicht gebunden und sollen damit nur ihren eigenen politischen Wertgesichtspunkten nach handeln. Dies ist Ausdruck ihres Gewissens im Sinne einer gewissenhaften Erfüllung der ihnen durch die Verfassung übertragenen Aufgabe.[98] Der Frage, ob Art. 38 Abs. 1 Satz 2 GG mit seiner Bezugnahme auf das Gewissen des Abgeordneten bei politischen Entscheidungen überzeugen kann, soll an späterer Stelle noch nachgegangen werden.

cc.) Der Richter und sein Gewissen

Eine besondere Bedeutung erhält das Gewissen im Recht auch, wenn ein Richter über einen Fall urteilt. Um es mit den Worten des Bundesgerichtshofs

94 Zippelius, Glaubens- und Gewissensfreiheit im Kontext staatlicher Ordnung, in: Gründel (Hg.), Das Gewissen: subjektive Willkür oder oberste Norm?, S. 53, S. 57.

95 Maunz, Toleranz und Parität im deutschen Staatsrecht, S. 9; vgl. hierzu auch: Zippelius, Glaubens- und Gewissensfreiheit im Kontext staatlicher Ordnung, in: Gründel (Hg.), Das Gewissen: subjektive Willkür oder oberste Norm?, S. 53, S. 58.

96 Kägi, ZSR (75) 1956, 739a, 841a; vgl. hierzu auch: Zippelius, Glaubens- und Gewissensfreiheit im Kontext staatlicher Ordnung, in: Gründel (Hg.), Das Gewissen: subjektive Willkür oder oberste Norm?, S. 53, S. 58.

97 Kägi, ZSR (75) 1956, 739a, 841a; vgl. hierzu auch: Zippelius, Glaubens- und Gewissensfreiheit im Kontext staatlicher Ordnung, in: Gründel (Hg.), Das Gewissen: subjektive Willkür oder oberste Norm?, S. 53, S. 58.

98 Vgl.: Hirsch, Zur juristischen Dimension des Gewissens, S. 16 f.

auszudrücken: „Was Recht und Unrecht ist, ist nicht mehr selbstverständlich."[99] Wohin der Richter auch greift, weicht eine verlässliche letzte Gewissheit vor ihm zurück. Die Möglichkeiten seiner Erkenntnis sind – wie alle menschliche Erkenntnis – unzulänglich. Hieraus erwächst dem Richter eine höchst eigene Verantwortung für sein Urteilen, von welcher ihn nichts anderes entlasten kann als in Einsamkeit das ureigene Gewissen. Die Verantwortung für sein Urteilen muss also letztlich das Gewissen tragen. Zwar erschöpft sich der Großteil richterlichen Arbeitens in der gewohnheitsmäßigen Routine ordnungsgemäßer Rechtsanwendung. Die Möglichkeit menschlichen Richtens und die Übernahme von Verantwortung für den eigenen Beruf anderen und sich selbst gegenüber bleibt jedoch stets des Richters Leitmotiv. Das Richten ist für die „Friedensordnung", in welcher allein menschliches Leben in Gemeinschaft gedeihen kann, eine unentbehrliche Aufgabe. Der Richter muss in Kauf nehmen, dass er ihr oftmals nur unter quälenden Zweifeln oder gar nie ganz genügen kann.[100]

(1) Der Eid auf das Gewissen

Nach § 38 Abs. 1 des Deutschen Richtergesetzes hat der Richter folgenden Eid in öffentlicher Sitzung eines Gerichts zu leisten: „Ich schwöre, das Richteramt getreu dem Grundgesetz für die Bundesrepublik Deutschland und getreu dem Gesetz auszuüben, nach bestem Wissen und Gewissen ohne Ansehen der Person zu urteilen und nur der Wahrheit und Gerechtigkeit zu dienen […]" Mit dieser feierlichen Erklärung bindet sich der Richter in seinem Gewissen. Der Richter wird als Mensch in der Würde seiner Eigenverantwortung ernst genommen, indem darauf vertraut wird oder vertraut werden darf, ihn durch den Eid in einem Bereich binden zu können, welcher „keiner Zwangsvollstreckung zugänglich ist".[101] Der Richter hat „nach bestem Wissen" zu urteilen, also seine geistigen Verstandes- und Erkenntniskräfte so umfassend, sorgfältig und gewissenhaft wie möglich einzusetzen und zugleich „nach bestem Gewissen" zu entscheiden.[102]

Auf der anderen Seite aber wurde Art. 132 des Herrenchiemseer Verfassungsentwurfs, welcher die Richter nur dem Gesetz und ihrem Gewissen unterwarf, bewusst nicht ins Grundgesetz übernommen. Im Parlamentarischen Rat fürchtete man, dass sich auf diese Weise das richterliche Gewissen gegen das Gesetz

---

99 BGHSt 2, 194 (202); vgl. hierzu auch: Paul, Gewissen und Recht, S. 20.
100 Paul, Gewissen und Recht, S. 22.
101 Heusinger, Rechtsfindung und Rechtsfortbildung im Spiegel richterlicher Erfahrungen, S. 44; vgl. hierzu auch: Hirsch, Zur juristischen Dimension des Gewissens, S. 11.
102 Hirsch, Zur juristischen Dimension des Gewissens, S. 15.

ausspielen lassen könnte. Der moderne Rechtsstaat erkennt das Gewissen in der Regel dort nicht an, wo es mit dem Recht kollidiert. Es erfährt nur in den Bereichen Anerkennung, in denen sich das Recht einer Wertung enthält. Selbst, wenn in Art. 20 Abs. 2 GG die Rede von einer Bindung an Gesetz *und* Recht ist, besteht das Grundgesetz auf die Einhaltung der Legalordnung. Die Rechtsordnung beansprucht grundsätzlich Achtung, auch und gerade von denen, welche ihr besonders verpflichtet sind.[103]

(2) Der strafrechtliche Schuldspruch als stellvertretendes Gewissensurteil?

Nach Kaufmann kann das strafrechtliche Schuldurteil nur durch das Gewissen des Richters gefällt werden. Auf diese Weise richte der Richter den Täter stellvertretend, als ob er es selbst wäre.[104] Das strafrechtliche Schuldurteil sei nur dort fest fundiert, wo es auf einer einsehbaren sittlichen Grundlage basiere, wo der Richter mithin nicht verlegen werde, wenn er meint, der Täter könne das eigene Handeln vor sich und seinem Gewissen nicht verantworten:[105] „Ein solches Urteil läßt sich unter Umständen auch gegen einen Überzeugungstäter fällen, wenn dieser rechtlich gültige Normen infrage stellt; denn es kann gar nicht sittliche Pflicht sein, gegen gültiges Recht zu handeln, weil mit der Aufhebung des Rechts auch alles sittliche Leben untergehen müßte."[106] Diesen Vorwurf aber, vor dem eigenen Gewissen nicht verantwortlich gehandelt zu haben, könne der Richter einem Arzt nicht machen, welcher nach gründlicher Überlegung einen Reanimationsversuch bei einem schwerverletzten Bewusstlosen nicht vornimmt. Der Richter könne, sollte er selbst die Reanimierung für geboten halten, seine Auffassung nicht generalisieren, sie also nicht zur Pflicht des Gewissens eines jeden Menschen werden lassen.[107]

Hiergegen lässt sich jedoch einwenden, dass durchaus auch in Fällen strafrechtliche Schuldurteile ausgesprochen werden, in denen Gewissen und strafrechtliche Norm nicht zwingend bei jedermann übereinstimmen müssen. Man denke nur an Fälle der Rettungsfolter oder an die Frage nach der Zulässigkeit des Abschusses eines von Terroristen entführten Flugzeugs, an Sitzblockaden durch Anhänger der Friedensbewegung und das Beschädigen von Eisenbahnanlagen

---

103 Müller, Justiz ohne Gewissen, S. 2.

104 Kaufmann, Das Gewissen und das Problem der Rechtsgeltung, S. 23.

105 Kaufmann, Das Gewissen und das Problem der Rechtsgeltung, S. 23.

106 Kaufmann, Das Gewissen und das Problem der Rechtsgeltung, S. 23 f.

107 Kaufmann, Das Gewissen und das Problem der Rechtsgeltung, S. 24.

aus Protest gegen Atommülltransporte, an Tötungen von „Haustyrannen“ oder an Hausfriedensbrüche und Diebstähle durch Tierschützer.

Es existieren zudem durchaus auch gesellschaftlich sehr umstrittene strafrechtliche Normen oder solche, die, wie beispielsweise § 217 StGB, welcher die geschäftsmäßige Förderung der Selbsttötung verbietet, im Wege der Herausbildung gesellschaftlicher Moralvorstellungen und Strömungen erst neu ins StGB eingefügt werden. Nach den sexuellen Übergriffen auf Frauen in der Silvesternacht 2015/16 beispielsweise wurde sich empört, dass einige Handlungen in sexuellem Kontext nach dem damals geltenden Strafrecht gerade nicht strafbar waren, aber nach derzeitiger gesellschaftlicher (Gewissens-)Auffassung wohl strafbar sein sollten, sodass eine Reform des Sexualstrafrechts erfolgte. Schließlich wurde auch der mit der heutigen gesellschaftlichen Auffassung absolut unvereinbare § 175 StGB a. F., welcher sexuelle Handlungen zwischen Personen männlichen Geschlechts unter Strafe stellte, erst im Jahr 1994 abgeschafft. Diese Norm steht so konträr zu heutigen Moral- und Menschenwürdevorstellungen, dass sogar eine Rehabilitierung der Verurteilten angestrebt wird.[108]

Wenn das strafrechtliche Schuldurteil sich immer als ein *generalisierbares* stellvertretendes Gewissensurteil durch den Richter darstellen können soll, müssten sich zudem komplizierte strafrechtliche Rechtsfragen sowie strafrechtliche Rechtsberatung, Strafverteidigung und überhaupt das gesamte juristische Studium des Strafrechts erübrigen. Zudem darf auch nicht außer Betracht gelassen werden, dass sich das Strafrecht in unterschiedlichen Kulturkreisen erheblich unterscheidet. Damit kann also keinesfalls die Rede davon sein, dass das strafrechtliche Schuldurteil immer die generalisierbare Gewissenspflicht eines jeden Einzelnen verkörpern können muss.

Nach hier vertretener Auffassung soll das niedergeschriebene Strafrecht vielmehr gerade davor schützen, dass der Richter dem Täter seine Moralvorstellung und Gewissensauffassung ex post aufdrängt. Das in Art. 103 Abs. 2 GG verfassungsrechtlich und in § 1 sowie § 2 Abs. 1 des StGB einfachgesetzlich verankerte Rückwirkungsverbot ist ein unverzichtbares Prinzip des Rechtsstaates und soll verhindern, dass ein Wechsel der Wertvorstellungen innerhalb der sozialen und gesellschaftlichen Umwelt auf diejenigen zurückfällt, welche aus persönlicher Überzeugung oder Notwendigkeit den vorherigen Inhabern der höchsten

108 O. V., Schwule werden mit neuem Gesetz rehabilitiert, in: Zeit online vom 22. Juni 2017, unter: http://www.zeit.de/politik/deutschland/2017-06/homosexualitaet-bundestag-gesetz-rehabilitiert, zuletzt abgerufen am 25. September 2017.

Gewalt im Staat Folge geleistet und ihrer Bindung an das Gesetz entsprechend gehandelt haben.[109]

Auf der anderen Seite lassen sich Strafrecht und gesellschaftliches, moralisches „Verwerflichkeitsurteil" aber auch nicht trennen. Das Gewissen ist ein steter Begleiter des Menschen. Moralvorstellungen und Auffassungen von Gut und Böse gehören zum menschlichen Leben und prägen die gesamte Rechtsordnung. Schlichtweg alles Streben nach moralischem Handeln aufzugeben, kann also nicht die Lösung des Problems sein, sondern würde vielmehr zu „Anarchismus und Chaos" führen. Ein Aufgeben jeglicher Moralvorstellungen ist dem menschlichen Wesen weder möglich noch ist es wünschenswert. Zweck der Moral ist schließlich, unser Leben zu verbessern – dies gilt sowohl für das private Leben als auch für das soziale Zusammenleben.[110]

Das Urteilen durch den Richter im Einklang mit seinem Gewissen kann vielmehr nur geschehen, wenn man einander moralisch und sittlich als Teilnehmer an der moralischen Gemeinschaft anspricht und reaktive, interpersonale Haltungen einnimmt. Das Einnehmen von moralischen Positionen, das Appellieren an das Gewissen und der Austausch hierüber sind der menschlichen Natur immanent und unabhängig davon, ob es eine objektive und letzte Begründung für all die durch die Haltungen verkörperten Werte gibt.

Es ist also unabdingbar, auch beim Richten auf die eigenen Moralvorstellungen und den Ruf des Gewissens zu hören, sich aber zugleich bewusst zu sein, dass diese Vorstellungen nicht zwingend eine absolute Wahrheit repräsentieren und stets „Kind ihrer Zeit" sind. Der Mensch als solcher kommt nicht umhin und soll auch nicht umhin kommen, sich über Moral- und Wertvorstellungen auszutauschen und stets das „vermeintlich Gute" anzustreben, sich weiterzubilden, um Fortschritt zu erzeugen und eine Sensibilisierung für moralische Fragen zu entwickeln, seinen Horizont zu erweitern und eigene Standpunkte einzunehmen. Er sollte sich zugleich aber auch immer ins Gedächtnis rufen, dass, wie die Geschichte gezeigt hat, das Anstreben des vermeintlich Richtigen und Guten nicht selten zu dem geführt hat, was wir aus heutiger Perspektive gerne als das Gegenteil von gut und richtig bezeichnen würden. Hexenverbrennungen, Ketzerjagden und Völkermord sind nur einige Beispiele hierfür. So entstanden die blutigsten Feindschaften in der Geschichte gerade nicht um die Kategorien von „Mein und Dein", sondern um „Gut und Böse", also sittliche

109 Hirsch, Zur juristischen Dimension des Gewissens, S. 116.
110 Niemann, Aufklärung und Kritik 2010, 22, 26.

Grundanschauungen.[111] Wahres Richtertum setzt also, um es mit den Worten Egbert Pauls auszudrücken, Demut voraus[112], was das stete Hinterfragen der eigenen Werte und Moralvorstellungen beinhaltet, ohne diese jedoch per se aufzugeben.

dd.) Art. 38 GG – das Gewissen des Abgeordneten im Bundestag

Wie bereits dargestellt, sind die Abgeordneten des Deutschen Bundestags nach Art. 38 Abs. 1 Satz 2 GG als Vertreter des ganzen Volkes an Aufträge und Weisungen nicht gebunden und nur ihrem Gewissen unterworfen. Das Gewissen hat bei allen Entscheidungen des Abgeordneten, nicht nur bei solchen in besonderen Gewissensfragen (wie etwa bei den Themen „Schwangerschaftsabbruch", „Zulässigkeit der Präimplantationsdiagnostik", „Sterbehilfe" oder „Auslandseinsatz von Streitkräften") als Richtschnur zu dienen.[113] Wenn das Grundgesetz bestimmt, dass der Abgeordnete nur seinem Gewissen unterworfen ist, bedeutet das nicht, dass das Gewissen als einzige Schranke für das Handeln des Abgeordneten fungiert. Er bleibt weiterhin an Gesetz und Recht, insbesondere die Verfassung, gebunden.[114]

Die alleinige Verpflichtung auf das Gewissen ist als Freistellung von allen Fremdbindungen zu verstehen.[115] Art. 38 Abs. 1 Satz 2 GG gibt dem Abgeordneten das Recht gegenüber seiner Partei, zu jeder Zeit aus dem demokratischen Willensbildungsprozess nach Art. 21 GG auszubrechen, wenn sein persönliches und individuelles Gewissen nicht dem Mehrheitsvotum entspricht. Fraktionszwang ist demnach verfassungswidrig, während Fraktionsdisziplin bei einem nicht entgegenstehenden Gewissen verfassungsgemäß ist. Der Abgeordnete hat sowohl das Recht als auch die Pflicht, divergierende Positionen zu vertreten

---

111 Welzel, Naturrecht und Rechtspositivismus, in: Ders., Abhandlungen zum Strafrecht und zur Rechtsphilosophie, S. 274, S. 280.

112 Paul, Gewissen und Recht, S. 22.

113 Butzer, in: Epping/Hillgruber (Hg.), Beck'scher Online-Kommentar zum Grundgesetz, Art. 38, Rn. 94, Rn. 96; Kluth, in: Schmidt-Bleibtreu/Hofmann/Henneke (Hg.), Kommentar zum Grundgesetz, Art. 38, Rn. 74; Klein, in: Maunz/Dürig (Begr.), Herzog u. a. (Hg.), Grundgesetz-Kommentar, Art. 38, Rn. 195; Morlok, in: Dreier (Hg.), Grundgesetz Kommentar, Bd. 2, Art. 38, Rn. 153.

114 Achterberg/Schulte, in: v. Mangoldt (Begr.)/Klein (fortgef.)/Starck (Hg.), Kommentar zum Grundgesetz, Bd. 2, Art. 38, Rn. 39; Klein, in: Maunz/Dürig (Begr.), Herzog u. a. (Hg.), Grundgesetz-Kommentar, Art. 38, Rn. 195; Butzer, in: Epping/Hillgruber (Hg.), Beck'scher Online-Kommentar zum Grundgesetz, Art. 38, Rn. 96.

115 Morlok, in: Dreier (Hg.), Grundgesetz Kommentar, Bd. 2, Art. 38, Rn. 153.

und im Rahmen des demokratischen Prozesses nach Art. 21 GG durchzusetzen sowie demokratisch entstandene Kompromisslösungen anzuerkennen, soweit dies mit seinem Gewissen vereinbart werden kann und damit seine persönliche Identität gewahrt wird. Bei einer Divergenz von Mehrheitsentscheidung und eigenem Gewissensurteil muss der jeweilige Abgeordnete die notwendigen Konsequenzen ziehen, welche von einer offen abweichenden Abstimmung bis hin zum Austritt aus der Partei reichen. Damit verlangt Art. 38 Abs. 1 Satz 2 GG also nicht nach einem Mitläufer, sondern nach einem Abgeordneten, welcher innerhalb des demokratischen Prozesses der Willensbildung für seine eigene Überzeugung einsteht.[116]

In einer Broschüre des Deutschen Bundestags zum Thema „Die Abgeordneten und ihr Glaube" findet sich die Aussage, dass die Unterwerfung des Abgeordneten nur unter sein Gewissen insbesondere bei den Themen gefordert ist, welche die Grundfragen menschlichen Lebens betreffen.[117] Es scheint also, als sei das Gewissen des Abgeordneten eine Instanz, die unter moralischen Gesichtspunkten die Richtigkeit von Entscheidungen überprüfen kann.[118]

(1) Ist das Gewissen der richtige Bezugspunkt für die politischen Entscheidungen des Bundestagsabgeordneten?

Doch ist das Gewissen überhaupt der richtige oder ein guter Ratgeber, wenn es um politische Entscheidungen geht? In der Kommentarliteratur zum Grundgesetz findet sich die Aussage, das Gewissen im Sinne des Art. 38 Abs. 1 Satz 2 GG sei nicht mit dem Gewissensbegriff in Art. 4 Abs. 1 GG zu verwechseln, es handele sich insofern um eine fehlerhafte Gleichsetzung.[119] Klein ist in seiner Kommentierung im Grundgesetz-Kommentar von Maunz und Dürig daher sogar der Ansicht, der Verfassungsgeber hätte besser daran getan, statt auf die Gewissensformel auf eine Formulierung zurückzugreifen, die den Abgeordneten

---

116 Klier, Gewissensfreiheit und Psychologie, S. 191 f.; zu Fraktionsdisziplin und Fraktionszwang siehe auch: BVerfGE 10, 1 (15); Magiera, in: Sachs (Hg.), Grundgesetz Kommentar, Art. 38, Rn. 50.

117 Wollenweber, Die Abgeordneten und ihr Glaube, hg. v. Deutschen Bundestag, S. 4.

118 Vgl. hierzu: Preuß, Politische Verantwortung und Bürgerloyalität, S. 195; Rühl, Das Grundrecht auf Gewissensfreiheit im politischen Konflikt, S. 195.

119 Klein, in: Maunz/Dürig (Begr.), Herzog u. a. (Hg.), Grundgesetz-Kommentar, Art. 38, Rn. 195; siehe auch: Kluth, in: Schmidt-Bleibtreu/Hofmann/Henneke (Hg.), Kommentar zum Grundgesetz, Art. 38, Rn. 74.

verpflichtet, sich eine eigene „Überzeugung“ zu bilden.[120] Er rekurriert auf die Aussage Heyens, das Gewissen der Abgeordneten sei ein „Inbegriff intellektueller Anstrengung zur Erfüllung der Aufgabe einer Institution“[121] und bezeichnet diese als besonders geglückt.[122]

Kaum irgendwo sonst, auch nicht in den anderen klassischen parlamentarischen Demokratien, ist der Begriff des Gewissens so aufgeladen wie in Deutschland.[123] Als Inbegriff dessen galt lange Zeit der Satz „Hier stehe ich, ich kann nicht anders“[124], mit dem Martin Luther auf dem Wormser Reichstag von 1521 nach einer Überlieferung den Widerruf seiner Thesen verweigerte. Der Staatsrechtler Christoph Möllers bemerkt, dass es sich bei einer solchen Debatte um moralische Argumente handele, die im Kern nichts mit Politik zu tun hätten: „Darin eine Sternstunde des Parlaments zu sehen[,] offenbart ein verfehltes Politikverständnis.“[125] Die hier zum Ausdruck kommende strikte Trennung von Politik und Moral findet sich schon bei Machiavelli,[126] wonach diese Trennung die Grundvoraussetzung für einen stabilen und starken Staat darstellen soll. Die Argumentation für eine solche „wie auch immer zu denkende unmoralische Politik“ hat sich aber durchweg als fruchtlos erwiesen.[127] Es handelt sich bei Politik und Moral zwar um unterschiedliche Systeme, welche analytisch nicht verwechselt werden dürfen. Praktisch aber stehen sie in einem engen Zusammenhang, ebenso wie Politik und Recht.[128]

---

120 Klein, in: Maunz/Dürig (Begr.), Herzog u. a. (Hg.), Grundgesetz-Kommentar, Art. 38, Rn. 195.

121 Heyen, Der Staat 25 (1986), 35, 49.

122 Klein, in: Maunz/Dürig (Begr.), Herzog u. a. (Hg.), Grundgesetz-Kommentar, Art. 38, Rn. 195.

123 Bollmann, Drittes Hilfspaket für Hellas, in: FAZ vom 18. August 2015, unter: http://www.faz.net/aktuell/wirtschaft/menschen-wirtschaft/was-bedeutet-das-genau-dem-gewissen-verpflichtet-13752194.html, zuletzt abgerufen am 25. September 2017.

124 Dazu, dass dieser Ausspruch nur in einer Quelle, der Wittenberger Drucklegung, überliefert ist: Schockenhoff, Wie gewiss ist das Gewissen?, S. 19, Fn. 14.

125 Möllers, zitiert nach: Bollmann, Drittes Hilfspaket für Hellas, in: FAZ vom 18. August 2015, unter: http://www.faz.net/aktuell/wirtschaft/menschen-wirtschaft/was-bedeutet-das-genau-dem-gewissen-verpflichtet-13752194.html, zuletzt abgerufen am 25. September 2017.

126 Machiavelli, Gesammelte Werke, hg. v. Ulfig; siehe zur Trennung von Politik und Moral bei Machiavelli: Kersting, Niccolò Machiavelli, S. 105 ff.

127 Reese-Schäfer, Grenzgötter der Moral, S. 23.

128 So auch: Reese-Schäfer, Grenzgötter der Moral, S. 23.

Politik speist sich immer auch aus den moralischen Maßstäben und Wertvorstellungen der jeweiligen Gesellschaft. Man denke nur an die höchst moralisch und ethisch aufgeladene Debatte um die Flüchtlingspolitik, welche die Jahre 2015 und 2016 prägte. Dieser Ansatz kann also nicht weiterhelfen. Moralische und politische Entscheidungen des Abgeordneten lassen sich damit im Kern nicht voneinander trennen. Butzer führt im Beck'schen Online-Kommentar zum Grundgesetz in diesem Sinne aus, der verfassungsrechtliche Appell an das Gewissen des Abgeordneten müsse als eine moralische Bindung im Sinne einer Richtschnur für sein Verhalten verstanden werden.[129]

Der ehemalige deutsche Bundeskanzler Helmut Schmidt vertritt in seinem autobiografischen Buch „Außer Dienst“: „Für mich bleibt das eigene Gewissen die oberste Instanz.“[130] In einem seiner Beispiele ging es um die Entscheidung, die Verjährung für Mord durch das Gesetz zu verlängern, um Täter während des Nationalsozialismus weiterhin bestrafen zu können. Schmidt stellte es den Abgeordneten aus „Respekt vor der Gewissensentscheidung des [E]inzelnen“[131] anheim, für oder gegen das rückwirkende Gesetz zu stimmen. Das Grundgesetz und die Religionen, so hatte er ermittelt, würden beide Entscheidungen rechtfertigen.[132] Die altgedienten moralischen Institutionen halfen also nicht weiter. Auch Kants Kategorischer Imperativ, die Formel „Kannst Du wollen, dass Deine Entscheidung zum allgemeinen Gesetz werde?“[133] wiederholte gerade nur die Frage, auf die es eine Antwort zu finden galt. Die Abgeordneten sollten also ihr Gewissen fragen.[134]

(2) Die Problemlösungsmethode nach dem allgemeinen Vernunftschema

Nach Niemann ist dies jedoch nur eine „Redeweise“. Tatsächlich – so ist er der Auffassung – halten die Abgeordneten sich vielmehr *gewissenhaft* an ein klassisches Vernunftschema zur allgemeinen Problemlösung, welches aus folgenden Schritten besteht:[135]

---

129 Butzer, in: Epping/Hillgruber (Hg.), Beck'scher Online-Kommentar zum Grundgesetz, Art. 38, Rn. 96.

130 Schmidt, Außer Dienst, S. 334.

131 Schmidt, Außer Dienst, S. 162.

132 Vgl. hierzu insgesamt: Niemann, Aufklärung und Kritik 2010, 22, 27.

133 Vgl.: Kant, Grundlegung zur Metaphysik der Sitten, in: Weischedel (Hg.), Werke in sechs Bänden, Bd. 4, S. 11, S. 51.

134 Vgl.: Niemann, Aufklärung und Kritik 2010, 22, 27.

135 Niemann, Aufklärung und Kritik 2010, 22, 27.

„(1) Problemanalyse – ‚Nulla poena sine lege': [k]eine Strafe ohne Gesetz. Andererseits: kein Nazimörder soll unbestraft bleiben.
(2) [A]lternative Problemlösungen suchen – 1. Nichts ändern. 2. [D]ie Verjährung für Mörder des Naziregimes und nur für diese eine Zeitlang aussetzen. 3. Die Verjährung ganz allgemein mit rückwirkender Rechtskraft verlängern. Usw.
(3) Fehler und ungewünschte Konsequenzen herausfinden.
(4) [A]lle Betroffenen und
(5) alle vernetzten Probleme berücksichtigen und schließlich
(6) die beste Alternative auswählen."[136]

Nach Niemann wurde also anstatt des Gewissens vielmehr das Wissen der Abgeordneten, unter anderem über die etwaigen Konsequenzen beider Entscheidungen, zu Rate gezogen. Das Gewissen könne bei diesem vernunftgemäßen Vorgang zur Problemlösung sogar stören, beispielsweise weil vorgegebene Haltungen nicht hinterfragt oder weil nicht alle Möglichkeiten abgewogen und Alternativen berücksichtigt werden.[137]

(3) Die Aufgabe des Gewissens

Dies führe aber nicht dazu, dass dem Gewissen keinerlei Bedeutung bei der Entscheidungsfindung zukommt. Im Wege einer Abstimmung seien Irrtümer nicht ausgeschlossen. Es werde aber der Mehrheitsentscheidung, um nicht handlungsunfähig zu werden, Geltung verschafft. Wenn ein jeder nach *seinem Gewissen* gehandelt, also alles getan hat, um die bestmögliche Antwort zu finden, lasse sich dagegen nichts einwenden, selbst wenn die Mehrheitsentscheidung im Ergebnis fehlerhaft sein sollte. Dahinter stehe der Respekt vor dem etwaigen Irrtum des anderen: „Vielleicht hat der andere Recht, vielleicht habe ich Unrecht, auch wenn ich das im Augenblick nicht erkennen kann."[138]

Tatsächlich erhält – selbst, wenn man eine solche getroffene Entscheidung nicht oder zumindest nicht in allen Fällen als objektiv falsch oder „irrig" bezeichnen mag, da es bei moralischen oder politischen Entscheidungen oftmals kein eindeutiges „Richtig oder Falsch" gibt – die Mehrheitsentscheidung gleichwohl eine besondere aus den Gewissensentscheidungen der Einzelnen resultierende

136 Niemann, Aufklärung und Kritik 2010, 22, 27.
137 Niemann, Aufklärung und Kritik 2010, 22, 27 f.
138 Niemann, Aufklärung und Kritik 2010, 22, 28.

Würde. Die „Unantastbarkeit" der Entscheidung nach dem Gewissen überträgt sich auf die Entscheidung der Mehrheit.[139]

Weiterhin hängt die Entscheidung bei dem Verjährungsproblem nach Niemann auch davon ob, welche Lebensweise sowie Haltungen der Einzelne selbst hat. Manch einer wird möglicherweise die feste Einstellung haben, dass ein jeder Fehler machen und diese dann erkennen sowie bedauern darf, sodass nach zwanzig Jahren auch ein Mörder ein „besserer Mensch" sein und straffrei bleiben kann. Ein anderer mag unnachgiebiger und prinzipienstärker sein und eine weniger verzeihende Grundeinstellung haben. Diese inneren Haltungen lassen sich nicht einfach aufgeben. Grundsätzlich protestiert unser Gewissen, wenn wir an solchen Grundeinstellungen rütteln.[140] So betont schon Böckenförde, dass das Gewissen dem Menschen als innerstes Zentrum seiner Persönlichkeit vorgegeben, unverletzlich und daher so umfassend wie möglich zu respektieren ist.[141] Auch Bonhoeffer fasst zusammen: „Das Gewissen ist der aus einer Tiefe jenseits des eigenen Willens und der eigenen Vernunft sich zu Gehör bringende Ruf der menschlichen Existenz zur Einheit mit sich selbst."[142] Diese festen und die Persönlichkeit des Menschen konstituierenden Einstellungen gilt es also bei jeder Entscheidung zu berücksichtigen.[143]

Niemann ist zuzustimmen, wenn er darauf abstellt, dass politische oder auch moralische Entscheidungen vor allem anhand eines rationalen Problemlösungsschemas gefunden werden. Bei der Bewertung verschiedener Faktoren und kollidierender Werte sowie Interessen und auch bei der Abwägung der entsprechenden Folgen einer Entscheidung werden jedoch die meisten Menschen etwas unterschiedliche Positionen einnehmen. Dies wird – wie auch Niemann zum Ausdruck bringt – der Fall sein, weil Menschen unterschiedliche vorgegebene Einstellungen und Haltungen haben. Menschen nehmen die Werte der Gesellschaft und der Gruppe, in der sie leben, auf. Sie werden gleichzeitig durch ihre Erziehung sowie verschiedene religiöse oder areligiöse Überzeugungen geprägt und bilden einen unterschiedlichen Charakter aus. Was der eine traditionell moralisch verwerflich findet, mag der andere im Sinne einer liberaleren Einstellung begrüßen. So divergieren beispielsweise die Einstellungen in Bezug auf

139 Niemann, Aufklärung und Kritik 2010, 22, 28.

140 Niemann, Aufklärung und Kritik 2010, 22, 28 f.

141 Böckenförde, VVDStRL 28 (1970), 33, 54 f.; vgl. hierzu auch: Hoye, Das Gewissen als Konvergenzpunkt der Wahrheit, in: Ders. (Hg.), Die Wirklichkeit der Wahrheit, S. 55, Fn. 124.

142 Bonhoeffer, Werke, hg. v. Tödt u. a., Bd. 6, S. 276 f.

143 Vgl.: Niemann, Aufklärung und Kritik 2010, 22, 28 f.

Homosexualität, die Eheschließung zwischen Gleichgeschlechtlichen und das Adoptionsrecht Homosexueller.

Niemann betont zurecht, dass diese unterschiedlichen Haltungen durch das Gewissen in die Entscheidung einfließen. Sie sind jedoch nicht von der Anwendung des rationalen Probemlösungsschemas zu trennen. Das Schema gibt zwar ein Verfahren vor, dieses wird aber durch die Gewissensauffassungen der Individuen, welche ihre Persönlichkeit konstituieren, unterschiedlich ausgefüllt. Es bildet also lediglich den formellen Rahmen für die spätere Entscheidung.

Eine besondere Bedeutung erhält das Gewissen bei Niemann auch dadurch, dass es dazu zwingt, die vernunftmäßige Problemlösungsmethode anzuwenden.[144] Die Entscheidung, bei politischen Fehlschlägen eine Mitschuld zu übernehmen, gleiche einem Versprechen, sich die Entscheidung auf keinen Fall leicht zu machen. So war für Bundeskanzler Helmut Schmidt beispielsweise klar, dass er zurücktreten wollte, würde die Geiselbefreiung in Mogadischu misslingen.[145] Der Abgeordnete wägt also ab, wie er seine Entscheidung trifft, welche Folgen dies für ihn und andere hat und ob er bereit ist, diese Folgen zu tragen. Es geht also um ein Handeln „nach bestem Wissen und Gewissen". Der Abgeordnete hat seine Aufgaben und Pflichten ebenso „gewissenhaft" zu erfüllen, wie es nach dem Amtseid der Kanzlerin und dem Präsidenten obliegt.[146]

Das Gewissen bedrängt uns nach Niemann mit dem Gefühl der Verantwortung, sich das notwendige Wissen zu beschaffen, alle Möglichkeiten abzuwägen und die Folgen zu bedenken. Gewissensqualen gäbe es nicht, wenn für jede Situation der passende Artikel des Grundgesetzes bereit liegen würde. Wenn dies so wäre, könnte man schließlich alle Schuld von sich weisen und müsste die lange Prozedur der Problemanalyse und der Suche nach Handlungsmöglichkeiten nicht auf sich nehmen. Nur, wer zur Übernahme dieser Art von Verantwortung bereit ist, belastet sich selbst mit Gewissensbissen und Schuldvorwürfen.[147] Das Gewissen ist, wie schon Bonhoeffer zum Ausdruck bringt, dazu befähigt, in der Übernahme von Verantwortung Schuld auf sich zu nehmen.[148]

---

144 Niemann, Aufklärung und Kritik 2010, 22, 31.

145 Niemann, Aufklärung und Kritik 2010, 22, 30 f.

146 Bollmann, Drittes Hilfspaket für Hellas, in: FAZ vom 18. August 2015, unter: http://www.faz.net/aktuell/wirtschaft/menschen-wirtschaft/was-bedeutet-das-genau-dem-gewissen-verpflichtet-13752194.html, zuletzt abgerufen am 25. September 2017.

147 Niemann, Aufklärung und Kritik 2010, 22, 31.

148 Bonhoeffer, Werke, hg. v. Tödt u. a., Bd. 6, S. 276 ff.; vgl. hierzu auch: Honecker, Testimonium conscientiae, in: Höver/Honnefelder (Hg.), Der Streit um das Gewissen, S. 83, S. 91.

Nach Preuß hat das Gewissen in Art. 38 Abs. 1 GG noch eine ganz andere Funktion. Im Kontext von Art. 38 Abs. 1 GG bewirke das Gewissen des Abgeordneten gerade keine inhaltliche moralische Verantwortlichkeit, sondern stelle diesen vielmehr hiervon frei. Der Abgeordnete werde von Begründungszwängen befreit, indem das Kriterium der inhaltlichen Richtigkeit durch subjektive Gewissheit ersetzt werde.[149] Butzer führt im Beck'schen Online-Kommentar zum Grundgesetz aus, die Berufung auf das Gewissen sei weder begründungspflichtig, noch gerichtlich überprüfbar.[150] Das Vorliegen einer Gewissensentscheidung sei insoweit nicht objektivierbar.[151]

Nichtsdestotrotz bedarf es einer vernünftigen, rational begründbaren und nachvollziehbaren Entscheidung des Abgeordneten. Das vernunftmäßige Problemlösungsschema ist gerade anzuwenden, um die (Gewissens-)Entscheidung nachvollziehbar und begründbar zu machen sowie anhand verschiedener Schritte darzulegen, wie die Entscheidung entstanden ist, auch wenn letztendlich am eigenen Gewissen „nicht zu rütteln" ist. Im Ergebnis lässt sich daher durchaus sagen, dass Entscheidungen des Abgeordneten in letzter Konsequenz nach seinem Gewissen getroffen werden und das Gewissen, wie von Helmut Schmidt betont, in diesem Sinne „oberste Instanz" bleibt.

Nicht unberücksichtigt bleiben darf jedoch, dass das Gewissen der Abgeordneten stets auch „Kind seiner Zeit" und nicht jederzeit unabänderlich durch die eigene Persönlichkeit vorgegeben ist. Während die Abgeordneten im Sommer des Jahres 2017 über die Homo-Ehe abstimmen sollten und Bundeskanzlerin Angela Merkel diesbezüglich ausdrücklich von einer Gewissensentscheidung sprach,[152] waren – wie dargestellt – sexuelle Handlungen zwischen Personen männlichen Geschlechts nach § 175 StGB a. F. bis zum Jahr 1994 noch strafbar. Die Homo-Ehe in Deutschland ist nun zulässig und die Medien feiern diese Entscheidung, zugleich aber wäre die Gewissensentscheidung der Abgeordneten

149 Preuß, Politische Verantwortung und Bürgerloyalität, S. 195; vgl. hierzu auch: Rühl, Das Grundrecht auf Gewissensfreiheit im politischen Konflikt, S. 195.

150 Butzer, in: Epping/Hillgruber (Hg.), Beck'scher Online-Kommentar zum Grundgesetz, Art. 38, Rn. 96.

151 Trute, in: v. Münch (Begr.), Kunig (Hg.), Grundgesetz Kommentar, Bd. 1, Art. 38, Rn. 88.

152 O. V., Abgeordnete fordern Abstimmung noch in dieser Wahlperiode, in: Süddeutsche Zeitung vom 27. Juni 2017, unter: http://www.sueddeutsche.de/politik/berlin-merkel-gewissensentscheidung-bei-ehe-fuer-alle-1.3562358, zuletzt abgerufen am 25. September 2017.

und der Bevölkerung im Allgemeinen vor dem Jahr 1994 wohl noch ganz anders ausgefallen.

ee.) Zum Begriff der „gehörigen Anspannung des Gewissens“ beim Verbotsirrtum

In der Judikatur des Bundesgerichtshofs werden als Kriterien für die Vermeidbarkeit des Verbotsirrtums nach § 17 StGB die „gehörige Anspannung des Gewissens“, das „Nachdenken“ und die „Erkundigung“ herangezogen.[153] Das Kriterium der Gewissensanspannung findet sich jedoch deutlicher Kritik ausgesetzt. Das Gewissen dürfte primär für Fragen der Moral, nicht aber für komplexe Fragen von Recht und Unrecht zuständig sein. So wird die These vertreten, das Gewissen sage zu schwierigen Rechtsfragen rein gar nichts aus und wäre dies anders, so bedürfte es keines juristischen Studiums.[154]

(1) Das Gewissen des Täters als untrügliches und den Maßstäben der jeweiligen Rechtsgemeinschaft entsprechendes Wertbewusstsein?

Neumann führt in seinem Beitrag für den Nomos Kommentar zum Strafgesetzbuch unter Verweis auf den Beitrag von Rudolphi im Systematischen Kommentar zum Strafgesetzbuch[155] daher aus, dass die Kenntnis von der Existenz eines sanktionsbewehrten Verbots im Wege der vom Bundesgerichtshof geforderten Gewissensanspannung jedenfalls in den vorwiegend relevanten Grenzbereichen des Strafrechts nicht zu gewinnen sei. Die nach der Rechtsprechung geforderte Pflicht zum Einsatz der sittlichen Wertvorstellungen könne allenfalls im Kernbereich des Strafrechts von Bedeutung sein und dies auch nur insofern, als Zweifel an der moralischen Unbedenklichkeit der Handlung Anlass zur Informationsbeschaffung oder zum Nachdenken über die strafrechtliche Bewertung der in Rede stehenden Handlung sein können.[156]

153 Siehe z. B.: BGHSt 2, 194 (201); vgl. hierzu auch: Krey (Begr.)/Esser (fortgef.), Deutsches Strafrecht Allgemeiner Teil, Rn. 724.

154 Neumann, in: Kindhäuser/Neumann/Paeffgen (Hg.), Nomos Kommentar zum Strafgesetzbuch, § 17, Rn. 57; Sternberg-Lieben/Schuster, in: Schönke (Begr.), Schröder (fortgef.), Strafgesetzbuch, § 17, Rn. 15; Krey (Begr.)/Esser (fortgef.), Deutsches Strafrecht Allgemeiner Teil, Rn. 725.

155 Rudolphi, in: Ders. (Begr.), Wolter (Hg.), SK-StGB, § 17, Rn. 32.

156 Vgl. nur: Neumann, in: Kindhäuser/Neumann/Paeffgen (Hg.), Nomos Kommentar zum Strafgesetzbuch, § 17, Rn. 57.

Das Kriterium der Gewissensanspannung setzt schließlich voraus, dass der Täter ein untrügliches und den Maßstäben der jeweiligen Rechtsgemeinschaft entsprechendes Wertbewusstsein hat, welches allein durch eine introvertierte und von seinem guten Willen abhängige Reflexion stets den richtigen Weg weisen kann. Angesichts der Vielfalt strafrechtlicher Bezüge in allen Lebensbereichen kann jedoch von einem solchen „allumfassenden Wertbewusstsein" nicht ausgegangen werden.[157]

Das Gewissen ist keine Instanz, welche die Wahrheit an sich findet. Wie das Bundesverfassungsgericht selbst erkannt hat, können weltliche Gerichte die subjektive Gewissensüberzeugung auch nicht als irrig, falsch oder richtig bewerten.[158] Damit kann es durchaus als absurd angesehen werden, wenn ein Gericht den Irrtum über ein gesetzliches Verbot dann als rechtserheblich bewertet, wenn der Täter trotz gehöriger Gewissensanspannung nicht zur Erkenntnis des Verbots hätte gelangen können.[159]

Nicht eine „objektiv vorgegebene, absolut geltende materiale Werteordnung" bestimmt den Inhalt des Strafrechts, sondern allein das Strafgesetz. Zwar gibt es einige Verhaltensweisen, welche zum Kernbestand unserer Kultur sowie anderer Kulturen gehören und daher Straftaten sind, andere jedoch ändern sich von Zeit zu Zeit und Ort zu Ort.[160] Man denke nur an die gegenwärtige Diskussion um die Reform des Mordtatbestands. Gerade das Merkmal der „Heimtücke" repräsentiere eine überkommene nationalsozialistische Ehrvorstellung, welche im derzeit geltenden Strafrecht keinen Ausdruck mehr finden dürfe.[161]

(2) Wenn ein Rekurrieren auf das Gewissen versagen muss

Die „Gewissensanspannung" wird zudem in weiten Feldern gar nicht weiterhelfen können. Aus dem Ordnungsstrafrecht beispielsweise ist der Ruf des

157 Sternberg-Lieben/Schuster, in: Schönke (Begr.), Schröder (fortgef.), Strafgesetzbuch, § 17, Rn. 15; ebenfalls der Ansicht, dass das Kriterium der Gewissensanspannung nicht weiterhilft: Joecks, in: Joecks/Miebach (Hg.), Münchener Kommentar zum StGB, Bd. 1, § 17, Rn. 48.

158 BVerfGE 12, 45 (56); vgl. hierzu auch: Bockelmann, Zur Problematik der Sonderbehandlung von Überzeugungsverbrechern, in: Stratenwerth (Hg.), FS Welzel, S. 543, S. 550.

159 So z. B. auch: Hohn, Die Freiheit des Gewissens, S. 232 f.

160 Mattil, ZStW 74 (1972), 201, 227; vgl. hierzu auch: Hirsch, Zur juristischen Dimension des Gewissens, S. 26 f.

161 Vgl. nur: Beck, ZIS 2016, 10 ff.

Gewissens zurecht ausgenommen:[162] Kein Richter wird sich die Blöße geben wollen, bei der Erkenntnis über Strafvorschriften in der Konfitürenverordnung[163] oder im Milch- und Margarinegesetz[164] auf die gehörige Anspannung des Gewissens abzustellen.[165] Nach § 5 der Konfitürenverordnung wird beispielsweise gem. § 59 Abs. 1 Nr. 21 a des Lebensmittel- und Futtermittelgesetzbuches bestraft, wer entgegen § 4 Lebensmittel, die mit einer in Anlage 1 aufgeführten Bezeichnung versehen sind, ohne den in Anlage 1 genannten Herstellungsanforderungen und dem § 2 Abs. 1 und 3 Satz 1 zu entsprechen, in den Verkehr bringt. In Anlage 1 der Verordnung finden sich Verkehrsbezeichnungen wie „Konfitüre extra", „Gelee" oder „Maronenkrem" und deren Herstellungsanforderungen. Derartige Strafvorschriften werden sich nicht durch das Gewissen erschließen lassen. Sternberg-Lieben und Schuster führen daher in ihrem Beitrag zu § 17 StGB für die Kommentierung zum StGB von Schönke und Schröder aus, dass die mangelnde Gewissensanspannung als Kriterium vorwerfbarer Verbotsunkenntnis dort versage, wo das Verbot nicht den Kernbereich sittlicher Bewertungsnormen betrifft, sondern nur der Aufrechterhaltung von Ordnungswerten dient.[166] Ein Rekurrieren auf den Begriff des Gewissens ist nicht nur im Bereich des Ordnungswidrigkeiten- und Nebenstrafrechts gar nicht möglich, auch ganze Teile des StGB können vom Gewissen nicht erfasst werden.[167]

Die Wortkombination „Gewissensanspannung" als semantisches Wortkonglomerat findet sich zudem in keinem gebräuchlichen Wörterbuch.[168] Das Reichsgericht bediente sich einer vergleichbaren Wortkombination, wenn es sich mit der „Anspannung des Gedächtnisses" befasste.[169] Eine bestehende Unwissenheit kann jedoch auch durch die größte Anspannung des Gedächtnisses nicht

---

162 Löw, Die Erkundigungspflicht beim Verbotsirrtum nach § 17 StGB, S. 278.

163 Konfitürenverordnung vom 23. Oktober 2003 (BGBl. I S. 2151), die zuletzt durch Art. 5 der Verordnung vom 30. September 2008 (BGBl. I S. 1911) geändert worden ist; § 5 der Verordnung zu Straftaten und Ordnungswidrigkeiten.

164 Milch- und Margarinegesetz vom 25. Juli 1990 (BGBl. I S. 1471), das zuletzt durch Art. 5 des Gesetzes vom 16. Januar 2016 (BGBl. I S. 52) geändert worden ist; Vierter Abschnitt der Verordnung zu Straf- und Bußgeldvorschriften.

165 So auch: Löw, Die Erkundigungspflicht beim Verbotsirrtum nach § 17 StGB, S. 278.

166 Vgl. z. B.: Sternberg-Lieben/Schuster, in: Schönke (Begr.), Schröder (fortgef.), Strafgesetzbuch, § 17, Rn. 15.

167 Vgl.: BGHSt 4, 1 (5); Löw, Die Erkundigungspflicht beim Verbotsirrtum nach § 17 StGB, S. 279.

168 Löw, Die Erkundigungspflicht beim Verbotsirrtum nach § 17 StGB, S. 276.

169 RGSt 42, 236 (237); 63, 370 (371 f.); Löw, Die Erkundigungspflicht beim Verbotsirrtum nach § 17 StGB, S. 276.

behoben werden. Zwar kann man sich wohl anstrengen, um sich an fast verblasste Gedächtnisinhalte zu erinnern. Dies führt jedoch nicht dazu, dass durch eine Gedächtnisanspannung Erinnerungen, zu denen man bereits gänzlich den Zugang verloren hat, wieder hervorgerufen werden können. Auch das Gewissen mag sich regen – eine noch so große Anspannung des Gewissens wird jedoch vergeblich sein, wenn schlichtweg keine reaktivierbare Grundlage vorhanden ist. Gewissensinhalte und auch Wissensinhalte, die gegenwärtig gar nicht ableitbar sind, können durch Anspannung nicht reaktiviert werden.[170] Man kann jemandem schlichtweg nicht unterstellen, dass er, wenn er sein Gewissen angespannt hätte, zur Unrechtseinsicht gelangt wäre.

Die Formel des Bundesgerichtshofs eröffnet dem Rechtsanwender die Möglichkeit, das ex-post-Wissen des Richters an die Stelle des tatsächlichen Könnens des Täters zu setzen. Das Gewissen wird damit zur „vertretbaren Sache". Es besitzt jedoch gar nicht die Fähigkeit, dem Einzelnen eine Antwort auf die Frage zu geben, ob die Rechtsordnung denselben Standpunkt wie sein Gewissen einnimmt.[171]

Rudolphi und Löw sind zudem der Ansicht, dass die Vergegenwärtigung des Gewissensrufs ein rein passiver Akt und der Willensbeherrschung vollkommen entzogen ist, sodass die Möglichkeit der Gewissensanspannung schon allein deswegen ausgeschlossen sein muss.[172] Luthardt betont in diesem Sinne die „Unseligkeit eines schuldigen Gewissens": Das Gewissen klagt trotz einer Sehnsucht nach dem Vergessen an[173] und ist damit der Willensherrschaft entzogen.[174]

Jedenfalls kann man das Gewissen nicht schlicht spontan „anstrengen" und dann automatisch zur Einsicht des Richtigen und Guten gelangen, wie vom Bundesgerichtshof mit seiner Formel der „Gewissensanspannung" impliziert wird. Aus all diesen Gründen kann die „Anspannung des Gewissens", wie vom

---

170 Mattil, ZStW 74 (1972), 201, 215; vgl. hierzu auch: Löw, Die Erkundigungspflicht beim Verbotsirrtum nach § 17 StGB, S. 276 f.

171 Siehe hierzu auch: Löw, Die Erkundigungspflicht beim Verbotsirrtum nach § 17 StGB, S. 279.

172 Rudolphi, Unrechtsbewußtsein, Verbotsirrtum und Vermeidbarkeit des Verbotsirrtums, S. 226; vgl. hierzu auch: Löw, Die Erkundigungspflicht beim Verbotsirrtum nach § 17 StGB, S. 280.

173 Luthardt, Apologetische Vorträge über die Heilswahrheiten des Christentums, S. 46

174 Vgl. hierzu auch: Löw, Die Erkundigungspflicht beim Verbotsirrtum nach § 17 StGB, S. 280.

Bundesgerichtshof verstanden, als Kriterium zur Vermeidbarkeit des Verbotsirrtums nach § 17 StGB nicht weiterhelfen.[175]

b.) Die Freiheit des Gewissens im Recht

Das Grundrecht der Gewissensfreiheit ist ein subjektives Recht sowie eine wertentscheidende Grundsatznorm[176] und bildet in Art. 4 Abs. 1 GG gegenüber der Religions- und Weltanschauungsfreiheit einen eigenständigen Schutzbereich.[177] Geschützt werden die Entscheidungen des Einzelnen, welche auf eine unbedingte ethisch-moralische Qualifikation seines individuellen Handelns bezogen sind.[178]

Wie bereits dargestellt, wird die Gewissensentscheidung vom Bundesverfassungsgericht definiert als „jede ernste sittliche, d. h. an den Kategorien von ‚Gut' und ‚Böse' orientierte Entscheidung [...], die der Einzelne in einer bestimmten Lage als für sich bindend und unbedingt verpflichtend innerlich erfährt, so dass er gegen sie nicht ohne ernste Gewissensnot handeln könnte".[179] Hinter einer solchen Entscheidung steht ein Gewissensbegriff als „die eigene Erkenntnis des Erlaubten und des Verbotenen und die Ansicht, verpflichtet zu sein, dieser Erkenntnis gemäß zu handeln, somit eine im Innern ursprünglich vorhandene Überzeugung von Recht und Unrecht und die sich daraus ergebende Verpflichtung des Betroffenen zu einem bestimmten Handeln oder Unterlassen".[180] Dabei muss die konkrete in Rede stehende Gewissensentscheidung nicht unbedingt auf ein umfassendes und allgemeines metaphysisches Gedankensystem zurückgeführt werden können.[181]

---

175 Vgl. zu diesem Kapitel: Ostendorf, Wissenschaftliche Hausarbeit zum Thema „Das irrende Gewissen", S. 27 f.

176 BVerwGE 105, 73 (77 f.); siehe auch: Jarass, in: Jarass/Pieroth, Grundgesetz für die Bundesrepublik Deutschland, Art. 4, Rn. 44.

177 Germann, in: Epping/Hillgruber (Hg.), Beck'scher Online-Kommentar zum Grundgesetz, Art. 4, Rn. 86; vgl. hierzu auch: Herzog, in: Maunz/Dürig (Begr.), Herzog u. a. (Hg.), Grundgesetz-Kommentar, Art. 4, Rn. 122 f.

178 Germann, in: Epping/Hillgruber (Hg.), Beck'scher Online-Kommentar zum Grundgesetz, Art. 4, Rn. 87.

179 BVerfGE 12, 45 (55).

180 BVerwGE 7, 242 (246).

181 Herzog, in: Maunz/Dürig (Begr.), Herzog u. a. (Hg.), Grundgesetz-Kommentar, Art. 4, Rn. 125.

aa.) Die These von der Freiheit des Gewissens als „Urgrundrecht“

Im Jahr 1895 stellte Georg Jellinek die These auf, dass die Menschenrechte sowie ihre Deklarationen in den Vereinigten Staaten von Amerika und in Frankreich aus dem Recht der Gewissensfreiheit entstanden seien. Die modernen Menschenrechte hätten sich aus den Verfassungen der frühen Staaten in den USA – geprägt durch das Christentum im Generellen und den Calvinismus im Speziellen – entwickelt.[182] Der Ursprung der Menschenrechte sei auf amerikanischem Boden in der Glaubens- und Gewissensfreiheit, entstanden in einem Seitenzweig der Reformation, zu finden.[183] Jellinek verwies auf Roger Williams, den Gründer von Providence und Rhode Island, welcher die Religionsfreiheit im Gesetzbuch für Rhode Island von 1647 als unveräußerliches Menschenrecht deklariert hatte, und auf die Charta für die Kolonie Rhode Island aus dem Jahre 1663.[184] Zu Rhode Island in der Mitte des 17. Jahrhunderts schreibt er: „Das Recht der Gewissensfreiheit wird proklamiert, und damit ist der Gedanke eines allgemeinen, vom Gesetzgeber ausdrücklich anzuerkennenden Menschenrechtes gefunden.“[185] Die Glaubens- und Gewissensfreiheit stelle in diesem Sinne das „Urgrundrecht“ oder „Urrecht“ dar und die Entwicklung der anderen Grund- und Menschenrechte sei diesem Vorbild gefolgt.[186] Die Diskussion um diese These von der Freiheit des Gewissens als „Urgrundrecht“ dauert bis heute an.[187]

(1) Historische Perspektive

Jellinek wollte seine These zumindest auch historisch verstanden wissen.[188] Dies wird insbesondere deutlich, wenn er betont, die Glaubens- und Gewissensfreiheit

---

182 Jellinek, Die Erklärung der Menschen- und Bürgerrechte, in: Schnur (Hg.), Zur Geschichte der Erklärung der Menschenrechte, S. 1 ff.; siehe hierzu auch: Schirrmacher, Human Rights, S. 62.

183 Jellinek, Die Erklärung der Menschen- und Bürgerrechte, in: Schnur (Hg.), Zur Geschichte der Erklärung der Menschenrechte, S. 1, S. 39 ff.; vgl. hierzu auch: Borowski, Die Glaubens- und Gewissensfreiheit des Grundgesetzes, S. 64; Kelly, Law and History Review 22 (2004), 493 ff.

184 Kriele, Einführung in die Staatslehre, S. 113.

185 Jellinek, Die Erklärung der Menschen- und Bürgerrechte, in: Schnur (Hg.), Zur Geschichte der Erklärung der Menschenrechte, S. 1, S. 52; vgl. hierzu auch: Borowski, Die Glaubens- und Gewissensfreiheit des Grundgesetzes, S. 64.

186 Vgl. hierzu: Borowski, Die Glaubens- und Gewissensfreiheit des Grundgesetzes, S. 64.

187 Schirrmacher, Human Rights, S. 62.

188 Herdegen, Gewissensfreiheit und Normativität des positiven Rechts, S. 177; Borowski, Die Glaubens- und Gewissensfreiheit des Grundgesetzes, S. 65.

sei vor allen anderen Rechten anerkannt worden.[189] Seine Auffassung ist jedoch nicht unumstritten. So werden vor allem die beiden Gegenauffassungen vertreten, nicht die Glaubens- und Gewissensfreiheit, sondern der Schutz vor willkürlicher Verhaftung und Strafverfolgung sei historisch und der Sache nach die Mutter aller Grundrechte[190] oder die Glaubens- und Gewissensfreiheit habe sich parallel mit anderen wichtigen Grund- und Menschenrechten entwickelt[191]. Die vermeintlich zentrale Bedeutung der Glaubens- und Gewissensfreiheit als ein Vorbild aller Menschenrechte ist jedenfalls historisch nicht zu belegen und der Kolonie Rhode Island kam auch keine Rolle als Vorreiter zu.[192]

Die monokausale Rückführung der Grundrechtsentwicklung auf die Glaubens- und Gewissensfreiheit ist nicht richtig. Indes ist mehr als fraglich, ob es in den Anfängen der USA überhaupt Religionsfreiheit gab. Viele Kolonien waren durch härteste Unduldsamkeit geprägt – nunmehr im Zeichen des neuen Glaubens.[193] In jedem Fall kam weder den amerikanischen Ureinwohnern noch den aus Afrika stammenden Sklaven das Grundrecht auf Religionsfreiheit zu. Die christlichen Konfessionen der eingewanderten Europäer waren hingegen vorherrschend. Zusätzlich existierten in den einzelnen Staaten dem Staatskirchentum ähnliche Verhältnisse. Dies ging mit einer Diskriminierung der römisch-katholischen Bevölkerung, einer Minderheitskonfession, einher.[194]

Lepsius führt aus, dass die These von der Gewissensfreiheit als Urgrundrecht spezifisch deutschen Erkenntnisinteressen des ausgehenden 19. Jahrhunderts geschuldet war.[195] Jellinek, der das öffentliche Recht als System der subjektiven Rechte konzipiert hatte,[196] erkannte in der Religionsfreiheit das erste einklagbare Recht und fand dies in der Bill of Rights der nordamerikanischen

189 Jellinek, Die Erklärung der Menschen- und Bürgerrechte, in: Schnur (Hg.), Zur Geschichte der Erklärung der Menschenrechte, S. 1, S. 46 f., S. 52, S. 57 f.; vgl. hierzu auch: Borowski, Die Glaubens- und Gewissensfreiheit des Grundgesetzes, S. 65.

190 Kriele, Einführung in die Staatslehre, S. 112; vgl. hierzu auch: Borowski, Die Glaubens- und Gewissensfreiheit des Grundgesetzes, S. 65.

191 Vgl.: Punt, die Idee der Menschenrechte, S. 85 f; vgl. hierzu auch: Borowski, Die Glaubens- und Gewissensfreiheit des Grundgesetzes, S. 65.

192 Hofmann, Verfassungsrechtliche Perspektiven, S. 13; siehe auch: Sano, Bull. Nara Univ. Educ. 61 (2012), 101, 102.

193 Hofmann, Verfassungsrechtliche Perspektiven, S. 13.

194 Hafner, Religionsfreiheit im Kontext der Menschenrechte, in: Loretan (Hg.), Religionsfreiheit im Kontext der Grundrechte, S. 121, S. 124.

195 Lepsius, Leviathan 34 (2006), 321, 341.

196 Jellinek, System der subjektiven öffentlichen Rechte, hg. v. Kersten, insb. S. 94 ff.

Kolonien verwirklicht. Eine derartige Herleitung schien ihm günstig, um das im Kaiserreich wenig ausgeprägte Interesse an Grundrechten zu verstärken. Weiterhin setzten die amerikanischen Menschenrechtserklärungen die Bindung des Gesetzgebers an Grundrechte voraus, wovon im kaiserlichen Deutschland noch nicht die Rede sein konnte. Schließlich war es auch vor dem Hintergrund des „ius emigrandi" in Bezug auf den Augsburger Religionsfrieden plausibel, die Religions- und Gewissensfreiheit zu einem Urgrundrecht zu stilisieren.[197]

In anderen Ländern, den religiös homogenen wie Frankreich, England und – jedenfalls im 18. und 19. Jahrhundert – den USA, dürfte dies jedoch anders gesehen werden. Wenn man nicht nach dem „Urgundrecht", sondern auch einem „Modellgrundrecht" fragt, zeigt sich nach Lepsius ein facettenreicheres Bild.[198] Aus englischer Sicht ist besonders das Recht gegen willkürliche Freiheitsentziehung (Habeas Corpus)[199] zu nennen, während aus amerikanischer Perspektive das „First Amendment" betont werden muss. Durch das „First Amendment" werden die zentralen Freiheiten der Minderheiten gesichert. Es umfasst die Rede-, Presse- und Meinungsfreiheit sowie die Religions-, Versammlungs- und Vereinigungsfreiheit. Die Religionsfreiheit ist nur ein Beispiel für diese politischen Freiheitsrechte der Minderheiten gegenüber der Rechtsetzung der Mehrheit.[200]

Mit Borowski lässt sich festhalten, dass – je nachdem, welchen historischen Entwicklungsstrang man betrachtet – wohl die Rechte auf Schutz von Leben, Freiheit, Eigentum und Religion mehr oder weniger zur gleichen Zeit am Anfang der Entwicklung der Grund- und Menschenrechte standen. Die Bedeutung der Glaubens- und Gewissensfreiheit für die Entwicklung der Grund- und Menschenrechte ist zwar hoch, alle anderen Freiheiten überragt sie jedoch nicht.[201]

---

197 Lepsius, Leviathan 34 (2006), 321, 341.

198 Lepsius, Leviathan 34 (2006), 321, 341.

199 Kriele, Einführung in die Staatslehre, S. 112. Coke, zitiert nach: Kriele, Einführung in die Staatslehre, S. 112, formulierte: „No man can be taken, arrested, attached, or imprisoned but by due process of law and according to the law of the land." Siehe hierzu auch: Lopez, Judicial College of Victoria Journal 4 (2016), 83, 91.

200 Lepsius, Leviathan 34 (2006), 321, 341 f.; als französisches Modellgrundrecht stellt Lepsius, Leviathan 34 (2006), 321, 343 ff., die Gleichheit und als deutsches die wirtschaftlich geprägte Gewerbefreiheit heraus.

201 Borowski, Die Glaubens- und Gewissensfreiheit des Grundgesetzes, S. 66.

(2) Verständnis in einem substanziellen Sinn

Zwar betonte Jellinek selbst, dass er insbesondere die historische Entwicklung der Grund- und Menschenrechte untersuchen möchte,[202] sodass wohl eher nicht davon auszugehen ist, dass er seine These von der Gewissensfreiheit als „Urrecht" auch substanziell oder systematisch verstanden haben wollte.[203] Von vielen wurde sie jedoch in diesem Sinne aufgefasst und für richtig gehalten.[204]

Im substanziellen Sinn wird die These von der Glaubens- und Gewissensfreiheit als „Urgrundrecht" dahingehend aufgefasst, dass diese das oberste Grundrecht verkörpert. Die Glaubens- und Gewissensfreiheit ist eng mit der Menschenwürde verknüpft. Nach Zippelius ist das Grundrecht aus Sicht des Autonomiegedankens, nach dem durch die Gewissensfreiheit die moralische Selbstbestimmung gesichert werden soll, und auch von einem theonomen Weltbild aus, welches im Gewissen einen „Widerschein göttlichen Wirkens" sieht, sogar die unmittelbarste Konkretisierung der Menschenwürdegarantie.[205] Die Würde des Menschen wiederum stellt das höchste Prinzip im System der Grundrechte dar.[206] Der Verfassungsgeber stellte sie an die Spitze des Grundgesetzes, um damit zu verdeutlichen, dass die Ordnung des Grundgesetzes ihren „Mittelpunkt in der innerhalb der sozialen Gemeinschaft sich frei entfaltenden menschlichen Persönlichkeit und […] Würde"[207] findet.[208]

---

202 Vgl.: Jellinek, Die Erklärung der Menschen- und Bürgerrechte, in: Schnur (Hg.), Zur Geschichte der Erklärung der Menschenrechte, S. 1, S. 4.

203 Borowski, Die Glaubens- und Gewissensfreiheit des Grundgesetzes, S. 67.

204 Vgl.: Scholler, Die Freiheit des Gewissens, S. 207 ff.; Mock, Gewissen und Gewissensfreiheit, S. 144 f.; siehe hierzu auch: Borowski, Die Glaubens- und Gewissensfreiheit des Grundgesetzes, S. 67. Krishnaswami, Sonderberichterstatter der „Sub-Commission on Prevention of Discrimination and Protection of Minorities" der Vereinten Nationen, Study of Discrimination in the Matter of Religious Rights and Practices, S. VII/VIII, führt aus: „The right to freedom of thought, conscience and religion is probably the most precious of all human rights, and the imperative need today is to make it a reality for every single individual regardless of the religion or belief that he professes, regardless of his status, and regardless of his condition in life."

205 Zippelius, Glaubens- und Gewissensfreiheit im Kontext staatlicher Ordnung, in: Gründel (Hg.), Das Gewissen: subjektive Willkür oder oberste Norm?, S. 53, S. 70; siehe auch: BVerfGE 33, 23 (28 f.).

206 Vgl. nur: BVerfGE 12, 45 (53); BVerfGE 33, 23 (29).

207 BVerfGE 7, 198 (205).

208 Vgl. hierzu auch: Zippelius, Glaubens- und Gewissensfreiheit im Kontext staatlicher Ordnung, in: Gründel (Hg.), Das Gewissen: subjektive Willkür oder oberste Norm?, S. 53, S. 70.

Die Gewissensfreiheit enthält nach Mager mit der Anerkennung der individuellen Selbstverantwortung gleichzeitig die Anerkennung eines dem Staat nicht zugänglichen individuellen Bereichs und damit auch einen allen anderen Freiheitsrechten immanenten Gedanken.[209] Das Grundrecht der Gewissensfreiheit wird auch dadurch zu einem Hauptthema der Grundrechtstheorie, dass es eine Voraussetzung für die Ausübung anderer Grundrechte ist: Das Gewissen als „allgemeine menschliche Anlage, Sollensforderungen zu erleben",[210] bezieht sich auf jedes menschliche Verhalten.[211]

Die Freiheitsverbürgungen im demokratischen Verfassungsstaat sind so miteinander verbunden, dass die Negation des einen Grundrechts die Existenz der anderen Grundrechte bedrohen würde. Die Gewissensfreiheit wäre stark gefährdet, wenn die Informations- oder Meinungsfreiheit durch den Staat unterbunden würde. Nur das Gewissen, welches aufgrund einer hinreichenden Informationsgrundlage gebildet werden und das sich in der Öffentlichkeit Gehör verschaffen kann, ist wirklich ein freies Gewissen. Auch die Vereins- und die Versammlungsfreiheit sind – ebenso wie die Meinungs- und Informationsfreiheit – notwendigerweise mit der Gewissensfreiheit verknüpft.[212] Mock fasst daher zusammen: „Anerkennt ein Staat die Freiheit des Gewissens, so anerkennt er damit das Prinzip aller freiheitlichen Grundrechte, durch Einräumung eines status negativus, die Bedingungen der Möglichkeit zu schaffen, den status activus der Partizipation an der politischen Willensbildung sinnvoll zu nützen."[213]

Nicht zuletzt kann man die besondere Bedeutung der Glaubens- und Gewissensfreiheit auch darin sehen, dass der Staat darauf verzichtet, für das positive Recht und dessen Inhalte Absolutheitsansprüche zu erheben.[214] Er respektiert seine Bürger als selbstbestimmte moralische Wesen, die das Bedürfnis haben und dazu in der Lage sind, eine „eigene Konzeption des Guten" zu entwickeln.[215]

---

209 Mager, in: v. Münch (Begr.), Kunig (Hg.), Grundgesetz Kommentar, Bd. 1, Art. 4, Rn. 53.

210 Mock, Gewissen und Gewissensfreiheit, S. 145.

211 Witte, William & Mary Law Review 42 (2011), 707, 717, bezieht sich auf die Religionsfreiheit als „Mutter" der Grundrechte im Sinne Jellineks und betont deren Bedeutung für andere Rechte: „First, without religion, many rights are cut from their roots. [...] For the religious individual, the right to believe leads ineluctably to the rights to assemble, speak, worship, proselytize, educate, parent, travel, or to abstain from the same on the basis of one's beliefs."

212 Mock, Gewissen und Gewissensfreiheit, S. 145.

213 Mock, Gewissen und Gewissensfreiheit, S. 145.

214 Vgl.: Herdegen, Gewissensfreiheit und Normativität des positiven Rechts, S. 176 f.

215 Borowski, Die Glaubens- und Gewissensfreiheit des Grundgesetzes, S. 69.

Vertrat also Jellinek noch die These, dass die religiös verstandene Gewissensfreiheit in historischer Hinsicht die Wurzel der Grund- und Menschenrechte sei, so tritt die Gewissensfreiheit nunmehr als säkular verstandene mit systematischem Primat auf.[216]

bb.) Die Gewissensfreiheit als Grundlage des modernen Freiheitsdenkens

Die grundlegende Bedeutung der Gewissensfreiheit für das moderne Staatsverständnis ist also auch dann anzuerkennen, wenn die historische Entwicklung anders verlaufen ist, als die These Jellineks vermuten lässt. Dieser These liegt eine Einsicht von überragender Bedeutung für die Entstehung des modernen Staates zugrunde: Die Anerkennung der Religions- und Gewissensfreiheit beinhaltet schließlich eine klare Absage an den Versuch, im Politischen oder im Staat eine dem Individuum vorgegebene metaphysische Grundlage zu sehen, welcher eine Kompetenz über die Deutung des Wahren und Richtigen zukommt.[217] Das rechtsstaatliche Gemeinwesen ist ein Ort, an dem praktikable und begründbare Regeln aufgestellt und schließlich durchgesetzt werden, nicht aber der Ort, an welchem über „Gerechtigkeit" und „Wahrheit" definitiv und absolut zu entscheiden wäre.[218] Die Anerkennung der Gewissensfreiheit bedeutet eine Selbstrelativierung des Staates. Der Staat fungiert nur noch als Garant für eine äußere Friedensordnung, nicht aber als Inbegriff einer substanziellen Sittlichkeit, die das objektiv Gute und Richtige verwirklicht.[219]

Der Staatsrechtler und ehemalige Bundesverfassungsrichter Ernst-Wolfgang Böckenförde erkennt in seinem „Böckenförde-Diktum" die Problematik des pluralistischen, freiheitlichen und säkularisierten Staates: „Der freiheitliche, säkularisierte Staat lebt von Voraussetzungen, die er selbst nicht garantieren kann. Das ist das große Wagnis, das er, um der Freiheit willen, eingegangen ist. Als freiheitlicher Staat kann er einerseits nur bestehen, wenn sich die Freiheit, die er seinen Bürgern gewährt, von innen her, aus der moralischen Substanz des [E]inzelnen und der Homogenität der Gesellschaft, reguliert. Anderseits kann er diese inneren Regulierungskräfte nicht von sich aus, das heißt mit den Mitteln des Rechtszwanges und autoritativen Gebots zu garantieren suchen, ohne seine

---

216 Scholler, Die Freiheit des Gewissens, S. 207 ff.; so auch: Mock, Gewissen und Gewissensfreiheit, S. 145.

217 Schockenhoff, Wie gewiss ist das Gewissen?, S. 22.

218 Bäumlin, VVDStRL 28 (1970), 3, 7 f.

219 Schockenhoff, Wie gewiss ist das Gewissen?, S. 22.

Freiheitlichkeit aufzugeben und – auf säkularisierter Ebene – in jenen Totalitätsanspruch zurückzufallen, aus dem er in den konfessionellen Bürgerkriegen herausgeführt hat."[220] Der Staat ist mithin darauf angewiesen, dass die Bürger ein „staatstragendes Ethos" und gewisse Grundeinstellungen haben, da er ansonsten Schwierigkeiten hat, eine am Gemeinwohl orientierte Politik zu verwirklichen. Wenn alle seine Ziele mit Zwang durchgesetzt werden müssten, wäre er bald kein freiheitlicher Staat mehr. Der freiheitliche Staat kann nach Böckenförde die „moralische Substanz" seiner Bürger zwar fördern und stützen, nicht aber schaffen oder garantieren, da er kein freiheitlicher Staat mehr wäre, wenn er den Bürgern einen Ethos oder moralische Bekenntnisse mit Zwang und hoheitlichen Maßnahmen auferlegen würde.[221]

Indem der Staat sich aus dem Lebensraum des Privaten zurückzieht und mit der Gewissensfreiheit eine für inhaltliche Bestimmungen offene, rein formale Freiheitsgarantie gewährleistet, wird zugleich jedem Bürger die Zustimmung zur Ausübung der staatlichen Gewalt und die Anerkennung seiner Verfassung ermöglicht.[222]

---

220 Böckenförde, Staat, Gesellschaft, Freiheit, S. 60.

221 Böckenförde, Freiheit ist ansteckend, in: TAZ vom 23. September 2009, unter: http://www.taz.de/!576006/, zuletzt abgerufen am 25. September 2017. Das Böckenförde-Diktum wird auch häufig für einen Gottesbezug in der Verfassung herangezogen und Kritiker werfen Böckenförde eine zu starke Überbetonung der ethischen Kraft von Religion vor. Dies beruht allerdings auf einem Missverständnis des Diktums. So äußert Böckenförde, Freiheit ist ansteckend, in: TAZ vom 23. September 2009, unter: http://www.taz.de/!576006/, zuletzt abgerufen am 25. September 2017: „Diese Kritik übersieht den Kontext, in dem ich 1964 diesen Satz formuliert habe. Ich versuchte damals vor allem den Katholiken die Entstehung des säkularisierten, das heißt weltlichen, also nicht mehr religiösen Staates zu erklären und ihre Skepsis ihm gegenüber abzubauen. Das war also noch vor 1965, als am Ende des Zweiten Vatikanischen Konzils die katholische Kirche erstmals die Religionsfreiheit voll anerkannte. In diese Skepsis hinein forderte ich die Katholiken auf, diesen Staat zu akzeptieren und sich in ihn einzubringen, unter anderem mit dem Argument, dass der Staat auf ihre ethische Prägekraft angewiesen ist." Böckenförde wollte also nicht die Behauptung aufstellen, dass allein Kirche und Religion den Ethos schaffen können, welcher den Staat zusammenhält: „Nein, das lesen vielleicht manche Kirchenvertreter hinein, aber so war das nicht gemeint. Auch weltanschauliche, politische oder soziale Bewegungen können den Gemeinsinn der Bevölkerung und die Bereitschaft fördern, nicht stets rücksichtslos nur auf den eigenen Vorteil zu schauen, vielmehr gemeinschaftsorientiert und solidarisch zu handeln."

222 Schockenhoff, Wie gewiss ist das Gewissen?, S. 23.

Nicht das Gewissen selbst ist nach Isensee Baustein des Rechtsstaates, sondern die Gewissensfreiheit.[223] So stellt der ehemalige Bundesverfassungsrichter und Bundespräsident Roman Herzog fest, dass die Freiheit des Gewissens als „Prüfstein unserer gesamten Staatsauffassung" gedeutet werden muss.[224] Böckenförde betont, dass das Prinzip der Gewissensfreiheit als Grundlage der individuellen Freiheitsrechte und des modernen Freiheitsdenkens allgemein anzusehen sei.[225]

Die Freiheit des Gewissens hat – wie noch ausführlicher darzustellen sein wird – ihren Ursprung in den konfessionellen Auseinandersetzungen im 16. und 17. Jahrhundert. Das Freiheitsrecht war ein Abwehrrecht des Einzelnen gegen den Glaubens- und Bekenntniszwang. Adressaten waren das landesherrliche jus reformandi sowie der landesherrliche Religionsbann. Auf diese Weise wurde ein bestimmter Freiheitsbereich des Einzelnen definiert und gesichert.[226] Ursprünglich begrenzt auf Glaubensfragen, ist der einheitliche Begriff „Glaubens- und Gewissensfreiheit" hierin jedoch bereits angelegt. Die Gewissensfreiheit ist in der deutschen Verfassungsentwicklung das erste Grundrecht im Sinne eines säkularen individuellen Freiheitsrechts, welches den Einzelnen aus bestimmten Bedingungen emanzipiert. Es kommt ihm allein um seiner selbst willen zu und sichert den gewährten Freiheitsbereich gegen staatliche Eingriffe.[227]

(1) Anerkennung der Autonomie der Persönlichkeit

Die Konzeption der Gewissensfreiheit basierte auf der Idee der Autonomie der Persönlichkeit und der Überzeugung, der Mensch sei fähig, Urteile zu fällen, wie sie allgemein im Denken des europäischen Rationalismus seit dem 17. Jahrhundert und insbesondere bei Kant zum Ausdruck kommt. Das Gewissen wird aus seinem Bezug zum Glauben gelöst und als höchste Instanz der autonomen Persönlichkeit verstanden.[228] Gewissensfreiheit meint dann nicht nur Freiheit des eigenen Glaubens, sondern auch Freiheit vom Glauben und ganz allgemein die Freiheit des Handelnkönnens nach dem eigenen, im Gewissen sich selbst

---

223 Isensee, Gewissen im Recht, in: Höver/Honnefelder (Hg.), Der Streit um das Gewissen, S. 41, S. 43.

224 Herzog, DVBl 1969, 718, 719; vgl. hierzu auch: Hoye, Das Gewissen als Konvergenzpunkt der Wahrheit, in: Ders. (Hg.), Die Wirklichkeit der Wahrheit, S. 55.

225 Böckenförde, VVDStRL 28 (1970), 33, 36; vgl. hierzu auch: Hoye, Das Gewissen als Konvergenzpunkt der Wahrheit, in: Ders. (Hg.), Die Wirklichkeit der Wahrheit, S. 55.

226 Böckenförde, VVDStRL 28 (1970), 33, 36 f.

227 Böckenförde, VVDStRL 28 (1970), 33, 37.

228 Böckenförde, VVDStRL 28 (1970), 33, 40.

vorgeschriebenen Gesetz.[229] So statuiert auch Art. 1 der UN-Menschenrechtserklärung von 1948, dass alle Menschen frei und gleich an Würde und Rechten geboren sowie mit Vernunft und Gewissen begabt sind.

Die Wurzeln einer säkularisierten Gewissensachtung und Toleranz liegen nach Zippelius in Relativismus, Aufklärung und einer auf der Autonomie des Gewissens basierenden Ethik.[230] Auch in der Stanford Encyclopedia of Philosophy wird die pluralistische, moralisch neutrale und subjektive Natur des Gewissens daher besonders betont.[231] Die Gewissensfreiheit wird typischerweise als individualistisches Konzept verstanden, welches eine Vielfalt an moralischen und religiösen Sichtweisen zulässt.[232] Das, was John Rawls „reasonable pluralism"[233] nannte, hat seinen Grund in der Erkenntnis, dass die Vernunft begrenzt und nicht dazu in der Lage ist, die Frage danach, was die letzte Bedeutung der Existenz und das Wesen der menschlichen Erfüllung darstellt, verbindlich zu entscheiden.[234] Die Erkenntnis der Unbestimmtheit und Fehlbarkeit der menschlichen Vernunft in Bezug auf die Frage, was ein erstrebenswertes Leben ausmacht, hat auch liberale Philosophen wie John Locke und John Stuart Mill dazu bewegt, das Prinzip der Souveränität des individuellen Gewissens sowie die moralische Autonomie der Person zu verteidigen.[235]

---

229 Böckenförde, VVDStRL 28 (1970), 33, 41.

230 Zippelius, Glaubens- und Gewissensfreiheit im Kontext staatlicher Ordnung, in: Gründel (Hg.), Das Gewissen: subjektive Willkür oder oberste Norm?, S. 53, S. 55.

231 Giubilini, Conscience, in: Zalta (Hg.), The Stanford Encyclopedia of Philosophy, unter: https://plato.stanford.edu/entries/conscience/, zuletzt abgerufen am 25. September 2017.

232 Strohm, Conscience, S. 90; vgl. hierzu auch: Giubilini, Conscience, in: Zalta (Hg.), The Stanford Encyclopedia of Philosophy, unter: https://plato.stanford.edu/entries/conscience/, zuletzt abgerufen am 25. September 2017.

233 Vgl. z. B.: Rawls, Political Liberalism, S. 66; siehe hierzu auch: Maclure/Taylor, Secularism and freedom of conscience, S. 10; Wenar, John Rawls, in: Zalta (Hg.), The Stanford Encyclopedia of Philosophy, unter: https://plato.stanford.edu/entries/rawls/#ReaPluPubPolCul, zuletzt abgerufen am 25. September 2017.

234 Maclure/Taylor, Secularism and freedom of conscience, S. 10.

235 Vgl.: Locke, A letter concerning Toleration, in: Electronic Text Center. University of Virginia Library, unter: http://web.archive.org/web/20130824180038/http://etext.lib.virginia.edu/etcbin/toccer-new2?id=LocTole.xml&images=images/modeng&data=/texts/english/modeng/parsed&tag=public&part=1&division=div1, zuletzt abgerufen am 25. September 2017; Mill, On Liberty; vgl. hierzu auch: Maclure/Taylor, Secularism and freedom of conscience, S. 10.

Maclure und Taylor konstatieren daher: „The state recognizes the individual agent's ultimate authority over the set of beliefs that will allow him or her to interpret the world and his or her place in it and to exercise the faculty of judgment when facing dilemmas of a moral nature or those related to his or her identity. Rather than impose a representation (religious or secular) of the world and the good, the state seeks to favor the development of individuals' moral autonomy and to protect their freedom of conscience."[236] Dort, wo den Menschen keine Gewissensfreiheit zukommt, empfinden sie dies als nachhaltige Beeinträchtigung, welche sie davon abhält, ihre wahre Bestimmung im Leben zu finden. Eine freie Gesellschaft kann daher daran gemessen werden, bis zu welchem Grad die Menschen nicht gezwungen werden, sich zwischen „heiligen Pflichten" und „bürgerlichen Privilegien" zu entscheiden.[237]

Der moderne Staat setzt sich mit dem Grundrecht auf Gewissensfreiheit selbst eine Grenze, er beschränkt sich selbst.[238] So, wie im Mittelalter die organisierte Kirche eine Grenze für die weltliche Gewalt darstellte, so findet nun der Staat eine Schranke an den Glaubens- und Gewissensentscheidungen des Einzelnen.[239]

(2) Neutralität als „Beginn des modernen Staates"

Die Freiheit des Gewissens begleitet den modernen Staat also von Beginn an. Das in ihr zum Ausdruck kommende individualistische Prinzip der Freiheit drängt nach Böckenförde „angesichts verschiedener historisch-politischer Situationen mit wachsender Durchsetzungstendenz zu neuen Aktualisierungen."[240] Es liege in der Natur dieser normativen Grundentscheidung für die individuelle Freiheit, dass die Glaubens-, Gewissens- und Bekenntnisfreiheit in Art. 4 Abs. 1 GG unverletzlich sowie unbedingt garantiert sind. Gerade angesichts der Bedrohungen der Freiheit des Glaubens, Gewissens und Bekenntnisses im Nationalsozialismus soll ein vor jedem hoheitlichen Zugriff geschützter natürlicher Bereich der Freiheit eines jeden Individuums gewährleistet werden.[241] So, wie die Freiheit des Gewissens am Anfang der Freiheit des Einzelnen steht, ist die Neutralität als

---

236 Maclure/Taylor, Secularism and freedom of conscience, S. 10 f.

237 Hertzke, Introduction, in: Ders. (Hg.), The Future of Religious Freedom, S. 3, S. 6.

238 Dauner, Das Gewissen, S. 76.

239 Zippelius, Glaubens- und Gewissensfreiheit im Kontext staatlicher Ordnung, in: Gründel (Hg.), Das Gewissen: subjektive Willkür oder oberste Norm?, S. 53, S. 59.

240 Böckenförde, VVDStRL 28 (1970), 33, 45.

241 Böckenförde, VVDStRL 28 (1970), 33, 48.

Nichtidentifikation auch der Beginn des modernen Staates und beides korrespondiert miteinander.[242]

Die zwei Hauptpfeiler der Säkularisierung sind heute auch in internationaler Hinsicht der „respect for the moral equality of individuals" und der Schutz der Gewissensfreiheit sowie der Religionsfreiheit.[243] Säkularisierung ist im großen Zusammenhang mit der Vielfalt an Glaubensrichtungen zu verstehen.[244] Der demokratische Staat muss sich unparteiisch gegenüber verschiedenen Glaubensrichtungen verhalten und Menschen, die nach ihrer religiösen Überzeugung handeln sowie diejenigen, welche dies nicht tun, gleich behandeln. Er hat also die Pflicht, sich – damit er tatsächlich jedermanns Staat darstellen kann – neutral in Bezug auf verschiedene weltliche, religiöse und spirituelle Weltsichten sowie Konzeptionen des Guten, mit denen sich die Bürger identifizieren, zu verhalten.[245] Der Staat darf mithin keine Hierarchisierung der unterschiedlichen Konzeptionen des Guten vornehmen. Dies betrifft sowohl Religionen als auch philosophische Konzeptionen, welche sich als säkulares Äquivalent zu Religionen darstellen.[246]

Religiöse Vielfalt ist in diesem Sinne ein Aspekt von moralischem Pluralismus, mit welchem derzeitige Demokratien übereinstimmen. Moralischer Pluralismus betrifft dabei das Phänomen, dass Individuen verschiedene und manchmal auch miteinander nicht kompatible Wertsysteme und Anschauungen von Gut und Böse sowie Glaubenssätze und Bekenntnisse haben.[247]

---

242 Böckenförde, VVDStRL 28 (1970), 33, 55.

243 Maclure/Taylor, Secularism and freedom of conscience, S. 4.

244 Maclure/Taylor, Secularism and freedom of conscience, S. 4 f.

245 Maclure/Taylor, Secularism and freedom of conscience, S. 9 f., S. 13.

246 Maclure/Taylor, Secularism and freedom of conscience, S. 13. Maclure/Taylor, Secularism and freedom of conscience, S. 13, betonen, dass der Staat Religion auch nicht durch eine „comprehensive secular philosophy as the foundation of its actions" ersetzen darf, da ansonsten alle streng religiösen Bürger zu „second-class citizens" werden.

247 Maclure/Taylor, Secularism and freedom of conscience, S. 10; siehe auch: Berlin, Two Concepts of Liberty, in: Ders., Four Essays on Liberty, S. 118 ff. Maclure/Taylor, Secularism and freedom of conscience, S. 10, sind der Auffassung, dass die Toleranz von moralischem Pluralismus problematisch wäre, wenn es eine unbestrittene übergeordnete Perspektive gäbe, und dass die Vielfalt an moralischen Auffassungen den meisten komplexen gesellschaftlichen Debatten zugrunde liegt: „Tolerating the plurality of conceptions of the world and life plans would be problematic if we had access to an uncontroversial, overarching perspective that allowed us to hierarchize or organize the different points of view espoused by citizens. But what perspective could claim that title today? Moral pluralism is one of the central concerns of contemporary political philosophy because it lies at the heart of the most profound and

Grundlegende Glaubenssätze und Bekenntnisse, welche auch Gewissensüberzeugungen genannt werden können, umfassen dabei tief verwurzelte religiöse, aber auch säkulare Anschauungen und müssen von den zwar durchaus legitimen, aber weniger fundamentalen Präferenzen eines Individuums unterschieden werden. Diese „Kernüberzeugungen" können implizit oder explizit und mehr oder weniger systematisiert sein, nehmen aber eine wichtige Rolle im Leben einer Person ein. In Bezug auf diese Bekenntnisse werden schließlich die bedeutenden Lebensentscheidungen eines Individuums getroffen.[248]

Das Erfordernis der Neutralität muss nach Maclure und Taylor noch näher konkretisiert werden. Ein liberaler und demokratischer Staat könne nicht indifferent gegenüber einigen Kernprinzipien wie der Menschenwürde, grundlegenden Menschenrechten und der Volkssouveränität bleiben, da diese konstitutive Werte des demokratischen und liberalen politischen Systems seien und dessen Grundlage sowie Ziele schaffen. Diese Werte seien zwar nicht neutral, aber legitim, da sie den Bürgern erlauben, verschiedene Konzeptionen des Guten zu verteidigen und gemeinsam in Frieden zu leben.[249]

Insbesondere auf die Gewissensfreiheit trifft der Ausspruch eines amerikanischen Richters zu, der Geist der Freiheit sei ein Geist, der nicht allzu sicher ist, Recht zu haben. Er gilt auch für die Gemeinschaft und den Staat als Ganzes.[250] Giubilini schreibt in der „Stanford Encyclopedia of Philosophy" zum Thema „Conscience", dass das „argument from ignorance", welches besser als „argument from humility" bezeichnet werden sollte, auf ebendieser Skepsis gegenüber dem Inhalt des Gewissens basiert. Es bestehe die Möglichkeit, dass das, was wir im Gewissen glauben, nicht richtig sei, und dass diejenigen, welche unserem Gewissensurteil entgegengesetzte Gewissensauffassungen haben, richtig liegen. Aus diesem Grund solle niemand zu einem Verhalten oder Glauben gezwungen werden, der sich im Nachhinein als „moralisch falsch" herausstellen könnte.[251]

---

complex disagreements existing among citizens. Most of the time, disagreements about scientific advances in the realm of genetics, the teaching of religion in the schools, or the state's intervention in the economy are rooted in divergent value systems or conceptions of the human being."

248 Maclure/Taylor, Secularism and freedom of conscience, S. 13.

249 Maclure/Taylor, Secularism and freedom of conscience, S. 11; siehe auch: Galston, Liberal Pluralism.

250 Bäumlin, VVDStRL 28 (1970), 3, 9 f.

251 Giubilini, Conscience, in: Zalta (Hg.), The Stanford Encyclopedia of Philosophy, unter: https://plato.stanford.edu/entries/conscience/, zuletzt abgerufen am 25. September 2017.

Das „argument from ignorance or humility“ wurde vor allem von Pierre Bayle (1686–1688) hervorgebracht, als die katholische Kirche durch die Reformation im 16. und 17. Jahrhundert an religiöser und moralischer Autorität verlor.[252] Zu dieser Zeit fand in den Worten Strohms eine „secularization of conscience“ in der modernen Welt statt.[253] Das „argument of humility“ wird auch in der aktuellen Debatte, also in einem Zeitalter, in welchem Pluralismus in Bezug auf Weltanschauungen anerkannt und unterstützt wird, verwendet.[254] Sulmasy beispielsweise rekurriert auf „epistemic moral humility“ als „true basis for tolerance“.[255]

Die Gewissensfreiheit ist also eines der Grundprinzipien des modernen Staates, des Rechtsstaates, und verkörpert seine Vernunft.[256] Schockenhoff resümiert daher: „Als der innere Bezugspunkt aller individuellen und sozialen Grundrechte ist die Freiheit des Gewissens nichts weniger als der Nerv der demokratischen Kultur und die eigentliche *raison d'être* des modernen Staates.“[257]

cc.) Das Grundrecht der Gewissensfreiheit als Schutz des „Persönlichkeitskerns“ jedes Menschen, nicht aber einer „absoluten Wahrheit“

Im Verfassungsrecht herrscht weitestgehend Einigkeit, dass das Grundrecht auf Gewissensfreiheit den Kern der Persönlichkeit schützt. Der Einzelne soll in dem, was seinen Persönlichkeitskern als sein Innerstes ausmacht, unverletzt bleiben.[258] Dieser Kern der Persönlichkeit, zu dem die Gewissensfreiheit gehört,

---

252 So: Giubilini, Conscience, in: Zalta (Hg.), The Stanford Encyclopedia of Philosophy, unter: https://plato.stanford.edu/entries/conscience/, zuletzt abgerufen am 25. September 2017.

253 Strohm, Conscience, S. 37; vgl. hierzu auch: Giubilini, Conscience, in: Zalta (Hg.), The Stanford Encyclopedia of Philosophy, unter: https://plato.stanford.edu/entries/conscience/, zuletzt abgerufen am 25. September 2017.

254 Giubilini, Conscience, in: Zalta (Hg.), The Stanford Encyclopedia of Philosophy, unter: https://plato.stanford.edu/entries/conscience/, zuletzt abgerufen am 25. September 2017.

255 Sulmasy, Theoretical Medicine and Bioethics 29 (2008), 135, 144; vgl. hierzu auch: Giubilini, Conscience, in: Zalta (Hg.), The Stanford Encyclopedia of Philosophy, unter: https://plato.stanford.edu/entries/conscience/, zuletzt abgerufen am 25. September 2017.

256 Böckenförde, VVDStRL 28 (1970), 33, 81.

257 Schockenhoff, Wie gewiss ist das Gewissen?, S. 23 (Hervorhebung im Original).

258 Böckenförde, VVDStRL 28 (1970), 33, 48 f.; siehe hierzu auch: Herzog, in: Maunz/Dürig (Begr.), Herzog u. a. (Hg.), Grundgesetz-Kommentar, Art. 4, Rn. 127.

ist staatlichem Einwirken entzogen. Darin, dass sich eine Gewissensfrage dann stellt, wenn die Entscheidung in einer bestimmten Situation für die Konstituierung oder Dekonstituierung der Persönlichkeit relevant ist, zeigt sich auch in besonderem Maße der Zusammenhang von der Freiheit des Gewissens mit der Menschenwürdegarantie und dem Persönlichkeitsrecht.[259] Das Gewissensurteil verkörpert eine Entscheidung, „die für den Betroffenen als innerer Zwang verbindlich ist, [sodass] ein Zuwiderhandeln gegen diesen Zwang die sittliche Persönlichkeit schädigen oder zerbrechen würde".[260]

Das Gewissen ist nach rechtswissenschaftlichen Begriffsbestimmungen, welche auf den durch die Psychologie vermittelten Einsichten in die Struktur der Persönlichkeit aufbauen, eine „Instanz, in der die im Laufe der Persönlichkeitsentwicklung verinnerlichten Wertmaßstäbe angesiedelt sind und welche als stabilisierendes Element des Ichs die Identität des Individuums mitbegründet und bewahrt."[261] Bei einem Handeln gegen den Persönlichkeitskern wird die eigene Identität infrage gestellt. Das individuelle Gewissen des Einzelnen erscheint daher als Kontrollinstanz der persönlichen biographischen Identität und des persönlichen Lebensentwurfs.[262] Ein Abweichen von der Gewissensposition muss die Identität und Integrität des Grundrechtsträgers gefährden.[263] Diese Funktion des Gewissens als identitätswahrendes Element, als Systemstabilisator für die eigene Persönlichkeit, wird insbesondere von Luhmann herausgearbeitet,[264] auf dessen Auffassung an späterer Stelle noch einzugehen sein wird.

Das Gewissen tritt in Erscheinung und meldet sich, wenn man sich selbst untreu wird. Dann droht der Zusammensturz einer kohärenten Existenz, der inneren Einheit des Menschen. Er wird sich selbst unglaubwürdig und votiert gegen die eigene Persönlichkeit.[265] Nach Dantine ist das Gewissen daher „einer

---

259 Kokott, in: Sachs (Hg.), Grundgesetz Kommentar, Art. 4, Rn. 90.

260 BVerwGE 7, 242 (247); vgl. hierzu auch: Germann, in: Epping/Hillgruber (Hg.), Beck'scher Online-Kommentar zum Grundgesetz, Art. 4, Rn. 87.

261 Herdegen, Gewissensfreiheit und Normativität des positiven Rechts, S. 142.

262 Honnefelder, Vernunft und Gewissen, in: Höver/Honnefelder (Hg.), Der Streit um das Gewissen, S. 113, S. 116.

263 BVerwGE 127, 302 (328); siehe auch: Jarass, in: Jarass/Pieroth, Grundgesetz für die Bundesrepublik Deutschland, Art. 4, Rn. 45.

264 Luhmann, AöR 90 (1965), 257 ff.; Luhmann, Die Funktion der Gewissensfreiheit im öffentlichen Recht, in: Kallenbach/Schemel (Hg.), Funktion des Gewissens im Recht, S. 9 ff.

265 Dantine, Die Funktion des Gewissens im Recht, in: Kallenbach/Schemel (Hg.), Funktion des Gewissens im Recht, S. 46, S. 59.

der wesentlichsten Angelpunkte des Menschseins: [E]s ruft zum Respekt vor der Menschlichkeit des Menschseins. Wenn ein Mensch Handlungen setzt oder geschehen lässt, gegen die sein Gewissen rebelliert, läuft er Gefahr, sein Menschsein zu verlieren."[266] Wer stetig gegen sein Gewissen handelt, oder gezwungen wird, gegen sein Gewissen zu handeln, gibt seine Identität als Mensch auf. Persönliche Integrität bedeutet Treue gegenüber identitätsstiftenden Bekenntnissen und Glaubenssätzen.[267] Childress führt hierzu aus: „In appealing to conscience I indicate that I am trying to preserve a sense of myself, my wholeness and integrity, my good conscience, and that I cannot preserve these qualities if I submit to certain requirements of the state or society."[268]

Sittliche Erkenntnis ist nach Honnefelder immer „Anerkenntnis", dem jeweils getroffenen Urteil zu folgen. Der Mensch sei ein Wesen, das nicht nur seinen eigenen Bestrebungen folgt, sondern für sich zu bestimmen hat, was das Gute ist. Die oberste Regel sei in diesem Zusammenhang die Wahrung der Übereinstimmung mit sich selbst. Dieses oberste Prinzip der Sittlichkeit nennt er Konsistenzprinzip. Das Gewissen fungiere als Instanz zur Wahrung dieses Prinzips.[269] Ein Gewissen zu haben, bedeute daher nicht, schlichtweg ein dem Gegenstand nach Gutes zu ergreifen, sondern im Ergreifen des Guten zuvörderst sich selbst zu ergreifen „als das durch Vernunft in Freiheit sich bestimmende Wesen, um eben damit dieses Wesen zu sein".[270] Das Gewissen sei daher vollkommen Sache der individuellen Person. Die Frage nach dem „wahrhaft Guten" könne nur vom Einzelnen selbst gestellt werden und auch die Antwort hierauf könne nur der Einzelne selbst sich geben.[271] Diese „Identität von Ich und Wahrheit" kann dann

266 Dantine, Die Funktion des Gewissens im Recht, in: Kallenbach/Schemel (Hg.), Funktion des Gewissens im Recht, S. 46, S. 59.

267 Vgl.: Cox/La Caze/Levine, Integrity, in: Zalta (Hg.), The Stanford Encyclopedia of Philosophy, unter: https://plato.stanford.edu/entries/integrity/, zuletzt abgerufen am 25. September 2017; siehe auch: Giubilini, Conscience, in: Zalta (Hg.), The Stanford Encyclopedia of Philosophy, unter: https://plato.stanford.edu/entries/conscience/, zuletzt abgerufen am 25. September 2017.

268 Childress, Ethics 89 (1979), 315, 327; vgl. hierzu auch: Giubilini, Conscience, in: Zalta (Hg.), The Stanford Encyclopedia of Philosophy, unter: https://plato.stanford.edu/entries/conscience/, zuletzt abgerufen am 25. September 2017.

269 Honnefelder, Vernunft und Gewissen, in: Höver/Honnefelder (Hg.), Der Streit um das Gewissen, S. 113, S. 115 f.

270 Honnefelder, Vernunft und Gewissen, in: Höver/Honnefelder (Hg.), Der Streit um das Gewissen, S. 113, S. 116.

271 Honnefelder, Vernunft und Gewissen, in: Höver/Honnefelder (Hg.), Der Streit um das Gewissen, S. 113, S. 116.

nur bezeugt werden, ist jedoch naturgemäß für andere nicht kontrollierbar oder nachprüfbar.[272]

Mit Gerhard Ebeling lässt sich daher sagen: Im Gewissen handelt es sich um ein Zur-Sprache-Kommen des Menschen selbst.[273] Der Mensch *hat* nicht Gewissen, der Mensch *ist* Gewissen.[274] Wie bereits dargestellt, verkörpert der Ruf des Gewissens den Ruf zur Einheit mit sich selbst.[275] Wenn das Gewissen als Inbegriff personaler Identität aufgefasst wird, muss also ein Verlust des Gewissens mit dem Verlust des Personseins gleichgesetzt werden.[276]

Auch nach dem Bundesverwaltungsgericht tritt das Gewissen daher in der sozialen Realität nicht bei jeder Gelegenheit, sondern als fordernde und regulierende Instanz dann auf, wenn die eigene Persönlichkeit durch Anforderungen an das Verhalten in ihrer Struktur und den Möglichkeiten, die eigene Identität zu wahren, in kritischer Weise berührt wird. Damit wird das Gewissen als innere Instanz also erst bei einer kritischen Bedrohung der Persönlichkeit in ihrer Identität wirksam.[277]

Die Gewissensfreiheit schützt im modernen Staat mithin nicht das objektiv Gute und Wahre, eine absolute Sittlichkeit, welche folglich bei jedem Menschen gleich wäre und nicht geschützt zu werden bräuchte. Das Grundrecht der Gewissensfreiheit respektiert den Einzelnen vielmehr gerade in seiner ureigenen Besonderheit und Würde. Dies ist eine Folge des Anerkenntnisses der Gewissensfreiheit als Grundlage des modernen Freiheitsdenkens, als Basis für Toleranz und Pluralismus. Die Gewissensfreiheit symbolisiert den Respekt vor dem anderen und seinem höchstpersönlichen Lebensentwurf.

Dieser Kern der Persönlichkeit, welchen das Gewissen kontrolliert, wird zugleich von außen nicht mehr kritisierbar. Am Gewissen des anderen lässt sich nicht rütteln. Wenn das Gewissen berührt wird, sieht sich der gesamte Mensch in seiner Persönlichkeit infrage gestellt. Wer den anderen in seiner Würde und

---

272 Höver, Einleitung, in: Höver/Honnefelder (Hg.), Der Streit um das Gewissen, S. 11, S. 17.

273 Ebeling, Theologische Erwägungen über das Gewissen, in: Blühdorn (Hg.), Das Gewissen in der Diskussion, S. 142, S. 144.

274 Ebeling, Theologische Erwägungen über das Gewissen, in: Blühdorn (Hg.), Das Gewissen in der Diskussion, S. 142, S. 147; vgl. hierzu auch: Honecker, Testimonium conscientiae, in: Höver/Honnefelder (Hg.), Der Streit um das Gewissen, S. 83, S. 88.

275 Bonhoeffer, Werke, hg. v. Tödt u. a., Bd. 6, S. 276 f.

276 Vgl.: Honecker, Testimonium conscientiae, in: Höver/Honnefelder (Hg.), Der Streit um das Gewissen, S. 83, S. 89.

277 BVerwGE 127, 302 (328); vgl. hierzu auch: Epping, Grundrechte, Rn. 329.

Einzigartigkeit respektieren möchte, der muss in dessen Berufung auf das eigene Gewissen also ein „Ende der Diskussion" sehen. Die Autonomie des eigenen Gewissens darf jedoch nicht dahingehend verstanden werden, dass das Gewissen von jeder Rechenschaftspflicht frei ist. Das Gewissen muss schließlich unterscheidbar von bloßen Launen bleiben, sodass man durch eine Bezugnahme auf das Gewissen die Darlegung von Gründen sowie Argumenten und Gegenargumenten nicht ersetzen kann.[278]

Es besteht also stets eine Pflicht zur Gewissensbildung. Das Gewissen selbst wird jedoch, vorausgesetzt, dass eine Gewissensbildung stattgefunden hat, inmitten von Wertpluralismus und Vielfalt selbst nicht mehr relativierbar. Der Einzelne kann sich zwar weiterbilden, seine Gewissensinhalte und Einstellungen können sich verändern, von außen dürfen seine „pflichtgemäß" gebildeten Gewissensauffassungen als Inbegriff seines Persönlichkeitskerns jedoch – grundsätzlich und im Rahmen der durch die Verfassung gesetzten Grenzen – nicht verändert oder angegriffen werden, wenn der Einzelne in seiner Würde und Identität respektiert werden soll.

dd.) Die Kriegsdienstverweigerung aus Gewissensgründen

(1) Situation in Deutschland

Gegenüber dem Grundrecht aus Art. 4 Abs. 1 GG enthält Art. 4 Abs. 3 GG eine Spezialregelung, welche eine Kriegsdienstverweigerung aus Gewissensgründen ermöglicht. Das Recht auf Kriegsdienstverweigerung ist, obwohl kaum Zweifel daran bestehen können, dass dieses einen Sonderfall der Gewissensfreiheit darstellt, ein eigenes Grundrecht.[279] Die vom Soldaten verlangte Todes- und Tötungsbereitschaft betrifft in der auf Befehl und Gehorsam basierenden Organisationsstruktur eine besonders ernste Frage des Gewissens.[280]

Fahnenflucht oder Landesverrat wurden in Deutschland während des Ersten Weltkrieges bestraft.[281] Nach der Einführung einer allgemeinen Wehrpflicht im

278 Honecker, Testimonium conscientiae, in: Höver/Honnefelder (Hg.), Der Streit um das Gewissen, S. 83, S. 91.

279 Jarass, in: Jarass/Pieroth, Grundgesetz für die Bundesrepublik Deutschland, Art. 4, Rn. 52; Borowski, Die Glaubens- und Gewissensfreiheit des Grundgesetzes, S. 358.

280 Morlok, in: Dreier (Hg.), Grundgesetz Kommentar, Bd. 1, Art. 4, Rn. 174.

281 Siehe hierzu: O. V., Historisches E-Paper, Soldatenmißhandlungen und Fahnenflucht, in: FAZ vom 01. Juli 1914, Drittes Morgenblatt, S. 1, unter: http://www.faz.net/aktuell/politik/der-erste-weltkrieg/historisches-e-paper-soldatenmisshandlungen-und-fahnenflucht-13041961.html, zuletzt abgerufen am 25. September 2017.

Jahr 1935 wurden gegen die wenigen Zeugen Jehovas unter den Wehrpflichtigen im Verweigerungsfall durch Militärgerichte Gefängnisstrafen verhängt. § 48 des Militärstrafgesetzbuches wurde herangezogen, wonach die Strafbarkeit einer Handlung nicht ausgeschlossen war, wenn der Täter sein Verhalten nach seinem Gewissen oder den Vorschriften seiner Religion für geboten hielt.[282] Schließlich wurde „Wehrkraftzersetzung" sogar mit der Todesstrafe geahndet.[283] Auf Grundlage der Erfahrung des verlorenen Zweiten Weltkrieges nahm die Bundesrepublik Deutschland im Jahr 1949 als bislang einziger Staat auf der Welt ein Recht auf Kriegsdienstverweigerung in seine Verfassung auf.[284] In der DDR hingegen gab es trotz der verfassungsmäßig garantierten Glaubens- und Gewissensfreiheit keine Wehrdienstverweigerung aus Gewissensgründen. Der Pazifismus und die Wehrdienstverweigerung wurden vielmehr kampagnenartig bekämpft.[285] So ließ das Ost-Berliner SED-Organ in der Berliner Zeitung verlauten: „Wir unterstützen alle Jugendlichen in Westdeutschland, die den Dienst an der Waffe verweigern, denn sie schwächen die imperialistische NATO-Armee. In der DDR kann und wird es keine Wehrdienstverweigerung geben, da wir den Frieden und den Sozialismus schützen."[286]

Im Wortlaut des Art. 4 Abs. 3 GG ist zwar lediglich die Rede vom „Dienst an der Waffe". Hierunter fallen aber auch kriegsunterstützende Dienste, bei denen gegebenenfalls Waffen zum Zwecke der Verteidigung zum Einsatz kommen.[287] Das Bundesverfassungsgericht stellt an das Vorliegen einer Gewissensentscheidung im Rahmen von Art. 4 Abs. 3 GG recht hohe Anforderungen. Das Gewissen

---

282 Messerschmidt, Kriegsdienstverweigerer und Deserteure des Zweiten Weltkriegs, in: Oberbürgermeister der Stadt Osnabrück/Präsident der Universität Osnabrück (Hg.), Osnabrücker Jahrbuch Frieden und Wissenschaft 4 (1997), S. 167.

283 Messerschmidt, Kriegsdienstverweigerer und Deserteure des Zweiten Weltkriegs, in: Oberbürgermeister der Stadt Osnabrück/Präsident der Universität Osnabrück (Hg.), Osnabrücker Jahrbuch Frieden und Wissenschaft 4 (1997), S. 167.

284 Krölls, Kriegsdienstverweigerung, S. 19.

285 Eisenfeld/Schicketanz, Bausoldaten in der DDR, S. 40.

286 Berliner Zeitung vom 24. Januar 1962, zitiert nach: Eisenfeld/Schicketanz, Bausoldaten in der DDR, S. 40.

287 Epping, Grundrechte, Rn. 330; siehe auch: BVerfGE 69, 1 (55 ff.); dazu, dass der Sanitätsdienst jedenfalls solange kein Kriegsdienst mit der Waffe im Sinne des Art. 4 Abs. 3 GG sein kann, wie er nicht mit der Verpflichtung zum Tragen einer Waffe verbunden ist: Herzog, in: Maunz/Dürig (Begr.), Herzog u. a. (Hg.), Grundgesetz-Kommentar, Art. 4, Rn. 183; BVerfGE 69, 1 (56).

darf „das Töten im Kriege schlechthin“ nicht zulassen.[288] Dagegen ist eine bloß situationsbedingte Verweigerung, also das „Töten nur in einem bestimmten Krieg“, grundsätzlich nicht geschützt.[289] Wesentlich ist vor allem auch, dass es sich um eine ernsthafte, „echte“ Gewissensentscheidung handelt.[290]

Die Kriegsdienstverweigerung umfasst nicht allein die Wehrpflicht, sondern bezieht auch die Berufs- und Zeitsoldaten sowie Reservisten mit ein. Während ihres Berufslebens können Soldaten, die sich freiwillig verpflichtet haben, nachträglich den Dienst an der Waffe verweigern. Insofern ist die Verweigerung des Kriegsdienstes auch nach der Aussetzung der Wehrpflicht ein wichtiges Thema, bei welchem es ganz besonders um die Gewissensfrage geht. Nach der Aussetzung und damit der faktischen Abschaffung der Wehrpflicht zum 01. Juli 2011 nach rund 55 Jahren gibt es in Deutschland pro Jahr noch hunderte Kriegsdienstverweigerer. Zum einen ist dies von Bedeutung, weil die Wehrpflicht wieder eingeführt werden könnte und zum anderen werden hierdurch die aktiven Soldaten – zumeist die Zeit- oder Berufssoldaten – geschützt.[291]

Für Böckenförde hat die Gewissensfreiheit ihr Paradigma in der Kriegsdienstverweigerung aus Gewissensgründen.[292] Wie die Gewissensfreiheit soweit nur möglich unverletzlich und das Gewissen dem Staat vorgegeben sein müsse, so werde diese Wertentscheidung auch und gerade in dem Fall bedeutsam, in welchem sich der Konflikt zwischen dem Gewissen des Einzelnen und den Belangen der staatlichen Gemeinschaft am stärksten zeigt. Selbst, wenn das gesamte Dasein des Gemeinwesens durch Krieg infrage gestellt wird, soll der Staat nicht gegen das eigene Gewissen zwingen können, koste es, was es wolle.[293]

---

288 BVerfGE 12, 45 (57); so auch: Kokott, in: Sachs (Hg.), Grundgesetz Kommentar, Art. 4, Rn. 109.

289 Vgl.: BVerfGE 69, 1 (23); siehe auch: Epping, Grundrechte, Rn. 330; Jarass, in: Jarass/Pieroth, Grundgesetz für die Bundesrepublik Deutschland, Art. 4, Rn. 54.

290 Vgl.: Herzog, in: Maunz/Dürig (Begr.), Herzog u. a. (Hg.), Grundgesetz-Kommentar, Art. 4, Rn. 197 ff.

291 Vgl.: Schmiegelt/Schwarz, Folgen der Aussetzung der Wehrpflicht, in: Evangelische Friedensarbeit vom 25. März 2015, unter: http://www.evangelische-friedensarbeit.de/artikel/2015/folgen-der-aussetzung-der-wehrpflicht, zuletzt abgerufen am 25. September 2017; siehe auch: Morlok, in: Dreier (Hg.), Grundgesetz Kommentar, Bd. 1, Art. 4, Rn. 174, Rn. 184.

292 Böckenförde, VVDStRL 28 (1970), 33, 71.

293 Böckenförde, VVDStRL 28 (1970), 33, 73; BVerfGE 69, 1 (22); hierzu auch: Kokott, in: Sachs (Hg.), Grundgesetz Kommentar, Art. 4, Rn. 104.

(2) Kriegsdienstverweigerung und ziviler Ungehorsam

Für Rawls ist die Wehr- und Kriegsdienstverweigerung ein Fall der Weigerung aus Gewissensgründen, welche er wiederum von zivilem Ungehorsam unterscheidet. In diese Kategorie der Weigerung aus Gewissensgründen gehört nach Rawls auch die Weigerung der Zeugen Jehovas, die Flagge zu grüßen, oder die Weigerung Thoreaus, Steuern zu zahlen. Einen Unterschied zum zivilen Ungehorsam sieht Rawls unter anderem darin, dass die Weigerung aus Gründen des Gewissens keinen Appell an das Gerechtigkeitsempfinden der Mehrheit enthalte. Sie müsse daher auch nicht in der Öffentlichkeit stattfinden. Ursprung der Weigerung seien damit eigene Gewissensgründe, der Handelnde berufe sich nicht auf gesamtgesellschaftliche Überzeugungen. Die Weigerung aus Gewissensgründen besteht nach Rawls in der Nichterfüllung einer mehr oder weniger unmittelbaren gesetzlichen Verpflichtung oder Verwaltungsanordnung.[294]

Forst betont den Unterschied zwischen zivilem Ungehorsam und der Weigerung aus Gewissensgründen noch stärker: „Während die Weigerung aus Gewissensgründen [...] eine individuelle, primär auf die Integrität der eigenen Person bezogene Handlung darstellt, ist der zivile Ungehorsam eine solche, der es um die Integrität einer gerechten Gesellschaft geht."[295]

Auch in der Stanford Encyclopedia of Philosophy wird unter Bezugnahme auf McGuire besonders auf diese rein subjektive Dimension des Gewissens abgestellt. Wenn beispielsweise Abtreibung gegen das Gewissensgebot einer Person verstößt, wird diese Person nicht zwingend versuchen, andere Menschen unter Bezugnahme auf einen objektiven moralischen Standard davon zu überzeugen, dass Abtreibung falsch ist. In der Regel verleiht sie nur ihrer eigenen moralischen Auffassung Ausdruck und verlangt, dass diese auch von anderen respektiert wird.[296] Childress führt in diesem Sinne aus, dass derjenige, welcher sich auf das Gewissen beruft, es üblicherweise aufgegeben hat, andere von der objektiven

---

294 Rawls, Eine Theorie der Gerechtigkeit, S. 405 ff.; vgl. hierzu auch: Altnöder, Ziviler Ungehorsam, S. 35.

295 Forst, Die Pflicht zur Gerechtigkeit, in: Höffe (Hg.), John Rawls, S. 187, S. 206; vgl. hierzu auch: Altnöder, Ziviler Ungehorsam, S. 36.

296 McGuire, The Journal of Philosophy 60 (1963), 253, 259; Giubilini, Conscience, in: Zalta (Hg.), The Stanford Encyclopedia of Philosophy, unter: https://plato.stanford.edu/entries/conscience/, zuletzt abgerufen am 25. September 2017.

Richtigkeit seiner Auffassung zu überzeugen und sich damit zufrieden gibt, sein subjektives Gefühl der Richtigkeit kundzutun.[297]

Beides kann jedoch auch zusammenfallen. Forst rekurriert auf das auch von Rawls behandelte Thema der Wehrdienstverweigerung aus Gewissensgründen, um darzulegen, dass sowohl die politisch motivierte Weigerung aus Gründen des Gewissens als auch ziviler Ungehorsam gerechtfertigt sein kann. Es ist möglich, dass die Verweigerung sich hier als Teil des zivilen Ungehorsams darstellt.[298]

(3) Internationale Regelungen und Ausblick auf andere Rechtskreise – „Conscientious Objections" in den USA

Das Recht auf Kriegsdienstverweigerung basiert in internationaler Hinsicht auf dem „right to freedom of thought, conscience and religion" in Art. 18 der UN-Menschenrechtscharta und dem internationalen Pakt über bürgerliche und politische Rechte. Es handelt sich hierbei um ein abgeleitetes Recht, da die „internationalen Instrumente" der Vereinten Nationen nicht direkt von einem Recht auf Kriegsdienstverweigerung sprechen.[299] Die Europäische Menschenrechtskonvention sieht als „regional human rights instrument" jedoch explizit ein Recht auf Kriegsdienstverweigerung vor.[300]

Ähnliche Erwägungen und Voraussetzungen für die Kriegsdienstverweigerung wie die oben dargestellten für Deutschland finden sich auch in anderen Rechtskreisen wie den USA. Seit dem Jahr 1973 gibt es in den USA keine Wehrpflicht mehr, sondern eine Freiwilligenarmee.[301] Bis heute müssen sich jedoch fast alle männlichen US-Bürger im Alter von 18 bis 25 Jahren beim „Selective Service System" registrieren. Bei einem Staatsnotstand können die Bürger dann auch nach dem Jahr 1973 eingezogen werden.[302]

Die Grundlage für eine Ausnahme vom Dienst an der Waffe durch einen Kriegsdienstverweigerer aus Gewissensgründen ist der Military Selective Service

297 Childress, Ethics 89 (1979), 315, 329; vgl. hierzu auch: Giubilini, Conscience, in: Zalta (Hg.), The Stanford Encyclopedia of Philosophy, unter: https://plato.stanford.edu/entries/conscience/, zuletzt abgerufen am 25. September 2017.

298 Forst, Die Pflicht zur Gerechtigkeit, in: Höffe (Hg.), John Rawls, S. 187, S. 205; vgl. hierzu auch: Altnöder, Ziviler Ungehorsam, S. 36.

299 United Nations, Conscientious Objection to Military Service, S. 7.

300 Vgl. hierzu: United Nations, Conscientious Objection to Military Service, S. 8.

301 Siehe hierzu: Clever/Segal, Sicherheit und Frieden 30 (2012), 9.

302 Siehe hierzu: United States Government, Selective Service, in: USAGov vom 08. August 2017, unter: https://www.usa.gov/selective-service, zuletzt abgerufen am 25. September 2017.

Act, USC title 50, Appendix 456 (j): „Nothing contained in this title [sections 451 to 471a of this Appendix] shall be construed to require any person to be subject to combatant training and service in the armed forces of the United States who, by reason of religious training and belief, is conscientiously opposed to participation in war in any form. As used in this subsection, the term ‚religious training and belief' does not include essentially political, sociological, or philosophical views, or a merely personal moral code." Die Selective Service regulations (32 CFR XVI) legen weiterhin fest: „Sec. 1636.4 Basis for classification in Class 1-0: (a) A registrant must be conscientiously opposed to participation in war in any form and conscientiously opposed to participation in both combatant and noncombatant training and service in the Armed Forces. (b) A registrant's objection may be founded on religious training and belief; it may be based on strictly religious beliefs, or on personal beliefs that are purely ethical or moral in source or content and occupy in the life of a registrant a place parallel to that filled by belief in a Supreme Being for those holding more traditionally religious views. (c) A registrant's objection must be sincere." Die DoDI 1300.06 vom 31. Mai 2007 definiert „conscientious objection" daher wie folgt: „A firm, fixed, and sincere objection to participation in war in any form or the bearing of arms, by reason of religious training and/or belief."[303]

Für die Kriegsdienstverweigerung nach derzeitiger Rechtslage in den USA ist also eines der Hauptkriterien, dass der „conscientious objector" Krieg in jeder Form ablehnt. Die Gewissensentscheidung muss zudem ernsthaft sein. In der Entscheidung Gillette v. United States des United States Supreme Court aus dem Jahr 1971 stellte das Gericht fest, dass keine konfessionelle Zugehörigkeit oder theologische Position vorausgesetzt ist, verneinte aber die Einbeziehung von Verweigerungsgründen nur für spezifische Kriege.[304] Auch ein Atheist wird als Kriegsdienstverweigerer anerkannt, wenn er beweisen kann, dass seine Überzeugungen dieselben Auswirkungen auf sein Leben haben wie ein Glaube an eine höhere Macht.[305] Das Recht auf Kriegsdienstverweigerung ist mit dem „First Amendment statement of freedom of religion" verknüpft.[306]

303 DoDI 1300.06 vom 31. Mai 2007, S. 2; vgl. hierzu auch: United Nations, Conscientious Objection to Military Service, S. 50.

304 Gillette v. United States, 401 U.S. 437 (1971).

305 Shubin, The Conscientious Objector and the United States Armed Forces, S. 13.

306 Shubin, The Conscientious Objector and the United States Armed Forces, S. 13.

3.) Theologische und philosophische Betrachtungen zum Begriff des Gewissens

Wie bereits dargelegt, ist der Begriff des Gewissens einer der umstrittensten und uneinheitlichsten. Die Deutungsvielfalt und Unklarheit des Gewissensbegriffs hat in der Philosophie zu einer unüberschaubaren Anzahl an Auffassungen geführt. Es macht den Eindruck, als hätte das Gewissen in der gegenwärtigen Philosophie seine Berechtigung verloren. Dies gründet jedoch nicht, wie man denken könnte, auf einer Ignoranz der Moderne gegenüber der altehrwürdigen Institution des Gewissens. Es gibt vielmehr schlicht keine Grundlage der Kommunikation darüber, was mit dem Gewissen überhaupt gemeint ist.[307]

Zudem gehört geistesgeschichtlich die christliche Sorge um das Heil der Seele, das Jüngste Gericht, zum Gewissen. Damit trägt der Begriff des Gewissens eine „erhebliche Erblast" mit sich. Es handelt sich also beim Gewissen um einen Terminus, der zur Theologie gehört. Daher steht derjenige, welcher in der Philosophie vom Gewissen spricht, stets im Verdacht, theologische Implikationen zu vermitteln. Auf dieser Grundlage ließe sich also argumentieren, dass man bereits im Interesse einer streng säkularen Philosophie gut beraten wäre, auf den Begriff des Gewissens zu verzichten.[308]

Trotz allen Gegenwindes steht der Gewissensbegriff heute aber noch immer in einem guten Licht. Es scheint außer Frage zu stehen, dass das Gewissen – ganz allgemein – für etwas Positives steht. Nicht zuletzt das Recht rekurriert und baut – wie bereits dargestellt – an einigen Stellen auf das Gewissen. Die Vorstellung vom Gewissen als etwas Gutem, der Glaube daran, dass ein „gutes Herz" notwendigerweise ein gutes Tun und ein „böses Herz" notwendigerweise ein böses Tun zur Folge hat, wurde jedoch durch den Kollaps des Gewissens im Nationalsozialismus erschüttert.[309] Dauner meint daher: „Der Zusammenbruch des Gewissens im 20. Jahrhundert ist das Nadelöhr, durch das eine gegenwärtige ethische Gewissenstheorie hindurchkommen muss. Weil es nach diesem Kollaps jede fraglos-selbstverständliche Identifizierung des Gewissens mit sittlicher Gutheit nicht mehr geben kann, wird man sich auch eine ganz grundsätzliche Frage

---

307 Dauner, Das Gewissen, S. 7.
308 Dauner, Das Gewissen, S. 7 f.
309 Dauner, Das Gewissen, S. 8 f.

stellen müssen: Wie kam man denn überhaupt dazu, dem Gewissen die Kognition des Guten zuzutrauen?"[310]

Die Antwort auf diese Frage liegt in den stoisch-christlichen Ursprüngen des Gewissens, dem Gewissen als Erkenntnisorgan objektiver und naturrechtlicher Werte.[311] Auch Hegel verlangt mit seinem „wahrhaften" Gewissen nach einer Rückkopplung des Gewissens an etwas Objektives. Somit läge es also nahe, im Nationalsozialismus schlichtweg eine Erkenntniskrise gegenüber dem objektiv Guten zu sehen. Entsprechend haben sich einige Rechtsphilosophen in den 1960er Jahren bemüht, eine objektivistische Theorie des Gewissens aufzustellen. Diese Bemühungen mussten jedoch scheitern, wie anhand der geistesgeschichtlichen Entwicklung der Moderne und der Abkopplung des persönlichen Gewissens von einer objektiv vorgegebenen christlichen Wertesphäre deutlich wird.[312]

Hierin zeigt sich mit Dauner vielmehr gerade eine „Aufwertung des subjektiven Gewissensanteils, dessen Emanzipation mit der aufkommenden säkularen Gewissensfreiheit rechtlich institutionalisiert wird".[313] Art. 4 GG garantiert die Freiheit des höchstpersönlich-subjektiven Gewissens vorbehaltlos. Die Gewissensfreiheit wird, wie zuvor erläutert, unabhängig von einer objektiven oder vorgegebenen Systematik zugebilligt. Damit scheidet, wie bereits dargelegt, auch eine Einordnung der jeweiligen Gewissensauffassung durch die Gerichte als „richtig", „falsch" oder „irrig" aus.[314] Ebendieser Entwicklung soll im Folgenden nachgegangen werden.

a.) Objektivistische Auffassungen

aa.) Ursprüngliche Bedeutung des Gewissens und theologische Grundlagen: Das Gewissen als „Erkenntnisorgan des Guten"

In der stoisch-christlichen Form ist das Gewissen objektivistisch zu verstehen: Es war der Ort im Menschen, an welchem sich das Naturrecht als sittliche Ordnung widerspiegelte. Das Gewissen fungierte also als Träger einer objektiv und überzeitlich feststehenden sittlichen Ordnung.[315]

---

310 Dauner, Das Gewissen, S. 10.

311 Dauner, Das Gewissen, S. 10.

312 Dauner, Das Gewissen, S. 12 f.

313 Dauner, Das Gewissen, S. 13.

314 Dauner, Das Gewissen, S. 13; BVerfGE 12, 45 (56); vgl. hierzu auch: Bockelmann, Zur Problematik der Sonderbehandlung von Überzeugungsverbrechern, in: Stratenwerth (Hg.), FS Welzel, S. 543, S. 550.

315 Dauner, Das Gewissen, S. 50 f.

Schon in der jüngeren Stoa wurde das Gewissen im Zusammenhang mit der Naturrechtslehre behandelt. Im Gewissen (conscientia) zeigt sich dementsprechend das dem Menschen eingegebene Gesetz, welches mit dem Gesetz der Natur übereinstimmt. Nur das Leben, welches im Einklang mit der Natur und der Allvernunft steht, entspricht der Bestimmung und Würde des Menschen.[316] Naturgemäß zu leben, bedeutet, in Übereinstimmung mit dem All-Logos, der Allnatur zu handeln und das Leben so zu gestalten, dass die Vernunft mit dem „allgemein Natürlichen" im Einklang steht. Die individuelle Vernunft harmoniert dann mit der „Weltvernunft".[317] Naturgesetz und Naturrecht unterliegen keinerlei Schwankungen und sind stets beständig. Die Naturgesetze werden als absolut geltend betrachtet. Die Natur verkörpert immer das Richtige.[318]

Seneca führt aus: „Ein geheiligter Geist sitzt in uns, ein Beobachter und Wächter unserer schlechten und guten Taten."[319] Das Gewissen als ein die Lebensführung begleitendes Mitwissen von der Art eines inneren Zeugen in Bezug auf das eigene Verhalten war zwar keine Entdeckung erst der Stoa, sondern geht bereits auf die griechischen Tragiker zurück. Die Stoa machte jedoch aus der ursprünglich anklagenden oder warnenden Stimme des Gewissens ein Bewusstsein von den grundlegenden Regeln des sittlichen Verhaltens, welches jeder menschlichen Erfahrung vorausgeht.[320]

Bei Paulus schließlich findet sich erstmals eine Lehre vom Gewissen (syneidesis) im Christentum. Der Gewissensbegriff hat mit einem Mal einen großen Einfluss.[321] In der Stoa ist der Mensch all seinen Anlagen nach gut, wohingegen im Christentum die Natur des Menschen durch die Sünde der Stammeltern verdorben wurde, das Christentum der „natürlichen Gutheit" des Menschen also seine Lehre von der Erbsünde entgegenstellt, sodass die Anthropologie grundsätzlich eine andere ist.[322] Nichtsdestotrotz erkennt die Kraft der Erkenntnis des

---

316 Vgl.: Stelzenberger, Die Beziehungen der frühchristlichen Sittenlehre zur Ethik der Stoa, S. 105 ff.; S. 160 f.; siehe hierzu auch: Dauner, Das Gewissen, S. 48.

317 Stelzenberger, Die Beziehungen der frühchristlichen Sittenlehre zur Ethik der Stoa, S. 161.

318 Stelzenberger, Die Beziehungen der frühchristlichen Sittenlehre zur Ethik der Stoa, S. 107.

319 Seneca, Epistulae morales 41, 2, zitiert nach: Böckenförde, Geschichte der Rechts- und Staatsphilosophie, S. 143.

320 Pannenberg, Theologie und Philosophie, S. 101.

321 siehe z. B.: Apg 23, 1; 24, 16; vgl.: Stelzenberger, Die Beziehungen der frühchristlichen Sittenlehre zur Ethik der Stoa, S. 192.

322 Stelzenberger, Die Beziehungen der frühchristlichen Sittenlehre zur Ethik der Stoa, S. 162 f.; vgl. hierzu auch: Dauner, Das Gewissen, S. 49.

Gewissens bei Paulus – selbst bei Heiden – die im Naturrecht niedergeschriebenen Grundlagen der Sittlichkeit.[323] Das Gewissen war also einmal der edelste Teil des Menschen, welcher den Sündenfall überstand und den Menschen die naturrechtlichen Gesetze erkennen ließ.[324]

Auch die Pastoralkonstitution „Gaudium et spes" über die Kirche in der Welt von heute, welche vom Zweiten Vatikanischen Konzil formuliert und im Dezember 1965 von Papst Paul VI. bekanntgegeben wurde, befasst sich mit der Rolle des Gewissens. In Art. 16 der Pastoralkonstitution „Gaudium et spes" mit der Überschrift „Die Würde des sittlichen Gewissens" heißt es: „Im Innern seines Gewissens entdeckt der Mensch ein Gesetz, das er sich nicht selbst gibt, sondern dem er gehorchen muß und dessen Stimme ihn immer zur Liebe und zum Tun des Guten und zur Unterlassung des Bösen anruft und, wo nötig, in den Ohren des Herzens tönt: Tu dies, meide jenes. Denn der Mensch hat ein Gesetz, das von Gott seinem Herzen eingeschrieben ist, dem zu gehorchen eben seine Würde ist und gemäß dem er gerichtet werden wird. Das Gewissen ist die verborgenste Mitte und das Heiligtum im Menschen, wo er allein ist mit Gott, dessen Stimme in diesem seinem Innersten zu hören ist. Im Gewissen erkennt man in wunderbarer Weise jenes Gesetz, das in der Liebe zu Gott und dem Nächsten seine Erfüllung hat. Durch die Treue zum Gewissen sind die Christen mit den übrigen Menschen verbunden im Suchen nach der Wahrheit und zur wahrheitsgemäßen Lösung all der vielen moralischen Probleme, die im Leben der [E]inzelnen wie im gesellschaftlichen Zusammenleben entstehen. Je mehr also das rechte Gewissen sich durchsetzt, desto mehr lassen die Personen und Gruppen von der blinden Willkür ab und suchen sich nach den objektiven Normen der Sittlichkeit zu richten."[325]

Auch in der Zeit des Nationalsozialismus haben sich einige Vertreter der Kirche auf ihr Gewissen berufen, welches den rechten Pfad aufzeige. Schon Petrus in der Apostelgeschichte 5, 29 warf im Verhör einem Hohepriester entgegen: „Man muss Gott mehr gehorchen als den Menschen!"[326] Der Pallottinerpater Franz Reinisch fühlte sich aufgrund seines Gewissens nicht in der Lage, Hitler den persönlichen Fahneneid zu leisten. Er berief sich auf die naturrechtliche Lehre vom gerechten Krieg sowie auf sein eigenes Gewissensurteil, das es ihm nicht

323 Siehe z. B.: Röm 2, 14 f.; vgl.: Stelzenberger, Die Beziehungen der frühchristlichen Sittenlehre zur Ethik der Stoa, S. 112 f.; siehe hierzu auch: Dauner, Das Gewissen, S. 49.

324 Dauner, Das Gewissen, S. 12.

325 GS 16.

326 Apg 5, 29; vgl. hierzu auch: Schockenhoff, Wie gewiss ist das Gewissen?, S. 47.

erlaubte, einen Fahneneid auf einen Verbrecher wie Hitler zu leisten.[327] In dem Protest gegen das Unrechtsregime und dem offenen Bekenntnis zu Gott sah er „seine persönliche Sendung, die er im Gehorsam gegenüber seinem Gewissen auf sich nahm."[328] Er wurde im Jahr 1942 zum Tode verurteilt und schließlich hingerichtet.[329]

An dieser Stelle sei jedoch darauf hingewiesen, dass die Berufung auf einen Gott, auf naturrechtliche, objektive und vermeintlich richtige Gegebenheiten und die Treue gegenüber dem eigenen Gewissen, welches gegen die allgemeine Erwartung der gesellschaftlichen Moralauffassung zum Handeln zwingt, nicht nur zu aus heutiger Sicht heldenhaftem Widerstand und Selbstaufopferung im Zeichen der Menschlichkeit, sondern auch zu Krieg und Terror führen kann.

Der oben beispielhaft genannte Widerstand gegen das nationalsozialistische Regime nach den Prinzipien der Menschlichkeit entspricht dem christlichen Selbstverständnis, wie es sich gerade auch nach den Einflüssen der Aufklärung entwickelt hat. Im Christentum zu Zeiten der Kreuzzüge hingegen erfolgte noch der Aufruf zur bedingungslosen Bekämpfung der „Ungläubigen" mit den Worten „Dieu le veut! Deus lo vult! – Gott will es!".

Man denke beispielsweise auch an Islamisten in der Gegenwart, die bei Terroranschlägen im Auftrag Gottes „Allahu Akbar", also „Gott ist groß", rufen und glauben, im Sinne einer absoluten Lebens-, Staats- und Sozialordnung handeln zu müssen. Eine im Jahr 1998 von mehreren Islamistenführern unter Vorsitz von Osama bin Laden verabschiedete Gründungserklärung der „Internationalen Islamischen Front für den Dschihad gegen die Juden und Kreuzfahrer" veranschaulicht die Ideologie des islamistischen Terrorismus sehr gut:[330] „Im Namen Gottes rufen wir jeden Muslim, der an Gott glaubt und um Vergebung bittet, auf, dem Befehl Gottes zu gehorchen, indem er Amerikaner tötet und ihr Geld stiehlt, jederzeit und wann immer es möglich ist. Desweiteren [sic] rufen wir muslimische Gelehrte, ihre treuen Führer, junge Gläubige und Soldaten dazu auf, gegen die amerikanischen Satanssoldaten und ihre Verbündeten des Teufels zum Angriff überzugehen."[331]

---

327 Schockenhoff, Wie gewiss ist das Gewissen?, S. 48.

328 Schockenhoff, Wie gewiss ist das Gewissen?, S. 49.

329 Schockenhoff, Wie gewiss ist das Gewissen?, S. 49.

330 Bergen, Heiliger Krieg Inc., S. 128.

331 Manifest der „Internationalen Islamischen Front für den Dschihad gegen die Juden und Kreuzfahrer" vom 22. Februar 1998, zitiert nach: Bergen, Heiliger Krieg Inc., S. 129.

Der Glaube an absolute und von Gott vorgegebene Werte, welche es entgegen der menschlichen Ordnung durchzusetzen gilt, birgt, wie die Geschichte mit Glaubenskriegen und Terrorismus gezeigt hat, auch einige Gefahren. Es ist daher geboten, derartigen Einstellungen gegenüber immer auch eine kritische Haltung einzunehmen.

bb.) Hegels Konzeption des Gewissens

Die Philosophie Hegels ist zwar zeitlich nach Kant einzuordnen. Hegel vertritt in seiner Gewissenskonzeption jedoch – anders als Kant – einen eher objektivistischen Standpunkt, sodass an dieser Stelle bereits auf seine philosophische Auffassung des Gewissens eingegangen werden soll.

In seinen „Grundlinien der Philosophie des Rechts" befasst sich Hegel mit den Dingen, welche vom Begriff des rationalen Willens herrühren und die menschlichen Angelegenheiten betreffen.[332] Es handelt sich um eine Analyse des modernen Vertragsverständnisses, des Verbrechens, der modernen Familie, der Marktwirtschaft, moderner politischer Institutionen und auch des Gewissens.[333] Hegel würdigt das Gewissen in § 137 seiner Rechtsphilosophie als etwas, das die „absolute Berechtigung des subjektiven Selbstbewußtseins"[334] ist. Das Gewissen ist die „Einheit des subjektiven Wissens und dessen, was an und für sich ist, ein Heiligtum, welches anzutasten Frevel wäre."[335] Es ist im Sinne des Hegel'schen Verständnisses nicht nur eine warnende oder bloß verurteilende Instanz, sondern die innere, subjektive Gewissheit dessen, was recht und unrecht ist.[336] Hegel meint in diesem Sinne das im Handeln aktuell werdende Gewissen.[337]

Dem folgt jedoch eine Kritik an der Einseitigkeit einer lediglich moralischen Position.[338] Hegel ist der Auffassung, dass die Antwort auf die Frage, ob das Gewissen eines „bestimmten Individuums dieser Idee des Gewissens gemäß ist, ob das, was es für gut hält, auch wirklich gut ist", sich allein aus „dem Inhalt dieses Gutseinsollenden" bestimmt.[339] Verlangt wird also eine Rückbindung des subjektiven Gewissens an objektive und intersubjektiv gültige Maßstäbe. Für

332 Taylor, Hegel, S. 561.
333 Pippin, Philosophy and Social Criticism 40 (2014), 725, 726.
334 Hegel, Grundlinien der Philosophie des Rechts, hg. v. Lasson, § 137.
335 Hegel, Grundlinien der Philosophie des Rechts, hg. v. Lasson, § 137.
336 So auch: Mock, Gewissen und Gewissensfreiheit, S. 43.
337 Mock, Gewissen und Gewissensfreiheit, S. 43.
338 Martinsen, Staat und Gewissen im technischen Zeitalter, S. 166.
339 Hegel, Grundlinien der Philosophie des Rechts, hg. v. Lasson, § 137.

Hegel sind das allgemeine Gesetze und Grundsätze: „Was Recht und Pflicht ist, ist als das an und für sich Vernünftige der Willensbestimmungen wesentlich weder das besondere Eigentum eines Individuums noch in der Form von Empfindung oder sonst einem einzelnen, [...] sinnlichen Wissen, sondern wesentlich von allgemeinen, gedachten Bestimmungen, [...] in der Form von Gesetzen und Grundsätzen.“[340]

(1) Das formelle und das wahrhafte Gewissen

Hegel unterscheidet zwischen dem formellen, subjektiven Gewissen und dem wahrhaften Gewissen in Bezug auf die objektive Wirklichkeit.[341] Entscheidend ist demnach, ob dasjenige, welches das formelle Gewissen für gut hält, auch tatsächlich gut ist. Erst, wenn das formelle Gewissen zum wahren oder wahrhaften Gewissen geworden ist, trifft dies zu. Das rein formelle Gewissen ist bei Hegel seinerseits frei, gut oder böse zu sein, jedoch nicht dazu in der Lage, einen Indikator für das Gute darzustellen.[342] Dem formellen Gewissen fehlt also ein objektives System ethischer Prinzipien, sodass es sich zunächst nur in abstrakter Selbstgewissheit erschöpft.[343] Gegenstand des wahrhaften Gewissens ist demgegenüber das an und für sich seiende, in der sittlichen Welt realisierte Gute.[344] Das wahrhafte Gewissen ist also „die Gesinnung, das, was an und für sich gut ist, zu wollen; es hat daher feste Grundsätze, und zwar sind ihm diese die für sich objektiven Bestimmungen und Pflichten.“[345] Von diesem Inhalt, „der Wahrheit“, unterschieden, ist das Gewissen „nur die formelle Seite der Tätigkeit des Willens, der als dieser keinen eigentümlichen Inhalt hat“.[346]

Die Vereinigung dieser objektiven Grundsätze und Pflichten mit dem subjektiven Wissen ist für Hegel erst auf dem Standpunkt der Sittlichkeit möglich.[347] In der Moralität handelt es sich lediglich um das formelle Gewissen, welches versucht, alleine aus sich heraus eine Grundlage der Moral zu schaffen und sich den sittlichen Inhalten gegenüberstellt. In der Sittlichkeit hingegen liegt das

340 Hegel, Grundlinien der Philosophie des Rechts, hg. v. Lasson, § 137.
341 Hegel, Grundlinien der Philosophie des Rechts, hg. v. Lasson, § 137; vgl. hierzu auch: Williams, Hegel's Ethics of Recognition, S. 193.
342 Mock, Gewissen und Gewissensfreiheit, S. 46; Wood, Hegel's Ethical Thought, S. 187.
343 James, Hegel's Philosophy of Right, S. 45.
344 Won, Hegels Begriff der politischen Gesinnung, S. 33; Wood, Hegel's Ethical Thought, S. 187.
345 Hegel, Grundlinien der Philosophie des Rechts, hg. v. Lasson, § 137.
346 Hegel, Grundlinien der Philosophie des Rechts, hg. v. Lasson, § 137.
347 Hegel, Grundlinien der Philosophie des Rechts, hg. v. Lasson, § 137.

wahrhafte Gewissen.[348] Die Sittlichkeit wird nach Hegel charakterisiert als „die Vollendung des objektiven Geistes, die Wahrheit des subjektiven und objektiven Geistes selbst".[349] Die Wahrheit des Moralischen ist die Sittlichkeit und die Aufhebung der Moralität in Sittlichkeit erweist sich als Selbstentwicklung der sittlichen Idee.[350] Die sittliche Gesinnung, welche ursprünglich mit dem sittlichen Gewissen identisch ist, geht über das formelle Gewissen als moralische Gesinnung hinaus.[351] Die Kritik Hegels an der Unmöglichkeit, aus dem rein formellen Gewissen heraus eine materiale Ethik zu schaffen, ist als „Formalismusvorwurf", den Hegel insbesondere auch in Bezug auf Kant erhebt und auf den an späterer Stelle noch ausführlicher einzugehen ist, bekannt.[352] Der Widerstand gegen den Subjektivismus stellt ein wesentliches Thema der Rechtsphilosophie Hegels dar.[353]

Das Gewissen „als formelle Subjektivität" ist nach Hegel immer „auf dem Sprunge [...], ins Böse umzuschlagen", die Moralität und das Böse haben in der für sich wissenden Gewissheit seiner selbst eine gemeinsame Wurzel.[354] Hegel geht davon aus, dass Menschen dazu fähig sind, sich den universalen Willen, oder aber die Willkür der eigenen Singularität zum Prinzip zu machen. Wenn der Einzelne sein individuelles Selbst und die eigenen Interessen über das Universelle erhebt, resultiert daraus das Böse. Die jeweilige Handlung steht nicht im Einklang mit dem „wahrhaften Gewissen", wenn das private Interesse sich als öffentliches Interesse maskiert.[355] Hegel meint das Böse als reine Subjektivität des Gewissens, dessen Selbstgewissheit vollends zu übermannen imstande ist.[356] Solange man auf dem Standpunkt des formellen Gewissens verweilt, ist bei Hegel keine Unterscheidung zwischen einer kriminellen und einer guten Handlung möglich.[357]

---

348 Quante, Die Wirklichkeit des Geistes, S. 294.

349 Hegel, Enzyklopädie der philosophischen Wissenschaften im Grundrisse, hg. v. Holzinger, § 513.

350 Won, Hegels Begriff der politischen Gesinnung, S. 34.

351 Won, Hegels Begriff der politischen Gesinnung, S. 33.

352 Quante, Die Wirklichkeit des Geistes, S. 294.

353 Mertens, ARSP 74 (1988), 477, 479 f.

354 Hegel, Grundlinien der Philosophie des Rechts, hg. v. Lasson, § 139; vgl. auch: Won, Hegels Begriff der politischen Gesinnung, S. 34.

355 Williams, Hegel's Ethics of Recognition, S. 194.

356 Mock, Gewissen und Gewissheit, S. 46.

357 Vgl.: James, Hegel's Philosophy of Right, S. 46.

Diese Möglichkeit des Gewissens nach Hegel, ins Böse umzuschlagen, erinnert an die Aussage Blaise Pascals, dass man niemals so ruhig und vollständig das Böse tut, als wenn dies aus religiösen Gründen oder aus Gründen des Gewissens geschieht.[358] Diese Betrachtungen verdeutlichen die Gefahr einer verabsolutierten Gewissens- und Moralauffassung des Einzelnen, welcher sich innerlich verpflichtet fühlt, diese Gewissensauffassung notfalls auch mit Gewalt und gegen die staatliche Ordnung durchzusetzen. Hegel führt daher in seiner Phänomenologie des Geistes zu den Gefahren der Durchsetzung des individuellen und rein subjektiven Gewissens aus: „Wer darum sagt, dass er nach seinem Gesetze und Gewissen gegen die anderen handele, sagt in der Tat, dass er sie misshandle. Aber das wirkliche Gewissen ist nicht dieses Beharren auf dem Wissen und Willen, der dem Allgemeinen sich entgegensetzt, sondern das Allgemeine ist das Element seines Daseins und seine Sprache sagt sein Tun als die anerkannte Pflicht aus.“[359]

Für Hegel ist also die Rückbindung des formellen, rein subjektiven Gewissens an eine „Wahrheit“, an objektive Maßstäbe in Form von Gesetzen und Grundsätzen, dafür entscheidend, dass das Gewissen zum wahrhaften oder wahren Gewissen werden kann und seiner Auffassung nach ein „Umschlag ins Böse“ nicht mehr möglich ist. In diesem wahrhaften Gewissen fallen Allgemeines und anerkannte Pflicht zusammen und decken sich mit dem Guten.[360] Es bedarf einer Aufhebung des formellen oder moralischen Gewissens in das wahrhafte Gewissen des ethischen Lebens.[361] Das Gute wiederum ist bei Hegel „die Idee, als Einheit des Begriffs des Willens und des besonderen Willens, [...] die realisierte Freiheit, der absolute Endzweck der Welt“.[362] Bei Hegel fallen im Gewissen die subjektive Einsicht des Gewissens und die Allgemeinheit des Guten zusammen.[363] Lediglich „wenn es in Wahrheit ist“, die „denkende Prüfung vollzogen“ wurde, sich also eine Einheit von subjektivem und objektivem Wissen ergibt, kann das Gewissen als Heiligtum betrachtet werden, als etwas Unantastbares.[364] Das Gewissen basiert dabei auf dem Denken, nicht auf einer moralischen Intuition. Ein moralischer Sinn als „sense of morals“ wie bei Hume hat bei Hegel

358 Pascal, Pensees, 895, S. 190.
359 Hegel, Phänomenologie des Geistes, hg. v. Toman, S. 480.
360 Mock, Gewissen und Gewissensfreiheit, S. 44.
361 Jennings, The Dialectic of Conscience within Hegel's Philosophy of Right, S. 4, S. 78 ff.
362 Hegel, Grundlinien der Philosophie des Rechts, hg. v. Lasson, § 129.
363 Mock, Gewissen und Gewissensfreiheit, S. 45.
364 Vieweg, Das Denken der Freiheit, S. 203.

keinen Platz. Die besondere Autorität, welche das Gewissen leitet, ist in höchster Instanz daher die Autorität des freien und begreifenden Denkens.[365]

(2) Der Staat als Träger des Gewissens – eine verhängnisvolle etatistische Identifikation?

Nicht der Einzelne ist in diesem Sinne für Hegel Träger des Gewissens, sondern der Staat. Der Staat als Wirklichkeit der sittlichen Idee baut auf dem wahrhaften, nicht aber auf dem formellen Gewissen auf. Sittlichkeit ist in jeder Form Sache der Gemeinschaft, des Gemeinwesens, also des Staates. Dieser Staat kann bei Hegel das Gewissen als subjektives Wissen nicht anerkennen, ebenso wenig, wie in der Wissenschaft die subjektive Meinung Gültigkeit hat.[366] Im modernen Staat müssen demnach die Forderungen des Einzelnen mit den abstrakten Rechten und der universalistischen Moral vereinigt werden. Dies bedeutet nach Pinkard, dass jedes Individuum das Recht hat, sein Gewissen zu bilden.[367] Pinkard führt in Bezug auf die moderne Gesellschaft aus: „In modern society and political life, the ‚right of particularity' has too much of an impact, and there is no good sense in which the ‚individual', now equipped with his newfound authority over his own conscience, has to think of himself as automatically fitting, or even being obligated to fit, into his ‚organically' preordained slot."[368]

Die vollkommene Verwirklichung der Freiheit bedarf einer Gesellschaft und Hegel setzt die Sittlichkeit als Höhepunkt gesellschaftlicher Errungenschaft an.[369] Da nun das Gewissen des Einzelnen stets auf dem Sprung ist, ins Böse umzuschlagen und sich mit seiner ambivalenten Anlage nur dann zum Guten wenden kann, wenn das Allgemeine sich in ihm verwirklicht, bedarf es des Staates, welcher überindividuell das wahrhafte Gewissen vermittelt. Der Staat wird die Wirklichkeit der sittlichen Idee, die absolute Macht auf Erden.[370]

Auf diese Weise erfolge durch Hegel, so die Argumentation, eine verhängnisvolle Identifikation mit dem Staat, durch welche der Einzelne diesem seine

---

365 Vieweg, Das Denken der Freiheit, S. 204.

366 Hegel, Grundlinien der Philosophie des Rechts, hg. v. Lasson, § 137; vgl. hierzu auch: Isensee, Gewissen im Recht, in: Höver/Honnefelder (Hg.), Der Streit um das Gewissen, S. 41 f.; Scholler, Das Gewissen als Gestalt der Freiheit, S. 48 f.; Mock, Gewissen und Gewissensfreiheit, S. 45.

367 Pinkard, Hegel's Naturalism, S. 160.

368 Pinkard, Hegel's Naturalism, S. 152.

369 Taylor, Hegel, S. 494 f.

370 Mock, Gewissen und Gewissheit, S. 47.

Subjektivität zu opfern habe.[371] Hegel sei der Rechtfertigungsphilosoph des reaktionären Preußens und vergöttere den Staat.[372] In der Tat lässt sich Hegels Gewissenskonzeption entgegenhalten, dass der Staat – oder ein Staat – sowie allgemeine Gesetze keineswegs immer das objektiv Richtige verkörpern müssen. Man denke hier nicht nur an die Gesetze des Nationalsozialismus und der DDR, sondern natürlich auch an aus heutiger, westlicher Sicht Unrechtsstaaten und solche Staaten, welche die Menschenrechte missachten, in denen Frauen weniger Rechte als Männer haben und in denen schlichtweg ganz andere Moralvorstellungen vorherrschen. So sind von der Pfordten und Kaufmann der Auffassung: „Dass Hegels Prämissen nicht stimmen, haben spätestens wir Heutigen angesichts vieler diktatorischer, unsittlicher Staaten leidvoll erfahren. Der tatsächlich bestehende Staat ist keineswegs a priori ‚die Wahrheit der sittlichen Idee', und seine Gesetze sind durchaus nicht mit zwingender Notwendigkeit das richtige Recht der Vernunft, dem zu gehorchen Ausdruck der Freiheit und des Beisichselbstseins ist."[373]

Das Ziel von Tugendhats Analyse des Freiheitsbegriffs bei Hegel war daher, aufzuzeigen, dass Hegels Sozialphilosophie – sei es gewollt oder ungewollt – zu einer Rechtfertigung des jeweils Bestehenden wird:[374] „Die Möglichkeit eines selbstverantwortlichen, kritischen Verhältnisses zum Gemeinwesen, zum Staat[,] wird von Hegel nicht zugelassen, vielmehr hören wir: die bestehenden Gesetze haben eine absolute Autorität; was vom Individuum zu tun ist, steht in einem Gemeinwesen fest; das eigene Gewissen des Einzelnen hat zu verschwinden, und an die Stelle der Reflexion tritt das Vertrauen; das ist es, was Hegel mit Aufhebung der Moralität in Sittlichkeit meint."[375] Es wird argumentiert, Hegel gebe die Spannung zwischen Freiheit und sozialer Ordnung preis, welche zwingend aufrechterhalten werden müsse, wenn menschliches Dasein verwirklicht und nicht pervertiert werden soll, da ansonsten das Absolutum eines totalitären Systems drohe.[376] Alle Konflikte zwischen Recht und Gewissen seien schon im

---

371 Vgl. hierzu: Scholler, Das Gewissen als Gestalt der Freiheit, S. 49; siehe auch: Rühl, Das Grundrecht der Gewissensfreiheit im politischen Kontext, S. 54.

372 Zu diesem Vorwurf: Quante, Die Wirklichkeit des Geistes, S. 293.

373 Kaufmann/v. der Pfordten, Problemgeschichte der Rechtsphilosophie, in: Saliger/Neumann/Hassemer, Rechtsphilosophie, Rn. 2.2.3.3.3.

374 Tugendhat, Selbstbewusstsein und Selbstbestimmung, S. 348 ff.; vgl. hierzu auch: Rühl, Das Grundrecht auf Gewissensfreiheit im politischen Konflikt, S. 58.

375 Tugendhat, Selbstbewusstsein und Selbstbestimmung, S. 349.

376 Kümmel, Zum Problem des Gewissens, in: Blühdorn (Hg.), Das Gewissen in der Diskussion, S. 441, S. 455 f.

Voraus zugunsten des Staates entschieden worden, sodass das Individuum unberücksichtigt bleibe.[377]

Taylor ist hingegen der Ansicht, dass der Vorwurf einer Staatsanbetung durch Hegel oder eines Proto-Faschismus durch die Verherrlichung der politischen Gesellschaft unberechtigt ist. Die Gemeinschaft, in der sich das vollkommene Leben realisieren könnte, wäre ein Staat, welcher der wahren „Verkörperung der Idee“ nahe käme. Hegel war nach Taylor der Ansicht, dass die Staaten seiner Zeit sich in diese Richtung entwickeln würden, irrte aber gewaltig bei dieser Annahme.[378] Hegels Ansatz lässt sich nicht darauf reduzieren, dass das individuelle moralische Bewusstsein nur als destabilisierendes Element, welches den sittlichen Zusammenhalt gefährdet, aufgefasst und in einer „totalitären Einheitsversion der Sittlichkeit“ begraben wird. Hegel erachtet seine ganze praktische Philosophie als eine Unternehmung, die auf Aristoteles zurückgehende Konzeption des „zoon politikon“ mit der auch nach der Hegelianischen Ethik nicht umkehrbaren Errungenschaft der Selbstbestimmung des Individuums in Einklang zu bringen.[379] Im Unterschied zu Hegels Konzeption der antiken Sittlichkeit in der griechischen Polis ist Besonderheit der modernen Gesellschaft, dass sie das „Recht des subjektiven Willens“ enthält. Das objektiv Sittliche muss durch die individuelle Autonomie vermittelt werden.[380]

Tatsächlich lässt sich gegen Hegel jedoch argumentieren, dass der moderne Staat, wie unter anderem bereits Schockenhoff zum Ausdruck gebracht hat, eben keine Wahrheit mehr erkennen oder eine absolute Vorstellung der Sittlichkeit und der Moral, des Richtigen und des Guten durchsetzen, sondern eine Friedensordnung gewährleisten soll.[381] Verschiedene Gesellschaften verkörpern zudem auch nicht selten ganz unterschiedliche moralische Werte, die durch die Gewissen der Einzelnen aufgenommen werden. Hegels objektivistische Konzeption des wahrhaften Gewissens muss sich also als mit dem Selbstverständnis des modernen Staates – welcher es mit dem Grundrecht auf Gewissensfreiheit einem jeden in den sich aus der Verfassung ergebenden Grenzen freistellt, seinem ganz subjektiven Gewissen zu folgen und in diesen Grenzen eben keine objektive Grundlage des Gewissens vorgibt – nicht ganz vereinbar angesehen werden. Welzel nennt „die Idee eines solchen ‚objektiven‘ Gewissens, das dem

377 Mertens, ARSP 79 (1988), 477, 490.

378 Taylor, Hegel, S. 494.

379 Quante, Die Wirklichkeit des Geistes, S. 293.

380 Quante, Die Wirklichkeit des Geistes, S. 295.

381 Vgl.: Schockenhoff, Wie gewiss ist das Gewissen?, S. 22.

subjektiven eines bestimmten Individuums gegenübergestellt wird [...], in Wahrheit die Vernichtung des Gewissens."[382] Weiter führt er aus, ein Gewissen, das nicht ein subjektiv-individuelles, sondern ein objektiv-allgemeines ist, sei ein Widerspruch in sich selbst.[383] Die Unterordnung des Gewissens unter das Gute führt zudem zu einer Herabsetzung des Wertes menschlichen Handelns.[384]

So folgte die Entwicklung der Freiheit des Gewissens innerhalb der westlichen, liberalen Gesellschaften gerade nicht den Vorgaben der Rechtslehre Hegels, sondern führte zu einem Bruch mit dem „wahrhaften Gewissen" und zur Emanzipation des individuellen und subjektiven Gewissens.[385] Dies zeigt sich auch gerade beim Recht auf Kriegsdienstverweigerung aus Art. 4 Abs. 3 GG, wenn aufgrund einer subjektiven Gewissensentscheidung der Dienst an der Waffe verweigert wird. Die Wehrpflicht ist in Deutschland zwar derzeit ausgesetzt, könnte jedoch wieder eingeführt werden. Überdies stellt sich dasselbe Problem auch bei der Berufsarmee. Hier wird die Unterscheidung Hegels zwischen formellem und wahrhaftem Gewissen relevant. Wenn das formelle Gewissen durch eine Rückkopplung an objektive Gesetze zum wahrhaften Gewissen wird, müssten im Grunde genommen alle oder niemand – je nachdem, ob das Töten im Krieg als moralisch falsch oder richtig anzusehen ist – den Kriegsdienst verweigern und nur diese „richtige" Entscheidung dürfte durch das Grundgesetz berücksichtigt werden. Dies ist aber gerade nicht der Fall und das Grundgesetz schützt die individuelle Gewissensentscheidung unabhängig davon, wie andere Soldaten handeln oder welche moralische Auffassung das Gericht vertritt. Es geht also gerade nicht darum, ob die Gewissensauffassung richtig oder falsch ist und ob das Gewissen als formelles durch eine Orientierung an objektiven Gesetzen zum wahrhaften wurde. Das Grundgesetz sieht für das Grundrecht auf Gewissensfreiheit immanente Schranken vor, sodass nicht jede subjektive Gewissensauffassung bedingungslos durchgesetzt werden kann. Diese Schranken ergeben sich jedoch nicht aus einer Bewertung der Gewissensauffassung danach, ob diese einem „objektiven System ethischer Prinzipien" folgt und damit wahrhaft

382 Welzel, Naturrecht und materiale Gerechtigkeit, S. 179; vgl. hierzu auch: Kaufmann/v. der Pfordten, Problemgeschichte der Rechtsphilosophie, in: Saliger/Neumann/Hassemer, Rechtsphilosophie, Rn. 2.2.3.3.3.

383 Welzel, Naturrecht und materiale Gerechtigkeit, S. 179; vgl. hierzu auch: Kaufmann/v. der Pfordten, Problemgeschichte der Rechtsphilosophie, in: Saliger/Neumann/Hassemer, Rechtsphilosophie, Rn. 2.2.3.3.3.

384 Vgl.: Derbolav, Hegels Theorie der Handlung, in: Riedel (Hg.), Materialien zu Hegels Rechtsphilosophie, Bd. 2, S. 201 ff.

385 Dauner, Das Gewissen, S. 74.

geworden ist, sondern aus kollidierendem Verfassungsrecht, mithin Verfassungsprinzipien und den entgegenstehenden Grundrechten anderer.

Bei konsequenter Beachtung des Rechts auf Kriegsdienstverweigerung wäre es theoretisch möglich, dass der Staat keine Verteidigungsmöglichkeit hat. Hegel würde mit Vieweg wohl argumentieren, dass ein „Gewissen in Wahrheit“ geboten ist und das Grundgesetz diesem Grundsatz zur Orientierung des rein subjektiven Wissens durch Regelungen im sogenannten Verteidigungsfall, bei dessen Vorliegen alle Staatsbürger inklusive der Kriegsdienstverweigerer zum unbefristeten Wehrdienst herangezogen werden können, Rechnung tragen sollte.[386] Wie bereits dargestellt und wie auch Böckenförde betont, soll der Staat jedoch aus Respekt vor der Gewissensentscheidung des Einzelnen selbst dann nicht zwingen können, „koste es[,] was es wolle“.[387]

Auch, wenn sich der Vorwurf der Staatsanbetung und einer Verherrlichung der politischen Gesellschaft durch Hegel im Ergebnis nicht halten lässt, berücksichtigt Hegel in seiner Ethik nicht hinreichend, dass das Gewissen etwas Höchstpersönliches und unweigerlich mit der moralischen Integrität des Individuums verknüpft ist, indem er voraussetzt, dass das Gewissen stets zum wahrhaften werden muss. Beim Handeln gegen das Gewissen wird der Kern der individuellen Persönlichkeit berührt und damit das Menschsein selbst des Einzelnen infrage gestellt. Das Gewissen verkörpert, wie noch ausführlicher herauszuarbeiten sein wird, eine Haltung, welche das Individuum sich selbst gegenüber einnimmt und die nicht ohne Weiteres ablegbar ist. Diese unvertretbare Entscheidungssituation des Einzelnen wird durch Hegel nicht wahrgenommen.

cc.) Objektivistische Rekonstruktionen des Gewissens in der Rechtsphilosophie der 1960er Jahre

In der Rechtsphilosophie der 1960er Jahre findet sich der Versuch, das traditionelle Verständnis des Gewissens im Sinne des edelsten, führendsten Teils der Seele, welcher den Menschen zur Kognition des Guten, der naturrechtlichen Normen, befähigt, wieder zu rekonstruieren. Diese verhältnismäßig kleine, an naturrechtlichen Grundlagen orientierte, objektivistische Fraktion in der Rechtsphilosophie findet ihren Ausgangspunkt eher in der damals viel diskutierten Problematik um die Wehrdienstverweigerung aus Gewissensgründen als

---

386 Vieweg, Das Denken der Freiheit, S. 206 f.

387 Böckenförde, VVDStRL 28 (1970), 33, 73.

in der Aufarbeitung des „Gewissenskollapses“ oder des „Gewissensversagens“ während des Nationalsozialismus.[388]

(1) Schutzwürdigkeit nur desjenigen Gewissens, in welchem sich das „Wissen um das objektiv Richtige“ zeigt?

Karl Brinkmann bemüht sich um ein objektiv-ethisches Gewissensverständnis. Er befasst sich mit dem im Gewissen – in „conscientia“ und „synderesis“ – enthaltenen Moment des Wissens um das objektiv Richtige.[389] Nach der scholastischen Tradition werden in Bezug auf das Gewissen die Begriffe „synderesis“ und „conscientia“ unterschieden. Während Erstere das der menschlichen Vernunft eingeborene Erkenntnisvermögen der obersten Naturrechtssätze, das „Urgewissen“, darstellt, vermittelt Letztere als das „Situationsgewissen“ die Anwendung dieser Grundsätze auf den Einzelfall.[390]

Bei Brinkmann ist das Gewissen im materiellen Sinn ein Wissen um das objektiv Gute und Gerechte sowie das objektiv Böse und Ungerechte.[391] Das Gesollte und das Nichtgesollte seien keineswegs subjektiv, sondern vielmehr streng objektiv und damit allgemeingültig. Das Gewissen sei als Wissen insofern allgemeingültig und objektiv, als es ein Allgemeingültiges beinhalte, und daher auch nur hinnehmbar, nicht aber beeinflussbar.[392] Brinkmann sieht in den „absoluten Werten und Unwerten“ die „Maßstabsseite Gottes“ sowie „als ihren Kern Gerechtigkeit und Ungerechtigkeit, so daß der Wille Gottes positiv auf das Gerechte [und] negativ auf das Unrechte geht“.[393] Wenn dasjenige, welches jemand in einer bestimmten Situation tun soll, das Gerechte sei, so werde dessen Tun zur objektiven Pflicht, während es auch eine objektive Pflicht darstelle, das Ungerechte, welches jemand nicht tun soll, zu unterlassen.[394]

Wenn sich die jeweilige Erkenntnis als „objektiv richtig“ darstellt, handelt es sich Brinkmann zufolge also um das echte Gewissen. Man könne jedoch dann nicht mehr von Erkenntnis oder Gewissen sprechen, wenn das Bewusstsein

---

388 Dauner, Das Gewissen, S. 53.

389 Brinkmann, Grundrecht und Gewissen im Grundgesetz, S. 60 ff.; vgl. hierzu auch: Dauner, Das Gewissen, S. 54.

390 Vgl.: Dauner, Das Gewissen, S. 51, Fn. 166.

391 Brinkmann, Grundrecht und Gewissen im Grundgesetz, S. 61, S. 63; vgl. hierzu auch: Klein, Beweis und Gewissen, S. 23.

392 Brinkmann, Grundrecht und Gewissen im Grundgesetz, S. 62.

393 Brinkmann, Grundrecht und Gewissen im Grundgesetz, S. 74, Fn. 60.

394 Brinkmann, Grundrecht und Gewissen im Grundgesetz, S. 66.

falsch sei. Im Begriff der Erkenntnis und des Gewissens sei schließlich die Objektivität und Richtigkeit immer schon enthalten.[395]

Das Grundrecht auf Gewissensfreiheit schützt bei Brinkmann folglich auch nur die subjektive Gewissensauffassung, welche mit dem objektiv Guten übereinstimmt.[396] Damit sei die Wehrdienstverweigerung nur dann als Fall des Gewissens einzuordnen, wenn es sich um einen Krieg handele, welcher objektiv Unrecht darstelle, wenn also die Politik des Staates, die Außen-, Kriegs- und Wirtschaftspolitik, objektiv ungerecht sei.[397] Im Rahmen der Politik der Bundesrepublik gebe es jedoch nichts und habe es auch nichts gegeben, was die Planung eines ungerechten Krieges vermuten ließe.[398]

Auch der erste Präsident des Bundesgerichtshofs Hermann Weinkauff propagierte eine Orientierung an objektiv gültigen Maßstäben, am Naturrecht. So sollte die über allen Gesetzen stehende „letzte rechtliche Ordnung“ nur mit dem „Gefühl innerer Gewissheit“ durch die „redliche Anspannung der Vernunft und des Gewissens[399], insbesondere der Vernunft und des Gewissens eines redlich gesinnten und erfahrenen Beurteilers, mit verhältnismäßig großer intuitiver Sicherheit ergriffen werden“ können.[400] Anlässlich seiner Pensionierung im Jahr 1960 formulierte er in seiner Abschlussrede: „Unsere Juristengeneration wird später einmal danach beurteilt werden, ob ihr außer einer verdienstvollen Aufräumungsarbeit nach dem Zusammenbruch von 1945 [insbesondere auch die] Rückbesinnung auf das Naturrecht [gelungen ist].“[401] Weinkauff verstand die Geltung des Naturrechts als Antwort auf den Nationalsozialismus und verband seine Verortung im Naturrecht mit der Kritik am Pluralismus. Die politische

---

395 Siehe: Brinkmann, Grundrecht und Gewissen im Grundgesetz, S. 88 f.; vgl. hierzu auch: Klein, Beweis und Gewissen, S. 23.

396 Vgl.: Brinkmann, Grundrecht und Gewissen im Grundgesetz, S. 127; vgl. auch: Dauner, Das Gewissen, S. 54.

397 Brinkmann, Grundrecht und Gewissen im Grundgesetz, S. 168, S. 177 f.; vgl. hierzu auch: Dauner, Das Gewissen, S. 54 f.

398 Brinkmann, Grundrecht und Gewissen im Grundgesetz, S. 180.

399 Zur Problematik, ob eine Anspannung des Gewissens überhaupt möglich ist, siehe: Kapitel 2.) a.) ee.) mit der Überschrift: „Zum Begriff der ‚gehörigen Anspannung des Gewissens‘ beim Verbotsirrtum“.

400 Weinkauff, Der Naturrechtsgedanke in der Rechtsprechung des Bundesgerichtshofes, in: Maihofer (Hg.), Naturrecht oder Rechtspositivismus?, S. 554, S. 557; vgl. hierzu auch: Müller, Justiz und Gewissen, S. 1 f.

401 Weinkauff, Das Naturrecht und die Große Justizreform, in: FR vom 06. April 1960, zitiert nach: Fröhlich, „Wider die Tabuisierung des Ungehorsams“, S. 190.

Lage der postdiktatorischen deutschen Gesellschaft war für ihn durch einen Mangel an gemeinsamen Wertvorstellungen gekennzeichnet.[402]

Franz Werner Witte erblickt im Gewissen als „Wissen um [e]twas" einen Geist, welcher dem Menschen erlaubt, die Wahrheit zu erkennen. Das Gewissen gründe in der Wahrheit, es handele sich um einen „Gehorsamsakt zu einer vorgegebenen Einsicht", entweder als „Überkommnis des Seins" oder als „Wort Gottes".[403] Gewissensklarheit verkörpere daher das Ergebnis eines innerlichen Ringens um die Wahrheit. Die Wahrheit müsse gefragt und gehört werden. Als Fragender sei der „gewissenshafte Mensch" daher mündig sowie „als Hörender der Wahrheit ge-hörig".[404]

Ähnlich hierzu ist für den Juristen Walter Hamel das christliche Sittengesetz der objektiv feststehende Maßstab für die individuelle Gewissensregung. Dem Einzelnen zeige sich hierdurch die überzeitliche sittliche Ordnung. Demnach kann durch das Grundrecht der Gewissensfreiheit bei ihm auch nur diejenige Gewissensposition legitimiert werden und Schutz beanspruchen, welche mit dem objektiven Sittengesetz übereinstimmt.[405] Dann stellt sich aber die Frage, warum die Glaubens- und Gewissensfreiheit überhaupt gewährleistet werden soll. Die christliche Sittlichkeit ist schließlich erlaubt und bedarf eines gesonderten grundrechtlichen Schutzes nicht, während abweichende Auffassungen vom Grundrecht der Gewissensfreiheit nicht erfasst werden.[406] Die Idee der Gewissensfreiheit, welche gerade den Schutz der nicht durch den Staat – in Identifikation mit religiösen Ideen – vorgegebenen und mithin unproblematischen Gewissensauffassung bezweckt, wird mithin in ihr Gegenteil verkehrt.

(2) Zur Unvereinbarkeit derartiger Positionen mit dem modernen Staats- und Gewissensverständnis

Derartige Auffassungen sind jedoch schon deswegen abzulehnen, weil das Grundrecht auf Gewissensfreiheit seinen Sinn verlöre, wenn nur das „objektiv richtige" Gewissen geschützt werden sollte. Dieses Gewissen müsste dann bei

---

402 Weinkauff, Das Naturrecht und die Große Justizreform, in: FR vom 06. April 1960, zitiert nach: Fröhlich, „Wider die Tabuisierung des Ungehorsams", S. 190.

403 Witte, DVBl 1962, 891, 893; vgl. hierzu auch: Dauner, Das Gewissen, S. 55; Freihalter, Gewissensfreiheit, S. 53.

404 Witte, DVBl 1962, 891, 893.

405 Hamel, Glaubens- und Gewissensfreiheit, in: Bettermann/Nipperday/Schöner (Hg.), Die Grundrechte, Bd. 4, Halbbd. 1, S. 37, S. 50 ff.; vgl. hierzu auch: Dauner, das Gewissen, S. 56; Freihalter, Gewissensfreiheit, S. 55.

406 So auch: Freihalter, Gewissensfreiheit, S. 54 f.; ebenso: Böckenförde, VVDStRL 28, 59.

allen Menschen in einer bestimmten Situation gleichlaufen, sodass es sich nicht unterschiedlich entscheiden könnte, also nicht im eigentlichen Sinne frei wäre.

Der Einzelne könnte sich dem Staat gegenüber nur erfolgreich auf sein Gewissen berufen, wenn dieses das objektiv, absolut und unabänderlich Richtige erkennt, während der Staat selbst nicht dem objektiv Guten folgt, sondern schlecht ist. Unterstellt, es gäbe einen Staat, welcher objektiv ungerecht ist, würde er dies jedoch nicht erkennen oder gar dem Einzelnen gegenüber eingestehen. Daher wäre es diesem Einzelnen gar nicht möglich, sich dem Staat gegenüber auf sein objektiv richtiges Gewissen zu berufen. Das Grundrecht auf Gewissensfreiheit wäre in einem solchen Staat mithin obsolet. Ebenso wäre dann auch ein Recht auf Kriegsdienstverweigerung – vorausgesetzt, ein Unrechtsstaat würde ein Grundrecht auf Gewissensfreiheit und ein Recht auf Kriegsdienstverweigerung überhaupt anerkennen – eine bloße Leerformel, da kein Staat einen objektiv ungerechten Krieg führen und dies seinen Bürgern auch so präsentieren und eingestehen würde.

Wenn man davon ausgeht, dass der Einzelne dem Staat gegenüber das Recht hat, sich auf sein Gewissen zu berufen, wenn eine bestimmte staatliche Handlung objektiv unrichtig und ungerecht ist, während der Staat in seiner Gesamtheit dies durch seine Gerichte auch anerkennt, würde ein derartiges Vorgehen zudem auf eine bloße Rechtmäßigkeitskontrolle staatlichen Handelns hinauslaufen. Eine solche Praxis kann ebenfalls nicht Sinn und Zweck der Gewissensfreiheit sein.

Das Grundrecht auf Gewissensfreiheit bedeutet nach dem klassischen Verständnis der Grundrechte als Abwehrrechte gegenüber dem Staat schließlich, dass der Bürger sich vor dem Staat auf seine individuelle Gewissensposition berufen kann. Hierdurch wird dem Einzelnen eine besondere Freiheitssphäre gewährt. Der Staat setzt sich in dieser Hinsicht selbst Grenzen, um dem Bürger eine solche Freiheit zuzugestehen.

Auch die religiöse Dimension der Werte und Unwerte im Sinne einer objektivistisch verstandenen Gewissenskonzeption ist mit der Glaubensfreiheit, welche als negative Glaubensfreiheit auch beinhaltet, eben keinen Glauben zu haben,[407] und dem pluralistischen sowie säkularisierten Grundrecht auf Gewissensfreiheit nicht vereinbar.

---

407 Vgl. nur: Herzog, in: Maunz/Dürig (Begr.), Herzog u. a. (Hg.), Grundgesetz-Kommentar, Art. 4, Rn. 78; Germann, in: Epping/Hillgruber (Hg.), Beck'scher Online-Kommentar zum Grundgesetz, Art. 4, Rn. 20; Borowski, Die Glaubens- und Gewissensfreiheit des Grundgesetzes, S. 190.

Wie bereits dargestellt und auch Hegels Gewissenskonzeption entgegengehalten, hat der moderne Staat nach seinem Selbstverständnis eben nicht mehr die Aufgabe, das Wahre und Richtige an sich zu finden, sondern eine äußere Ordnung zu gewährleisten.[408] Das Grundrecht auf Gewissensfreiheit ist daher gerade der Inbegriff des modernen Freiheitsdenkens[409] und jeder Einzelne hat – in den Grenzen der Verfassung – mit Luhmann das Recht auf *sein* Gewissen, welches nicht mehr an überpositives Recht gebunden werden kann.[410] Ein derartiger Versuch der Rekonstruktion eines objektivistisch verstandenen Gewissens, wie in den 1960er Jahren von einigen Rechtsphilosophen unternommen, muss also in Bezug auf die gegenwärtige, der Verfassung zugrunde liegende Gewissenskonzeption scheitern.

b.) Subjektivistische Ansätze

Dieser objektivistische Zugriff, welcher eine absolute Sittlichkeit voraussetzt und zum Teil auf die stoisch-christlichen Wurzeln des Gewissens rekurriert, konnte sich in der Rechtswissenschaft demnach auch nicht durchsetzen.[411]

Schon Locke betont die Relativität des Gewissensanspruchs. Er wendet sich gegen die Vorstellung von einem obersten, angeborenen Seelenvermögen in Form der synderesis und das stoisch-christliche Naturrechtskonzept. Locke begreift das Gewissen vielmehr als Ergebnis der Erziehung, des Milieus und der Sitten des Landes, welches dem Menschen gleichsam auf eine tabula rasa eingetragen wird.[412] Ein normatives Prinzip, welches allgemein und ohne Zweifel anerkannt wäre, gebe es nicht und so auch keine Regel, nach deren Grund man nicht zu fragen vermöchte. Zudem sei es Tatsache, dass die behaupteten angeborenen Prinzipien immer wieder übertreten werden.[413]

Schopenhauer zerlegt das Gewissen schließlich in seine Einzelteile, welche nichts mehr von der einstigen Größe des Gewissens übrig lassen:[414] „Mancher

408 Vgl.: Schockenhoff, Wie gewiss ist das Gewissen?, S. 22.
409 Böckenförde, VVDStRL 28 (1970), 33, 36.
410 Vgl.: Luhmann, AöR 90 (1965), 257, 261.
411 Dauner, Das Gewissen, S. 60.
412 Locke, An Essay concerning Human Understanding, Bd. 1, S. 45, S. 47; Locke, The Locke Reader, hg. v. Yolton, S. 122; vgl. hierzu auch: Mock, Gewissen und Gewissensfreiheit, S. 38; Dauner, Das Gewissen, S. 61.
413 Locke, An Essay concerning Human Understanding, Bd. 1, S. 47; vgl. hierzu auch: Mock, Gewissen und Gewissensfreiheit, S. 38.
414 Dauner, Das Gewissen, S. 61.

würde sich wundern, wenn er sähe, woraus sein Gewissen, das ihm ganz stattlich vorkommt, eigentlich zusammengesetzt ist: [...] aus 1/5 Menschenfurcht, 1/5 Deisidämonie", also Dämonenglauben, „1/5 Vorurtheil, 1/5 Eitelkeit und 1/5 Gewohnheit."[415] Er entlarvt die Referenz des Gewissens auf eine überzeitliche und objektive Wertesphäre somit also als reine Illusion. Eine unabänderliche Wahrheit des Gewissensurteils wird damit hinfällig.[416] Nach Dauner scheint es allenfalls noch möglich, von einer Richtigkeit bezüglich kontingenter und relativer Normativitäten, welche von der entsprechenden Kultur, Zeit und Religion abhängen, zu sprechen.[417]

Nietzsche, auf dessen Gewissenskonzeption an späterer Stelle noch ausführlicher einzugehen sein wird, entfremdet den Gewissensbegriff ebenfalls von etwas Heiligem, wenn er in „Menschliches, Allzumenschliches" schreibt, der Inhalt des Gewissens sei „alles, was in den Jahren der Kindheit von uns ohne Grund regelmäßig gefordert wurde, durch Personen[,] die wir verehrten oder fürchteten. Vom Gewissen aus wird also jenes Gefühl des Müssens erregt [...] Der Glaube an Autoritäten ist die Quelle des Gewissens: [E]s ist also nicht die Stimme Gottes in der Brust des Menschen, sondern die Stimme einiger Menschen."[418]

Neben der Abwertung des traditionellen Gewissensverständnisses, der Abkopplung von Gewissen und objektiver Sitte, zeigte sich eine freiheitsgeschichtliche Entwicklung, welche zur Entstehung des heutigen säkularen Grundrechts auf Gewissensfreiheit führte.[419] Das individuelle Gewissen des Einzelnen wurde aufgewertet. Die Anfänge für das Gewissensverständnis der Gegenwart und den hierfür prägenden Terminus der säkularen Gewissensfreiheit finden sich in den gesellschaftlichen und rechtlichen Entwicklungen des 19. Jahrhunderts, welche bis in das 16. und 17. Jahrhundert zurückreichen.[420] Im Folgenden werden die beiden besonders prägenden Konzeptionen Kants und Fichtes zu einem vor allem subjektiven Verständnis des Gewissens dargestellt.

415 Schopenhauer, Über die Grundlage der Moral, hg. v. Welsen, S. 90; vgl. hierzu: Dauner, Das Gewissen, S. 62.

416 Dauner, Das Gewissen, S. 62.

417 Dauner, Das Gewissen, S. 62.

418 Nietzsche, Werke, Bd. 2, hg. v. Colli/Montinari, S. 214.

419 Dauner, Das Gewissen, S. 62 f.

420 Dauner, Das Gewissen, S. 63.

aa.) Kant und Fichte – zur Subjektseite des Gewissens

(1) Kant

In der praktischen Ethik Kants erreicht die Umstellung des traditionellen religiösen Gewissens in ein an der menschlichen Vernunft zu messendes Modell der inneren Gesetzgebung[421] eine konsequente Ausformung. Die Religion soll zugleich in die Schranken gewiesen werden, welche ihr durch die Vernunft gesetzt werden.[422] Das Bewusstsein, dass der Mensch die eigene Vernunft zum Maßstab seines Handelns macht und damit alle heteronomen Willensbestimmungen abweist, symbolisiert auch ein Gefühl von menschlicher Würde.[423] Kant sieht den Kern der Menschenwürde in der Bestimmung des Menschen zum Gebrauch der Freiheit. Diese unveräußerliche Würde resultiert bei Kant aus der praktischen Vernunft, der Selbstbestimmung, die den Subjektcharakter des Menschen begründet. Kant hat dem Konzept der Menschenwürde eine universale Begründungsebene zugewiesen und diese von christlichen Voraussetzungen abgekoppelt.[424] Der Verstand gibt sich selbst das moralische Gesetz und die menschliche Autonomie wird betont.[425]

Bei Kant findet sich daher eine vor allem auf die Subjektdimension abstellende Auffassung des Gewissens.[426] Hierbei handelt es sich jedoch weniger um systematische Überlegungen als um verstreute Erwägungen.[427] Zudem stehen Kants Reflexionen zur Subjektseite des Gewissens auch in einer Spannung zu seinem Gerichtshofmodell, wenn Kant das Gewissen als Bewusstsein eines „inneren Gerichtshofs"[428] bezeichnet.[429] Dieses Modell erneuert nach Dauner schließlich

---

421 Kant, Über Pädagogik, hg. v. Rink, S. 134, stellt fest: „Das Gesetz in uns heißt Gewissen."; vgl. hierzu auch: Martinsen, Staat und Gewissen im technischen Zeitalter, S. 121; vgl. auch: Galewicz, Gewissen, in: Willaschek u. a. (Hg.), Kant-Lexikon, Bd. 1, S. 849, S. 851.

422 Martinsen, Staat und Gewissen im technischen Zeitalter, S. 147.

423 Martinsen, Staat und Gewissen im technischen Zeitalter, S. 156.

424 V. Scheliha, Theologische und ethische Essays, S. 8.

425 So: Rohlf, Immanuel Kant, in: Zalta (Hg.), The Stanford Encyclopedia of Philosophy, unter: https://plato.stanford.edu/archives/spr2016/entries/kant/, zuletzt abgerufen am 25. September 2017.

426 Dauner, Das Gewissen, S. 169.

427 Dauner, Das Gewissen, S. 169 f.; Martinsen, Staat und Gewissen im technischen Zeitalter, S. 120.

428 Kant, Werke, Bd. 5, hg. v. Hartenstein, S. 271.

429 Dauner, Das Gewissen, S. 170; siehe zum „Gerichtshofmodell" auch: Giubilini, Conscience, in: Zalta (Hg.), The Stanford Encyclopedia of Philosophy, unter: https://plato.stanford.edu/entries/conscience/, zuletzt abgerufen am 25. September 2017.

das „synderesis-Gewissen“ und geht vom moralischen Gesetz aus, welches durch das Gewissen in der jeweiligen Situation angewendet wird.[430] Emundts ist der Auffassung, Kants Gerichtshofmodell müsse nicht einmal heißen, dass das Gewissen selbst moralische Überlegungen anstellt, sondern es könne bedeuten, dass es „das Bewusstsein dieser Überlegungen samt seiner Wirkungen ist“.[431] Die praktische Vernunft sowie die Urteilskraft sind nach Kant schließlich dafür verantwortlich, dass das moralische Gesetz erkannt und der jeweilige Fall als unter ihm stehend beurteilt wird,[432] sodass das Gewissen an sich obsolet scheint.[433]

Das Gewissen bei Kant motiviert nach Wood auch zum Handeln; er bezeichnet Kants Gewissenstheorie als „a motivation theory set in the context of a reflection theory“.[434] Giubilini führt in der Stanford Encyclopedia of Philosophy daher aus: „Conscience for Kant is […] not only an inner court, but also the source of our sense of duty in that it takes the judgments of the inner court as motivation to act morally.“[435]

In den 1770er Jahren, zeitgleich zu seinem Modell des „inneren Gerichtshofs“, betrachtet Kant insbesondere die subjektive Seite des Gewissens. Diese Überlegungen gehen über die Vorstellung des Gewissens als bloßes Organ zur Vermittlung der moralischen Gesetze – wie es die Urteilskraft im Gerichtshofmodell ist – oder als bloßes Bewusstsein dieser moralischen Überlegungen hinaus.[436] In der Reflexion 6815 führt er aus: „Gewissen ist das Bewußtsein der Pflicht, in der Zurechnung seiner eigenen That aufrichtig zu seyn. Aufrichtig ist, der das Bekenntnis seines Urtheils jederzeit dem Bewußtsein desselben gemäs fällt.“[437] Charakteristisch für das Gewissen und sein Urteil ist also die Aufrichtigkeit.

---

430 Dauner, Das Gewissen, S. 170 f.

431 Emundts, DZPhil 64 (2016), 495, 506.

432 Kant, Werke, Bd. 5, hg. v. Hartenstein, S. 271; vgl. auch: Galewicz, Gewissen, in: Willaschek u. a. (Hg.), Kant-Lexikon, Bd. 1, S. 849, S. 850; Emundts, DZPhil 64 (2016), 495, 506.

433 Emundts, DZPhil 64 (2016), 495, 506; siehe hierzu auch: Hill, The Southern Journal of Philosophy 36 (1997), Ergänzung, 51, 56.

434 Wood, Kantian Ethics, S. 183; siehe hierzu auch: Giubilini, Conscience, in: Zalta (Hg.), The Stanford Encyclopedia of Philosophy, unter: https://plato.stanford.edu/entries/conscience/, zuletzt abgerufen am 25. September 2017; a. A.: Paton, Kant-Studien 70 (1979), 239, 243.

435 Giubilini, Conscience, in: Zalta (Hg.), The Stanford Encyclopedia of Philosophy, unter: https://plato.stanford.edu/entries/conscience/, zuletzt abgerufen am 25. September 2017.

436 Vgl.: Dauner, Das Gewissen, S. 172.

437 Kant, Reflexion 6815, zitiert nach: Dauner, Das Gewissen, S. 172.

Im Gewissen wird daher nach dem subjektiven Bewusstsein gerichtet.[438] Das Gewissen fällt subjektive Urteile, Urteile über uns selbst als Subjekte. Es fragt uns, ob wir aufrichtig glauben, dass unsere Handlung nicht falsch war und ob wir die Mühe auf uns genommen haben, unsere Auffassung zu legitimieren und zu begründen.[439]

Esser führt aus, dass das Gewissen bei Kant weder etwas darüber aussagt, was objektive Pflicht ist, noch menschliches Handeln leitet, sondern die Aufmerksamkeit auf den Handelnden mit seiner moralischen Verantwortung lenkt.[440] Das Gewissen ist dabei eine „Prädisposition", welche dem Menschen mitgegeben ist, um sich vernünftigerweise in praktischer Hinsicht zu bestimmen.[441]

Kant schließt einen Gewissensirrtum aus: „Moralisten reden von einem irrenden Gewissen. Aber ein irrendes Gewissen ist ein Unding. [...] Ich kann zwar in dem Urteile irren, in welchem ich glaube, Recht zu haben; denn das gehört dem Verstande zu, der allein [...] objektiv urteilt; aber in dem Bewusstsein: ob ich in der Tat glaube, Recht zu haben [...], kann ich schlechterdings nicht irren, weil dieses Urteil oder vielmehr dieser Satz bloß sagt, dass ich den Gegenstand so beurteile."[442]

Die Ablehnung eines irrenden Gewissens bei Kant bezieht sich also auf die subjektive Dimension einer Gewissensentscheidung. Pflicht ist es lediglich, sein Gewissen zu bilden und zu kultivieren, die Aufmerksamkeit in Bezug auf die Wahrnehmung der inneren Stimme zu schärfen. Kant fordert damit jedoch keinen Rückzug auf das Gewissen als unfehlbare Wahrheitsquelle. In Bezug auf das objektive Urteil über die Rechtmäßigkeit einer Handlung ist ein Irrtum durchaus möglich. Lediglich über das Bewusstsein, ob man wirklich glaubt, Recht zu haben, kann man sich nicht irren.[443] Der Grund, aus dem das Gewissen bei Kant

438 Dauner, Das Gewissen, S. 173.

439 Paton, Kant-Studien 70 (1979), 239, 242.

440 Esser, The Inner Court of Conscience, in: Sensen/Timmermann/Tampota (Hg.), Kant's „Tugendlehre", S. 269, S. 273.

441 Kant, Werke, Bd. 5, hg. v. Hartenstein, S. 271; siehe auch: Esser, The Inner Court of Conscience, in: Sensen/Timmermann/Tampota (Hg.), Kant's „Tugendlehre", S. 269, S. 280; Rohlf, Immanuel Kant, in: Zalta (Hg.), The Stanford Encyclopedia of Philosophy, unter: https://plato.stanford.edu/archives/spr2016/entries/kant/, zuletzt abgerufen am 25. September 2017.

442 Kant, Vorzügliche kleine Schriften, Bd. 1, hg. v. Starke, S. 220 f.; Hill, The Southern Journal of Philosophy 36 (1997), Ergänzung, 51, 57, ist der Auffassung, es handele sich bei Kants Aussage, das Gewissen könne nicht irren, um eine Übertreibung Kants, die nicht ganz der Wahrheit entspreche.

443 Martinsen, Staat und Gewissen im technischen Zeitalter, S. 133.

nicht irren kann, liegt darin, dass er das Gewissen auf Urteile über den Handelnden selbst beschränkt.[444]

Galewicz meint, dass nur die eine Frage sei, über welche das Gewissen zu entscheiden hat, ob man von der Richtigkeit einer Verhaltensweise wirklich überzeugt war. Es stelle sich auch die andere Frage, ob man auf legitimem Weg zu dieser Überzeugung gelangt ist. Sowohl derjenige, welcher etwas für wahr hält, ohne dass er all diejenigen Gegebenheiten, welche für die Entscheidung von Bedeutung sind, berücksichtigt hat, als auch derjenige, welcher sein Fürwahrhalten nur vorgibt, verstoße damit gegen ein moralisches Gebot, welches Kant ebenfalls als Postulat des Gewissens betrachte.[445]

Emundts versteht Kant in dem Sinne, dass das Gewissen zur Sorgfalt anhält und anzeigt, ob die Prüfung auf eine sorgfältige Art und Weise erfolgt ist. Diese Anzeige könne nicht falsch sein. Der Ausschluss des Gewissensirrtums bedeute nicht, dass das Gewissen stets sichere Urteile fällt oder über ein Sonderwissen verfügt. Er besage, dass die Gefühle, welche durch das Gewissen hervorgerufen werden, nicht erkünstelt sein können und dass diese Gefühle sicherstellen, dass der kategorische Imperativ bei der Findung des Urteils angewendet wurde. Das Gewissen nach Kant sei in diesem Sinne ein täuschungsresistentes Zeichen für die Vergegenwärtigung und Anwendung des kategorischen Imperativs. Wenn nicht der kategorische Imperativ, sondern die eigenen moralischen Überzeugungen als Maßstab herangezogen wurden, kann sich das Gewissen hingegen nicht beruhigen und sicher sein.[446] Ein Irrtum darüber, ob das, was getan wurde, moralisch richtig war, ist bei Kant mithin möglich. Wenn jedoch nach dem Gewissen gehandelt wurde, steht fest, dass das Urteil anhand der richtigen Prinzipien erfolgte.[447]

(2) Fichte

Das Gewissen ist bei Fichte von besonderer Bedeutung, weil sich seine ganze Sittenlehre auf die Theorie des Gewissens stützt. Ohne sie würde eine Darstellung dessen fehlen, wie das moralische Prinzip mit den Bedingungen menschlichen Lebens verbunden ist. Das Gewissen bei Fichte sei „our bridge to real

---

444 Paton, Kant-Studien 70 (1979), 239, 243.

445 Galewicz, Gewissen, in: Willaschek u. a. (Hg.), Kant-Lexikon, Bd. 1, S. 849, S. 851; vgl.: Kant, Die Religion innerhalb der Grenzen der bloßen Vernunft, S. 271.

446 Emundts, DZPhil 64 (2016), 495, 515 f.; so auch: Esser, The Inner Court of Conscience, in: Sensen/Timmermann/Tampota (Hg.), Kant's „Tugendlehre", S. 269, S. 283.

447 Emundts, DZPhil 64 (2016), 495, 519.

ethics".[448] Auf dem Gebiet der Moral gebe es mangels äußeren Gerichtshofs nur ein Gericht, welches über die Handlungen entscheidet: das Gewissen. Die Handlungen werden vor das eigene Gericht gebracht.[449]

Auch bei Fichte ist ein Gewissensirrtum ausgeschlossen. Als unmittelbares Bewusstsein des ursprünglichen und reinen Ichs, über welches kein anderes Bewusstsein hinausgeht und das nach keinem anderen Bewusstsein geprüft und berichtigt wird, kann das Gewissen nicht irren. Das Gewissen ist selbst Richter aller Überzeugung und erkennt keinen höheren Richter über sich an. Es entscheidet in letzter Instanz und ist „inappellabel". Über es hinausgehen zu wollen, hieße, sich von sich selbst zu trennen, ihm nicht zu folgen, ist Sünde.[450] Fichte wiederholt die Definition Kants und meint auch selbst, dass das Gewissen ein Bewusstsein darstellt, welches selbst Pflicht ist, setzt dieses Bewusstsein aber gleich mit dem „reinen ursprünglichen Ich".[451] Das Gewissen als Bewusstsein in diesem Sinne ist die entscheidende Instanz der Handlung.[452]

So führt Fichte aus: „Was nicht aus dem Glauben, aus Bestätigung an unserem eigenen Gewissen, hervorgeht, ist absolut Sünde."[453] Das Kriterium für die „Sittlichkeit" der Überzeugung besteht bei ihm in einer subjektiven Qualität.[454] Die „moralische Autorität" ist gänzlich selbstauferlegt. Sie ist die Autorität unseres Selbstseins, ihre Basis ist der Drang nach Freiheit.[455] Die Selbstbestimmung macht die Freiheit und Würde des Menschen aus. Er bestimmt sich selbst und wird durch niemand anderen bestimmt. Seine Vernunft und nichts anderes

448 Ware, Philosophy and Phenomenological Research 2016, 1.

449 Seidel, Johann Gottlieb Fichte zur Einführung, S. 93.

450 Fichte, Das System der Sittenlehre nach den Principien der Wissenschaftslehre, S. 226; vgl. hierzu auch: Scholler, Das Gewissen als Gestalt der Freiheit, S. 46 f.; Kaufmann, Das Gewissen und das Problem der Rechtsgeltung, S. 10; Mock, Gewissen und Gewissensfreiheit, S. 42.

451 Scholler, Das Gewissen als Gestalt der Freiheit, S. 46 f.

452 Siehe hierzu: Pong, Das Verhältnis des kategorischen Imperativs und des Gewissens bei Fichte, S. 147 f.

453 Fichte, Das System der Sittenlehre nach den Principien der Wissenschaftslehre, S. 231.

454 Dauner, Das Gewissen, S. 182; Hegel behauptete, Fichtes Theorie des Gewissens gebe der Moral eine rein subjektive Basis; hierzu: Ware, Philosophy and Phenomenological Research 2016, 1, 4; siehe auch: Breazeale, Johann Gottlieb Fichte, in: Zalta (Hg.), The Stanford Encyclopedia of Philosophy, unter: https://plato.stanford.edu/archives/spr2014/entries/johann-fichte/, zuletzt abgerufen am 25. September 2017. Siehe für eine Diskussion auch: Pippin, Fichte's Alleged, One-Sided, Subjective, Psychological Idealism, in: Sedgwick (Hg.), The Reception of Kant's Critical Philosophy, S. 147 ff.

455 Wood, Fichte's Ethical Thought, S. 105.

gibt ihm die Gesetze seines moralischen Handelns. Dies charakterisiert Fichtes Gesamtwerk.[456] Gewissen und Freiheit hängen bei Fichte eng zusammen.[457] Wo das Handeln nach eigener bester Überzeugung fehlt, gibt es keine Moralität. Das Gewissen ist die absolute Grundlage der Moralität.[458] Es verkörpert ein Gefühl praktischer Sicherheit, was aus dem Grund von besonderer Bedeutung ist, dass Moralität stets nach konsequentem Handeln verlangt. Dieses durch das Gewissen repräsentierte Gefühl ist das Kriterium für die Richtigkeit der Überzeugung, indem es die erforderliche Gewissheit erzeugt, welche für konsequentes moralisches Handeln notwendig ist.[459] Fichte erfasst das Gewissen als Gefühlsvermögen, nicht als „Grund materialer Pflicht", sodass das Gewissen völlig von der Urteilskraft getrennt wird. Es entsteht eine Forderung nach Freiheit im Sinne eines absoluten Urrechts. Jede Person hat das Recht, in der „Sinnenwelt" nur Ursache zu sein.[460]

Wichtig ist jedoch, herauszustellen, dass die These von der Irrtumsfreiheit des Gewissens auch bei Fichte nicht besagt, es handele sich beim Gewissen um ein stets richtig liegendes Erkenntnisorgan überzeitlicher und unabänderlicher Normen.[461] Moralische Urteile können nichtsdestotrotz irrig sein, sodass die Irrtumsimmunität des Gewissens nicht bedeutet, dass auch moralische Urteile derart immun sind.[462] Das Gewissen ist bei Fichte auch nicht dafür verantwortlich, unsere Pflichten zu bestimmen.[463] Es kann bei Kant und Fichte nicht irren, da es einen solchen Irrtum aus der individuellen Eigenperspektive nicht geben kann.[464] Ware führt aus: „Our conscience is infallible – I take him to be saying – because its feelings reveal the actual harmony or disharmony of our present state (what we are doing to fulfill the ethical drive) and our 'original I' (what the ethical drive demands of us)."[465] Gefühle von Reue und Umkehr sind bei Fichte

---

456 Seidel, Johann Gottlieb Fichte zur Einführung, S. 20.

457 Siehe hierzu: Pong, Das Verhältnis des kategorischen Imperativs und des Gewissens bei Fichte, S. 140 ff.

458 Seidel, Johann Gottlieb Fichte zur Einführung, S. 106 f.

459 Wood, Fichte's Ethical Thought, S. 163 ff.

460 Fichte, Werke, Bd. 2, hg. v. Medicus, S. 117; vgl. hierzu auch: Scholler, Das Gewissen als Gestalt der Freiheit, S. 47.

461 Dauner, Das Gewissen, S. 186; vgl. auch: Copleston, A History of Philosophy, Bd. 7, S. 67.

462 Wood, Fichte's Ethical Thought, S. 167.

463 Ware, Philosophy and Phenomenological Research 2016, 1, 13.

464 Dauner, Das Gewissen, S. 186 f.

465 Ware, Philosophy and Phenomenological Research 2016, 1, 13.

jedoch durchaus möglich, wenn sich die dem Gewissen entsprechende Handlung nachträglich als falsch herausstellt. Fichtes Auffassung verbietet lediglich, anzunehmen, dass, wenn zu einem Zeitpunkt gewissensgemäß gehandelt wurde, dieses Handeln zu der Zeit falsch war. Es darf also nicht davon ausgegangen werden, dass gegen das Gewissen hätte gehandelt werden sollen.[466]

Um von einem Gewissensirrtum sprechen zu können, müsste man nach Dauner die Teilnehmerperspektive verlassen und eine Beobachterperspektive einnehmen, aus welcher das Gewissensurteil bewertet wird.[467] Dies jedoch kann der unvertretbaren Entscheidungslage des Einzelnen nicht gerecht werden, verbleibt auf der Ebene der Allgemeinheit und verkennt dessen konkrete Gewissenssituation.[468]

(3) Diskussion – insbesondere zur These von der Irrtumsfreiheit des Gewissens

Die von Kant und Fichte vertretene These von der Irrtumsfreiheit des Gewissens hat bis heute für Aufsehen und Widerspruch gesorgt. Sie verdeutliche den Pathos und die humanistische Größe des Deutschen Idealismus, aber auch seine Selbstüberschätzung und Blindheit.[469]

Fichte hat ebenso wie Kant die Menschenwürde hochgehalten und die Menschenrechte begründet sowie vehement verteidigt.[470] Fichtes von Kant vorbereitete Gewissenskonzeption ist nicht nur geistesgeschichtlich mit der Entstehung der säkularen Freiheit des Gewissens verknüpft, sondern bietet mit Dauner auch das theoretische Potenzial, um das Gewissen ohne Rückgriff auf einen objektivistischen Anknüpfungspunkt überhaupt noch fassen zu können.[471]

Nach Kneib hat Fichte mit der These von der Unmöglichkeit eines Gewissensirrtums über Kant hinaus das Gewissen zu einer unantastbaren und mit der persönlichen Freiheit gleichzusetzenden Gößße gemacht, welche die spätere Rede von der Freiheit des Gewissens in ihrem Pathos förderte. Diese Individualisierung des Gewissens verkörpere den hauptsächlichen Beitrag Fichtes zur besonderen Hochschätzung der Gewissensfreiheit als „individueller Handlungsfreiheit" des

466 Wood, Fichte's Ethical Thought, S. 166.
467 Dauner, Das Gewissen, S. 187.
468 Schockenhoff, Wie gewiss ist das Gewissen?, S. 204; Dauner, Das Gewissen, S. 187 f.
469 Dauner, Das Gewissen, S. 173.
470 Seidel, Johann Gottlieb Fichte zur Einführung, S. 137 f.
471 So auch: Dauner, Das Gewissen, S. 173, Fn. 572.

Einzelnen.[472] Von Fichtes Rechts- und Sittenlehre gingen starke Impulse auf die staatsrechtliche Anerkennung des „Urrechts der Person als freier Ursache“ aus. Wie noch ausführlicher darzustellen sein wird, entwickelte sich die auf dem „religiösen Meinungsstreit gewachsene“ Gewissensfreiheit zu einem „Urrecht des freien sittlichen Bewusstseins“. Diese Gewissensauffassung prägte die verfassungsrechtliche Entwicklung der Gewissensfreiheit im 19. Jahrhundert entscheidend mit.[473]

Andererseits wird jedoch auch argumentiert, die kontrovers diskutierte These, das Gewissen könne nicht irren, stehe für eine gefährliche Selbstermächtigung des eigenen Gewissensurteils, einen für jede Lenkung und Berichtigung unempfindlichen Subjektivismus.[474] Gegen Kants Theorie wird oftmals eingewandt, seine Ethik verkürze die Sittlichkeit auf die reine Subjektivität der guten Gesinnung, es handele sich mithin um eine reine Gesinnungsethik. Die Gesinnung berufe sich nur auf das gute Gewissen, entbehre jedoch eines objektiven Maßstabs.[475] Sogar zur Überzeugung, aufgrund der Irrtumsfreiheit des Gewissens zu einer Gewalttat berechtigt zu sein, zur Entstehung einer terroristischen Gesinnung, könne diese gefährliche These beitragen.[476]

So sieht Heinrich Heine erbarmungslose Kantianer „mit Schwert und Beil“ sowie gerüstete Fichtianer, die durch nichts mehr aufgehalten werden können. Sie würden im Geiste leben sowie der Materie trotzen und seien nicht mehr erreichbar in der „Verschanzung des eigenen Gedankens“.[477]

Ein Abstellen auf die bloß subjektiv-moralische Seite und zugleich die Abweisung alles Materialen steht auch für Welzel im Zentrum der Kantischen Ethik. Diese Abweisung alles Materialen sei demnach auch für die Frage, ob das Gewissen irren kann, von entscheidender Bedeutung, nehme sie schließlich dem subjektiv-moralischen Akt den objektiv-sittlichen Rückhalt, welcher einen Gewissensirrtum überhaupt erst möglich machen kann.[478] Welzel meint, Kant

---

472 Kneib, Entwicklungen im Verständnis der Gewissensfreiheit, S. 151; vgl. hierzu: Dauner, Das Gewissen, S. 173, Fn. 572.

473 Scholler, Das Gewissen als Gestalt der Freiheit, S. 47.

474 Vgl. z. B.: Heine, Zur Geschichte der Religion und der Philosophie in Deutschland, S. 101 f.; siehe hierzu auch: Dauner, Das Gewissen, S. 173.

475 Siehe hierzu: Höffe, Immanuel Kant, S. 184.

476 Lübbe, Politischer Moralismus, S. 47; vgl. auch: Dauner, Das Gewissen, S. 173 f.

477 Heine, Zur Geschichte der Religion und der Philosophie in Deutschland, S. 151; vgl. hierzu auch: Dauner, Das Gewissen, S. 173 f., Fn. 573.

478 Welzel, Vom irrenden Gewissen, in: Blühdorn (Hg.), Das Gewissen in der Diskussion, S. 384, S. 394.

habe das grundsätzliche Gewicht des Materialen in der Ethik zu leicht genommen.[479] Der Überzeugung des Handelnden, seine sittliche Pflicht zu erfüllen, werde die volle sittliche Berechtigung erteilt, während ihm die schwere Frage, ob das, was er für seine Pflicht hält, auch tatsächlich Pflicht ist, als sittliches Problem abgenommen und allein dem Verstand aufgebürdet werde.[480]

Dieses „Zuleichtnehmen" der ethischen Materie zeigt sich für Welzel auch dort, wo Kant aus dem Ansatz seines Autonomiebegriffs heraus eine Aussage zum Inhalt der Pflichten treffen muss: Der kategorische Imperativ ist für Kant das Mittel, durch welches sich der Handelnde des jeweiligen Inhalts der Pflicht vergewissern kann. Der Pflichteninhalt wird also danach bestimmt, ob der besondere Willensinhalt widerspruchsfrei ins Allgemeine erhoben werden kann.[481] Hier setzt dann die spätere Kritik Hegels an Kant an, wenn dieser feststellt, dass jeder Willensinhalt fähig sei, zu einem allgemeinen Gesetz erhoben zu werden und es gar nichts gebe, was nicht auf diese Weise zu einem sittlichen Gesetz gemacht werden könne.[482] Hegel spricht von der Möglichkeit, in der „reinen Innerlichkeit des Willens [...] das an und für sich Allgemeine, als die Willkür, die eigene Besonderheit über das Allgemeine zum Prinzipe zu machen und sie durch Handeln zu realisieren – böse zu sein".[483] Hegels objektivistisch geprägte Gewissenskonzeption enthält mithin auch eine Kritik am durch Kant und Fichte geprägten Denken.[484]

Aus einem „leeren Formalismus" könne „keine immanente Pflichtenlehre" abgeleitet werden.[485] Seit Hegel wird Kant ein ungeschichtliches und rein subjektives Sollen vorgeworfen[486] und die Kantische Ethik findet sich mit dem Missverständnis und Vorurteil der „Leerheit" eines Kantischen „Formalismus" konfrontiert, es handele sich um eine bloße Tautologie.[487] Bei Kant liegt

479 Welzel, Vom irrenden Gewissen, in: Blühdorn (Hg.), Das Gewissen in der Diskussion, S. 384, S. 395.

480 Welzel, Vom irrenden Gewissen, in: Blühdorn (Hg.), Das Gewissen in der Diskussion, S. 384, S. 394 f.

481 Welzel, Vom irrenden Gewissen, in: Blühdorn (Hg.), Das Gewissen in der Diskussion, S. 384, S. 395 f.

482 Hegel, Über die wissenschaftlichen Behandlungsarten des Naturrechts, in: Brockard/Buchner, G. W. F. Hegel, Jenaer Schriften (II), S. 90, S. 115.

483 Hegel, Grundlinien der Philosophie des Rechts, hg. v. Lasson, § 139.

484 Wood, Hegel's Ethical Thought, S. 175.

485 Hegel, Grundlinien der Philosophie des Rechts, hg. v. Lasson, § 135; vgl. hierzu auch: Martinsen, Staat und Gewissen im technischen Zeitalter, S. 172.

486 Höffe, Immanuel Kant, S. 176.

487 Edel, „Formalismus" und Universalisierung in der Kantischen Ethik, in: Funke (Hg.), Akten des Siebenten Internationalen Kant-Kongresses, Bd. 2, Teil 1, S. 291, S. 296.

das schlechthin Gute nicht etwa in einem höchsten Gegenstand des Willens, wie etwa bei Aristoteles im Glück, sondern im guten Willen selbst.[488] Ein echtes moralisches Gebot als autonomer und kategorischer Imperativ kann bei Kant nur ein formales Gesetz sein und nicht die „Materie" betreffen, also keinen Inhalt vorschreiben. Ein solcher Inhalt wäre heteronom. Materiale Bestimmtheit verkörpert Naturbestimmtheit, natürliche Tendenzen und Triebe, nicht aber Vernunftbestimmtheit und Bestimmtheit aus dem Gesetz sowie dem Wesen des Guten. Dieses Wesen des Guten ist die reine Formbestimmtheit des Willens.[489] Zentrales Anliegen von Kantizismusgegnern war es, Kants Formalismus durch eine neue Werteethik zu überwinden und damit seiner Ethik einen angeblich fehlenden Inhalt zu beschaffen.[490]

Diese Vorwürfe erweisen sich jedoch zum Großteil als unberechtigt, wenn man sich auf Kants Argumentation einlässt,[491] weshalb der Formalismusvorwurf in der neueren Kantforschung zurückgewiesen wurde.[492] Anders als der Formalismusvorwurf suggeriert, sucht Kant in der Metaphysik der Sitten die Verbindlichkeiten auf, welche mit Hilfe des kategorischen Imperativs und der Autonomie als moralisch ausgewiesen werden können. Hierbei kommt auch die substantive Sittlichkeit zum Vorschein, welche viele nur bei Aristoteles oder Hegel zu finden glauben.[493] Die Willensbestimmung durch die bloße Form des Gesetzes ist nichts anderes als das Prinzip des praktischen Vermögens der reinen Vernunft.[494] Im Begriff der bloßen Form des Gesetzes werden drei Elemente zusammengefasst: Notwendigkeit, Allgemeingültigkeit und Apriorität.[495] Dem beliebten Einwand der Gesinnungsethik liegt ein Missverständnis der Kantischen Ethik zugrunde.[496] Der Vorwurf einer maßstablosen Innerlichkeit des rein persönlichen Gewissens bei Kant lässt sich nicht halten. Moralität und Legalität sind bei Kant nicht zwei sich ausschließende Einstellungen. Im moralischen Handeln zeigt sich das sittlich Richtige. Die Pflicht wird erfüllt und gleichzeitig

488 Höffe, Immanuel Kant, S. 182.
489 Hartmann, Ethik, S. 107.
490 So: Breil, Kritik und System, S. 99.
491 Höffe, Immanuel Kant, S. 176.
492 Breil, Kritik und System, S. 99, Fn. 1.
493 Höffe, Immanuel Kant, S. 176.
494 Edel, „Formalismus" und Universalisierung in der Kantischen Ethik, in: Funke (Hg.), Akten des Siebenten Internationalen Kant-Kongresses, Bd. 2, Teil 1, S. 291, S. 296.
495 Edel, „Formalismus" und Universalisierung in der Kantischen Ethik, in: Funke (Hg.), Akten des Siebenten Internationalen Kant-Kongresses, Bd. 2, Teil 1, S. 291, S. 297.
496 Höffe, Immanuel Kant, S. 184.

die Pflichterfüllung zum Bestimmungsgrund gemacht. Moralität ist eine Steigerung der Legalität und für die Moralität stellt Kant ein eigenes Kriterium auf: den kategorischen Imperativ. Hierbei handelt es sich um ein objektives Kriterium, vielmehr noch: Strenge Objektivität selbst stellt das Kriterium dar.[497] Der kategorische Imperativ ist das höchste Beurteilungskriterium für die Moralität und die gesamte Sittlichkeit. Der kategorische Imperativ folgt dabei aus der Sittlichkeit als dem schlechthin Guten.[498]

Zudem stellt sich Kant in einen Gegensatz zu Relativismus, Skeptizismus und Dogmatismus in der Ethik. Moralisches Urteilen und Handeln basiert für ihn keineswegs auf Willkür oder einem rein persönlichen Gefühl, ist aber auch nicht nur Sache der kulturellen Identität oder gesellschaftlichen Konvention. Das Handeln des Menschen wird bei ihm unter eine letzte Verbindlichkeit gestellt. Es ist Gegenstand einer rationalen Argumentation. Grundlage dieser Argumentation ist ein höchstes Prinzip der Moral.[499] Objektivität wird bei Kant durch das Subjekt möglich, in der Autonomie liegt der Ursprung der Moral.[500]

Wie bereits dargestellt, bezieht sich die These von der Irrtumsfreiheit des Gewissens lediglich auf dessen Subjektseite. Das Gewissen wird bei Kant nicht zur Wahrheitsquelle. Das objektive Urteil über die Rechtmäßigkeit einer Handlung kann durchaus einem Irrtum unterliegen. Irrtumsfrei ist nur das Bewusstsein, ob man wirklich glaubt, Recht zu haben,[501] sodass Kant auch in diesem Sinne nicht missverstanden werden darf. Erbarmungslose Kantianer mit Schwert und Beil, die der Materie trotzen und sich im Geiste verschanzen im Sinne Heinrich Heines sind daher – wenn überhaupt – nur zu befürchten, wenn Kants These von der Irrtumsfreiheit des Gewissens missverstanden wird.

Den Vorwurf, bei Kant gebe es keine materiale Ordnung, weil er die Irrtumsfähigkeit des Gewissens verneint, weist auch Scholler als unzutreffend zurück. Es wird bei Kant schließlich die Vernunft zum Leitfaden aller Gewissenssachen und Fragen sittlicher Entscheidungen gemacht, womit sich die Frage stellt, welche materiale Ordnung diese Vernunft zu bestimmen hat. Die Vernunft, welche an die Stelle des Gewissens tritt, hat dem Gesetz der reinen praktischen Vernunft, dem kategorischen Imperativ, zu folgen. Welzel irrt bei seiner Darstellung des

---

497 Höffe, Immanuel Kant, S. 185.
498 Höffe, Immanuel Kant, S. 186.
499 Höffe, Immanuel Kant, S. 175.
500 Höffe, Immanuel Kant, S. 175.
501 Martinsen, Staat und Gewissen im technischen Zeitalter, S. 133.

Kantischen Gewissensbegriffs, denn bei Kant leitet sich die materiale Ethik aus der formalen ab.[502]

Sowohl Kant als auch Fichte sehen das Gewissen als eine Instanz, welche vermeintlich unabänderlich feststehende Überzeugungen, wie etwa diejenige des Ketzerrichters, Ungläubige zu töten, hinterfragt und gleichzeitig auch eine solche reflektierende sowie hinterfragende Haltung auferlegt. Dies steht also regelrecht entgegengesetzt zu Welzels Annahme, die Frage, ob dasjenige, welches für die Pflicht gehalten wird, auch tatsächlich Pflicht ist, werde als sittliches Problem abgenommen.[503] Der frühe, wohl auf Hegel zurückzuführende Einwand gegen die Gewissenslehre Kants und Fichtes, mit dem Ausschluss eines Gewissensirrtums könne grundsätzlich jede subjektive Auffassung als unbeschränkt gültig anerkannt werden, was zur Folge habe, dass der Gewissensbegriff sich als reinen Subjektivismus darstelle, bei welchem eine bloße Subjektivität sich als das Absolute, Richtige und Wahre ausgeben könne,[504] muss auch deswegen fehlgehen.

Weiterhin lässt sich entgegnen, dass die – gegebenenfalls missverstandene – These von der Irrtumsfreiheit des Gewissens wohl ohnehin keinen großen Beitrag dazu leisten können wird, eine terroristische Gesinnung oder den Gedanken entstehen zu lassen, die Berechtigung zu einer Gewalttat zu haben. Die Auffassung, dass das Gewissen etwas Subjektives ist, kann vielmehr im Gegenteil gerade die Toleranz anderen subjektiven Gewissensauffassungen gegenüber fördern. Viel gefährlicher hingegen ist eine verabsolutierte Gewissensauffassung, welche an vermeintlich überzeitliche und absolute Vorgaben, an eine von Gott vorgeschriebene und nicht zu hinterfragende Wahrheit gekoppelt wird. Ein solches Gewissensurteil wird keine abweichenden Gewissensauffassungen neben sich zulassen können und muss dann auch nicht mehr gesondert begründet werden, da es schließlich schlichtweg überzeitlich vorgegeben ist und somit auch gerade die Berechtigung hat, anderen – beispielsweise Ungläubigen – gegenüber mit Gewalt durchgesetzt zu werden.

Wenn der Mensch als Individuum mit seiner Vernunft und Würde in den Vordergrund rückt, werden ihm auch die Verantwortung und die Begründungslast für sein Gewissensurteil und Handeln übertragen. Dies gilt gerade dann, wenn das Gewissen von der Religion gelöst wird. Die wirklich gefährlichen Handlungen von Gewissens- und Überzeugungstätern sowie Terroristen und früher auch Glaubenskriegern basieren gerade auf einem vermeintlich absoluten

502 Scholler, Das Gewissen als Gestalt der Freiheit, S. 44 f., S. 44, Fn. 24.
503 Dauner, Das Gewissen, S. 192.
504 Dauner, Das Gewissen, S. 192, Fn. 641.

Auftrag Gottes, den es im eigenen Gewissen auch gegen Widerstand derjenigen, welche die göttliche Vorgabe nicht erkennen, durchzusetzen gilt. Kant verlangt hingegen eine kritische Prüfung von Religion, soweit sich ein Widerspruch zur Vernunft zeigt.[505]

Wie lässt sich all dies jedoch in Einklang damit bringen, dass Kant im Nationalsozialismus – worauf an späterer Stelle noch ausführlicher einzugehen sein wird – häufig rezipiert wurde?[506] Spricht dies nicht dafür, dass Kants Ethik tatsächlich inhaltlich leer, rein subjektivistisch und jedem beliebigen Inhalt zugänglich ist? Bereits im Jahr 1920 wurde die rassenideologisch geprägte Modifikation von Kants kategorischem Imperativ aufgestellt, so zu handeln, dass die Richtung des Willens jederzeit als Grundrichtung einer nordrassischen Gesetzgebung gedacht werden könne.[507] Der kategorische Imperativ des Handelns beinhaltete das Gebot, so zu handeln, dass der Führer, wenn er von dem Handeln Kenntnis hätte, dieses Handeln billigen würde.[508]

Dies ist jedoch keine Folge aus Kants „leerem Formalismus“, einer Tautologie des kategorischen Imperativs oder daraus, dass bei Kant rein subjektivistisch die eigene Willkür zum allgemeinen Gesetz erhoben werden kann. Kants Ethik wurde schlichtweg im Sinne der eigenen Ideologie verdreht, indem nicht mehr jeder Mensch, sondern nur die „nordische Rasse“ und der Führerwille einbezogen waren. Der Nationalsozialismus hatte eine eigene Moral mit Tugenden und ethischen Grundsätzen. Die Krise und die Gefahr des modernen Gewissens besteht gerade darin, dass das Gewissen des Menschen nicht immer unabänderlich den richtigen Weg weist oder weisen kann.

Wenn Menschen moralische Prinzipien anwenden, nach moralischen Maximen wie beispielsweise dem kategorischen Imperativ handeln und das Gute anstreben, ist dies eben nicht immer unfehlbar richtig. Bereits Blaise Pascal formulierte in diesem Sinne, der Mensch sei weder Engel noch Bestie und sein Unglück bestehe darin, dass er umso bestialischer werde, je mehr er ein Engel sein wolle.[509]

---

505 Vgl.: Kant, Die Religion innerhalb der Grenzen der bloßen Vernunft; siehe hierzu auch: Martinsen, Staat und Gewissen im technischen Zeitalter, S. 147.

506 Böhnigk, Kant und der Nationalsozialismus, S. 44; vgl. hierzu auch: Dauner, Das Gewissen, S. 26.

507 Günther, Ritter, Tod und Teufel, S. 191; vgl. hierzu auch: Dauner, Das Gewissen, S. 26, S. 26, Fn. 52.

508 Frank, Die Technik des Staates, S. 15 f.; vgl. hierzu auch: Dauner, Das Gewissen, S. 27.

509 Pascal, Pensees, 358, S. 66 f.

Dies ist jedoch keinesfalls auf Kants Ethik beschränkt. Ganz allgemein können unterschiedliche moralische Prinzipien im eigenen Interesse verfälscht oder mit von einer Ideologie geprägten Inhalten gefüllt werden. Kants Ethik sorgt im Gegenteil mit ihrer Konzentration auf Vernunft und Autonomie dafür, dass vermeintliche Wahrheiten nicht unkritisch hingenommen, sondern hinterfragt werden und fördert ein größeres Bewusstsein in Bezug auf den Umgang mit dem Gewissen und seinen Gefahren. Das Streben nach moralischem Handeln und das Haben eines Gewissens gehören jedoch, wie schon Kant erkannt hat[510] und wie noch ausführlicher zu thematisieren sein wird, trotz aller Fehlbarkeit zur menschlichen Natur und bringen mehr Nutzen als Schaden für das menschliche Zusammenleben mit sich.

bb.) Das moderne subjektivistische Gewissensverständnis in der Rechtswissenschaft

Nach der modernen, derzeit in der Rechtswissenschaft verbreiteten Auffassung zeichnet sich eine Gewissensentscheidung gerade durch die in einer spezifischen Situation, im konkreten Gewissenskonflikt eingenommene unverwechselbare und einzigartige Haltung des Subjekts aus.[511] Das säkulare Gewissensverständnis ermöglicht auch vereinzelten und höchstpersönlichen Maßstäben sowie Auffassungen die Berufung auf das Grundrecht der Gewissensfreiheit.[512] Die grundrechtliche Gewährleistung der Freiheit des Gewissens ist also eine Freiheitsverbürgung von höchstpersönlichen Wertvorstellungen, welche in den Tiefenschichten der Persönlichkeit angesiedelt sind.[513]

---

510 Kant, Werke, Bd. 5, hg. v. Hartenstein, S. 271; siehe auch: Esser, The Inner Court of Conscience, in: Sensen/Timmermann/Tampota (Hg.), Kant's „Tugendlehre", S. 269, S. 280; Rohlf, Immanuel Kant, in: Zalta (Hg.), The Stanford Encyclopedia of Philosophy, unter: https://plato.stanford.edu/archives/spr2016/entries/kant/, zuletzt abgerufen am 25. September 2017; Schmidt/Schönecker, Kants Philosophie des Gewissens, in: Egger (Hg.), Philosophie nach Kant, S. 279.

511 Mock, Gewissen und Gewissensfreiheit, S. 135; vgl. hierzu auch: Dauner, Das Gewissen, S. 78.

512 Mock, Gewissen und Gewissensfreiheit, S. 135.

513 Herdegen, Gewissensfreiheit und Normativität des positiven Rechts, S. 137; so auch: Dauner, Das Gewissen, S. 78.

(1) Die subjektive Ausrichtung des Gewissens als Ergebnis eines freiheitsgeschichtlichen Emanzipationsprozesses

Die objektivistischen Rekonstruktionen des Gewissensbegriffs in der Rechtsphilosophie in den 1960er Jahren, für die beispielhaft Brinkmanns dargestellter Ansatz steht, verhindern gerade die Möglichkeit eines subjektiven Gewissensbegriffs.[514] Derartige Auffassungen, welche eine objektive Sollensordnung zur Voraussetzung machen und die Gewissensfunktion auf die Vermittlung objektiv und überzeitlich gültiger Regeln beschränken, haben sich also in der Rechtswissenschaft nicht durchsetzen können.[515]

Das Bekenntnis zu einer als dem positiven Recht vorgelagert gedachten bestimmten Werteordnung oder zu einem transzendentalen Weltbild mit einer außerhalb des Menschen stehenden höheren Instanz wurde zurecht nicht als notwendiges Element einer zu schützenden Gewissensauffassung betrachtet. Ein religiös fundiertes Verständnis des Gewissens hat letztendlich wenig Resonanz gefunden.[516] Das Grundrecht auf Gewissensfreiheit kann sich daher mit Herdegen nicht darin erschöpfen, dass nur Wertvorstellungen mit einem universellen und absoluten Geltungsanspruch geschützt werden:[517] „Sonst würde die Gewissensfreiheit von ihrem Bezug zur Weltanschauungsfreiheit gelöst, die nicht nur dem freien Bekenntnis zu generellen Maßstäben mit Universalitätscharakter dient.“[518]

Wenn man das Gewissen auf eine Übermittlungsfunktion objektiv und überzeitlich gültiger Vorschriften festlegt, wie dies beispielsweise bei Brinkmann der Fall ist, wird die Gewissensfreiheit zur Gehorsamspflicht und „Ordnung zur Intoleranz“[519] verkehrt, womit bereits im Ansatz der Zweck und die Bedeutung der grundrechtlichen Gewährleistung verkannt[520] und kein Bezug zum Begriff der Freiheit mehr deutlich wird. Jeder Staat oder Machthaber kann zudem behaupten, im Sinne Brinkmanns die wahrhafte und gerechte Ordnung zu verkörpern, sodass sich abweichendes Handeln als gewissenlos darstellen muss.[521]

---

514 Freihalter, Gewissensfreiheit, S. 58; vgl. hierzu auch: Dauner, Das Gewissen, S. 78.

515 Herdegen, Gewissensfreiheit und Normativität des positiven Rechts, S. 249; vgl. hierzu auch: Dauner, Das Gewissen, S. 78, S. 78, Fn. 269.

516 Herdegen, Gewissensfreiheit und Normativität des positiven Rechts, S. 249.

517 Herdegen, Gewissensfreiheit und Normativität des positiven Rechts, S. 248 f.

518 Herdegen, Gewissensfreiheit und Normativität des positiven Rechts, S. 249.

519 Freihalter, Gewissensfreiheit, S. 58; vgl. hierzu auch: Dauner, Das Gewissen, S. 78 f.

520 Dauner, Das Gewissen, S. 79.

521 Freihalter, Gewissensfreiheit, S. 58.

Gerade dieses Handeln bedürfte jedoch eines grundrechtlichen Schutzes, wenn die Grundrechte dem Einzelnen nach dem klassischen Grundrechtsverständnis ein Abwehrrecht gegenüber dem Staat gewährleisten sollen.

Objektivistische Gewissensqualifikationen muten also angesichts der säkularen Gewissensfreiheit, wie sie in modernen und liberalen Verfassungen zum Ausdruck kommt, anachronistisch an.[522] Sie verweigern sich mit Dauner „dem von der modernen Freiheitsgeschichte aufgeworfenen Problemniveau, sie übersehen die ausdrücklich subjektive Ausrichtung der Freiheitsverbürgung, die das Ergebnis eines freiheitsgeschichtlichen Emanzipationsprozesses, einer sukzessiven Suspendierung des Subjekts von der Bindung an eine festgesetzte, vorgegebene Normativität ist."[523]

(2) Zu Luhmanns funktionalistischem Gewissensverständnis

Hier setzt auch Luhmann an, der ein formales sowie systematisch entwickeltes funktionalistisches Konzept des Gewissens entwirft und das Gewissen als (reflektierende) Funktion der Persönlichkeit beschreibt.[524] Nach Schinkel besteht die Herausforderung, welche Luhmann annimmt, in der Entwicklung einer Antwort auf die Frage danach, auf welche Weise die Gewissensfreiheit mit ihrem hohen Wert (wie sie auch nach dem Gesetz bei der Verweigerung aus Gewissensgründen relevant wird) angesichts der Subjektivität des Gewissens beibehalten werden kann.[525]

Luhmann meint, dass es kein nachprüfbares Kriterium für das Gewissen gebe, das Gewissen kein „Wissen" mehr sei und der Jurist sich bei der Feststellung des Gewissenssachverhalts nicht auf gemeinhin angenommene Wahrheiten berufen dürfe. Gewissen sei damit nicht mehr syn-eidesis oder con-scientia.[526] Das Gewissen verkörpert nach Luhmann vielmehr „eine Art Eruption der Eigentlichkeit des Selbst, die man nur mit staunender Toleranz zur Kenntnis nehmen und respektieren, aber inhaltlich nicht überprüfen kann".[527] Die neuzeitliche Interpretation des Gewissensbegriffs muss offen lassen, ob Gewissensansprüche der Wahrheit entsprechen.[528]

---

522 Dauner, Das Gewissen, S. 79.
523 Dauner, Das Gewissen, S. 79.
524 Schinkel, Conscience and Conscientious Objections, S. 318.
525 Schinkel, Conscience and Conscientious Objections, S. 435.
526 Luhmann, AöR 90 (1965), 257, 260.
527 Luhmann, AöR 90 (1965), 257, 260 f.
528 Luhmann, AöR 90 (1965), 257, 259.

Luhmann konkretisiert in Bezug auf die grundrechtliche Garantie der Gewissensfreiheit daher: „Wo es Gewissensfreiheit gibt, ist damit die Verschiedenheit der Gewissensansprüche institutionalisiert.“[529] Es folgt die bereits dargestellte und für das moderne Freiheitsdenken wesentliche Aussage Luhmanns: „Jeder hat ein Recht auf *sein* Gewissen. Man kann den Gewisseninhalt dann nicht mehr auf überpositives Recht beziehen und daran binden.“[530] Sollte es überpositives Recht geben, wäre – wie bereits dargelegt und auch von Luhmann betont – nicht einzusehen, warum das Gewissen dieses unterschiedlich reflektieren können und im Rahmen der Rechtsordnung dürfen soll.[531]

Anhand der Kriegsdienstverweigerung aus Gewissensgründen lässt sich dies beispielhaft verdeutlichen: Wenn es eine objektiv richtige und auf überpositives Recht zurückzuführende Entscheidung gäbe, müssten entweder alle oder niemand den Kriegsdienst verweigern. Dies ist jedoch selbstverständlich nicht der Fall und auch nie der Fall gewesen. Verschiedene Menschen haben eine ganz unterschiedliche Haltung zum Kriegsdienst mit der Waffe.[532] Bei einigen regt sich das Gewissen dagegen, bei anderen wiederum ertönt der Ruf des Gewissens nicht oder vermittelt sogar eine moralische Verpflichtung zum Kriegsdienst, welcher dem Schutz des Heimatlandes dient.

(a) Das Gewissen als Systemstabilisator der eigenen Persönlichkeit

Luhmann versteht das Gewissen daher keineswegs als Vermittlungsorgan des Guten, als Streben nach dem fest definierten Guten oder eine Sammlung von Prinzipien, sondern als Kontrollinstanz, die darüber wacht, dass das Ich die Grenzen seiner Persönlichkeit nicht sprengt, somit als höchste und komplizierteste Struktur der Selbsterhaltung.[533] Der Gewissensbegriff müsse vielleicht nicht einmal an die allgemeine Unterscheidung von „Gut und Böse“ gekoppelt werden.[534] Dem Kern der Gewissenskonzeption Luhmanns liegt die Integrität der Person zugrunde. Die Funktion des Gewissens ist es, die Integrität der Persönlichkeit zu wahren. Der Inhalt des Gewissens wird dabei durch die individuelle

529 Luhmann, AöR 90 (1965), 257, 261.
530 Luhmann, AöR 90 (1965), 257, 261 (Hervorhebung im Original).
531 Luhmann, AöR 90 (1965), 257, 261.
532 Vgl.: Luhmann, AöR 90 (1965), 257, 261.
533 Luhmann, AöR 90 (1965), 257, 264.
534 Luhmann, AöR 90 (1965), 257, 258.

Biographie geprägt.[535] Das Gewissen ist die Steuerung der Persönlichkeit und überschneidet sich mit der Ehre. Es verkörpert die Darstellung vor sich selbst.[536] Die Frage des Gewissens lautet mithin: „Kann ich dies tun und weiterhin ich selbst sein?"[537]

Das Gewissen hat demnach „mit oder ohne Erlaubnis einer allgemeinen Moral" die Form einer normativen Struktur und repräsentiert „Erwartungen an sich selbst, die man auch bei Enttäuschungen mit sich selbst nicht aufgeben kann, weil sie die Identität der Persönlichkeit mitkonstituieren".[538] Es definiert sich also durch seine Funktion als Systemstabilisator. Das Gewissen hat bei Luhmann zudem eine zeitüberwindende Funktion. Es beansprucht Geltung auch für den Fall, dass ihm faktisch zuwidergehandelt wird oder dass sich im Laufe der Zeit andere Umstände ergeben. Es ändert sich also nicht – wie beispielsweise eine Prognose – nach Maßgabe der Erfahrung, der enttäuschten oder bestätigten Erwartungen, mit der Zeit. Der Sinn des normativen Erlebens liegt nach Luhmann daher in der kontrafaktischen Stabilisierung von Erwartungen.[539]

Luhmann bringt das Gewissen sogar in die Nähe des Todes. Die Gewissensfrage betreffe das Vertrauen in die eigene Integrität: „Man kommt in Gefahr, sich selbst unerträglich zu werden. Gewissensforschung erhellt die Fragwürdigkeit der eigenen Identität und führt daher in die Nähe des Todes; denn im Gewissen stellt man das eigene Sein zur Entscheidung. [...] Gewissen kann nur haben, wer sich selbst töten kann. Die Wahl des Todes befreit in jedem Falle. Man kann die Faktizität des Todes wählen, um einer gewissenswidrigen Handlung auszuweichen."[540] Die Möglichkeit, den Tod zu wählen, mache den Menschen daher in einem radikalen Sinne von seiner Umwelt frei und sei eine Bedingung dafür, dass ihm all seine Handlungen zugerechnet werden können und diese ihn identifizieren. Die Freiheit des Gewissens sei also in letzter Konsequenz die Freiheit zum Tode.[541] Der Einzelne sei jedoch nicht frei darin, sein Gewissen sowie

---

535 Schinkel, Conscience and Conscientious Objections, S. 318; siehe auch: Thome, Self-Control, Conscience, and Criminal Violence, in: Heitmeyer u. a. (Hg.), Control of Violence, S. 121, S. 133.

536 Luhmann, AöR 90 (1965), 257, 265 f.

537 Schinkel, Conscience and Conscientious Objections, S. 483.

538 Luhmann, Die Funktion der Gewissensfreiheit im öffentlichen Recht, in: Kallenbach/Schemel (Hg.), Funktion des Gewissens im Recht, S. 9, S. 21.

539 Luhmann, AöR 90 (1965), 257, 267.

540 Luhmann, AöR 90 (1965), 257, 269.

541 Luhmann, AöR 90 (1965), 257, 269 f.

dessen Inhalte zu wählen und habe immer schon Normen anerkannt und Verpflichtungen übernommen.[542]

Die entscheidende Funktion der Gewissensfreiheit liegt für Luhmann letztendlich nicht – wie man vordergründig vermuten könnte – darin, dass der Einzelne nach seinem Gewissen handeln kann, sondern darin, dass dem Einzelnen ein Handeln nach dem eigenen Gewissen gerade erspart wird.[543] Bei Luhmann sind die Bereitstellung von Handlungsalternativen, die Institutionalisierung „unpersönlicher" Verhaltensweisen und die Vermeidung von Zwangssituationen mit Hilfe der Gewissensfreiheit drei Möglichkeiten, um den Einzelnen von Gewissensproblemen zu entlasten. Entscheidend sei, dass so Gewissenskonflikten im Voraus ausgewichen werden kann. Wer also gegen sein Gewissen handelt, hat dies dann im Grundsatz immer selbst verschuldet.[544]

Luhmann stellt sodann fest, dass, wenn die Bindung des Gewissens an die Wahrheit oder eine absolute Moral aufgegeben wird, die darin liegenden sozialen Rücksichten auf eine andere Art und Weise kompensiert werden müssen. Der Einzelne könne schließlich, für den Fall, dass er auf sein Gewissen hört, zur Quelle sozialer Störungen und Enttäuschungen werden. Entsprechend müsse der Zweck der Gewissensfreiheit darin liegen, dass dieser an Gewissenskonflikten vorbeigeleitet wird.[545] Darin liege eine „brauchbare Koordination persönlicher und sozialer Systeminteressen".[546] Wahrheit werde im Ergebnis durch soziale Planung ersetzt.[547]

Ein Beispiel für das Gelingen dieser Konzeption war – als bis vor einigen Jahren in Deutschland noch Wehrpflicht bestand – die Bereitstellung der Möglichkeit zur Ableistung von Zivildienst als Handlungsalternative zum Wehrdienst.

(b) Diskussion und kritische Würdigung

Auch Böckenförde bezieht sich auf Luhmanns Auffassung der Funktion des Gewissens für die Identität der Persönlichkeit, wenn er darauf verweist, dass das Grundgesetz keinen Gewissensbegriff anbietet, dieser auch nicht unter Rückgriff auf theologische oder philosophische Gewissensdeutungen definiert werden kann und das vom Bundesverfassungsgericht angeführte Rekurrieren

542 Luhmann, AöR 90 (1965), 257, 270.
543 Luhmann, AöR 90 (1965), 257, 270 f.
544 Luhmann, AöR 90 (1965), 257, 273.
545 Luhmann, AöR 90 (1965), 257, 279 f.
546 Luhmann, AöR 90 (1965), 257, 279.
547 Luhmann, AöR 90 (1965), 257, 280.

auf den allgemeinen Sprachgebrauch[548] ebenfalls nicht weiterhilft, um das Gewissen zu bestimmen.[549] Tatsächlich ist diese Gewissenskonzeption Luhmanns – gerade auch wegen der Unbestimmtheit, Vagheit und Vielfältigkeit des Gewissensbegriffs – geeignet, um das Gewissen im verfassungsrechtlichen Sinne zu verstehen.

Schinkel bemerkt jedoch zu Luhmanns Gewissensauffassung, dass sie das Gewissen – wie viele moderne Ansichten – einseitig aus der Perspektive der Persönlichkeitsbewahrung betrachte und die Intentionalität des Gewissens nicht berücksichtige.[550] Das Gewissen sei schließlich „about something".[551] Auch, wenn die Verbindung zwischen dem Gewissen und der Aufrechterhaltung der eigenen Persönlichkeit nicht verleugnet werden könne, müsse man jedoch beachten, dass dies üblicherweise nicht die Motivation einer Person darstelle, wenn diese moralisch oder nach ihrem Gewissen handelt. Im Fokus ihres Handelns stehe vielmehr der Versuch, das Richtige zu tun, ohne dass zwingend die Konsequenzen für die eigene Integrität mitberücksichtigt werden.[552] Wenn man die Gewissensbeschreibung Luhmanns als vollständig in Bezug auf das Gewissen auffassen wollte, müssten alle Überlegungen in Bezug auf den Inhalt des Gewissens unberücksichtigt bleiben.[553] Schinkel ist daher der Ansicht: „Conscience would be part of a more or less self-enclosed system – self-enclosed in the sense that its business would be with the self alone."[554]

Auch Schockenhoff kritisiert diese funktionale Interpretation der Freiheit des Gewissens, wie sie durch die moderne Systemtheorie – und vor allem durch Luhmann – sichtbar gemacht wurde.[555] Die Konzeption, dass die Leistung der Moral und die Orientierung am eigenen Gewissen diesem Ansatz nach nur darin besteht, dass die Individuen ihrer Persönlichkeit Konsistenz verleihen und ihre Biografie krisenfester machen, die Moral aber nur für den Betreffenden selbst Bedeutung hat und außerhalb des individuellen Systems funktionslos bleibt, erachtet er als unzulänglich. Es erweise sich als Unzulänglichkeit der funktionalen Interpretation, dass sie von einer Wahrheitsbindung des Gewissens vollkommen abrücke und den Aspekt des Systemerhalts einseitig in den Vordergrund

548 BVerfGE 12, 45 (54).
549 Böckenförde, VVDStRL 28 (1970), 33, 66 f.
550 Schinkel, Conscience and Conscientious Objections, S. 339 f.
551 Schinkel, Conscience and Conscientious Objections, S. 340.
552 Schinkel, Conscience and Conscientious Objections, S. 340.
553 Schinkel, Conscience and Conscientious Objections, S. 341.
554 Schinkel, Conscience and Conscientious Objections, S. 341.
555 Vgl.: Schockenhoff, Wie gewiss ist das Gewissen?, S. 36 f.

stelle. Nach Schockenhoff bedingt sich jedoch beides vielmehr einander. Wer den anderen nicht in seinem Weg zur Wahrheit achte, der könne ihn auch nicht um seiner selbst willen, sondern bloß von einem übergeordneten Standpunkt aus, respektieren. Durch die Ablösung von Gut und Böse verliere das Gewissen zudem sein spezifisches Unterscheidungsmerkmal. Es werde von anderen psychischen Regungen wie Wut, Ekel, Scham oder Angst nicht mehr differenzierbar. Die normative Qualität der Handlungssteuerung durch das Gewissen und die sittliche Unbedingtheit des Gewissensurteils seien hierdurch ausgeblendet worden.[556]

Auch der moderne, demokratische Staat könne nicht von einem Wertbezug der Verfassung abrücken, ohne dass die Konsensgrundlage, welche in der Gesellschaft vorhanden ist, nachhaltig gefährdet werde. Dass der Staat nicht mehr über die Wahrheit der Gewissensauffassung des Einzelnen urteilen dürfe, bedeute nicht, dass das Gewissen sich nicht mehr vor derselben zu verantworten habe oder diese anstrebe. Auch in der modernen Gesellschaft bleibe stets das Streben nach Wahrheit. Wo dieses durch soziale Planung abgelöst werde, schwinde der letzte Grund der gegenseitigen Achtung und damit zugleich auch die Würde sowie Freiheit jedes Individuums.[557]

Dem ist entgegenzuhalten, dass ein Gewissensverständnis, welches nicht mehr von der Rückbindung des Gewissens an eine absolute Wahrheit ausgeht, keineswegs zur Folge haben muss, dass das persönliche Streben nach moralisch richtigem Handeln und der „eigenen Wahrheit" zwingend aufgegeben wird. Dieses Streben und die Orientierung anhand der Kriterien von „Gut und Böse" sind der menschlichen Natur immanent. Vor diesem Hintergrund scheint es aber tatsächlich problematisch, wenn Luhmann in Erwägung zieht, einen Gewissensbegriff zu suchen, der „vielleicht nicht einmal an die allgemeine ethische Unterscheidung von [G]ut und [B]öse gebunden und dadurch begrenzt ist, sondern anders, nämlich nur durch die Funktion des Gewissens definiert werden muss".[558] Ein Abstellen auf die Funktion des Gewissens ist zwar überzeugend, nichtsdestotrotz wird eine Gewissensentscheidung aber wohl immer einen Bezug zu den Kriterien „Gut und Böse" haben und einen höchstpersönlichen moralischen Wegweiser in Bezug auf das eigene Leben verkörpern. Damit ist Schockenhoff also zuzustimmen, wenn er meint, dass das Gewissen ohne einen Bezug zu „Gut und Böse" sein spezifisches Wesen einbüßt.

---

556 Schockenhoff, Wie gewiss ist das Gewissen?, S. 38, S. 41 f.
557 Schockenhoff, Wie gewiss ist das Gewissen?, S. 42 f.
558 Luhmann, AöR 90 (1965), 257, 258.

Unbestritten ist, dass auch die Verfassung des demokratischen Staates immer einen Wertbezug – welcher sich beispielsweise in den Grundrechten äußert – aufweist und dieser wiederum auf der Konsensgrundlage der Gesellschaft fußt. Wichtig ist jedoch die Erkenntnis, dass im Staat nicht ein für alle Mal verbindlich über „Gut und Böse", „Falsch und Richtig", „Moral und Unmoral" entschieden wird. Dies bedeutet aber nicht, dass der Staat keine Werte verkörpern darf.

Schwierig zu beantworten ist die Frage, ob der Ruf des Gewissens nach dem Verständnis Luhmanns von anderen psychischen Regungen wie Wut, Scham, Ekel oder Angst unterscheidbar bleibt. Wie bereits dargestellt, verliert das Gewissen durch die Abkopplung von „Gut und Böse" zumindest sein eigentümliches Wesen. Nach Luhmann hat das Gewissen jedoch die Funktion der Auswahl einer moralischen Grundlage, von welcher aus es das Handeln vorgibt. Dies ist beispielsweise dann der Fall, wenn es eine große Zahl an unterschiedlichen mehr oder weniger religiös geprägten moralischen Überzeugungen gibt, die sich einander teilweise widersprechen. Als Beispiel nennt er Überzeugungen, die es verbieten, ärztliche Hilfe in Anspruch zu nehmen und solche, die genau dieses Verhalten fordern.[559] Das Gewissen hat – im Gegensatz zu den anderen genannten psychischen Regungen – auch bei Luhmann, obwohl er eine Abkopplung von den Orientierungspunkten „Gut und Böse" in Erwägung zieht, typischerweise den Charakter einer die Persönlichkeit des Einzelnen konstituierenden eigens empfundenen moralischen, sittlichen Verpflichtung oder Überzeugung. Wenn Luhmann das Gewissen als normative Struktur definiert, die aus Erwartungen an sich selbst besteht, welche man bei Enttäuschungen mit sich selbst nicht aufgeben kann, da sie die Identität der Persönlichkeit verkörpern,[560] unterscheidet sich dies doch stark von den anderen genannten psychischen Regungen.

Diese Gewissensdefinition Luhmanns lässt jedoch außer Acht, dass das Gewissen durch stetes Handeln gegen dasselbe in bestimmten Situationen durchaus modifizierbar ist. Wer beispielsweise in seinem Gewissen davon überzeugt ist, dass es nicht seiner Moral entspricht, Tiere zu töten, um sie zu verzehren, sich aber immer wieder wegen des guten Geschmacks dazu hinreißen lässt, dies zu tun, wird das Bedürfnis haben, sich und sein Verhalten vor sich selbst zu rechtfertigen und Argumente finden, warum das Töten von Tieren zum Verzehr nun doch mit seinem Gewissen vereinbar ist. Wenn eine zunächst durch das

559 Luhmann, Die Funktion der Gewissensfreiheit im öffentlichen Recht, in: Kallenbach/Schemel (Hg.), Funktion des Gewissens im Recht, S. 9 f.

560 Luhmann, Die Funktion der Gewissensfreiheit im öffentlichen Recht, in: Kallenbach/Schemel (Hg.), Funktion des Gewissens im Recht, S. 21.

Gewissen vorgegebene Hemmschwelle überwunden ist, wird das Handeln gegen das ursprünglich strenge Gebot des Gewissens erleichtert. Auch, wer das Töten von Menschen grundsätzlich als gegen die Gebote seines Gewissens gerichtet erachtet, dann aber im Krieg an der Waffe kämpfen muss, wird dies vor sich selbst rechtfertigen, um nicht von seinem schlechten Gewissen zerfressen zu werden, selbst wenn dies auf lange Sicht nicht immer gelingen mag (wie man beispielsweise an Soldaten sieht, die mit einer posttraumatischen Belastungsstörung aus dem Krieg zurückkehren oder nicht über ihre Erlebnisse sprechen, weil sie sich für das von ihnen Getane schämen). Eine Möglichkeit der Modifikation des Gewissens wird auch in der Redeweise von einer „Abstumpfung gegen Gewalt" deutlich. Wie die Geschichte gezeigt hat, wird das Gewissen in schlechten Zeiten flexibler. Beim Gewissen handelt es sich also zumindest nicht immer zwingend um eine kontrafaktische Stabilisierung von Erwartungen.

Aus einer psychologischen Perspektive entsteht ein Spannungszustand, wenn eine Entscheidung oder Handlung den inneren Überzeugungen oder Werten – also auch Gewissensinhalten – eines Menschen widerspricht. Dies bezeichnet man als kognitive Dissonanz, also einen unangenehmen Gefühlszustand, der dann entsteht, wenn mindestens zwei verschiedene kognitive Inhalte, Gedanken, Überzeugungen, Einstellungen oder die Wahrnehmung eigener Verhaltensweisen, nicht oder nur schwer miteinander vereinbar sind.[561] Kognitive Dissonanz ist ein aversiver motivationaler Zustand, welcher das Individuum veranlasst, diesen unangenehmen Zustand abzubauen.[562] Die Dissonanz kann auf verschiedene Weisen reduziert werden. Ein Grund für die Motivation, Dissonanz zu reduzieren, ist das Bedürfnis, über ein konsistentes Selbst zu verfügen.[563]

Anhand von Experimenten hat sich gezeigt, dass Personen, welche dazu gebracht werden, sich einstellungsdiskrepant zu verhalten, versuchen, die hierdurch entstehende Dissonanz durch eine Änderung der Einstellung in Richtung des gezeigten Verhaltens abzubauen. Das klassische 20-Dollar-Experiment von Festinger und Carlsmith veranschaulicht dies: Versuchspersonen wurden gebeten, an einer besonders langweiligen Aufgabe (Abschreiben von Buchstaben- und Zahlenreihen) teilzunehmen. Anschließend wurden sie aufgefordert, eine andere, nachfolgende Versuchsperson anzulügen, dass es sich um ein sehr spannendes Experiment gehandelt habe. Einigen Versuchspersonen wurden für

561 Fischer/Asal/Krueger, Sozialpsychologie für Bachelor, S. 16.

562 Vgl. Festinger, A theory of cognitive dissonance; siehe hierzu auch: Fischer/Asal/Krueger, Sozialpsychologie für Bachelor, S. 16.

563 Beckmann, Kognitive Dissonanz, S. 2.

diese Lüge 20 Dollar, anderen jedoch nur ein Dollar als Belohnung angeboten. Das Ergebnis war, dass diejenigen Versuchspersonen, welche nur einen Dollar (niedrige Rechtfertigung für die Lüge) als Belohnung erhielten, die Aufgabe als interessanter und weniger langweilig bewerteten als diejenigen, welche 20 Dollar (hohe Rechtfertigung für die Lüge) geboten bekamen. Nach Festinger und Carlsmith erlebten beide Versuchsgruppen kognitive Dissonanz, da sie eine tatsächlich sehr langweilige Aufgabe als spannend darstellen mussten. Bei den Personen, die nur einen Dollar als Belohnung erhielten, war der Betrag zu gering, um eine hinreichende Rechtfertigung für ihr Verhalten darzustellen. Einstellung und Verhalten standen sich unvereinbar gegenüber. Die Versuchspersonen fanden eine interne statt einer externen Rechtfertigung, da ihnen nichts anderes übrig blieb, als die kognitive Dissonanz durch eine Änderung der eigenen Einstellung zum erlebten Experiment zu reduzieren. Dies illustriert die Änderung der eigenen Auffassung zur Reduktion dissonanter Kognitionen.[564]

Auch im Gewissen sind derartige moralische und sittliche Einstellungen sowie Überzeugungen verankert. Wenn man sich entgegen dieser Einstellungen verhält, in Luhmanns Worten also Erwartungen an sich selbst enttäuscht werden, können diese Einstellungen und Überzeugungen durchaus modifiziert werden. Es ist somit nicht immer zwingend der Fall, dass das Gewissen als normative Struktur, welche aus Erwartungen an sich selbst besteht, bei Enttäuschungen mit sich selbst nicht aufgegeben werden kann, weil es die Identität der Persönlichkeit mitkonstituiert.

Zudem steht bei Luhmann auch die Gewährleistung der freien Gewissensbetätigung zu wenig im Vordergrund und es wird einseitig der Schutz vor Gewissenskonflikten betont. Das Grundrecht der Gewissensfreiheit schützt insbesondere davor, durch den Staat nicht zum Handeln gegen Ge- und Verbote des eigenen Gewissens gezwungen zu werden. Im Einzelfall kann es genügen, gewissensschonende Handlungsalternativen zur Verfügung zu stellen, wie dies beispielsweise noch zu Zeiten der Wehrpflicht mit der Ableistung des Zivildienstes als Handlungsalternative der Fall war. Das wesentliche Merkmal der Gewissensfreiheit ist jedoch auch, dass grundsätzlich jedes gewissensgeleitete Tun, also auch das Handeln und Verhalten nach dem eigenen Gewissen in einer konkreten Situation, Schutz erfährt.[565]

---

564 Festinger/Carlsmith, Journal of Abnormal and Social Psychology 58 (1959), 203 ff.; siehe hierzu: Fischer/Asal/Krueger, Sozialpsychologie für Bachelor, S. 17.

565 Epping, Grundrechte, Rn. 329.

Es wird also auch die aktive Gewissensbetätigungsfreiheit als forum externum umfasst. Eine Freiheit im Sinne von Selbstbestimmung kann schließlich nicht nur das forum internum schützen und dem Individuum versagen, dieses forum handelnd in die Außenwelt zu tragen. Eine solche Auffassung würde vielmehr dem Würdeaspekt zuwiderlaufen.[566] Was immer man über das Menschenbild des Grundgesetzes denken mag, so steht jedenfalls fest, dass es sich nicht „in der tatenlosen Atmosphäre des ‚stillen Kämmerleins' erschöpft".[567] Damit hat der Einzelne also die Freiheit, sich insgesamt nach seinem Gewissen zu verhalten.

Die Verwirklichung des Gewissensanspruchs in Form eines Tuns oder Unterlassens bewahrt den Einzelnen nach Herdegen davor, in die Auswanderung oder die „innere Emigration" getrieben zu werden.[568] Die Auffassung von Zippelius, welcher den Überzeugungstäter vor Augen hatte, dass die Gewissensbetätigungsfreiheit, also das forum externum, nicht und nur das forum internum vollumfänglich geschützt sein könne,[569] hat sich daher mit Recht nicht durchsetzen können. Eine derartige Beschneidung des Grundrechts kann das Gewissen, welches eine verhaltensorientierte Kategorie darstellt, nicht unversehrt lassen.[570] Die Gewissensfreiheit dient mithin gerade auch dem Handeln oder Unterlassen nach dem eigenen Gewissen und hat nicht einseitig die Funktion der Entlastung des Gewissens durch ein Ausweichen vor dem Gewissenskonflikt. Das Recht erwartet und duldet ein Handeln nach dem eigenen Gewissen. Der freiheitliche Staat erwartet den Gewissenskonflikt, dessen Entscheidung von Person zu Person unterschiedlich, also freiheitlich, ausfallen kann. Er duldet also gerade dieses Verhalten nach individuellen Gewissensmaximen.[571] Eine derartige Toleranz kann jedoch nur im Rahmen der verfassungsimmanenten Schranken gelten. Dies ist insbesondere relevant, da kaum vorstellbar ist, inwiefern das forum internum der Gewissensfreiheit mit anderen Grundrechten oder Verfassungswerten im Konflikt stehen kann.

---

566 Vgl. nur: Freihalter, Gewissensfreiheit, S. 74; Jarass, in: Jarass/Pieroth, Grundgesetz für die Bundesrepublik Deutschland, Art. 4, Rn. 46.

567 Herzog, in: Maunz/Dürig (Begr.), Herzog u. a. (Hg.), Grundgesetz-Kommentar, Art. 4, Rn. 135.

568 Herdegen, § 98 Gewissensfreiheit, in: Burgi (Hg.), Handbuch der Grundrechte in Deutschland und Europa, Bd. 4, Rn. 33.

569 Vgl.: Zippelius, VVDStRL 28 (1970), 90 f.

570 Mock, Gewissen und Gewissensfreiheit, S. 136.

571 Kirchhof, § 283 Der Bürger in Zugehörigkeit und Verantwortung, in: Isensee/Kirchhof (Hg.), Handbuch des Staatsrechts, Bd. 12, Rn. 19.

4.) Die rechtsgeschichtliche Entwicklung des säkularen Grundrechts auf Gewissensfreiheit in Deutschland[572]

Das Auseinanderbrechen der mittelalterlichen Ordnung der Christianitas, also der einheitlichen katholischen Werte- und Wahrheitsordnung von Kirche und Staat zu Zeiten der Reformation und der Religionskriege, bildet den Ursprung von Vorformen der heutigen säkularen Freiheit des Gewissens.[573] Die moderne Auffassung der Gewissensfreiheit ist aus den Forderungen nach religiöser Toleranz zwischen Reformation und Gegenreformation am Ende der kirchenpolitischen Auseinandersetzungen entstanden, auch wenn der Begriff „libertas conscientia" schon viel früher, erstmals am Ausgang der Antike, Verwendung fand.[574]

Die mittelalterliche Lebensordnung erkannte weder eine religiöse noch eine politische Gewissensfreiheit an. Sich in Glaubensfragen am eigenen Gewissen zu orientieren, war ein Wagnis auf Leben und Tod, verwaltete die Kirche schließlich das Monopol der Wahrheit.[575] Im Spätmittelalter jedoch wurde offenbar, dass sich die einheitliche Wahrheitsordnung nicht problemlos verteidigen ließ. Das Auseinanderbrechen der von den alten Feudalmächten politisch festgeschriebenen und vom einheitlichen Glauben religiös fundierten „Einheitszivilisation", während sich neue polyzentrische Lebensweisen herausbildeten, prägte das Spätmittelalter entscheidend. Theologiegeschichtlich lässt sich die Diskussion im Mittelalter und Spätmittelalter über die Verbindlichkeit des „irrenden Gewissens" als stellvertretendes Element für die moderne Idee der Gewissensfreiheit einordnen.[576] Schon nach Thomas von Aquin bindet das Gewissen – auch wenn es irrt – als „iudicium rationis" immer. Wenn der Mensch die eigenen

572 Ein Überblick zur historischen Entwicklung in anderen Ländern (wie Großbritannien, den USA und Frankreich) findet sich beispielsweise in: Borowski, Die Glaubens- und Gewissensfreiheit des Grundgesetzes, S. 8 ff.; siehe auch: Herdegen, Gewissensfreiheit und Normativität des positiven Rechts, S. 74 ff.

573 Dauner, Das Gewissen, S. 63.

574 Schockenhoff, Wie gewiss ist das Gewissen?, S. 17.

575 Schockenhoff, Wie gewiss ist das Gewissen?, S. 18.

576 Schockenhoff, Wie gewiss ist das Gewissen?, S. 18 f.; Weber, Die Bedeutung des Gewissens bei Friedrich Spee und der Moraltheologie seiner Zeit, in: Franz (Hg.), Friedrich Spee zum 400. Geburtstag, S. 51, S. 55 f.

Entscheidungen nach seinem Gewissen beurteilt, dann habe dieses Gewissensurteil subjektiv-verpflichtende Kraft.[577]

Wohl der stärkste Widerhall des religiösen Protestes, welcher im Spätmittelalter anwuchs, war es, als Martin Luther sich im Jahr 1521 gegenüber dem Kaiser und der päpstlichen Delegation auf dem Reichstag zur Worms auf sein Gewissen berief:[578] „Widerrufen kann und will ich nicht, denn es ist weder sicher noch heilsam, gegen das Gewissen zu handeln."[579] Der zusätzliche Ausspruch „Hier stehe ich, ich kann nicht anders" ist nur in einer Quelle, der Wittenberger Drucklegung, überliefert, hat aber das Luther-Bild des 19. Jahrhunderts und die Luther-Legende bis heute entscheidend geprägt.[580] Dies war jedoch nicht die Geburtsstunde eines neuzeitlichen Verständnisses der Gewissensfreiheit. Luther hat zwar dem Aufkommen der modernen Gewissensidee einen starken Impuls gegeben, er selbst aber verstand hierunter keineswegs ein politisches Recht auf allgemeine Freiheit des Gewissens, sondern berief sich auf das vom Zwang der Werke befreite, im Glauben an Gott geborgene Gewissen. Im Kampf gegen das „Schwärmertum" wies er eine Übertragung des persönlichen religiösen Erfahrens in die Öffentlichkeit entschieden zurück.[581]

Mit dem Augsburger Religionsfrieden von 1555 wurde eine erste Lösung für das Problem gefunden, wie bei unterschiedlichen religiösen Bekenntnissen der Staatsfrieden in Zukunft gesichert werden sollte. An ihrem jeweiligen Glauben festzuhalten, wurde jedoch nur den katholischen und lutherischen Fürsten zugebilligt.[582] Gewissensfreiheit im Sinne einer Freiheit der Religionszugehörigkeit kam also nur den Landesherren zu.[583] Über die Religionszugehörigkeit der Untertanen entschied der Landesherr, er hatte nach dem Prinzip „cuius regio, eius religio" das landesherrliche „jus reformandi". Wenn die Untertanen ihren Glauben nicht aufgeben wollten, blieb ihnen keine andere Möglichkeit, als auszuwandern.[584]

---

577 V. Aquin, Das irrende Gewissen, unter: http://www.hoye.de/christentum/lieferung16.pdf, zuletzt abgerufen am 25. September 2017; vgl. hierzu auch: Mock, Gewissen und Gewissensfreiheit, S. 33.

578 Schockenhoff, Wie gewiss ist das Gewissen?, S. 19.

579 Luther, zitiert nach: Kantzenbach, Martin Luther und die Anfänge der Reformation, S. 114.

580 Schockenhoff, Wie gewiss ist das Gewissen?, S. 19, Fn. 14.

581 Schockenhoff, Wie gewiss ist das Gewissen?, S. 19 f.

582 Dauner, Das Gewissen, S. 63.

583 Rühl, Das Grundrecht auf Gewissensfreiheit im politischen Konflikt, S. 4.

584 Rühl, Das Grundrecht auf Gewissensfreiheit im politischen Konflikt, S. 4; Dauner, Das Gewissen, S. 64.

Eine Änderung der Rechtslage brachte erstmalig der Westfälische Friede von 1648. Der Begriff „conscientia libera" wurde eingeführt und die Gewissensfreiheit kam als Recht auch den Untertanen zu. Die Freiheit des Gewissens stellte als individuelles Abwehrrecht gegenüber dem landesherrlichen Bekenntniszwang eine individualrechtliche Garantie der Religionsfreiheit dar. Die freie Hausandacht, also die religiöse Freiheit innerhalb der Grenzen des eigenen Hauses, und die Teilnahme am Gottesdienst der eigenen Konfession auch außerhalb der Landesgrenzen wurden garantiert.[585] Gewissensfreiheit als „conscientia libera" meinte im Sinne des Westfälischen Friedens nicht mehr und nicht weniger, als dass das häusliche religiöse Leben eine Schranke für das Reformationsrecht des Landesherrn darstellte.[586] Dieses Recht war jedoch auf Protestanten und Katholiken beschränkt. Der Westfälische Friede war durch das Verbot von Sekten weit davon entfernt, eine allgemeine Bekenntnisfreiheit darzustellen.[587]

Die ganze Rechtsentwicklung im deutschsprachigen Raum war im 19. Jahrhundert durch die Freiheit, einen religiösen – christlichen – Glauben zu haben, gekennzeichnet. Beispielhaft hierfür steht die Entwicklung in Preußen.[588] Das Allgemeine Landrecht für die Preußischen Staaten gestattete in § 2 seinem Wortlaut nach jedem Einwohner die vollkommene Glaubens- und Gewissensfreiheit. Dieser fortschrittliche Ansatz lässt jedoch noch keine Schlüsse auf die Praxis der religiösen Toleranz nach dem Allgemeinen Landrecht für die Preußischen Staaten zu. Für einen weiteren Fortschritt sorgte schließlich die Preußische Verfassungsurkunde von 1850, welche die freie öffentliche Religionsausübung garantierte und vom religiösen Bekenntnis unabhängige staatsbürgerliche Rechte gewährleistete.[589] Die preußische Verfassung bekannte sich zwar grundsätzlich zu Toleranz und der Trennung von Staat und Kirche, sah jedoch nicht vollständig von einer Bindung an christliche Wertgrundlagen im Sinne einer absoluten religiösen Neutralität ab.[590]

Die Päpste des 19. Jahrhunderts widersetzten sich der Idee von Religions- und Gewissensfreiheit sowie einer Relativierung des Gewissens vehement. Sie sahen hierin einen folgenschweren Grundirrtum, die Ermächtigung des Einzelnen zu einer bloß subjektiven Willkür, eine Sprengung der christlichen Werteordnung

585 Scholler, Die Freiheit des Gewissens, S. 51 ff.; Dauner, Das Gewissen, S. 64.
586 Mock, Gewissen und Gewissensfreiheit, S. 117.
587 Rühl, Das Grundrecht auf Gewissensfreiheit im politischen Konflikt, S. 4.
588 Rühl, Das Grundrecht auf Gewissensfreiheit im politischen Konflikt, S. 4.
589 Rühl, Das Grundrecht auf Gewissensfreiheit im politischen Konflikt, S. 7; Dauner, Das Gewissen, S. 65.
590 Herdegen, Gewissensfreiheit und Normativität des positiven Rechts, S. 78.

und eine Leugnung des göttlichen Gesetzes sowie eine Indifferenz gegenüber der sittlichen Wahrheit.[591]

Die Jahrhunderte währende Praxis, falsche Überzeugungen von dem, was wahr und gut ist, mit Gewalt zu bekämpfen und zu verhindern, bezog ihre Rechtfertigung aus der Annahme, dass nur für das richtige Gewissen die Freiheit bestehe, sich zu äußern. In der neuzeitlichen Gesellschaft, insbesondere seit der Anerkennung von Menschenrechten als Freiheitsrechten, war diese sich als theoretisch und praktisch intolerant darstellende Auffassung jedoch immer weniger durchsetzbar, auch wenn eine kompromisslose Hinnahme der verfassungsrechtlichen Garantie der Konfessions- und Gewissensfreiheit zunächst abgelehnt wurde.[592] So wurde noch im vorbereitenden Text zu Art. 16 der Pastoralkonstitution Gaudium et spes das autonome „Pseudogewissen" verurteilt und eine radikale Ablehnung der Gewissensfreiheit propagiert. Ein Recht auf Gewissensfreiheit, eine solche Würde, bestehe weder in der Natur des Menschen, noch insofern der Mensch Person sei.[593]

Die spätere Entwicklung sollte jedoch nicht mehr diesen Direktiven folgen. Es lässt sich daher von einem Paradigmenwechsel sprechen, wenn nach dem aktuell geltenden Art. 16 der Pastoralkonstitution Gaudium et spes des Zweiten Vatikanischen Konzils ausdrücklich eine „Würde des sittlichen Gewissens" anerkannt wird und diese Würde selbst dann nicht verloren geht, wenn das Gewissen aus unüberwindlicher Unkenntnis irrt.[594]

Der entscheidende Schritt einer völligen Ablösung von Staat und Kirche wurde von der Weimarer Reichsverfassung mit der Aufhebung kirchlicher hoheitlicher Rechte des Staates (Art. 137 Abs. 1 und 2 der Weimarer Reichsverfassung) vollzogen.[595] Die Gewissensfreiheit als religionsrechtliche Garantie wurde zu

591 Dauner, Das Gewissen, S. 66 f. Dies bezeugt etwa die Enzyklika „Mirari vos" von Papst Gregor XVI. aus dem Jahr 1832: Papst Gregor XVI., Enzyklika „Mirari vos", in: Utz/von Galen (Hg.), Die katholische Sozialdoktrin in ihrer geschichtlichen Entfaltung, Kap. 2, Rn. 14, Rn. 29, Kap. 1, Rn. 118.

592 Hilpert, Lebendige Katechese 7 (1985), 158, 159 f.

593 Acta Synodalia Sacrosancti Concilii Oecumenici Vaticani II, Volumen I, Periodus prima, Pars IV, Congregationes Generales XXXI-XXXVI, Vatikan 1971, 703, zitiert nach: Virt, Wie ernst ist das Gewissen zu nehmen?, in: Kremer (Hg.), Aufbruch des Zweiten Vatikanischen Konzils heute, S. 130, S. 140; vgl.: Virt, Wie ernst ist das Gewissen zu nehmen?, in: Kremer (Hg.), Aufbruch des Zweiten Vatikanischen Konzils heute, S. 130, S. 140.

594 GS 16.

595 Herdegen, Gewissensfreiheit und Normativität des positiven Rechts, S. 78.

einer säkularisierten und höchstpersönlichen Gewährleistung.[596] Art. 135 der Weimarer Reichsverfassung lautete: „Alle Bewohner des Reichs genießen volle Glaubens- und Gewissensfreiheit. Die ungestörte Religionsübung wird durch die Verfassung gewährleistet und steht unter staatlichem Schutz. [...]“ Es handelte sich bei der Gewissensfreiheit nun nicht mehr um eine allein den Glauben betreffende Garantie. Sie schloss vielmehr „kirchliches Gebot, Forderungen des Gewissens [und] intellektualistischen Lebensgestaltungswunsch“[597] mit ein. Die Gewissensfreiheit wurde damit zum Grundrecht der sittlichen Handlungsfreiheit, der Freiheit, das sittliche Verhalten nach der eigenen Überzeugung einzurichten.[598] Darin zeigt sich also ein Emanzipationsprozess des Einzelnen aus einer vorgeschriebenen Wertsystematik.[599]

Das am 24. Mai 1949 in Kraft getretene Grundgesetz der Bundesrepublik Deutschland bildet den Abschluss eines von der Weimarer Reichsverfassung vorgezeichneten freiheitsgeschichtlich epochalen Entwicklungsschrittes, wenn in Art. 4 GG die säkulare Gewissensfreiheit vollständig etabliert wird. Der Grundgesetzgeber wollte den Garantiebereich der Gewissensfreiheit von Anfang an nicht mehr an den Glauben koppeln, um auch moralische Gewissenshaltungen miteinbeziehen zu können. Der Staat gewährleistet damit also die individuelle Selbstbestimmung und Sinnstiftung seiner Bürger.[600]

596 Mock, Gewissen und Gewissensfreiheit, S. 134; vgl. hierzu auch: Dauner, Das Gewissen, S. 65.

597 Mirbt, Art. 135 und 136, Glaubens- und Gewissensfreiheit, in: Nipperdey (Hg.), Die Grundrechte und Grundpflichten der Reichsverfassung, Bd. 2, S. 319, S. 320.

598 Ebers, Staat und Kirche im neuen Deutschland, S. 151; vgl. auch: Mock, Gewissen und Gewissensfreiheit, S. 134; Dauner, Das Gewissen, S. 66.

599 So auch: Dauner, Das Gewissen, S. 66.

600 Dauner, Das Gewissen, S. 75 f.; Mock, Gewissen und Gewissensfreiheit, S. 135.

5.) Gewissensentscheidungen auf unsicherer Grundlage

a.) Zur Justiziabilität von Gewissensentscheidungen: Lässt sich der Ruf des Gewissens vor Gericht stellen?

Demjenigen, der sich auf die Gewissensfreiheit und auf sein persönliches Gewissensurteil beruft, kann entgegengehalten werden, er habe in Wahrheit gar keine Gewissensentscheidung getroffen. Aus diesem Grund sei schon der Tatbestand des Grundrechts nicht erfüllt.[601] Die Berufung auf eine Entscheidung des Gewissens ist ihrer Natur nach die Berufung auf einen rein internen, geistigen Vorgang, eine subjektive Tatsache.[602]

Das Vorliegen eines solchen rein internen Vorgangs kann mit objektiven, intersubjektiv mitteilbaren Methoden grundsätzlich nicht bewiesen, aber auch nicht widerlegt werden.[603] Auf der einen Seite steht daher der Bürger, welcher zunächst einmal die Behauptung aufstellt, dass es sich in seinem Fall um eine Gewissensentscheidung handele, dies aber grundsätzlich nicht beweisen kann. Auf der anderen Seite steht das Gericht oder die Behörde, welche ebenfalls im Allgemeinen nicht in der Lage sein wird, die „Echtheit" der Gewissensentscheidung zu widerlegen oder – etwa im Vollzug des Untersuchungsgrundsatzes – zu beweisen.[604]

Damit stellt sich also die Frage nach den Möglichkeiten der richterlichen Feststellung von Gewissenssachverhalten, also der Überprüfbarkeit eines rechtlich bedeutsamen Vorgangs durch staatliche Gerichte unter dem Stichwort „Justiziabilität von Gewissensentscheidungen". Es handelt sich hierbei zuvörderst um eine Erkenntnis- und Beweisfrage: Wann liegt überhaupt eine Entscheidung aus Gewissensgründen vor und ist der Richter in der Lage, dies zu beurteilen? Wie lassen sich „echte" Gewissenspositionen von nicht durch das Grundrecht auf

---

601 Klier, Gewissensfreiheit und Psychologie, S. 225.

602 Kokott, in: Sachs (Hg.), Grundgesetz Kommentar, Art. 4, Rn. 110; Herzog, in: Maunz/Dürig (Begr.), Herzog u. a. (Hg.), Grundgesetz-Kommentar, Art. 4, Rn. 160.

603 Herzog, in: Maunz/Dürig (Begr.), Herzog u. a. (Hg.), Grundgesetz-Kommentar, Art. 4, Rn. 160.

604 Herzog, in: Maunz/Dürig (Begr.), Herzog u. a. (Hg.), Grundgesetz-Kommentar, Art. 4, Rn. 160.

Gewissensfreiheit geschützten Haltungen wie Gefühlen der Unlust, Neigungen, Abneigungen und reinen Egoismen unterscheiden?[605]

Koch befasst sich im Jahr 1983 mit der Militärdienstverweigerung aus Gewissensgründen und ist der Ansicht, dass zusätzlich zur Problematik um die Unterscheidbarkeit eines Gewissensrufs von anderen emotionalen Regungen und Motiven wohl auch jedes richterliche Urteil über das Gewissen eines Menschen notgedrungen subjektiv sein müsse. Dies gelte insbesondere in Bezug auf die Frage, wann ein bestimmtes Motiv für das persönliche Handeln des Militärdienstverweigerers entscheidend wird und wann in einem Gewissenskonflikt ein Handeln aus schwerer, echter Gewissensnot anerkannt werden kann. Noch verstärkt werde diese Problematik dadurch, dass es fast gänzlich an objektiven Tatbeständen und konkreten Beweisen mangele. Koch weist darauf hin, dass die Beurteilung des Gewissenskonflikts auch zu einem Großteil vom Auftreten und der Argumentations- sowie Ausdrucksfähigkeit des Militärdienstverweigerers abhängt, da diejenigen, welche das Gewissensurteil überprüfen, notwendigerweise auf dessen eigene Erklärungen abstellen müssen, um seine innere Haltung beurteilen zu können. Damit stellt sich also auch für ihn die grundlegende Frage, ob und inwieweit eine Gewissensentscheidung überprüft werden kann und ob eine solche Prüfung innerhalb der Kompetenz staatlicher Organe liegt.[606]

Streng hiervon zu unterscheiden ist jedoch eine andere Frage nach der inhaltlichen Bewertbarkeit einer Gewissensentscheidung, welche teilweise auch unter dem Stichwort „Justiziabilität des Gewissens" erörtert wird. Da jedoch, wie bereits dargestellt, die ratio legis des Grundrechts auf Gewissensfreiheit es gerade verbietet, eine Gewissensentscheidung auf ihre objektive Richtigkeit hin zu überprüfen, ist es nicht sinnvoll, dies unter der Überschrift „Justiziabilität des Gewissens" zu diskutieren.[607]

Die Rechtswissenschaft muss, damit eine stringente und sinnvolle Anwendung der Normen und Grundsätze gewährleistet ist, allgemein festlegen können, wann eine vom Recht zu berücksichtigende Gewissensentscheidung vorliegt.[608] Das positive Recht erkennt das Gewissen als ihm „vorgelagerte, konkret von der Individualität des Einzelnen und seinem Selbstverständnis geprägte Realität" an.[609] Anders als beispielsweise beim Eigentum handelt es sich beim Gewissen

605 Vgl.: Dauner, Das Gewissen, S. 105 f.
606 Koch, Neue Wege 77 (1983), 317, 319.
607 Klier, Gewissensfreiheit und Psychologie, S. 148 f.
608 Vgl.: Dauner, Das Gewissen, S. 104.
609 Herdegen, Gewissensfreiheit und Normativität des positiven Rechts, S. 139.

nicht um einen rechtserzeugten Begriff, sodass die Rechtswissenschaft mit philosophischen und psychologischen Erwägungen operieren muss. Auf diese Weise entsteht ein interdisziplinärer Diskurs. Die Erwägungen der Philosophie sind für die Rechtswissenschaft und die Erkenntnisse der Rechtswissenschaft sind für die Philosophie relevant.[610]

Koch ist der Auffassung, das Gewissen sei letztendlich nicht justiziabel, da einerseits mit juristischen Mitteln lediglich äußere Tatsachen, nicht aber Gewissensentscheidungen selbst festgestellt werden können und andererseits die Beurteilung des Gewissens prinzipiell nicht in der Zuständigkeit des Staates liegen dürfe.[611] Ein Rückzug auf die Nichtjustiziabilität des Gewissens und die Anerkenntnis einer Gewissensentscheidung als ein allein für den Betroffenen erfahrbares und erfassbares Geschehen verschiebt die Definitionsfrage dem Grunde nach jedoch nur in der Art und Weise, dass die letztverbindliche Entscheidung allein beim Betroffenen liegt. Dann würde alles zur Gewissensentscheidung, was der Einzelne als solche deklariert. Eine Kontrolle der Glaubwürdigkeit würde schon deswegen fehlgehen, weil diese normative Maßstäbe für das Vorliegen einer Gewissensentscheidung voraussetzt.[612] Dieser Ansatz kann also im Sinne einer praktikablen und sinnvollen Anwendung der Normen und Gesetze nicht weiterhelfen.

Der auf die Auseinandersetzungen um religiöse Toleranz zurückführbare Begriff der Gewissensfreiheit bezieht sich auf psychische Strukturen und Vorgänge, die durchaus empirisch fassbar sind. Im Hintergrund dessen steht die geschichtliche Erfahrung von der Bereitschaft Einzelner, unabhängig von einer egoistischen Motivation zwingenden inneren Geboten zu folgen und daher entgegenstehende Normbefehle notfalls zu missachten. Die Individuen waren dabei bereit, Sanktionen bis hin zur Vernichtung der eigenen Existenz in Kauf zu nehmen. Damit sind derartige innere Vorgänge einer Kognition durch den Richter in der Tat zugänglich. Auch bei einer Diskussion über Gewissens- sowie Überzeugungstäter und eine etwaige Sonderbehandlung derselben werden an die Organe der Justiz keine höheren Anforderungen in Bezug auf die „Auslotung der Täterpsyche“ gestellt als dies beispielsweise auch bei der Feststellung

610 Dauner, Das Gewissen, S. 104, Fn. 352; Herdegen, Gewissensfreiheit und Normativität des positiven Rechts, S. 136.

611 Koch, Neue Wege 77 (1983), 317, 325.

612 Herdegen, Gewissensfreiheit und Normativität des positiven Rechts, S. 137 f.

des „Unrechtsbewusstseins" oder „anderer das Maß der Schuld bestimmender Faktoren" im Strafrecht der Fall ist.[613]

Häufig unterscheiden sich „echte" Gewissenspositionen daher von andersartigen subjektiven Haltungen wie bloßen Unlustgefühlen, Bedenken oder gar egoistischen Absichten dadurch, dass der Einzelne sich mit der von ihm eigenommen Position in einem besonders hohen Maß identifiziert. Bei einer Abweichung von den Ge- und Verboten des persönlichen Gewissens wird die eigene Integrität infrage gestellt. Somit fühlt sich das betroffene Individuum also in einer unbedingten Art und Weise verpflichtet. Es ist – da, wie bereits dargestellt, im Gewissen der Kern der Persönlichkeit berührt wird – bis in sein innerstes Selbstverständnis betroffen. Mit einer verfehlten Forderung des Gewissens gehen daher oft sehr starke negative Emotionen einher. Sie prägen das schlechte Gewissen. Gewissensfälle im Sinne sittlicher und höchstpersönlicher Wertpositionen lassen sich also durch diese besonders starke affektive Komponente von anderen subjektiven Haltungen unterscheiden. Damit definieren also spezifische und empirisch ausweisbare psychologische Charakteristika den Bereich, welcher vom Grundrecht der Gewissensfreiheit erfasst werden soll.[614]

b.) Ernsthaftigkeit statt „Richtigkeit" als Kriterium für eine echte Gewissensentscheidung

Das Grundrecht der Gewissensfreiheit schützt mit Böckenförde nur die Gewissensüberzeugung, das Gewissensgebot. Der Abwehranspruch wird jedoch nicht schon durch bloße Gewissensbedenken ausgelöst.[615] Lediglich Unlustgefühle, Aufwallungen oder gefühlsmäßige Vorurteile sowie Zweckmäßigkeits- und Verstandesüberlegungen genügen für die Ernsthaftigkeit einer Gewissensentscheidung nicht. Gewissensurteile sind damit weder politische oder wirtschaftliche Erwägungen, aus denen keine sittliche Pflicht erwächst, noch Entschlüsse der Stunde oder der Stimmung, sondern Ausdruck einer grundsätzlichen Lebenshaltung.[616] Schließlich darf das Grundrecht der Gewissensfreiheit nicht zu einem

613 Herdegen, Gewissensfreiheit und Normativität des positiven Rechts, S. 138; Radbruch, Über die Frage vom Überzeugungstäter, in: Verhandlungen des 34. Deutschen Juristentages, Bd. 2, S. 354, S. 366 f.

614 Dauner, Das Gewissen, S. 106; siehe auch: Klier, Gewissensfreiheit und Psychologie, S. 143; Herdegen, Gewissensfreiheit und Normativität des positiven Rechts, S. 145 f.

615 Böckenförde, VVDStRL 28 (1970), 33, 64.

616 Vgl.: Jakuszewicz, Das Grundrecht der Gewissensfreiheit in der polnischen Verfassung, S. 125 f.

umfassenden und uneingeschränkten Verweigerungsrecht des einzelnen Bürgers gegenüber Staat und Gesellschaft werden.[617]

Da mit obiger Argumentation und wie auch vom Bundesverfassungsgericht anerkannt[618] keine inhaltliche Kontrolle einer Gewissensentscheidung vorgenommen, diese somit nicht nach den Kriterien „Richtig oder Falsch“ oder gar als „irrig“ bewertet werden darf, kann also nur die Ernsthaftigkeit eines Gewissensurteils nachgeprüft werden.[619] Der durch das Grundrecht auf Gewissensfreiheit gewährte Schutz hängt nicht davon ab, ob die Gewissensentscheidung objektiv nachvollziehbar ist.[620] Käme es auf die Validität oder Stichhaltigkeit der vorgebrachten und für eine Gewissensentscheidung relevanten Gründe an, ginge es schließlich nicht mehr um den Wert des Gewissens oder der Gewissensfreiheit.[621]

Nachgeprüft werden kann nur, ob dasjenige, welches der Träger des Grundrechts als Gewissensgebot geltend macht, in formaler Hinsicht den Charakter einer unbedingten Pflicht hat. Ausschlaggebend ist, ob diese Pflicht ausreichend konkret ist, um ein spezifisches Handeln als geboten oder verboten zu qualifizieren, ob der Träger des Grundrechts selbst die Verbindlichkeit der Pflicht mit seiner sittlichen Identität verbindet und ob er sie zum Maßstab seines übrigen Handelns werden lässt.[622] Der Betroffene muss glaubhaft machen, dass das Handeln für ihn auf Grundlage der Gewissensentscheidung eine Verpflichtung darstellt.[623] Diesbezüglich trifft ihn eine Darlegungslast.[624]

---

617 Herzog, in: Maunz/Dürig (Begr.), Herzog u. a. (Hg.), Grundgesetz-Kommentar, Art. 4, Rn. 161.

618 BVerfGE 12, 45 (56).

619 Vgl. etwa: BVerwGE 75, 188 (189 ff.); siehe hierzu auch: Morlok, in: Dreier (Hg.), Grundgesetz Kommentar, Bd. 1, Art. 4, Rn. 102.

620 Germann, in: Epping/Hillgruber (Hg.), Beck'scher Online Kommentar zum Grundgesetz, Art. 4, Rn. 91.

621 Giubilini, Conscience, in: Zalta (Hg.), The Stanford Encyclopedia of Philosophy, unter: https://plato.stanford.edu/entries/conscience/, zuletzt abgerufen am 25. September 2017.

622 Germann, in: Epping/Hillgruber (Hg.), Beck'scher Online-Kommentar zum Grundgesetz, Art. 4, Rn. 91.

623 BAGE 62, 59 (69); siehe hierzu auch: Jarass, in: Jarass/Pieroth, Grundgesetz für die Bundesrepublik Deutschland, Art. 4, Rn. 46.

624 Allg. Ansicht, siehe nur: BVerwGE 105, 73 (86); Mager, in: v. Münch (Begr.), Kunig (Hg.), Grundgesetz Kommentar, Bd. 1, Art. 4, Rn. 58; Borowski, Die Glaubens- und Gewissensfreiheit des Grundgesetzes, S. 558.

aa.) Die Bereitschaft zur Konsequenz

In Luhmanns Worten tritt also an die Stelle der alten Wahrheitsprüfung die Prüfung der Konsequenz des Gewissens. Nur Vorstellungen, mit denen sich eine Person identifizieren und entsprechend denen sie konsequent handeln kann, sind gewissensfähig. Wenn jemand gegen sein Gewissen handelt, droht dieser Person, wie dargelegt, der Identitätsverlust.[625] Ein Zuwiderhandeln könnte also eine „Katastrophe für die Persönlichkeit des Betroffenen" darstellen.[626] Die Ernsthaftigkeit derartiger Lebensentscheidungen ist bis zu einem gewissen Grad objektiv nachprüfbar. Ein Verhalten aus Angst vor finanziellen Verlusten beispielsweise kann in diesem Sinne nach Luhmann kein Gewissensgebot darstellen.[627]

Man könnte nun der Auffassung sein, dass auf die persönliche Geschichte und das Handeln sowie Unterlassen des Einzelnen in der Vergangenheit abgestellt werden müsse, um hieraus auf dessen seine Persönlichkeit konstituierende Gewissenshaltungen schließen zu können. So ist Paul der Auffassung, dass die Berufung auf das Gewissen als eine unbedingte und unabweisbare innere Verpflichtung dann keine Anerkennung finden könne, wenn sie im Widerspruch zur tatsächlichen Lebensführung stehe.[628] Die eigene Vergangenheit als Geschichte der Selbstdarstellung kann jedoch nicht immer ein eindeutiges Kriterium sein, selbst wenn sie nach Luhmann das einzige objektive Unterscheidungsmerkmal für eine echte Gewissensentscheidung darstellt. Wer während des letzten Krieges an der Waffe gekämpft hat, kann beispielsweise gerade hierdurch dazu bewogen worden sein, Gegner eines jeden Kriegsdienstes zu werden.[629]

Luhmann verwirft jedoch auf der anderen Seite auch die Vorstellung, dass die Lebensführung gar kein zuverlässiges Indiz für die Echtheit einer Gewissensentscheidung liefern könne, da man das Gewissen nicht als eine unter Umständen „schwache und machtlose innere Stimme im Konzert der Seelenregungen" verstehen dürfe. Es stelle vielmehr, wie bereits dargestellt, eine Funktion dar, identifiziere die Person mit ihrem Verhalten und diene nicht dazu, der Persönlichkeit das eigene Handeln vorzuwerfen und diese von ihren Taten zu distanzieren.[630] Luhmann fasst daher zusammen: „Die Konsequenz des Gewissens,

625 Luhmann, AöR 90 (1965), 257, 284.
626 Paul, Gewissen und Recht, S. 19.
627 Luhmann, AöR 90 (1965), 257, 284.
628 Paul, Gewissen und Recht, S. 19.
629 Luhmann, AöR 90 (1965), 257, 285.
630 Luhmann, AöR 90 (1965), 257, 285 f.

die Erfüllung seiner Funktion, wird in dem Maße sichtbar, als die Bewahrung einer Vergangenheit für die Zukunft gelingt: einer unerträglichen Vergangenheit im Tod, einer verworfenen Vergangenheit in der Radikalität einer geleisteten Umstellung, einer gescheiterten Vergangenheit in der frohen Bescheidenheit eines neuen Lebenszuschnitts. Es ist möglich, über solche Gewissensleistungen zu richten, weil das Gewissen selbst seine Ausrichtung nur richtend vollbringen kann.“[631]

Die Ernsthaftigkeit einer Gewissensentscheidung ist von außen durch die Bereitschaft zur Konsequenz greifbar. Ein echtes gewissensgeleitetes Handeln weist sich durch die Bereitschaft aus, bei der einmal getroffenen Entscheidung zu bleiben, dafür auch Nachteile in Kauf zu nehmen und sich nicht abhandeln zu lassen.[632] Luhmann spricht daher von Verhaltensalternativen, welche demjenigen, welcher sich auf sein Gewissen beruft, ein zumutbares Opfer auferlegen.[633] Eine Prüfung dieser Bereitschaft ist an den Grundsatz der Verhältnismäßigkeit und an Zumutbarkeitskriterien gebunden.[634] Nicht zumutbar ist beispielsweise, den Bürger im Falle eines Gewissenskonflikts auf die Auswanderung zu verweisen.[635] Der Einzelne soll weder den Tod noch ein neues Leben in Kauf nehmen müssen.[636]

bb.) Konsequenz des Gewissens und lästige Alternativen im Fall der Kriegsdienstverweigerung

Im Jahr 1949 entschied man sich dazu, dass nur Grundsatzpazifisten anerkannt werden sollten, die den Dienst an der Waffe als vollkommen unvereinbar mit dem eigenen Gewissen ansahen. Aus diesem Grund errichtete die Bürokratie der Bundeswehr zunächst einen gerichtsähnlichen Prüfapparat. Der Kriegsdienstverweigerer musste vor einer staatlichen Kommission schlüssig darlegen, warum der Dienst an der Waffe nicht mit seinen Grundanschauungen von Gut

631 Luhmann, AöR 90 (1965), 257, 286.

632 Böckenförde, VVDStRL 28 (1970), 33, 71.

633 Luhmann, Die Funktion der Gewissensfreiheit im öffentlichen Recht, in: Kallenbach/ Schemel (Hg.), Funktion des Gewissens im Recht, S. 9, S. 18 f.

634 Luhmann, Die Funktion der Gewissensfreiheit im öffentlichen Recht, in: Kallenbach/ Schemel (Hg.), Funktion des Gewissens im Recht, S. 9, S. 19.

635 Luhmann, Die Funktion der Gewissensfreiheit im öffentlichen Recht, in: Kallenbach/ Schemel (Hg.), Funktion des Gewissens im Recht, S. 9, S. 19; Luhmann, AöR 90 (1965), 257, 283.

636 Luhmann, AöR 90 (1965), 257, 283.

und Böse vereinbar ist. Die Beweislast lag also beim Antragsteller, welcher nicht selten sprichwörtlich ins Kreuzverhör genommen wurde.[637]

Diese häufig als „Gewissensinquisition" bezeichnete Praxis stellte insbesondere für Jugendliche aus bildungsfernen Schichten eine hohe Hürde und Belastung dar.[638] Die Praxis zur Überprüfung der Echtheit einer Gewissensentscheidung hatte entscheidende Schwächen. Derjenige, welcher gebildet und eloquent war, konnte seine Position wohl viel besser darstellen und antizipieren, was die Kommission am ehesten davon überzeugte, dass es sich um eine echte, zwingende Gewissensentscheidung handelte als jemand mit weniger Argumentationsfähigkeit und Überzeugungskraft aus einer bildungsferneren Schicht.[639] Jedoch ist zu berücksichtigen, dass diese Problematik jedem Beweisverfahren in Bezug auf innere Faktoren – wie beispielsweise auch dem Strafprozess bei der Frage nach dem Unrechtsbewusstsein oder anderen subjektiven Tatsachen – immanent ist. Eine in jedem Fall vollumfängliche Nachprüfbarkeit der „Echtheit" einer Gewissensentscheidung wird daher schon der Sache nach nicht möglich sein, was jedoch nicht dazu führt, dass eine solche Nachprüfung aufgegeben werden muss. Das Bundesverfassungsgericht jedenfalls erklärte das Verfahren bei allen Mängeln, die es auch nicht übersehen hat, grundsätzlich für verfassungsrechtlich zulässig und erachtete auch den Zwang, die innersten Überzeugungen offenbaren zu müssen, als durchaus legitim.[640]

Im Wege einer Änderung des Wehrpflichtgesetzes aus dem Jahr 1977 wollte die sozial-liberale Koalition den Missständen im bisherigen Verfahren dadurch entgehen, dass das Vorliegen einer Gewissensentscheidung durch die Bereitschaft zur Ableistung von zivilem Ersatzdienst, wie er in Art. 12 Abs. 2 GG

---

637 Bernhard, Kriegsdienstverweigerung und Zivildienst, in: Bundeszentrale für politische Bildung vom 09. Mai 2016, unter: http://www.bpb.de/politik/grundfragen/deutsche-verteidigungspolitik/216758/kriegsdienstverweigerung, zuletzt abgerufen am 25. September 2017; siehe auch: Herzog, in: Maunz/Dürig (Begr.), Herzog u. a. (Hg.), Grundgesetz-Kommentar, Art. 4, Rn. 199.

638 Bernhard, Kriegsdienstverweigerung und Zivildienst, in: Bundeszentrale für politische Bildung vom 09. Mai 2016, unter: http://www.bpb.de/politik/grundfragen/deutsche-verteidigungspolitik/216758/kriegsdienstverweigerung, zuletzt abgerufen am 25. September 2017.

639 Herzog, in: Maunz/Dürig (Begr.), Herzog u. a. (Hg.), Grundgesetz-Kommentar, Art. 4, Rn. 199.

640 So vor allem: BVerfGE 28, 243 (259); BVerfGE 48, 127 (166); vgl. hierzu auch: Herzog, in: Maunz/Dürig (Begr.), Herzog u. a. (Hg.), Grundgesetz-Kommentar, Art. 4, Rn. 199.

vorgesehen war, nachgewiesen werden konnte. Praktisch lief dies auf eine freie Wahl zwischen Wehrdienst und Ersatzdienst hinaus.[641]

Das Bundesverfassungsgericht erklärte diese Regelung jedoch für nichtig.[642] Es stellt in seiner Entscheidung BVerfGE 69, 1 – „Kriegsdienstverweigerung II" aus dem Jahr 1985 auf die lästigen Alternativen im Sinne Luhmanns ab, wenn es meint, dass der Ersatzdienst lediglich den Wehrpflichtigen vorbehalten sei, welche den Kriegsdienst mit der Waffe aus Gründen des Gewissens verweigern, und dass der Gesetzgeber die Pflicht habe, sicherzustellen, dass auch nur Wehrpflichtige, bei denen mit hinreichender Sicherheit davon ausgegangen werden kann, dass bei ihnen die Voraussetzungen des Art. 4 Abs. 3 GG vorliegen, als Kriegsdienstverweigerer anerkannt werden.[643] Der Grundsatz der Verhältnismäßigkeit als Ausfluss des Rechtsstaatsprinzips und der in Art. 3 Abs. 1 GG verkörperte Gleichheitssatz seien nicht dadurch verletzt, dass der Kriegsdienstsverweigerer der Anerkennung im Rahmen eines Verwaltungsverfahrens bedarf. Gemeinsam mit der Verpflichtung zur Ableistung eines Ersatzdienstes werde durch das Anerkennungsverfahren mit hinreichender Sicherheit festgestellt, dass nur derjenige Wehrpflichtige vom Wehrdienst freigestellt wird, dessen Kriegsdienstverweigerung auf einer echten Gewissensentscheidung basiert.[644]

Eine Alternative zum Wehrdienst, so die Ausführungen der Richter Mahrenholz und Böckenförde, erfordere, wenn sie den Schluss auf eine echte Gewissensentscheidung erlauben soll, eine im Verhältnis zum Wehrdienst nicht gleiche, sondern stärkere zeitliche Belastung, welche die Grenzen der Zumutbarkeit (Art. 12a Abs. 2 Satz 3 GG) wahren muss. Der Ersatzdienst solle aus diesem Grund also länger dauern als die Ableistung des Wehrdienstes. Hierin zeige sich die Bereitschaft zur Konsequenz, welche ein äußeres Kriterium für die Ernsthaftigkeit der persönlichen Gewissensentscheidung darstelle.[645] Die Ableistung des Zivildienstes sollte also gerade als eine „lästige Alternative" im Sinne Luhmanns, als „Beweisersatz" für das Vorliegen einer echten und ernsthaften Gewissensentscheidung, dienen und damit verhindern, dass der Wehrpflichtige das in Art. 4 Abs. 3 Satz 1 GG verankerte Recht auf Verweigerung des Kriegsdienstes mit der

641 Herzog, in: Maunz/Dürig (Begr.), Herzog u. a. (Hg.), Grundgesetz-Kommentar, Art. 4, Rn. 200.
642 BVerfGE 69, 1.
643 BVerfGE 69, 1 (1, 2. Leitsatz).
644 BVerfGE 69, 1 (2, 5. Leitsatz).
645 BVerfGE 69, 1 (76) (abweichende Meinung der Richter Mahrenholz und Böckenförde).

Waffe fälschlicherweise als ein freies Wahlrecht zwischen Wehr- und Zivildienst versteht.[646]

In diesem Zusammenhang ist jedoch darauf hinzuweisen, dass eine durch den Zivildienst stärkere zeitliche Belastung nicht zwingend dazu führen muss, dass diese Alternative tatsächlich als „lästig" empfunden wird. Bei persönlicher Unentschlossenheit in Bezug auf die eigene berufliche Zukunft sowie bei Ausbildungs- und Studienplatzmangel kann eine größere zeitliche Belastung auch gerade angenehm sein. Außerdem waren die Dienstorte bei Ableistung des Zivildienstes nicht selten „heimatnäher", was ebenfalls als Vorteil im Vergleich zum Wehrdienst aufgefasst werden konnte.[647]

Zudem ist ganz allgemein die Aufsichnahme beziehungsweise Bereitschaft zur Aufsichnahme einer „lästigen Alternative" zwar ein deutliches Indiz dafür, dass es sich um eine echte Gewissensentscheidung handelt. Es ist jedoch nie ganz ausgeschlossen, dass im Grunde andere, beispielsweise egoistische Motive im Vordergrund stehen, welche für den Betreffenden die aus der Inkaufnahme einer „lästigen Alternative" resultierenden Nachteile überwiegen. Die Überprüfung eines Gewissensurteils durch eine Bereitschaft zur Inkaufnahme „lästiger Alternativen" ist daher zwar kein in jedem Fall eindeutiges Kriterium, stellt jedoch wohl den bestmöglichen Filter für echte Gewissensentscheidungen dar. Der Grundsatz der Wehrgerechtigkeit als Spiegelbild der Wehrpflicht, als Ausdruck des verfassungsrechtlichen Prinzips der Lastengleichheit[648] und als Ausfluss aus Art. 3 Abs. 1 GG wäre jedoch in jedem Fall auf bedenkliche Weise in Frage gestellt worden, wenn derjenige Teil der Wehrpflichtigen, bei welchem eine Gewissensentscheidung gegen den Dienst an der Waffe vorgelegen hat, überhaupt nicht belastet worden wäre.[649]

cc.) Inkaufnahme von Nachteilen in anderen Fällen

Auch im Bereich der Flüchtlingshilfe ist die Inkaufnahme von Sanktionen und Nachteilen bei einer Gewissensentscheidung relevant. Schockenhoff führt an, dass die an die Gruppen und Personen, welche in der Flüchtlingshilfe tätig sind,

---

646 BVerfGE 69, 1 (36).

647 Vgl. hierzu auch: Steinlechner, Gewissensprüfung nach Schablone, in: Die Zeit vom 15. Februar 1985, unter: http://www.zeit.de/1985/08/gewissenspruefung-nach-schablone, zuletzt abgerufen am 25. September 2017.

648 Voland, ZRP 2007, 185; zu diesem Verhältnis: BVerfGE 48, 127 (161 ff., 166).

649 Herzog, in: Maunz/Dürig (Begr.), Herzog u. a. (Hg.), Grundgesetz-Kommentar, Art. 4, Rn. 205 f.

gerichtete Forderung, Sanktionen durch den Rechtsstaat „im Notfall“ zu akzeptieren, zum einen dadurch begründet sei, dass hiermit der eigene Gewissensgehorsam und das Handeln nach einer Gewissensentscheidung auch glaubwürdig erscheint. Zum anderen komme in dieser Bereitschaft, Sanktionen und Nachteile in Kauf zu nehmen, auch eine besondere Anerkennung des Rechtsstaates zum Ausdruck, die um die Bedeutung einer Konfliktaustragung in Rechtsform in einem besonders sensiblen Bereich weiß, wenn verschiedene Haltungen zu „letzten“ Fragen der Weltanschauung, Religion oder auch des persönlichen Ethos aufeinandertreffen.[650] Der Einzelne ist sich bewusst, dass Normen in diesem gewissensrelevanten Bereich ein geordnetes Zusammenleben ermöglichen und nimmt daher im Einzelfall eine Bestrafung bei einem Zuwiderhandeln aus Gewissensgründen in Kauf. Die Sanktionen für eine im persönlichen Gewissensurteil in ethischer Hinsicht gerechtfertigte Flüchtlingshilfe werden in einer demokratischen Rechtsordnung mit Schockenhoff jedoch wohl immer maßvoll und berechenbar bleiben. Auch bei einer besonders sorgfältigen Handhabung der Gesetze müssten sich die Vertreter der Staatsgewalt darüber im Klaren sein, dass moralische Legitimation und Gesetzestreue nicht zwingend in jedem Einzelfall gleichlaufen, und daher Milde walten lassen.[651]

Dieses Beispiel wird gerade auch in der gegenwärtigen Flüchtlingskrise aktuell. Die humanitäre Hilfe für Ausländer ohne Aufenthaltsgenehmigung ist nicht ganz unproblematisch. Nach § 96 des Aufenthaltsgesetzes ist eine Unterstützung und Hilfe für Ausländer mit fehlendem Aufenthaltsrecht schließlich unter Umständen sogar strafbar. Die Regelung basiert auf der EU-Richtlinie 2002/90/EG. Die Richtlinie wurde insofern umgesetzt, als dass eine Strafe nur bei eigenen Vermögensvorteilen oder bei einer Hilfeleistung an mehrere Ausländer beziehungsweise in mehreren Fällen erfolgt. Für humanitäre Organisationen kann dies indes relevant werden. Spendenfinanzierte Aufwandsentschädigungen sind nicht unüblich und oft erfolgt auch eine Tätigkeit zugunsten mehrerer Ausländer oder ein mehrfaches Tätigwerden.[652]

Wer einen einzigen Flüchtling zum ersten Mal ohne Gegenleistung nach Deutschland bringt, macht sich nur wegen Beihilfe zur illegalen Einreise strafbar. Die Bundespolizei muss dem Gesetz nach jeden melden, der Flüchtlinge illegal über eine Grenze bringt. Bei jedem Verdacht erstatten die Beamten Anzeige.

---

650 Schockenhoff, Wie gewiss ist das Gewissen?, S. 35.

651 Schockenhoff, Wie gewiss ist das Gewissen?, S. 34 f.

652 Mimentza Martin, Die sozialrechtliche Stellung von Ausländern mit fehlendem Aufenthaltsrecht, S. 302.

Dass eine solche Anzeige für einen Fluchthelfer, der kein Geld nimmt, ernsthafte Konsequenzen hat, ist jedoch eher unwahrscheinlich.[653] Wer also aus humanitären Gründen Ausländern ohne Aufenthaltsgenehmigung zu einem besseren Leben in Deutschland verhelfen will, geht zumindest ein Risiko ein und ist bereit, unter Umständen auch Nachteile in Kauf zu nehmen. Damit eine Rechtsordnung funktionieren und diese einen Lebensbereich zuverlässig regeln kann, müssen die jeweiligen Verbotsnormen grundsätzlich auch durchgesetzt werden. Bei einem Handeln aus ethischen und humanitären Gründen ist dieser Beweggrund jedoch zumindest im Strafmaß zu berücksichtigen. Der rechtsstaatlich Denkende und aus Gewissensgründen Handelnde wird diese Strafe dann auch mit Fassung tragen.

Ähnlich hierzu handelte – worauf an späterer Stelle noch differenzierter einzugehen sein wird – auch im „Fall Daschner" der Täter wohl „aus Gewissen", als er dem Entführer des kleinen Jakob von Metzler, Magnus Gäfgen, Gewalt androhen ließ, um den Aufenthaltsort des Kindes zu erfahren und musste hierfür durch den Rechtsstaat konsequenterweise – wenn auch sehr milde – bestraft werden.

c.) Das Urteil des 2. Wehrdienstsenats des Bundesverwaltungsgerichts vom 21. Juni 2005 und seine Rezeption

aa.) Zum Urteil

(1) Sachverhalt

Im Jahr 2003 wurde der Bundeswehrmajor und Berufssoldat Florian Pfaff wegen Befehlsverweigerung im Zusammenhang mit dem Irakkrieg gemaßregelt. Er war zuletzt als Datenverarbeitungs-, Organisations- und Planungsstabsoffizier in der Besoldungsgruppe A 13 beschäftigt und hatte es abgelehnt, an militärischen Unterstützungsleistungen für die Mächte USA und UK durch die Bundesrepublik Deutschland mitzuwirken. Konkret verweigerte er erst mündlich und schließlich auch schriftlich den Befehl, die ihm erteilten Aufgaben im Projekt „SASPF – Standard-Anwendungs-Software-Produkt-Familien" auszuführen,

653 Rohrmeier, Wer als Schleuser bestraft wird – und wer nicht, in: Süddeutsche Zeitung vom 14. September 2015, unter: http://www.sueddeutsche.de/politik/fluechtlinge-in-deutschland-wer-als-schleuser-bestraft-wird-und-wer-nicht-1.2644588, zuletzt abgerufen am 25. September 2017.

da die Ergebnisse der durch ihn geleiteten Software-Entwicklung eine rechtswidrige Beteiligung Deutschlands an einem rechtswidrigen Angriff gegen den Irak fördern könnten und beendete seine weitere Mitarbeit am Projekt zur Optimierung der Organisation und der Computersoftware. Den Irakkrieg erachtete er als völkerrechtswidrig. In dieser Konfliktsituation wandte sich der Major an den Militärgeistlichen, den Wehrbeauftragten des Deutschen Bundestags, den Truppenarzt und seinen Disziplinarvorgesetzten. Letzterer hatte vor Erteilung des Befehls ausdrücklich nicht ausschließen können, dass mit dem Software-Programm eine unterstützende Beteiligung am Irakkrieg durch die Bundeswehr möglich sei. Nicht äußern wollte er sich zur möglichen Völkerrechtswidrigkeit eines solchen Krieges. Da der Befehl aufrechterhalten wurde, kam es zu einem Disziplinarverfahren wegen eines aus Sicht der Bundeswehr in der Befehlsverweigerung liegenden Dienstvergehens. Vor dem Truppendienstgericht wurde Florian Pfaff infolgedessen schuldig gesprochen und zum Hauptmann in der Besoldungsgruppe A 11 degradiert. Das Gericht begründete seine Entscheidung unter anderem damit, dass Florian Pfaff vorsätzlich gegen seine Pflichten zum Gehorsam aus § 11 Abs. 1 Satz 1 SG, zum treuen Dienst nach § 7 SG und zur Achtungs- sowie Vertrauenswahrung nach § 17 Abs. 2 Satz 1 SG verstoßen habe, sodass es sich insgesamt um ein Dienstvergehen nach § 23 Abs. 1 SG, § 18 Abs. 2 WDO handele. Zu keinem Zeitpunkt habe die Arbeit an der Softwareentwicklung eine unmittelbare oder mittelbare Unterstützung der USA im Irakkrieg darstellen sollen, wie der Beschwerdeführer als langjähriger Berufssoldat auch hätte erkennen müssen. Der Befehl sei zudem unabhängig von der Frage danach, ob es sich beim militärischen Einsatz der USA um einen Angriffskrieg handele und ob die Bundeswehr diesen unterstützt habe, rechtmäßig gewesen. Sowohl Florian Pfaff selbst als auch der Wehrdisziplinaranwalt, welcher beantragt hatte, den Soldaten vollständig aus dem Dienstverhältnis zu entfernen, gingen hiergegen in Berufung. Florian Pfaff trug dabei vor, das Truppendienstgericht habe sich nicht in hinreichendem Maße mit seinen Beweggründen auseinandergesetzt. Das militärische Handeln der USA gegen den Irak habe er zutreffend als rechtswidrigen Angriffskrieg gesehen und die Förderung des Krieges beispielsweise durch den AWACS-Einsatz sowie die Wachgestellung durch die Bundeswehr für amerikanische Kasernen anstelle für den Krieg benötigter amerikanischer Soldaten als Beteiligung an einem Angriffskrieg gewertet. Daher sei die Befolgung des Befehls mit der Rechtslage und auch mit seinem Gewissen nicht vereinbar gewesen. Aus diesen Gründen erachtete er die Verweigerung der

Befehlsdurchführung als von Art. 4 Abs. 1 und 3, Art. 26 GG, § 80 StGB, § 5 WStG und § 11 Abs. 2 SG gedeckt.[654]

(2) Entscheidung und Begründung des Gerichts

Die Berufung von Florian Pfaff hatte in vollem Umfang Erfolg. Der 2. Wehrdienstsenat des Bundesverwaltungsgerichts hat bei seiner Argumentation einen nahezu dissertationsähnlichen Aufwand betrieben. Das Urteil verbindet Fragen nach den Grenzen der Gewissensfreiheit von Soldaten mit verfassungs- sowie völkerrechtlichen Fragen nach der Rechtmäßigkeit des Irakkrieges.[655]

Das Bundesverwaltungsgericht nahm den Fall zum Anlass, eine ausführliche und umfassende Prüfung der völker- und verfassungsrechtlichen Normen durchzuführen. Es nahm eine Bewertung des Verhaltens seitens der Kriegskoalition vor und thematisierte auch die Beiträge Deutschlands zum Irakkrieg. Weiterhin diskutierte es völker- und verfassungsrechtliche Aspekte in Bezug auf die einfachgesetzlichen und verfassungsrechtlichen Grenzen der an die Soldaten gerichteten Gehorsamspflicht.[656] Das Gericht stärkte die durch die Verfassung garantierte Gewissensfreiheit auch für den inneren Bereich der Streitkräfte maßgeblich.[657] Es stellte die Wichtigkeit dieses Grundrechts sowie seine Reichweite besonders in den Vordergrund. Dies ist vor allem auch angesichts der Tatsache, dass – wie dargestellt – bei der Kriegsdienstverweigerung aus Gewissensgründen die Gewissensentscheidung gegen den Dienst an der Waffe grundsätzlich schlechthin und nicht nur für besondere Kriege, Situationen oder Waffen gelten muss,[658] von besonderer Bedeutung.

Das Bundesverwaltungsgericht führt aus, dass die in § 11 Abs. 1 Satz 1 und 2 SG niedergeschriebene Verpflichtung des Bundeswehrsoldaten, Befehle „gewissenhaft", also so gut wie möglich vollständig und unverzüglich auszuführen, keinen bedingungslosen Gehorsam erfordere. Vielmehr handele es sich um einen mitdenkenden und die Folgen der Befehlsausführung „gerade im Hinblick auf die Schranken des geltenden Rechts und die ethischen ‚Grenzmarken'

---

654 Zum gesamten Sachverhalt: BVerwGE 127, 302; Kotzur, JZ 2006, 25, 26; BT-Drs. 16/4769, S. 1; Hebeler, KJ 39 (2006), 209.

655 Kotzur, JZ 2006, 25, 26.

656 Droege/Fischer-Lescano, NVwZ 2006, 171.

657 Droege/Fischer-Lescano, NVwZ 2006, 171.

658 BVerfGE 12, 45 (57); so auch: Kokott, in: Sachs (Hg.), Grundgesetz Kommentar, Art. 4, Rn. 109; Epping, Grundrechte, Rn. 330; Jarass, in: Jarass/Pieroth, Grundgesetz für die Bundesrepublik Deutschland, Art. 4, Rn. 54.

des eigenen Gewissens" berücksichtigenden Gehorsam.[659] Zudem formuliert es, dass sich aus dem Grundgesetz und aus dem Soldatengesetz rechtliche Grenzen für diesen Gehorsam ergeben. Es sei dem Soldaten jedenfalls dann nicht zumutbar, einen Befehl zu befolgen, wenn er sich insoweit auf die Gewissensfreiheit aus Art. 4 Abs. 1 GG berufen könne. Art. 4 Abs. 1 GG werde insoweit auch nicht von Art. 4 Abs. 3 GG, dem Recht auf Anerkennung als Kriegsdienstverweigerer, verdrängt.[660]

Das Bundesverwaltungsgericht rekurriert bei seiner Definition der Gewissensentscheidung auf die bereits vom Bundesverfassungsgericht[661] eingeführte Formel, wenn es in seinem vierten Leitsatz noch einmal darlegt, dass eine Gewissensentscheidung „jede ernste sittliche, d. h. an den Kategorien von Gut und Böse orientierte Entscheidung [ist], die der Einzelne in einer bestimmten Lage als für sich bindend und unbedingt innerlich verpflichtend erfährt, so dass er gegen sie nicht ohne ernsthafte Gewissensnot handeln könnte".[662] Auch das Bundesverwaltungsgericht stellt auf die Ernsthaftigkeit dieser Gewissensentscheidung ab, wenn es darauf verweist, dass die positive Feststellung einer nach außen tretenden sowie rational mitteilbaren und intersubjektiv nachvollziehbaren Darlegung der Tiefe und Ernsthaftigkeit der Gewissensentscheidung notwendig sei. Wie bereits dargestellt, kommt es auch dem Bundesverwaltungsgericht nur auf das „Ob", also die hinreichende Wahrscheinlichkeit des Vorliegens einer Gewissensentscheidung an, während es ausschließt, das Gewissensgebot als „falsch", „richtig" oder gar „irrig" zu werten.[663]

Florian Pfaff habe seine Gewissensentscheidung in einem Kontext getroffen, welcher auch für einen grundsätzlich zum Dienst an der Waffe bereiten Berufssoldaten durch besondere Umstände geprägt sei. Er habe die in Rede stehende Situation weder leichtfertig noch vordergründig angenommen oder gar bewusst herbeigeführt.[664]

Weiter weist das Gericht darauf hin, dass weder der NATO-Vertrag noch das NATO-Truppenstatut oder das Zusatzabkommen hierzu sowie der Aufenthaltsvertrag eine Verpflichtung Deutschlands statuieren, entgegen dem geltenden Völkerrecht sowie der UN-Charta Unterstützung zu völkerrechtswidrigen

659 BVerwGE 127, 302 (302, 2. Leitsatz).
660 BVerwGE 127, 302 (302 f., 3. Leitsatz).
661 BVerfGE 12, 45 (55).
662 BVerwGE 127, 302 (303, 4. Leitsatz).
663 BVerwGE 127, 302 (303, 5. Leitsatz).
664 BVerwGE 127, 302 (342).

Handlungen der NATO-Partner zu leisten.[665] Gegen den von den USA und dem UK begonnenen Irakkrieg bestünden hinsichtlich des in der UN-Charta verankerten Gewaltverbots sowie sonstigen geltenden Völkerrechts große Bedenken.[666] Die Regierungen der USA und des UK hätten sich weder auf sie ermächtigende Beschlüsse des UN-Sicherheitsrats noch auf das in Art. 51 der UN-Charta verankerte Recht zur Selbstverteidigung berufen können.[667] Die gravierenden völkerrechtlichen Bedenken gegen die Unterstützungshandlungen der Bundesrepublik zu diesem Krieg waren die Motivation für Florian Pfaff, die ihm erteilten Befehle zu verweigern, da er sich sonst möglicherweise selbst in den Krieg verstrickt hätte.[668]

Bedeutend ist außerdem die Feststellung des Bundesverwaltungsgerichts, dass es im ihm vorliegenden Fall keiner abschließenden Prüfung und Entscheidung der Frage bedurft habe, ob die von Florian Pfaff verweigerte Mitwirkung am IT-Projekt „SASPF – Standard-Anwendungs-Software-Produkt-Familien" tatsächlich und kausal wirksam die von der Bundesrepublik Deutschland erbrachten Leistungen für den von den USA und ihren Verbündeten geführten Irakkrieg unterstützt oder zumindest einen relevanten Beitrag dazu geleistet hätte, denn er habe jedenfalls einen für seine Gewissensentscheidung nachvollziehbaren Anlass gehabt, dies zu befürchten.[669]

Die öffentliche Gewalt dürfe den Soldaten nun nicht daran hindern, sich gemäß des ihn unbedingt verpflichtenden bindenden Gewissensgebots zu verhalten.[670] Art. 87a Abs. 1 GG stehe nicht in dem Sinne entgegen, dass die Grundrechte der Soldaten zurücktreten müssen, wenn sich die Ausübung derselben störend auf den Dienstbetrieb auswirken könnte. Es sei stets sicherzustellen, dass das Grundrecht auf Gewissensfreiheit, wie es von der Verfassung vorgegeben ist, nicht beeinträchtigt wird.[671] Auch sei die Möglichkeit einer Inanspruchnahme der Gewissensfreiheit unabhängig davon, ob und inwieweit andere davon ebenfalls Gebrauch machen, gewährleistet.[672]

Damit müsse dem Soldaten also wegen Art. 4 Abs. 1 GG eine gewissensschonende Handlungsalternative zur Verfügung gestellt werden, um die ihn in seiner

665 BVerwGE 127, 302 (303, 6. Leitsatz).
666 BVerwGE 127, 302 (343).
667 BVerwGE 127, 302 (344 ff.).
668 BVerwGE 127, 302 (353).
669 BVerwGE 127, 302 (353).
670 BVerwGE 127, 302 (331).
671 BVerwGE 127, 302 (305, Leitsatz 10 b)).
672 BVerwGE 127, 302 (304, 9. Leitsatz).

Persönlichkeit und damit in seiner ganzen sittlichen Existenz betreffende Konfliktlage aufzulösen.[673] Hält der Soldat an seiner Gewissensentscheidung fest, die es ihm verbietet, den Befehl auszuführen, und ist dies wie im Fall von Florian Pfaff nachvollziehbar, müsse ein für beide Seiten schonender Ausgleich wie beispielsweise eine Versetzung, Wegkommandierung oder anderweitige Verwendung angestrebt werden.[674] Infolgedessen wurde der Soldat Florian Pfaff vom Bundesverwaltungsgericht freigesprochen.[675]

bb.) Urteilsanalyse und Diskussion: „Primat" oder „Verschleiß" des Gewissens – wie weit darf eine Gewissensentscheidung reichen?

Im März 2007 erhielt Florian Pfaff für seine Befehlsverweigerung aus Gewissensgründen in Stuttgart den mit 5.000 Euro dotierten Amos-Preis für Zivilcourage in Kirche und Gesellschaft.[676] Bei seinem vom Bundesverwaltungsgericht entschiedenen Fall handelt es sich um eines der aufsehenerregendsten Urteile in Bezug auf das Gewissen und die Gewissensfreiheit in jüngerer Zeit.[677] Der Fall macht nicht nur den ganz besonders hohen Rang der Gewissensfreiheit deutlich, sondern zeigt auch die unsichere Situation heutiger Gewissensurteile auf, obwohl dies im Urteil lediglich beiläufig thematisiert wurde.[678]

Bemerkenswert ist vor allem, dass die Gewissensentscheidung des Bundeswehrmajors keine direkt-lineare Handlung, wie etwa beim Schusswaffengebrauch, zum Gegenstand hatte. Es handelte sich vielmehr um einen einzelnen Beitrag zu einem technischen und in Zusammenarbeit organisierten Gesamtresultat. Zudem war Florian Pfaff nicht etwa mit einer Waffen-, sondern lediglich mit einer Logistiksoftware befasst, sodass kein unmittelbarer Bezug mit Kriegshandlungen vorlag. Überdies war noch nicht einmal sicher, ob die Software überhaupt in einem auch nur mittelbaren Zusammenhang mit dem Irakkrieg, an welchem die Bundeswehr wiederum ebenfalls nicht direkt beteiligt war, stand. Ein solcher Zusammenhang wurde von einem Vorgesetzten lediglich nicht explizit ausgeschlossen.[679]

---

673 BVerwGE 127, 302 (304, Leitsatz 8 a)).
674 BVerwGE 127, 302 (371).
675 BVerwGE 127, 302 (306).
676 Dauner, Das Gewissen, S. 138, Fn. 459.
677 Dauner, Das Gewissen, S. 204.
678 Dauner, Das Gewissen, S. 205.
679 Pressemitteilung Nr. 38/2005 des BVerwG 2 WD; Dauner, Das Gewissen, S. 205 f.

Die ernsthafte Möglichkeit, dass ein solcher Zusammenhang bestehen könnte, genügte dem Gericht. Für diese ernsthafte Möglichkeit kann jedoch nicht jeder noch so kleine und potenziell mitursächliche Beitrag genügen, da in diesem Fall auch Extrembeispiele denkbar sind, welche die Gewissensfreiheit gänzlich ad absurdum führen könnten.[680] In dem Zusammenhang wird dann beispielsweise auch die Problematik um eine Steuerverweigerung aus Gewissensgründen relevant.[681] Sowohl nach der Rechtsprechung des Bundesverfassungsgerichts[682] als auch des Bundesfinanzhofs[683] kann sich der Bürger der Mitfinanzierung von Tätigkeiten des Staates, welche er aus Gewissensgründen ablehnt, nicht entziehen. Die Weigerung, Abgaben zu zahlen oder sonstige finanzielle Pflichten zu erfüllen, da man mit der Mittelverteilung durch den Staat oder sonstige Gläubiger nicht übereinstimmt, ist nicht unmittelbar auf das eigene Handeln bezogen und daher nicht durch Art. 4 Abs. 1 GG geschützt.[684]

Ob der Irakkrieg tatsächlich völkerrechtswidrig war oder nicht, ist für das Gericht überdies nicht relevant. Auch dann, wenn die meisten Völkerrechtler den Irakkrieg als gerechtfertigt erachten würden, könne der Einzelne wegen der Komplexität und der damit im Zusammenhang stehenden ethischen und rechtlichen Fragen zu einer ernsthaften anders lautenden Gewissensentscheidung kommen. Fraglich erscheint in diesem Zusammenhang jedoch, warum das Gericht dann einen derart großen Begründungsaufwand betreibt. Es liegt daher die Vermutung nahe, dass der zweite Wehrdienstsenat des Bundesverwaltungsgerichts den Fall des Florian Pfaff als „forum publicum" für eine grundsätzliche Stellungnahme nutzen wollte.[685]

Nach Kotzur changiert der erkennende Senat „in einer für das Bundesverwaltungsgericht untypischen Weise zwischen sachlicher Nüchternheit und sendungsbewusstem Pathos".[686] Die Begründung gerate allzu ausufernd und sei „nicht frei von dem Verdacht, politisch Gewolltes mit rechtlich Gesolltem, die ratio der Entscheidung mit der emotio der Entscheidenden zu vermengen".[687]

---

680 Kotzur, JZ 2006, 25, 29.
681 Kotzur, JZ 2006, 25, 29.
682 Z. B.: BVerfGE 67, 26.
683 Z. B.: BFHE 166, 315.
684 Germann, in: Epping/Hillgruber (Hg.), Beck'scher Online-Kommentar zum Grundgesetz, Art. 4, Rn. 90.3.
685 Kotzur, JZ 2006, 25, 28.
686 Kotzur, JZ 2006, 25, 30.
687 Kotzur, JZ 2006, 25, 30.

Dies schwäche die Überzeugungskraft des Gerichts dann auch dort, wo sie eigentlich Zustimmung verdiene.[688]

Auch in Bezug auf weitere Gesichtspunkte wird das Urteil zum Teil sehr kritisch gesehen. Der ehemalige Inspekteur des Heeres und später zum Staatssekretär beförderte Innenminister des Landes Brandenburg von 1999 bis 2009, Jörg Schönbohm, spricht von einer „bedauerlichen Entwicklung" und warnt – bezugnehmend auf Theodor Heuss – vor einem „Verschleiß des Gewissens".[689] Überdies werde auch die Bündnisfähigkeit Deutschlands in der NATO gefährdet, wenn „Bundeswehrsoldaten in wichtigen Funktionen plötzlich anfangen, sich auf ihr Gewissen zu berufen".[690] Der ehemalige Verteidigungsminister und Verfassungsrechtler Rupert Scholz gab zu Protokoll, dass die Bewertung, ob ein Krieg völkerrechtswidrig sei, nicht Aufgabe eines Soldaten sein könne. Rechtsfragen dürften nicht Gegenstand einer Gewissensentscheidung mit der Maßgabe werden, der Soldat könne aufgrund dessen ihm erteilte Befehle verweigern.[691]

All diese Kritik vermag jedoch nichts daran zu ändern, dass das Bundesverwaltungsgericht einen entscheidenden Beitrag zur Sicherung demokratischer Grundrechte für Staatsbürger in Uniform, die einem hierarchisch durchstrukturierten militärischen Gewalt- und Disziplinsystem unterworfen sind, geleistet hat.[692] Mit der Heranziehung der Gewissensfreiheit wurde ein großer Schritt in Richtung einer grundrechtlichen Durchformung der Wehrverfassung getan. Das Bundesverwaltungsgericht hat damit also eine Stabilisierung von Rechtsnormen und Grundrechten bewirkt, welche im demokratischen Verfassungsstaat nicht hoch genug geschätzt werden können.[693] Nach Jürgen Rose, einem ehemaligen Oberstleutnant der Bundeswehr, erfüllte Major Pfaff seine „Pflicht zum treuen

---

688 Kotzur, JZ 2006, 25, 30.

689 Schönbohm, Interview, in: Süddeutsche Zeitung vom 11. Mai 2010, unter: http://www.sueddeutsche.de/politik/interview-schoenbohm-krieg-gehoert-zum-dienst-1.433643!amp, zuletzt abgerufen am 25. September 2017.

690 Schönbohm, Interview, in: Süddeutsche Zeitung vom 11. Mai 2010, unter: http://www.sueddeutsche.de/politik/interview-schoenbohm-krieg-gehoert-zum-dienst-1.433643!amp, zuletzt abgerufen am 25. September 2017; kritisch hierzu: Rose, Wissenschaft & Frieden 2006, unter: http://www.wissenschaft-und-frieden.de/seite.php?artikelID=0423, zuletzt abgerufen am 25. September 2017.

691 Scholz, „Befehl und Gehorsam sind existenznotwendig", in: Die Welt vom 25. Juni 2005, unter: https://www.welt.de/print-welt/article678574/Befehl-und-Gehorsam-sind-existenznotwendig.html, zuletzt abgerufen am 25. September 2017.

692 Rose, Wissenschaft & Frieden 2006, unter: http://www.wissenschaft-und-frieden.de/seite.php?artikelID=0423, zuletzt abgerufen am 25. September 2017.

693 Droege/Fischer-Lescano, NVwZ 2006, 171, 173.

Dienen" frei nach den letzten Worten und der Maxime von Hans Scholl, dem Protagonisten der „Weißen Rose": „Es lebe die [Gewissens-]Freiheit!"[694]

Dem ist zuzustimmen und in diesem Zusammenhang nochmals hervorzuheben, dass es ein Wesenszug des modernen, freiheitlichen Verfassungsstaates ist, den Bürgern selbst dann grundrechtlichen Schutz zu gewährleisten, wenn seine eigenen Grundlagen und gar seine Existenz gefährdet sind. Wie bereits dargestellt, erkannte in diesem Sinne schon Böckenförde, dass die Freiheit des Gewissens unverletzlich und dem Staat vorgegeben sein soll, so auch in dem Fall, wenn der Konflikt zwischen dem Einzelnen und der staatlichen Gemeinschaft am deutlichsten wird und gegebenenfalls sogar existentielle Bedeutung erlangt: „Auch dann soll dieser Staat nicht, koste es[,] was es wolle, zwingen können."[695] Dabei kommt dem Soldaten, wie auch im Urteil deutlich wird, nicht nur das Recht aus Art. 4 Abs. 3 GG, sondern auch aus Art. 4 Abs. 1 GG zu.

Ob der Staat selbst in äußersten Not- und Kriegssituationen noch zu diesem, seinem Zugeständnis stehen würde, ist eine andere Frage. Jedenfalls aber handelt es sich bei dem Urteil in Bezug auf Florian Pfaff um ein Bekenntnis des Staates, seine Bürger nicht zu gewissenlosen Rädchen im Getriebe eines hierarchisch organisierten Gewalt- und Zwangsapparates zu machen, sondern jedem Einzelnen das eigene Denken und ein Recht auf Gewissensbildung zuzuerkennen und damit den Kern seiner Persönlichkeit zu achten.

d.) Gewissensentscheidungen auf unsicherer Tatsachengrundlage in der ausdifferenzierten und verkomplizierten modernen Welt

Der Sachverhalt, über den der 2. Wehrdienstsenat des Bundesverwaltungsgerichts im Jahr 2005 zu urteilen hatte, steht beispielhaft dafür, dass der Einzelne sich durch die Veränderungen in seiner Lebenswelt und die technisch-wissenschaftliche Revolution im Moment seiner Gewissensbefragung gar nicht vollständig klar darüber sein kann, in welche Zusammen- und Fernwirkungen er mit seinem Gewissensurteil einbezogen ist.[696] Unter diesen

---

694 Rose, Ossietzky 2008, unter: http://www.sopos.org/aufsaetze/48923e72c45d8/1.phtml, zuletzt abgerufen am 25. September 2017; zu Hans Scholls letzten Worten siehe: Kuhla, Geschwister Scholl, in: Spiegel online vom 21. Februar 2013, unter: http://www.spiegel.de/einestages/hinrichtung-von-hans-und-sophie-scholl-erzogen-zum-widerstand-a-951049.html, zuletzt abgerufen am 25. September 2017.

695 Böckenförde, VVDStRL 28 (1970), 33, 73.

696 Dauner, Das Gewissen, S. 206.

Umständen stellt sich die Frage, wie der Einzelne überhaupt noch zu einer für ihn abschließenden „Gewissheit" kommen kann. Wäre ein Hinterfragen der Gegebenheiten bis zu einem Punkt, an dem sich kein besseres Wissen mehr ergeben kann, und ein Fällen des Gewissensurteils auf dieser Grundlage nicht Selbstbetrug?[697]

In der dynamischen, sich schnell verändernden und hochkomplexen Lebenswelt im Rahmen globaler Verwicklungen und Vernetzungen stellen sich also andere Anforderungen an den Umgang mit den Folgen des eigenen Handelns als noch in der vormodernen Welt.[698] In Dauners Worten stellen die „Lebensbedingungen der modernen Zivilisation [...] für die Gewissen der Einzelnen eine chronische Überforderung dar, die von den Gewissen kaum als solche bemerkt wird".[699] Das Gewissen selbst entscheidet in den meisten Fällen so, wie es schon immer entschieden hat. Problematisch ist jedoch, dass es sich in einer Gewissheit wähnt, die es gar nicht mehr zu erreichen in der Lage ist.[700]

Würde das Gewissen stets eine vollumfängliche Aufklärung und ein vollständiges Wissen über einen Sachverhalt für eine Entscheidung verlangen, könnte es kaum noch urteilen und müsste damit verstummen. Folge hiervon kann dann aber auch ein latent schlechtes Gewissen oder ein übervorsichtiges Gewissen sein. Der Einzelne weiß schließlich nicht mehr, welche Handlungen gegen die eigenen, die Persönlichkeit konstituierenden sittlichen Grundsätze verstoßen und welche zu keinem Gewissenskonflikt führen. Man denke beispielsweise an die ganz praktische Frage, ob die Kleidung einer bestimmten Marke ohne Gewissensbisse erworben werden kann, oder ob dies möglicherweise zur Förderung von Kinderarbeit oder menschenunwürdigen Arbeitsbedingungen führt, was nicht mit dem eigenen Gewissen vereinbar wäre. Zudem mangelt es oftmals an Zeit und Möglichkeiten, sich bei alltäglichen Handlungen wie dem Kauf von Kleidung, Lebensmitteln und anderen Bedarfsprodukten so umfassend wie nötig zu informieren, um damit eine klare und gesicherte Grundlage für die Bildung des eigenen Gewissensurteils zu schaffen.

Auch, ob die Informationen, welche für die Bildung einer Gewissensentscheidung aufgefunden werden, objektiv richtig oder verfälscht sind, wird man kaum in allen Fällen abschließend beurteilen können. Vielleicht sind sie auch lückenhaft oder man hat gar nicht die Möglichkeit, an alle notwendigen Informationen

697 Dauner, Das Gewissen, S. 206.
698 Dauner, Das Gewissen, S. 206.
699 Dauner, Das Gewissen, S. 206.
700 Dauner, Das Gewissen, S. 206 f.

zu gelangen und daher alle für die Gewissensbildung relevanten Tatsachen zu erfahren.

Wer beispielsweise den Kauf von Tierprodukten aus Massentierhaltung oder nicht artgerechter Haltung mit seinem Gewissen nicht vereinbaren kann, der wird kaum gänzlich überblicken können, welche Produkte hergestellt wurden, ohne dass ein Tier (zumindest auch) dafür leiden oder getötet werden musste. Zudem sind die Herstellungsprozesse so komplex, dass kaum oder jedenfalls nicht ohne erhebliche Mühen nachvollzogen werden kann, ob für das erworbene Produkt oder die in Anspruch genommene Leistung Tiere gequält oder nicht artgerecht gehalten wurden. Auch Menschen, die in ihrem Gewissen ganz darauf verzichten wollen, dass Tiere (auch) für ihre Ernährung und ihren allgemeinen Lebensbedarf getötet werden, können jedenfalls nicht ohne erheblichen Rechercheaufwand die Herstellungsprozesse aller Produkte überblicken. Ohne besondere Information wird man schließlich in der Regel nicht wissen, dass bei der Herstellung von Wein, Säften und Essig oftmals Gelatine, welche aus dem Bindegewebe von verschiedenen Tieren, vor allem Schweinen und Rindern, produziert wird, Verwendung findet. Auch in Klebstoff ist häufig Gelatine enthalten. Wenn der Einzelne sich also zum Kauf irgendeines an einzelnen Stellen verklebten Bedarfsproduktes entscheidet, weiß er schließlich nicht, ob für dieses – oder auch nur für die Verpackung desselben – ein „totes Tier" verwendet wurde.

Dieses Defizit in der Nachvollziehbarkeit von Herstellungsprozessen wurde auch vom Bundesverwaltungsgericht festgestellt. In seinem Urteil zu der Frage, ob die Regelung in einer städtischen Friedhofssatzung, nach der nur Grabmale aufgestellt werden dürfen, die in der gesamten Herstellung ohne ausbeuterische Kinderarbeit produziert wurden, zulässig ist, stellte es fest: „[D]ie angegriffene Satzungsbestimmung [verletzt] das Gebot der Normenklarheit und der hinreichenden Bestimmtheit, indem sie anordnet, dass nur Grabmale aufgestellt werden dürfen, die ‚nachweislich in der gesamten Wertschöpfungskette' ohne ausbeuterische Kinderarbeit im Sinne der ILO-Konvention 182 hergestellt wurden. Durch diese Regelung hat es die Antragsgegnerin der Friedhofsverwaltung überlassen[,] zu überprüfen und zu beurteilen, ob die von den Steinmetzen beigebrachten Nachweise belegen, dass das Grabmal in der gesamten Wertschöpfungskette ohne ausbeuterische Kinderarbeit hergestellt worden ist, und damit die im Zusammenhang mit der Anwendung dieser Bestimmung entstehenden Probleme unzulässigerweise in den Normvollzug verlagert. Dies könnte den Anforderungen an die Klarheit und Bestimmtheit einer Norm nur gerecht werden, wenn für den Normbetroffenen unschwer erkennbar wäre, welcher Nachweis genügen würde. Daran fehlt es jedoch, da es bislang keine validen Nachweismöglichkeiten gibt. Derzeit können sich die Steinmetzbetriebe nur auf Eigenerklärungen von Herstellern und Lieferanten stützen, die jedoch keinerlei Sicherheit hinsichtlich des Merkmals ‚frei von Kinderarbeit' garantieren können. Verlässliche Zertifizierungssysteme und Gütesiegel unabhängiger Organisationen sind bisher nicht bekannt [...]; ob die vorhandenen Zertifikate aussagekräftig sind und auf tatsächlichen Inspektionen in den Herkunftsländern der Grabmale beruhen, ist für die Steinmetze mit zumutbarem Aufwand nicht nachprüfbar."[701]

Allein bei der Frage danach, ob der Kauf von Kleidung einer bestimmten Marke Kinderarbeit oder jedenfalls Arbeit unter menschenunwürdigen Bedingungen fördert, ist sich der in seinem Gewissen Betroffene nicht selten unsicher, ob die Herstellungsbedingungen bei anderen Marken besser sind und wie denn die Fernfolgen aussähen, wenn derartige Arbeit komplett unterbunden oder zumindest durch die Kaufentscheidungen der Einzelnen nicht mehr gefördert werden würde. Welche Auswirkungen hätte dies langfristig auf die Wirtschaft und auf die Lebensbedingungen in den armen Ländern, in welchen Kinderarbeit und Arbeit unter aus westlicher Sicht menschenunwürdigen Bedingungen stattfindet?

Wer mit gutem Gewissen nicht mehr benötigte Kleidungsstücke in die Altkleidersammlung gab, wurde in den 1990er Jahren mit Studien konfrontiert, die darauf hinwiesen, dass die heimische Textilindustrie unter dem Druck der Containerladungen aus Industriestaaten kollabiere. Inzwischen sehen Experten die Folgen für die heimische Textilwirtschaft jedoch differenzierter und es rücken allmählich wieder die positiven Folgen von Kleiderspenden für beispielsweise afrikanische Länder in den Vordergrund.[702]

Der Einzelne ist also mit der Frage danach, auf welcher Grundlage er sein Gewissen bilden kann, überfordert. Es bleibt ihm nur die Möglichkeit, Sachverhalte immer weiter und im eigentlichen Wortsinn gewissenhaft zu hinterfragen sowie die Tatsachengrundlagen für die eigene Gewissensbildung so gut wie möglich zu sichern. Eine vollständige Aufgabe, eine Kapitulation des Gewissens, welches eine genuin menschliche Regung darstellt, wird nicht möglich und

---

701 BVerwGE 148, 133 (141).

702 Ischinger, Was Altkleider aus Deutschland für Afrika bedeuten, in: Süddeutsche Zeitung vom 29. Mai 2013, unter: http://www.sueddeutsche.de/wirtschaft/textilrecycling-was-altkleider-aus-deutschland-fuer-afrika-bedeuten-1.1683519, zuletzt abgerufen am 25. September 2017.

auch für das menschliche Zusammenleben nicht förderlich oder zuträglich sein. Wer dieser Verantwortung nachgekommen und auf einer solchen Grundlage – ähnlich wie Florian Pfaff – zu einer Gewissensentscheidung gelangt ist, hat sein Bestmögliches gegeben und sprichwörtlich „nach bestem Wissen und Gewissen" gehandelt.

6.) Zum Bedeutungsschwund des Gewissens in der aktuellen Debatte – was rechtfertigt die Rede vom Gewissen noch? Eine Abgrenzung von den „moderneren“ Begriffen der Vernunft und der Verantwortung

Wie schon zu Anfang dargestellt, gehört der Begriff des Gewissens – nach seiner Konjunktur in der (rechts)philosophischen Literatur in den 1950er und 1960er Jahren auch als Folge einer Auseinandersetzung mit dem Nationalsozialismus – keineswegs zu den zentralen Themen in der aktuellen ethischen Debatte.[703] Stets findet er sich mit dem Verdacht konfrontiert, das „Gewissen“ sei nur ein prätentiöses und im Grunde genommen entbehrliches Synonym für die praktische Vernunft. Gewissensentscheidungen seien auf eine alltägliche Vorzugswahl zurückzuführen und auf den Ausdruck Gewissen könne daher als eigener Reflexionsbegriff in der Ethik verzichtet werden.[704]

Nach Dauner spricht derjenige, welcher „sich auf der Höhe der Zeit“ wähnt, nicht mehr von Gewissen, sondern von Verantwortung. Dieser Begriff hat in einem philosophiegeschichtlich sehr kurzen Zeitraum einen erstaunlichen Aufschwung erlebt. In der Verantwortung wird ein höchster Grundsatz der Moral erkannt. In der Wissenschaft und in der Politik ist es gängig, sich zur Übernahme von Verantwortung, zu einer verantwortungsethischen Haltung, zu bekennen.[705] Der Begriff der Verantwortung ist zudem im Gegensatz zum Gewissen per se säkular, von möglicherweise nachteiligen Assoziationen frei und bedarf daher keiner Emanzipation oder säkularen Grundlegung.[706] Sehen wir uns mithin dem Auslaufmodell Gewissen, nachgefolgt vom Modell der Verantwortung, gegenüber?[707]

Es stellt sich also die Frage danach, was das Gewissen von anderen Begriffen wie der Vernunft oder auch der Verantwortung unterscheidet.

---

703 Vgl.: Schockenhoff, Wie gewiss ist das Gewissen?, S. 197.

704 Vgl.: Schockenhoff, Wie gewiss ist das Gewissen?, S. 200.

705 Dauner, Das Gewissen, S. 124 f.

706 Dauner, Das Gewissen, S. 132.

707 Vgl.: Dauner, Das Gewissen, S. 124.

a.) Gewissen und Vernunft

In der Tat sind die meisten Entscheidungen, welche wir im Alltag treffen, keine Gewissensentscheidungen, sondern das Ergebnis eines Abwägungsprozesses im Sinne des von Niemann dargestellten klassischen Vernunftschemas zur allgemeinen Problemlösung.[708] Doch das Gewissen hat die Macht, uns mit Schuldgefühlen zu quälen, welche die Vernunft oftmals nicht ausreden kann. Wer beispielsweise ohne Schuld ein Kind überfahren hat oder einen Suizid in der Familie nicht verhindern konnte, wird nicht selten trotz des vernunftmäßigen Wissens darum, dass er hierfür nicht verantwortlich war, mit Schuldgefühlen und Gewissensqualen zu kämpfen haben.

Die Vernunft hat zudem alleine nicht die Kraft, jemanden zum Handeln zu motivieren, da ihr der emotionale Antrieb fehlt.[709] Schon David Hume wies im 18. Jahrhundert darauf hin, dass die Vernunft alleine niemanden zum Handeln veranlassen kann.[710] Die Logik zwingt nicht unmittelbar zum Handeln, wenn der emotionale Antrieb fehlt. Das Gewissen jedoch motiviert zum Handeln oder einem entsprechenden Unterlassen sowie zur Anwendung des vernunftmäßigen Problemlösungsschemas, auch wenn es keine Problemlösungen anbietet. Es ist damit gleichsam ein wichtiges moralisches Durchsetzungsinstrument.[711]

Entscheidend ist, dass das Gewissen den Kern der Persönlichkeit konstituiert. Im Gewissen kommt der personale Charakter der „sittlichen Wahrheit" zum Ausdruck. Dieser Aspekt wird im Gewissen deutlicher als in der praktischen und normativen menschlichen Vernunft. Das Gewissen ist ein Wächter über die persönliche Lebensgeschichte und den eigenen Lebensentwurf, die Lebensentscheidung des Menschen. Im Gewissen wird also die Bewahrung einer grundsätzlichen Übereinstimmung des Menschen mit sich selbst relevant. Es verweist auf die Frage: Wer will ich sein? Mit welchem Lebensentwurf, welchem Bild von einem „gelingenden Menschsein" kann ich mich identifizieren?[712] Um es noch einmal mit Gerhard Ebeling auszudrücken: Der Mensch ist Gewissen.[713] Somit

---

708 Siehe hierzu: Die Darstellung des Problemlösungsschemas von Niemann in Kapitel 2.) a.) dd.) (2) mit der Überschrift „Die Problemlösungsmethode nach dem allgemeinen Vernunftschema".

709 Niemann, Aufklärung und Kritik 2010, 22, 37.

710 Hume, A Treatise of Human Nature, S. 413; vgl. hierzu auch: Niemann, Aufklärung und Kritik 2010, 22, 37.

711 Niemann, Aufklärung und Kritik 2010, 22, 31, 37 f.

712 Schockenhoff, Wie gewiss ist das Gewissen?, S. 200.

713 Ebeling, Theologische Erwägungen über das Gewissen, in: Blühdorn (Hg.), Das Gewissen in der Diskussion, S. 142, S. 147.

bildet das Gewissen also die Mitte der personalen Existenz.[714] Schockenhoff resümiert daher: „Im Gewissen meldet sich das Vorzeichen zu Wort, unter das ich mein Leben stellen will; wie ein roter Faden durchzieht sein Zuspruch das Gewebe meiner Handlungen, um mich an das zu erinnern, was ich im Durcheinander meiner wechselnden Pläne und Absichten eigentlich will."[715]

Somit ist das Gewissen also keineswegs ein für die Ethik entbehrlicher Begriff oder nur ein Synonym für die praktische Vernunft. Das Gewissen berührt den Menschen in den Tiefenschichten seiner Persönlichkeit, seinem ureigenen Lebensentwurf, seiner Vorstellung von einem „guten Leben" und betrifft damit eine andere Frage als die nach dem jeweils richtigen Handeln. Das Gewissensurteil hat also nicht nur den Charakter einer sittlichen Einsicht, in ihm spiegelt sich vielmehr auch eine Entscheidung wider. Im Gewissen lässt sich daher immer nur für die eigene Person urteilen. Das Gewissen bleibt auf die praktische Vernunft bezogen, fällt mit dieser jedoch nicht zusammen.[716]

Es geht also über den Anspruch des Menschen, sein Handeln an allgemeinen Grundsätzen ausrichten und nach verbindlichen Normen begründen sowie rechtfertigen zu können, hinaus und verkörpert eine ureigene, persönliche Entscheidung. Dem Begriff der Vernunft wohnt im Gegensatz zum Gewissen immer etwas Überindividuelles und Allgemeines, nicht jedoch etwas Höchstpersönliches, den Kern des eigenen Selbst Vermittelndes inne. Zusammenfassend lässt sich also sagen, dass das Gewissen emotionaler und persönlicher ist als die Vernunft.

b.) Gewissen und Verantwortung

Nach Honecker ist das Gewissen keine unfehlbare oder unabhängige Instanz, sondern ein Akt des moralischen Urteils über eine verantwortliche Entscheidung, die Wahrnehmung von Verantwortlichkeit und die Identifikation mit der Aufgabe der Verantwortung.[717] Doch wie unterscheiden sich Gewissen und Verantwortung oder fallen diese Begriffe gar zusammen?

Nur, wer ein die eigene Persönlichkeit bestimmendes Gewissen hat, kann auch Verantwortung für sein Handeln anderen und sich selbst gegenüber

714 Schockenhoff, Wie gewiss ist das Gewissen?, S. 200.

715 Schockenhoff, Wie gewiss ist das Gewissen?, S. 200.

716 Schockenhoff, Testimonium conscientiae, in: Höver/Honnefelder (Hg.), Der Streit um das Gewissen, S. 73, S. 78.

717 Honecker, Testimonium conscientiae, in: Höver/Honnefelder (Hg.), Der Streit um das Gewissen, S. 83, S. 86.

übernehmen und dieses Handeln an den Maßstäben des eigenen Gewissens messen. Verantwortung ist in diesem Sinne dann die vor sich selbst und vor anderen übernommene Verpflichtung, für die eigenen Handlungen einzustehen und ihre Folgen zu tragen. Das Gewissen stabilisiert die höchstpersönlichen sittlichen Wertmaßstäbe, die eigenen Vorstellungen von Gut und Böse, und ist die Grundlage für verantwortliches Handeln.

Schockenhoff sieht ähnlich hierzu die Funktion des Gewissens „im Ausmessen eines Bereichs persönlicher Verantwortung".[718] Die „schöpferische Eigenleistung des Gewissens" bestehe dann „darin, die inspirierende Kraft moralischer Überzeugungen in die ethische Selbstbestimmung zu konkretem Handeln zu übersetzen".[719]

Das Gewissen bedrängt uns zudem mit dem Gefühl der Verantwortung. Es zwingt uns mithin, Verantwortung zu übernehmen, verantwortlich im Sinne einer Folgenverantwortung zu handeln, ist aber nicht dasselbe wie Verantwortung. Das Gewissen ist wie ein Schwur, dass es uns – bei einem etwaigen Entgegenhandeln – quälen wird.[720]

Das hessische Kultusministerium stellt die Begriffe „Gewissen", „Verantwortung" und „Vernunft" in seinem „Kerncurriculum für Hessen, Sekundarstufe I – Gymnasium Ethik" daher in den folgenden Zusammenhang: „Das Gewissen ist als sittliches Bewusstsein von Gut und Böse, Recht und Unrecht der Kern ethischer Identität. Die Vernunftfähigkeit lässt den Menschen zum freien, moralisch verantwortlichen Wesen werden. Verantwortung hat ein Mensch für etwas, gegenüber jemandem und im Hinblick auf eine Instanz. Verantwortung schließt daher Aspekte der Moral, der Handlung und der Berücksichtigung der Handlungsfolgen ein: Ein Mensch handelt verantwortlich, wenn er unter der Berücksichtigung ethisch-moralischer Gesichtspunkte handelt und bereit ist, für die Folgen seines Handelns einzustehen."[721]

Das Gewissen bleibt also immer auf Vernunft und Verantwortung bezogen, zeichnet sich aber dadurch aus, dass es etwas Höchstpersönliches ist und den Kern ethischer Identität, des Selbst konstituiert, auch wenn es natürlich große Übereinstimmungen in den Gewissen der Individuen – insbesondere je nach

---

718 Schockenhoff, Wie gewiss ist das Gewissen?, S. 6.

719 Schockenhoff, Wie gewiss ist das Gewissen?, S. 6.

720 Vgl.: Niemann, Aufklärung und Kritik 2010, 22, 31 f.

721 Hessisches Kultusministerium, Das neue Kerncurriculum für Hessen, Sekundarstufe I – Gymnasium, Ethik, S. 18, unter: https://kultusministerium.hessen.de/sites/default/files/media/kerncurriculum_ethik_gymnasium.pdf, zuletzt abgerufen am 25. September 2017.

Kultur – gibt. Die Vernunft als Fähigkeit des Menschen, aus den im Verstand durch Erfahrung und Beobachtung erfassten Sachverhalten allgemeine Zusammenhänge zu erkennen, deren Bedeutung zu ermitteln, Prinzipien aufzustellen und danach zu handeln, ist etwas Allgemeines und eine Voraussetzung für eine adäquate Gewissensbildung. Das höchstpersönliche Gewissen wiederum ist die Voraussetzung für verantwortliches Handeln vor sich selbst und in Bezug auf andere. Während im Gewissen eine Relation sich selbst gegenüber zum Ausdruck kommt, zeigt sich in der Übernahme von Verantwortung auch eine Relation zum konkreten anderen.

c.) Bedeutungsschwund oder Bedeutungszuwachs des Gewissens?

Zudem wäre es verfehlt, aus dem Befund, dass der Begriff des Gewissens immer mehr aus der zeitgenössischen Wissenschaftssprache verschwindet, auf eine Verflüchtigung des Gewissens in der säkularisierten und pluralistischen Gesellschaft zu folgern. Die Gewissenserfahrung und damit auch ihre gesellschaftliche Funktion wandelt sich jedoch mit den jeweiligen Ethosformen.[722]

Es lässt sich im Gegenteil vielmehr sogar von einem Bedeutungszuwachs des Gewissens und der Gewissensfreiheit in der modernen Gesellschaft sprechen. Der historische Weg von der religiösen Toleranzidee zum säkularen Gewissensbegriff moderner Gesellschaften hat zu einer überragenden Bedeutung des Grundrechts auf Gewissensfreiheit geführt. So bezeichnete, wie bereits dargestellt, Jellinek das Grundrecht auf Gewissensfreiheit als „Urgrundrecht“[723] und bildet die Gewissensfreiheit die Grundlage des modernen Freiheitsdenkens.[724] Das allgemeine Grundrecht auf uneingeschränkte Gewissensfreiheit ist ein Symbol für Toleranz, persönliche Freiheit und das Selbstverständnis des modernen Staates. In diesem Sinne ist das Gewissen also gegenwärtig – trotz seines scheinbaren Verschwindens aus der aktuellen Debatte – besonders wichtig, auch wenn der Ausdruck „Gewissen“ möglicherweise durch andere Begriffe ersetzt oder gar nicht explizit auf das Phänomen Gewissen eingegangen wird.

Das Gewissen im Recht wird zudem trotz seines derzeitigen Verschwindens aus der Wissenschaftssprache – wohl unter Verwendung von Äquivalenten – vor

722 Schockenhoff, Wie gewiss ist das Gewissen?, S. 16.

723 Jellinek, Die Erklärung der Menschen- und Bürgerrechte, in: Schnur (Hg.), Zur Geschichte der Erklärung der Menschenrechte, S. 1, S. 39 ff.; vgl. hierzu: Borowski, Die Glaubens- und Gewissensfreiheit des Grundgesetzes, S. 64.

724 Böckenförde, VVDStRL 28 (1970), 33, 36.

allem bei Konfliktlagen wie besonderen Notstandssituationen, so beispielsweise bei der Frage, ob ein von Terroristen entführtes Flugzeug abgeschossen werden oder ob Rettungsfolter in Ausnahmesituationen zulässig sein darf, immer wieder aktuell und stellt die Prinzipien unseres Rechtsstaates auf die Probe. Hierauf ist an späterer Stelle noch gesondert einzugehen.

7.) Die Krise des modernen Gewissens – von der Wertoffenheit zur Perversion?

Die Krise des modernen Gewissens resultiert nicht nur daraus, dass der Begriff des Gewissens immer mehr aus der Wissenschaftssprache verschwindet. Viel gefährlicher und für das Gewissen existenziell bedrohlich ist überdies, dass das Gewissen in einer pluralistischen und säkularisierten Welt seinen festen Rückhalt, dasjenige, welches es von bloßer subjektiver Willkür unterscheidet, zu verlieren droht. Zwar setzt das Grundrecht auf Gewissensfreiheit aus Art. 4 Abs. 1 GG eine Wertoffenheit des Gewissens gerade voraus und das Bundesverfassungsgericht sieht davon ab, eine Gewissensentscheidung als irrig, falsch oder richtig zu bewerten.[725] Auf der anderen Seite stellt sich dann jedoch die Frage, ob man infolgedessen gezwungen ist, jede Gewissensauffassung hinzunehmen und letztendlich – gegebenenfalls auch nach einem Austausch von Argumenten – als solche zu akzeptieren. Während das subjektive Gewissen also einen regelrechten Aufschwung erlebt, ist das vermeintlich „objektive" Gewissen in der Krise. Wie Luhmann bemerkte: „Wenn man dem Individuum die Selbstbestimmung seines Gewissens überlässt, muss man damit rechnen, dass allerhand abstruser Eigensinn anfällt."[726]

Das Gewissen weiß nach Niemann schlicht nicht, was richtig und was falsch ist. Es liefert kein „Orientierungswissen" mehr und ist auch in der Lage, aus heutiger, westlicher Sicht „moralisch völlig unhaltbare Dinge" zu befehlen.[727] Der Glaube und das Gewissen verleiten Terroristen zu Selbstmordanschlägen, zu tödlich verlaufenden Teufelsaustreibungen, wie beispielsweise im Dezember 2015 in Frankfurt am Main,[728] zu Ehrenmorden und vielen anderen Dingen, die wir in der westlichen Gesellschaft heute als moralisch zutiefst verwerflich empfinden. Niemann kommt daher zum Schluss: „Was einmal in der Schublade ‚Kleines Über-Ich' gelandet ist, wird durchgesetzt, egal ob vernünftig oder nicht.

---

725 BVerfGE 12, 45 (56).

726 Luhmann, Die Funktion der Gewissensfreiheit im öffentlichen Recht, in: Kallenbach/Schemel (Hg.), Funktion des Gewissens im Recht, S. 9, S. 10.

727 Niemann, Aufklärung und Kritik 2010, 22, 38.

728 Höll, Exorzisten-Prozess: Dämonen in Zimmer 433, in: Süddeutsche Zeitung vom 10. Oktober 2016, unter: http://www.sueddeutsche.de/panorama/frankfurt-exorzismus-prozess-daemonen-auf-zimmer-1.3198452, zuletzt abgerufen am 25. September 2017.

Das kann leider eben auch der Vorsatz sein, bestimmte Politiker zu ermorden oder sich an der Gesellschaft zu rächen. Wenn der Schnappmechanismus des Gewissens eingerastet ist, gibt es kein Zurück mehr."[729]

Das Gewissen scheint daher mit der Illusion verbunden, eine Quelle der Wahrheit zu sein. Es produziert Wahrheitsgefühle, vermittelt also den Eindruck, dass das, was wir tun, moralisch richtig ist.[730] Doch nicht nur das. Das Gewissen ist zudem ungerecht und kennt den Gleichheitsgrundsatz nicht. Alle Menschen leiden gleich und sind gleich viel wert. Das Gewissen aber wird in der Regel – ebenso wie die Empathie – Unterschiede zwischen den Menschen machen. Niemann führt an, dass im Fall „Mogadischu" Helmut Schmidt sicher das Flugzeug nicht hätte stürmen lassen, sondern die Forderungen der Geiselnehmer erfüllt hätte, wenn seine Frau Loki unter den Passagieren gewesen wäre.[731] Auch im Krieg wird diese „Ungleichheit" oder „Ungerechtigkeit" im Gewissen relevant: Schlimme Gewissensqualen aus Liebe zum Vaterland, wären in der Regel die Folge, wenn ein Politiker das Leben eines Landsmanns bei seiner Kriegsplanung genauso gering bewerten würde wie das eines Gegners. Diese Ungleichbewertung im Gewissen führt dazu, dass das Leben der eigenen Landsleute bis zu hundertmal höher bewertet wird als das der Gegner.[732]

Das Gewissen scheint also äußerst fehlbar und ungerecht zu sein. Stets droht – in Hegels Worten – ein „Umschlag ins Böse"[733]. Zu allem Überfluss lässt das Gewissen uns auch glauben, mit all dem stets richtig zu liegen.

Böckenförde stellt daher die Frage danach, ob sich hier ein Abgrund öffnet, welcher nur zu überbrücken ist, indem das Gewissen sich an objektiven ethischen und rechtlichen Normen orientieren muss.[734] Schockenhoff bemerkt, dass das Gewissen ohne verbindliche Orientierung an moralischen Normen und ethischen Prinzipien wie dem Liebesgebot, fundamentalen Gerechtigkeitsprinzipien, dem allgemeinen Tötungsverbot und den Weisungen des Dekalogs zu einer pathetischen Bekundung subjektiver Willkür verkomme.[735]

---

729 Niemann, Aufklärung und Kritik 2010, 22, 38.

730 Niemann, Aufklärung und Kritik 2010, 22, 38.

731 Niemann, Aufklärung und Kritik 2010, 22, 39.

732 Presseberichte über die auf beiden Seiten in Kauf genommenen Toten im Irakkrieg (2003) oder im Gazakonflikt (2008/2009), zitiert nach: Niemann, Aufklärung und Kritik 2010, 22, 39; hierzu auch: Niemann, Aufklärung und Kritik 2010, 22, 39.

733 Hegel, Grundlinien der Philosophie des Rechts, hg. v. Lasson, § 139.

734 Böckenförde, VVDStRL 28 (1970), 33, 34.

735 Schockenhoff, Wie gewiss ist das Gewissen?, S. 55, S. 57.

Interessanterweise illustriert Schockenhoff seine Auffassung, dass das Gewissen eine Rückkopplung an ethische Prinzipien brauche, damit, dass die „Achtung vor dem Lebensrecht ungeborener Kinder im Bewusstsein vieler Menschen nicht mehr fest verankert" sei.[736] Dies stelle einen „blinden Fleck" in der Moral demokratischer Gesellschaften, welche ansonsten auf die Verletzung von Menschenrechten und menschenrechtlichen Grundprinzipien sehr sensibel reagiere, dar.[737] Eltern, welche sich in ihrem Gewissen gegen das Recht ihres ungeborenen Kindes, zu leben, entscheiden, brächen „das ursprüngliche Band menschlicher Solidarität", welches nur darin bestehe, „dass wir einander leben lassen und unsere unverfügbaren Lebenschancen gegenseitig achten".[738] Es handele sich hierbei um ein eklatantes Beispiel dafür, wie das Gewissen sich selbst verfehle.[739]

Es liegt der Verdachte nahe, dass Schockenhoff nur seine persönliche Auffassung vertritt und diese unzulässigerweise in seinem Gewissen für alle anderen Menschen verallgemeinert. Was, wenn die Schwangerschaft infolge einer Vergewaltigung entstanden ist, das Kind mit einer schwersten Behinderung zur Welt käme oder es sich um eine minderjährige junge Frau handelt, die weder für sich noch für ihr Kind sorgen könnte? Diese Fragen sind höchst umstritten und die Antworten hierauf wohl auch höchstpersönlich. Kaufmann beispielsweise führt an, dass die Forderung, eine Frau müsse auch im Fall einer aufgenötigten Schwangerschaft – also bei einer Vergewaltigung – das Kind zur Welt bringen, nicht in der Weise verallgemeinerungsfähig sei, also im Gewissen Geltung habe, dass jede Frau einstimmen müsste. Dies könne die betreffende Frau vielmehr nur in eigener Verantwortung entscheiden.[740]

Andere Menschen beispielsweise machen das „Lebensrecht" oder den „Lebenswert" eines Wesens von dessen Bewusstsein, dessen Fähigkeit, Schmerzen zu erleiden, abhängig. Sie mögen, ähnlich wie Peter Singer,[741] Abtreibung an sich unter bestimmten Voraussetzungen als moralisch zulässig erachten, auf der anderen Seite jedoch Tierrechte vertreten und sich vegetarisch ernähren, da sie es in ihrem Gewissen als moralisch unvertretbar empfinden, ein Schwein mit einem ausgeprägten Bewusstsein und Schmerzempfinden zu töten, wenn dies für die eigene Ernährung nicht einmal mehr notwendig ist.

---

736 Schockenhoff, Wie gewiss ist das Gewissen?, S. 55.
737 Schockenhoff, Wie gewiss ist das Gewissen?, S. 55.
738 Schockenhoff, Wie gewiss ist das Gewissen?, S. 211.
739 Schockenhoff, Wie gewiss ist das Gewissen?, S. 211.
740 Kaufmann, Das Gewissen und das Problem der Rechtsgeltung, S. 22.
741 Siehe: Singer, Praktische Ethik.

Auch in der Stanford Encyclopedia of Philosophy findet sich daher der Hinweis: „To use a metaphor, conscience is like an empty box that can be filled with any type of moral content."[742] Während beispielsweise manche Menschen die Abtreibung aus Gewissensgründen ablehnen und sich weigern, an einer solchen mitzuwirken, mögen andere genau das Gegenteil vertreten und Abtreibungen durchführen, um in ihrem Gewissen die Rechte der Frau zu berücksichtigen.[743] Das Gewissen sei daher in moralischer Hinsicht neutral:[744] „[S]omething is not made morally better or worse, acceptable or unacceptable, simply by being a matter of conscience. For example, the morality of abortion has nothing to do with abortion being conscientiously opposed by some health practitioners or conscientiously supported by others."[745]

Hier zeigt sich also vielmehr noch einmal, dass eine solche Rückkopplung an fundamentale ethische Prinzipien – sollte diese überhaupt möglich sein – alles andere als unproblematisch oder eindeutig ist und die aus dem Gewissen resultierenden Divergenzen und Gefahren nicht ohne Weiteres beseitigen kann. Wenn Schockenhoff also behauptet, dass derjenige, welcher Abtreibung als moralisch zulässig ansieht, einer Selbstverfehlung des Gewissens erliege, demonstriert dies nur einmal mehr, wie unterschiedlich moralische Auffassungen sein können und dass diese weniger verallgemeinerungsfähig sind als sie es uns auf den ersten Blick erscheinen mögen. Ein Leser Schockenhoffs könnte beispielsweise sagen: Wenn in diesem Fall jemand einem „Gewissensirrtum", einer „Selbstverfehlung" des Gewissens und einer unzulässigen Verabsolutierung der eigenen Gewissensauffassung unterliegt, dann Schockenhoff selbst.

---

742 Giubilini, Conscience, in: Zalta (Hg.), The Stanford Encyclopedia of Philosophy, unter: https://plato.stanford.edu/entries/conscience/, zuletzt abgerufen am 25. September 2017.

743 Vgl.: Joffe, Doctors of Conscience; siehe hierzu auch: Giubilini, Conscience, in: Zalta (Hg.), The Stanford Encyclopedia of Philosophy, unter: https://plato.stanford.edu/entries/conscience/, zuletzt abgerufen am 25. September 2017.

744 Giubilini, Conscience, in: Zalta (Hg.), The Stanford Encyclopedia of Philosophy, unter: https://plato.stanford.edu/entries/conscience/, zuletzt abgerufen am 25. September 2017.

745 Giubilini, Conscience, in: Zalta (Hg.), The Stanford Encyclopedia of Philosophy, unter: https://plato.stanford.edu/entries/conscience/, zuletzt abgerufen am 25. September 2017.

a.) Zum „Gewissenskollaps“ während des Nationalsozialismus

Besonders deutlich wurde die von Hegel angemahnte Gefahr eines Umschlags des Gewissens „ins Böse“ während des Nationalsozialismus. Man ist geneigt, die während des Nationalsozialismus begangenen Menschlichkeitsverbrechen intuitiv als zutiefst unmoralisch und gewissenlos zu verurteilen. Assoziiert mit Holocaust, Konzentrations- und Vernichtungslagern sowie Euthanasie muss der Nationalsozialismus unweigerlich als Inbegriff der Unmoral erscheinen.[746] Dass die Nationalsozialisten – zumindest zum Teil – all dies als moralisch richtig und notwendig erachteten, gar nach moralischen Prinzipien handelten, scheint geradezu absurd angesichts der intuitiven Unterstellung, bei moralischem Handeln müsse es sich stets um „nachvollziehbare Begründungen eines Verhaltens fairer Gegenseitigkeit“ handeln.[747] Was jedoch bedeutet es für einen Umgang mit ebendiesen Taten, wenn die Täter – oder zumindest einige Täter – nicht entgegen einer besseren Moral, sondern im Rahmen ihrer Weltanschauung höchst moralisch gehandelt haben und sogar mit einem reinen Gewissen töteten?[748]

Das Verhältnis von Massenmord und Moral müsste aus dieser Perspektive in einem umgekehrten Verhältnis als für gewöhnlich erörtert werden: Damit steht nicht die Frage im Vordergrund, wie moralische Hemmnisse überwunden werden konnten, sondern der Befund, dass die Vergewisserung vor sich selbst über eine intakte Moral die Taten im Nationalsozialismus erst möglich machte. Das Verhältnis von Moral und Rassenmord, der Vernichtung ganzer Bevölkerungsgruppen, ist damit gerade nicht gegensätzlich, sondern das einer Bedingung. Die Tötungen hätten sich mit amoralischen Tätern nicht ausführen lassen.[749]

Der Mensch scheint einen grundsätzlichen Widerstand dagegen zu haben, als „schlecht“ zu gelten. Er möchte vielmehr in seiner Persönlichkeit als menschlich und anständig wahrgenommen werden.[750] Auch nach Hans Joachim Hirsch sind die großen Menschheitsverbrechen des letzten Jahrhunderts daher aus

746 Bialas, Die moralische Ordnung des Nationalsozialismus, in: Konitzer/Groß (Hg.), Moralität des Bösen, S. 30.

747 Bialas, Die moralische Ordnung des Nationalsozialismus, in: Konitzer/Groß (Hg.), Moralität des Bösen, S. 30.

748 Welzer, Moralische Mörder?, in: Reese-Schäfer (Hg.), Identität und Interesse, S. 279; vgl. auch: Bialas, Die moralische Ordnung des Nationalsozialismus, in: Konitzer/Groß (Hg.), Moralität des Bösen, S. 30.

749 Welzer, Moralische Mörder?, in: Reese-Schäfer (Hg.), Identität und Interesse, S. 279, S. 292; vgl. hierzu auch: Dauner, Das Gewissen, S. 35 f., S. 36, Fn. 97.

750 Welzer, Moralische Mörder?, in: Reese-Schäfer (Hg.), Identität und Interesse, S. 279, S. 291.

politisch-ideologischer Überzeugung begangen worden. Die Vorstellung, im Besitz der absoluten Wahrheit zu sein, ermöglichte diese Verbrechen erst.[751] Wie bereits erwähnt, formulierte Blaise Pascal in diesem Sinne, dass der Mensch weder Engel noch Bestie ist und sein Unglück darin besteht, dass er umso bestialischer wird, je mehr er ein Engel sein will.[752]

Dies bedeutet natürlich nicht, dass jeder an den Verbrechen während des Nationalsozialismus Beteiligte stets nach seiner Moral und mit reinem Gewissen gehandelt hat und nie Bedenken gegen sein Tun aufkamen. Im Großen und Ganzen musste hinter den Morden jedoch eine bestimmte Weltanschauung, Überzeugung und auch Moral stehen, da es für diese anderenfalls – wenn man sie als Erklärung nicht auf reine Mordlust oder puren Sadismus zurückführen kann – keinen Anlass oder Grund gegeben hätte. Auch Hass braucht einen Grund und eine moralische oder sonstige Rechtfertigung für diesen.

aa.) Das moralische Selbstverständnis im Nationalsozialismus

Trotz einer intensiven Aufarbeitung der Verbrechen während des Nationalsozialismus steht die Forschung zur nationalsozialistischen Moral wohl auch aus dem Grund, dass Moral heute allgemein mit wechselseitiger Fairness und Anerkennung des Andersseins verknüpft wird, noch relativ weit am Anfang.[753]

Moralisches Verhalten wird nach unserem alltäglichen Verständnis wohl als selbstloses Handeln, welches auf das Wohl anderer ausgerichtet ist, aufgefasst.[754] Gerade die Nationalsozialisten nahmen für sich grundsätzlich in Anspruch, im Interesse des Gemeinwohls und frei von egoistischen, eigennützigen Motiven, also im Sinne der deutschen Volksgemeinschaft, gehandelt zu haben, was auch die Durchsetzung höherer Werte einschloss.[755] Das nationalsozialistische Regime gründete seinen Terror nicht zuletzt auf Tugenden wie Ehre, Treue, Kameradschaft und Anstand.[756] Schon seit dem 19. Jahrhundert wurde Antisemitismus vehement tradiert. Im Preußischen Landtag setzte sich Bismarck etwa dagegen

751 Hirsch, Strafrecht und Überzeugungstäter, S. 28.

752 Pascal, Pensees, 358, S. 66 f.

753 Bialas, Die moralische Ordnung des Nationalsozialismus, in: Konitzer/Groß (Hg.), Moralität des Bösen, S. 30; ders., Moralische Ordnungen des Nationalsozialismus, S. 9.

754 Vgl.: Morgenstern, Die metaphysischen Wurzeln der Moral bei Schopenhauer, in: Birnbacher/Lorenz/Miodoński (Hg.), Schopenhauer im Kontext, S. 71, S. 76 f.

755 Bialas, Die moralische Ordnung des Nationalsozialismus, in: Konitzer/Groß (Hg.), Moralität des Bösen, S. 30.

756 Gross, Anständig geblieben, S. 8.

ein, dass Juden in einem christlichen Staat ein obrigkeitliches Amt bekleiden dürfen, obwohl er ihnen ansonsten alle Rechte gönne.[757]

(1) Massenmord aus Moral?

So kommt die These Zimmermanns, es handele sich um einen Rassenmord aus Moral,[758] dem Selbstverständnis zumindest der wirklich von innen heraus überzeugten Nationalsozialisten wohl am nächsten. Die Nationalsozialisten handelten nach Arendt so, als werde die Welt von Juden beherrscht und als sei eine Gegenverschwörung notwendig, um sie zu retten.[759] Die Täter während des Nationalsozialismus rechtfertigten ihr Handeln insbesondere unter Berufung auf Gefahrenabwehr beziehungsweise Notsituationen oder hätten sich auf Nachfrage wohl hiermit gerechtfertigt.[760] Am 20. August 1941 notierte Goebbels in diesem Sinne in sein Tagebuch: „Man braucht sich nur vorzustellen, was die Juden mit uns machen würden, wenn sie die Macht besäßen, um zu wissen, was man wissen muss, da wir die Macht besitzen."[761]

Sehr deutlich wird dies auch an Himmlers Posener Rede vom 04. Oktober 1943 vor SS-Männern: „Ich meine jetzt die Judenevakuierung, die Ausrottung des jüdischen Volkes. Es gehört zu den Dingen, die man leicht ausspricht. – ‚Das jüdische Volk wird ausgerottet', sagt ein jeder Parteigenosse, ‚ganz klar, steht in unserem Programm, Ausschaltung der Juden, Ausrottung, machen wir.' [...] Von allen, die so reden, hat keiner zugesehen, keiner hat es durchgestanden. Von Euch werden die meisten wissen, was es heißt, wenn 100 Leichen beisammen liegen, wenn 500 daliegen oder wenn 1000 daliegen. Dies durchgehalten zu haben, und dabei – abgesehen von menschlichen Ausnahmeschwächen – anständig geblieben zu sein, das hat uns hart gemacht und ist ein niemals geschriebenes und niemals zu schreibendes Ruhmesblatt unserer Geschichte. [...] Wir hatten

757 V. Bismarck, Vollständige Verhandlungen des ersten Vereinigten Preußischen Landtages über die Emancipationsfrage der Juden, S. 224 ff.; vgl. hierzu auch: Messerschmidt, Das preußische Militärwesen, in: Neugebauer (Hg.), Handbuch der preußischen Geschichte, Bd. 3, S. 329, S. 433.

758 Zimmermann, Holocaust und Holodomor, in: Konitzer/Gross (Hg.), Moralität des Bösen, S. 13.

759 Arendt, Elemente und Ursprünge totalitärer Herrschaft, S. 764; vgl. hierzu auch: Welzer, Moralische Mörder?, in: Reese-Schäfer (Hg.), Identität und Interesse, S. 279, S. 285.

760 Fritze, Leviathan 37 (2009), 5, 21.

761 Goebbels, Tagebucheintrag vom 20. August 1941, zitiert nach: Verplaetse, Der moralische Instinkt, S. 88.

das moralische Recht, wir hatten die Pflicht gegenüber unserem Volk, dieses Volk, das uns umbringen wollte, umzubringen. Wir haben aber nicht das Recht, uns auch nur mit einem Pelz, mit einer Uhr, mit einer Mark oder mit einer Zigarette oder mit sonst etwas zu bereichern."[762]

Franz Stangl beispielsweise, ehemaliger Kommandant des Vernichtungslagers Treblinka und direkt in die Tötungen involviert, wies die Vorstellung, er habe als Kommandant irgendwelche inkorrekten Verhaltensweisen gebilligt, entschieden zurück. Er schilderte etwa die Beschwerde eines Juden und „anständig aussehenden Kerl[s]", der Treblinka soeben erreicht hatte, dass ein Aufseher ihm Wasser versprochen habe, wenn er ihm im Gegenzug dafür seine Uhr gebe. Der Aufseher nahm die Uhr, reichte dem Juden aber kein Wasser. Stangl empörte sich über dieses Verhalten, bezeichnete es als nicht korrekt und betonte, dass es „Klauen" bei ihm nie geben durfte. Er habe direkt gefragt, wer die Uhr genommen hat. Als sich niemand meldete, wurde ihm zugeflüstert, dass es sich möglicherweise um einen Litauer Offizier handele und dass ein solcher Offizier nicht öffentlich blamiert werden dürfe. Stangl hingegen entgegnete, dass ihn nicht interessiere, welche Uniform jemand trägt. Wichtig sei lediglich, was für ein Mensch sich darunter verbirgt.[763]

(2) Eine „Ethik der Anständigkeit"

Kwiet sieht in dieser „ungeheuerliche[n] Verbindung von Mord und Moral, von Verbrechen und Anständigkeit", den Kern der Täter-Mentalität im Nationalsozialismus.[764] In der nationalsozialistischen Ethik sei ein völlig neuer Begriff von Anständigkeit geschaffen.[765] Diese Form der Moral, welche es vorsieht, dass man unter der „Drecksarbeit" durchaus auch selbst leiden kann, ermöglichte ein Morden, ohne sich in einem moralischen Sinne schlecht zu fühlen. Alles diente einem höheren Zweck. Die „Ethik" der Anständigkeit verlangte gleichzeitig danach, sich keineswegs persönlich zu bereichern oder einen persönlichen Vorteil aus den Verbrechen zu ziehen.[766] Das Gefühl, die „notwendigen Handlungen"

762 Himmler, Rede bei der SS-Gruppenführertagung in Posen am 4. Oktober 1943, zitiert nach: Reibenschuh, Menschliches Denken, S. 11, Fn. 13; vgl. hierzu auch: Welzer, Moralische Mörder?, in: Reese-Schäfer (Hg.), Identität und Interesse, S. 279, S. 285.

763 Sereny, Am Abgrund, S. 197; vgl. hierzu auch: Welzer, Moralische Mörder?, in: Reese-Schäfer (Hg.), Identität und Interesse, S. 279, S. 287 f.

764 Kwiet, Rassenpolitik und Völkermord, in: Benz/Graml/Weiß (Hg.), Enzyklopädie des Nationalsozialismus, S. 50, S. 64.

765 Kwiet, Rassenpolitik und Völkermord, in: Benz/Graml/Weiß (Hg.), Enzyklopädie des Nationalsozialismus, S. 50, S. 64.

766 Neitzel/Welzer, Soldaten, S. 201.

gegen das mitmenschliche Empfinden auszuführen, bildete die Grundlage dafür, sich als anständig, als jemanden wahrzunehmen, der „ein Herz“ hatte.[767]

Wenn man diese Regung der menschlichen „Schwäche“, der Mitmenschlichkeit, als Ruf des Gewissens auffassen kann, wurde dieses Gewissen also durch andere moralische Prinzipien überformt beziehungsweise mit einem anderen, übergeordneten Inhalt ausgefüllt. Eine solche Überformung des Gewissens durch übergeordnete Inhalte und moralische Werte kann man auch in anderen Fällen beobachten. Beim polizeilichen Rettungsschuss, um beispielsweise eine von ihrem Entführer mit dem Tod bedrohte Person zu retten, wird derjenige, welcher den Schuss abgibt, wohl eine innere menschliche Regung dagegen spüren, vorsätzlich einen Menschen zu töten. Gäbe er jedoch keinen Schuss ab und brächte infolgedessen der Entführer seine Geisel um, würden seine Gewissensqualen noch viel stärker, geradezu unerträglich sein, sodass er in seinem Gewissen für das höhere moralische Ziel die menschliche Regung dagegen, einen Menschen gewaltsam zu töten, aushalten und überwinden muss. Eine solche Überformung des Gewissens und ein Ausfüllen desselben mit übergeordneten moralischen Zielen wird – obwohl die Sachverhalte natürlich nur sehr begrenzt miteinander vergleichbar sind – auch dort deutlich, wo ein sterbenskrankes und leidendes Tier mit einem „Gnadenschuss“ getötet wird. Derjenige, welcher den Schuss abgibt, wird unter dieser Aufgabe wohl leiden und sein menschliches Mitgefühl wird sich dagegen regen, das Tier gewaltsam umzubringen. Er weiß jedoch, dass es besser ist, dieses Gefühl auszuhalten, da ein höheres Ziel, weiteres Leiden zu vermeiden, im Vordergrund steht und wichtiger ist. Dies sorgt im Ergebnis für ein reines Gewissen.

Explizit an das Gewissen appellierte Himmler bei einer Rede vor dem Offizierskorps einer Grenadierdivision auf dem Truppenübungsplatz Bitsch am 26. Juli 1944. Diese Rede stand unter dem Eindruck des gescheiterten Attentatsversuchs vom 20. Juli 1944, dem „Aufstand des Gewissens“ durch die Gruppierung um Stauffenberg. Der Sprengstoffanschlag auf das Führerhauptquartier schien Himmler – ebenso wie der Mehrzahl im Reich – jedoch geradezu als Verkörperung des gewissenlosen Handelns.[768] „[U]nter Bruch aller Sitten germanischen, deutschen Soldatentums seit vielen Jahrhunderten und Jahrtausenden“

767 Welzer, Moralische Mörder?, in: Reese-Schäfer (Hg.), Identität und Interesse, S. 279, S. 286.

768 Dauner, Das Gewissen, S. 34; vgl. auch: Kuhlmann, Einleitung, in: Forum für Philosophie Bad Homburg (Hg.), Zerstörung des moralischen Selbstbewusstseins, S. 7, S. 11.

habe ein deutscher Oberst sich gegen seinen obersten Kriegsherrn gerichtet:[769] „Und da bin ich so gläubig, daß jeder in irgendeinem Augenblick, in einer Sekunde seines Lebens, vor sich selbst und vor seinem Gewissen einmal gerade stehen muß für alles, was er getan hat, ob er etwas versäumt hat und deswegen einige Männer totgegangen sind [...] Jeder von uns sei sich klar, daß die Stunde, wo er vor dem unbarmherzigen Richterstuhl steht, auch für ihn einmal kommt. Und jeder von uns sei sich klar, daß für jeden, dessen Leben wir unnötig auf dem Gewissen haben, eine Mutter da ist oder eine Frau oder eine Braut, die anklagt."[770]

Himmler argumentierte also, obwohl er einer der Hauptverantwortlichen für den Holocaust war, auf aus heutiger Sicht groteske und bizarre Art und Weise an verschiedenen Stellen mit Moral und Gewissen. Er war ein Mann, der sich für fähig und berufen hielt, moralische Prinzipien zu vertreten sowie durchzusetzen. Allein die Tatsache, dass uns die Beachtung der von Himmler aufgestellten Prinzipien und Grundsätze heute keineswegs als moralisch geboten erscheint, kann jedoch keinen Zweifel an seinem reinen Gewissen begründen.[771]

Zusammenfassend lässt sich die These vertreten, dass es sich beim moralischen Nationalsozialisten um einen Utilitaristen handelt. Er tötet, weil er glaubt, dass sich nur auf diese Weise ein größeres Übel abwenden lässt, und sieht dies zugleich als seine moralische Pflicht.[772]

(3) Eugenik und „Rassengewissen"

Im Rahmen des „Wahnsystems" der nationalsozialistischen Rassenideologie wurde die Entscheidung, dem eigenen Leben gegenüber dem Leben einer Rasse, die ohnehin vernichtet werden musste, den Vorrang einzuräumen, als vernünftige Konsequenz einer mit den Gesetzmäßigkeiten der Geschichte und der Natur übereinstimmenden, wissenschaftlich begründeten und daher auch unbezweifelten sowie folgerichtigen Weltanschauung gerechtfertigt. Wer diesen weltanschaulichen Rahmen für sich anerkannte, der sollte mit der Sicherheit handeln,

769 Himmler, Geheim! Rede vor dem Offizierskorps einer Grenadierdivision auf dem Truppenübungsplatz Bitsch am 26.7.1944, zitiert nach: Peterson/Smith (Hg.), Heinrich Himmler, S. 215, S. 217; vgl. hierzu auch: Dauner, Das Gewissen, S. 34.

770 Himmler, Geheim! Rede vor dem Offizierskorps einer Grenadierdivision auf dem Truppenübungsplatz Bitsch am 26.7.1944, zitiert nach: Peterson/Smith (Hg.), Heinrich Himmler, S. 215, S. 223; vgl. hierzu auch: Dauner, Das Gewissen, S. 34.

771 Fritze, Leviathan 37 (2009), 5, 19.

772 Hauskeller, EWE 20 (2009), 435; vgl. hierzu auch: Bialas, Moralische Ordnungen des Nationalsozialismus, S. 10.

zu keinem anderen Tun in der Lage zu sein. In jedem Fall aber durfte er sich der Übereinstimmung mit den vorherrschenden Normen sicher sein.[773]

Die neue moralische Ethik im Nationalsozialismus sollte als „eugenische Ethik“ auf einem Rassengewissen aufbauen. Sie war als selektive Rassenethik gegen eine unnatürliche Moral rassenunabhängiger Mitmenschlichkeit gerichtet und auf Angehörige der deutschen Volksgemeinschaft begrenzt. Als natürliche und biologische Lebensethik zielte sie auf die Wiederentdeckung des Instinkts und war in Übereinstimmung mit den „Naturgesetzen“ auf die Steigerung des Lebens gerichtet. Sie stellte eine deutsche sowie solidarische Ethik dar und sollte eine Volks- oder Herrenmoral, eine Moral der Tat sein. Opferbereitschaft und Charakterstärke standen im Vordergrund.[774] Mit der christlichen Fürsorgeethik und dem Ideal der Nächstenliebe sowie dem politischen Humanismus der Menschen- und Bürgerrechte war die völkische Rassenethik jedoch keinesfalls in Einklang zu bringen.[775]

(4) Die Richter des Nationalsozialismus: Blinde Diener des positiven Rechts oder indoktrinierte „Überzeugungstäter“?

Gustav Radbruch stellte im Jahr 1946 in seinem Aufsatz „Gesetzliches Unrecht und übergesetzliches Recht“ fest, der Rechtspositivismus habe mit seiner Überzeugung „Gesetz ist Gesetz“ den deutschen Juristenstand wehrlos gemacht gegen Gesetze verbrecherischen und willkürlichen Inhalts.[776] Auch Welzel meint, das Dritte Reich habe den Rechtspositivismus beim Wort genommen.[777] Dies stellt jedoch einen Fehlschluss dar. Die Nationalsozialisten selbst hatten den Gesetzespositivismus schließlich scharf attackiert und diffamiert.[778] Die Richter wurden auf die nationalsozialistische Werteordnung geprägt, welche wiederum den Führergehorsam voraussetzte.[779] Die „weltgeschichtliche Erkenntnis des Führers“[780] wurde zur Rechtsquelle erhoben, welcher kein Gesetz, das mit dem Führerwillen nicht übereinstimmte, entgegenstehen durfte.[781]

---

773 Bialas, Die moralische Ordnung des Nationalsozialismus, in: Konitzer/Groß (Hg.), Moralität des Bösen, S. 30, S. 32 f.

774 Bialas, Moralische Ordnungen des Nationalsozialismus, S. 11 m. w. N.

775 Bialas, Moralische Ordnungen des Nationalsozialismus, S. 11.

776 Radbruch, SJZ 1946, 105, 107.

777 Welzel, Naturrecht und Rechtspositivismus, in: Ders., Abhandlungen zum Strafrecht und zur Rechtsphilosophie, S. 274.

778 Vgl. hierzu z. B.: Merkel, „Tod den Idioten“, S. 345.

779 Hirch, Untersuchung der NS-Sondergerichtsbarkeit, S. 8.

780 Vgl.: Hildebrand, Rechtsfindung im neuen deutschen Staate, S. 32.

781 Hirch, Untersuchung der NS-Sondergerichtsbarkeit, S. 9.

Hans Frank, der damalige Reichsrechtsführer, machte dies im Jahr 1936 auf der Schlusskundgebung des deutschen Juristentages folgendermaßen deutlich:[782] „Sagt euch bei jeder Entscheidung, die Ihr trefft: Wie würde der Führer an meiner Stelle entscheiden? Bei jeder Entscheidung, die Euch obliegt, fragt Euch: Ist diese Entscheidung mit dem nationalsozialistischen Gewissen des deutschen Volkes zu vereinbaren? Dann werdet ihr eine eherne, feste Gewissensgrundlage haben, die aus der Einheit des nationalsozialistischen Volksganzen, aus der Erkenntnis der Ewigkeit des Führerwillens Adolf Hitlers heraus[,] auch in Eure eigene Entscheidungssphäre die Autorität des Dritten Reiches bringt."[783]

Die Richter fühlten sich nach Ernst Eduard Hirsch, auch wenn sie nicht der NSDAP beigetreten waren, durch ihren Amtseid auf den Führer in ihrem Gewissen zu Gehorsam und Gefolgschaftstreue verpflichtet.[784] Hitler erhielt vom Reichstag die Vollmacht, als „Oberster Gerichtsherr" entscheiden zu können, ohne an bestehende Rechtsvorschriften gebunden zu sein, womit er letztendlich alle drei Staatsgewalten in sich vereinte.[785] Zudem waren die Richterbriefe des Reichsjustizministeriums ein Instrument für die ideologische Instrumentalisierung der Rechtspflege im Interesse des Staates.[786]

Rechtssicherheit hatte hinter „Rechtsrichtigkeit" zurückzustehen, das herrschende Wertegefühl sollte für die Justiz maßgeblich sein. Dass es weniger auf die Eindeutigkeit der gesetzlichen Bestimmungen, sondern vielmehr auf die „materielle Gerechtigkeit" der Urteile ankam, wird auch an der während des Nationalsozialismus zugelassenen Analogie im Strafrecht deutlich. Somit wurden die Richter im Nationalsozialismus eher von der Bindung an das Gesetz befreit als zum Rechtspositivismus zurückgeführt.[787]

bb.) Hannah Arendt, die Banalität des Bösen und die Eichmann-Kontroverse

Im Jahr 1961 reiste Hannah Arendt nach Jerusalem, um für das Magazin „The New Yorker" Bericht über den Prozess gegen SS-Obersturmbannführer Adolf

782 Vgl. hierzu: Hirch, Untersuchung der NS-Sondergerichtsbarkeit, S. 9.

783 Frank, zitiert nach: Hirch, Untersuchung der NS-Sondergerichtsbarkeit, S. 9.

784 Hirsch, Zur juristischen Dimension des Gewissens, S. 96.

785 Ballhausen, Chronik des Zweiten Weltkrieges, S. 192.

786 Vgl.: Wahl, Die Richterbriefe.

787 Hirch, Untersuchung der NS-Sondergerichtsbarkeit, S. 9 ff.; Götte, Jugendstrafvollzug im „Dritten Reich", S. 80; vgl. zu diesem Kapitel: Ostendorf, Wissenschaftliche Hausarbeit zum Thema „Das irrende Gewissen", S. 28 ff.

Eichmann zu erstatten. Ihre Darstellung Eichmanns als durchschnittlicher Mensch ohne Züge von bestialischer Bösartigkeit, sondern gar als pflichtbewusst und gewissenhaft, löste eine große, im Kern etwa drei Jahre dauernde, aber bis heute noch nicht gänzlich abgeschlossene Kontroverse aus.[788] Ihr wurde unterstellt, Eichmann und die deutschen Täter als im Grunde banal zu entschuldigen, Eichmann gar in Schutz zu nehmen.[789] Während die Wochenzeitschrift „Le Nouvel Observateur" die Frage stellte: „Est-elle nazie?" trug eine Rezension in der „Intermountain Jewish News" den Titel: „Self-hating Jewess writes pro-Eichmann book".[790] Das Fazit Arendts, welches sie aus den Vernehmungsprotokollen zog, irritierte ihre Rezipienten gänzlich:[791] „[D]ie traurige und beunruhigende Wahrheit war vermutlich, dass nicht sein Fanatismus Eichmann zu seinem kompromisslosen Verhalten im letzten Kriegsjahr getrieben hat, sondern sein Gewissen [...]"[792] Die Frage danach, ob Eichmann ein Gewissen hatte, bejahte sie mithin eindeutig. Die Stimme des Gewissens sprach zudem genauso wie die Stimme der Gesellschaft, welche ihn umgab, sodass er kein schlechtes Gewissen entwickeln konnte.[793]

Auf der anderen Seite trat bei Hitler und Göring ein starker Wunsch nach einer Eliminierung sowie Abschaffung des Gewissens hervor.[794] So entrüstete sich Hitler bei einem Tischgespräch, das Gewissen als Irrweg der Menschheit und jüdische Erfindung müsse abgeschafft werden. Es sei eine Verstümmelung des menschlichen Wesens wie die Beschneidung.[795] Göring sagte über sich, er habe kein Gewissen, sein Gewissen heiße Adolf Hitler.[796]

---

788 Dauner, Das Gewissen, S. 17; Elon, Hannah Arendts Exkommunizierung, in: Smith (Hg.), Hannah Arendt Revisited, S. 17, S. 30.

789 Vgl. hierzu: Dauner, Das Gewissen, S. 18.

790 Zitiert nach: Elon, Hannah Arendts Exkommunizierung, in: Smith (Hg.), Hannah Arendt Revisited, S. 17, S. 28; vgl. hierzu auch: Dauner, Das Gewissen, S. 18, Fn. 7.

791 Vgl.: Dauner, Das Gewissen, S. 18.

792 Arendt, Eichmann in Jerusalem, S. 185; vgl. hierzu auch: Dauner, Das Gewissen, S. 18.

793 Arendt, Eichmann in Jerusalem, S. 163; vgl. hierzu auch: Kettner, Ein Handlungsreisender in Sachen „Endlösung der Judenfrage", unter: http://www.rote-ruhr-uni.com/texte/kettner_eichmann.pdf, zuletzt abgerufen am 25. September 2017, S. 4; Dauner, Das Gewissen, S. 18.

794 Vgl.: Dauner, Das Gewissen, S. 21.

795 Hitler, zitiert nach: Rauschning, Gespräche mit Hitler, S. 210; vgl. hierzu auch: Dauner, Das Gewissen, S. 21.

796 Göring, zitiert nach: Rauschning, Gespräche mit Hitler, S. 77; vgl. hierzu auch: Dauner, Das Gewissen, S. 21.

Zumindest nach der Beobachtung Arendts handelte Eichmann – so wie viele andere am nationalsozialistischen Unrecht beteiligte Menschen – jedoch durchaus im Sinne des eigenen Gewissens, der eigenen Überzeugung nach pflichtbewusst und sogar moralisch. So wurde insbesondere Kant – unabhängig von der Frage nach einem richtigen Verständnis desselben – im Dritten Reich stark rezipiert.[797] Schon im Jahr 1920 verlangte Hans F. K. Günther nach einer rassenideologisch geprägten Modifikation von Kants kategorischem Imperativ:[798] „Handele so, dass Du die Richtung Deines Willens jederzeit als Grundrichtung einer nordrassischen Gesetzgebung denken könntest."[799] Im Nationalsozialismus lautete der kategorische Imperativ des Handelns daher:[800] „Handele so, dass der Führer, wenn er von [D]einem Handeln Kenntnis hätte, dieses Handeln billigen würde."[801]

Für Rossvaer scheint es plausibel, dass „die Nazis die Juden erst gar nicht als menschliche Wesen betrachteten" und damit „durchaus der Meinung gewesen sein [könnten], daß sie den kategorischen Imperativ als universales Gesetz praktizierten".[802] Walter Buch, Vorsitzender des obersten Parteigerichts der NSDAP, bemerkte in diesem Sinne, der Jude sei kein Mensch, sondern eine Fäulniserscheinung.[803]

Eichmanns Bekundungen, er sei stets den Moralvorschriften Kants gefolgt und habe im Sinne des Kantischen Pflichtbegriffs gehandelt, wirken zunächst grotesk, müssen nach Arendt unter Anbetracht dessen aber tatsächlich ernst genommen werden.[804] Eichmann identifizierte sich mit diesem von Philosophen des Nationalsozialismus entwickelten überpositiven moralischen Rahmen.[805] Wäre er schwach gewesen und hätte er dem „gesetzeswidrigen" Befehl Himmlers, die Transporte der Juden zu beenden, nachgegeben, hätte er nach Dauner daher ein schlechtes Gewissen gehabt.[806]

797 Böhnigk, Kant und der Nationalsozialismus, S. 44; vgl. hierzu auch: Dauner, Das Gewissen, S. 26.
798 Vgl. hierzu: Dauner, Das Gewissen, S. 26.
799 Günther, Ritter, Tod und Teufel, S. 191.
800 Vgl. hierzu: Dauner, Das Gewissen, S. 27.
801 Frank, Die Technik des Staates, S. 15 f.
802 Rossvaer, Transzendentalpragmatik, in: Böhler/Nordenstam/Skirbekk (Hg.), Die pragmatische Wende, S. 187, S. 199; vgl. hierzu auch: Fritze, Leviathan 37 (2009), 5, 16.
803 Buch, Des nationalsozialistischen Menschen Ehre und Ehrenschutz, S. 15.
804 Arendt, Eichmann in Jerusalem, S. 175; vgl. hierzu auch: Dauner, Das Gewissen, S. 27.
805 Dauner, Das Gewissen, S. 30.
806 Dauner, Das Gewissen, S. 30.

Arendts Interesse an der universellen Seite des Genozids kann als aufklärerischer Versuch, ein solches Verbrechen für die Zukunft nicht mehr möglich zu machen, verstanden werden.[807] Wenn Auschwitz, wie Holocaust-Überlebende es beschreiben, ein anderer Planet war, musste es sich verbieten, dies aus der „Logik des alltäglich Normalen“ abzuleiten. Die Täter mussten in diesem Sinne „deutsch kodiert“ bleiben und durften nicht austauschbar sein.[808]

Zwar konnte Eichmann im Laufe der Zeit als leidenschaftlicher Antisemit, welcher stolz auf seine Taten war, entlarvt werden. Einige Täter während des Nationalsozialismus wandten – wie er – vor Gericht die Strategie an, sich als gedankenlose und pflichtbewusste Befehlsempfänger darzustellen.[809] So schrieb Améry: „Hannah Arendt [...] kannte den Menschenfeind nur vom Hörensagen und sah ihn nur durch den gläsernen Käfig.“[810] Auch Kettner kritisierte, „durch diese Einordnung in ihre Diagnose über den Charakter der Moderne“ werde „die Person Eichmann eingeebnet und dessen Verteidigungsstrategie übernommen“.[811]

(1) Arendts Leistung für die Holocaust-Forschung

Nichtsdestotrotz ist Arendts Leistung für die Holocaust-Forschung jedoch – unabhängig davon, wie man Eichmann heute bewerten mag, hoch anzuerkennen. Ihr Zugriff auf Eichmann stellte in jedem Fall einen Fortschritt gegenüber dämonisierenden Sichtweisen in Bezug auf den Nationalsozialismus dar.[812]

Arendt erkannte, dass im Gewissen nicht die Alternative zum „extrem Bösen“ liegen kann. Auch die Moral sei schlechterdings nur ein Sittengesetz, „mores“

807 Bernstein, zitiert nach: Weckel, Werkstatt*Geschichte* 18 (1997), 101, 105.

808 Zuckermann, UTOPIE kreativ 2007, 674, 680.

809 Vgl. hierzu: Kettner, Ein Handlungsreisender in Sachen „Endlösung der Judenfrage“, unter: http://www.rote-ruhr-uni.com/texte/kettner_eichmann.pdf, zuletzt abgerufen am 25. September 2017, S. 13.

810 Améry, Die Tortur, in: Scheit (Hg.), Werke, Bd. 2, S. 55, S. 62; vgl. hierzu: Kettner, Ein Handlungsreisender in Sachen „Endlösung der Judenfrage“, unter: http://www.rote-ruhr-uni.com/texte/kettner_eichmann.pdf, zuletzt abgerufen am 25. September 2017, S. 7.

811 Kettner, Ein Handlungsreisender in Sachen „Endlösung der Judenfrage“, unter: http://www.rote-ruhr-uni.com/texte/kettner_eichmann.pdf, zuletzt abgerufen am 25. September 2017, S. 13.

812 Kettner, Ein Handlungsreisender in Sachen „Endlösung der Judenfrage“, unter: http://www.rote-ruhr-uni.com/texte/kettner_eichmann.pdf, zuletzt abgerufen am 25. September 2017, S. 7.

im Sinne von Sitte und Brauch, jedoch nichts weiter. Sie löse sich in Zwischenmenschlichkeit auf.[813] Selbst das Gute und das Böse seien an die Beziehungen zwischen Menschen gebunden und daher relational.[814] Arendt führt aus: „Das radikal Böse entsteht immer, wenn ein radikal Gutes gewollt wird."[815]

Somit könne es auch keine rettende innere Stimme des Gewissens geben:[816] „Im Gewissen," so schreibt Arendt, „bekundet sich, dass ich dem Zwischen angehöre, und seine Stimme ist bestenfalls die Stimme der ‚Menschheit' [...] Das ‚Gewissen' also konnte sehr gut von den Nazis oder von jedem anderen gebraucht werden: Es entspricht immer und richtet sich immer nach der Realität als dem Reich des Zwischen."[817] Das Gewissen verkörpere eine Art Dialog und hänge von demjenigen ab, mit welchem er geführt wird:[818] „Das [...] heißt unter gar keinen Umständen: Ein Mann allein gegen das Unrecht aller [a]nderen – diese Vorstellung ist ganz präzise eine Irrenhausvorstellung, sondern ein Mann, verbündet mit anderen Menschen, seien es Zeitgenossen oder die Genossen der Vergangenheit, zwischen denen sich bereits oder noch, im Experiment einer Gegenwart oder in der Sehnsucht, die sich auf Vergangenes beruft, ein Zwischen wiederum bildet oder gebildet hat, das seinerseits bereits die Maßstäbe für Recht und Unrecht abgibt."[819] Diese Sichtweise Arendts auf das Gewissen verdeutlicht noch einmal dessen Abhängigkeit und Unzuverlässigkeit in Bezug auf das „Richtige" und hat das Potenzial, einen Angriff auf das traditionelle Gewissensverständnis mit einer Vorstellung vom Gewissen als „Erkenntnisorgan des Guten" darzustellen.

---

813 Arendt, Denktagebuch, Bd. 1, hg. v. Ludz/Nordmann, S. 242; Heuer, Hannah Arendt über das Böse im 20. Jahrhundert, in: Horster (Hg.), Das Böse neu denken, S. 15, S. 25.

814 Arendt, Denktagebuch, Bd. 1, hg. v. Ludz/Nordmann, S. 341; vgl. hierzu auch: Heuer, Hannah Arendt über das Böse im 20. Jahrhundert, in: Horster (Hg.), Das Böse neu denken, S. 15, S. 16.

815 Arendt, Denktagebuch, Bd. 1, hg. v. Ludz/Nordmann, S. 341.

816 Heuer, Hannah Arendt über das Böse im 20. Jahrhundert, in: Horster (Hg.), Das Böse neu denken, S. 15, S. 25.

817 Arendt, Denktagebuch, Bd. 1, hg. v. Ludz/Nordmann, S. 180 f.

818 Vgl.: Heuer, Hannah Arendt über das Böse im 20. Jahrhundert, in: Horster (Hg.), Das Böse neu denken, S. 15, S. 25.

819 Arendt, Denktagebuch, Bd. 1, hg. v. Ludz/Nordmann, S. 181.

(2) Das Böse als „partikular rational“

Welzer stellt – in Anlehnung an Bauman – darauf ab, dass das Böse nicht „banal“, sondern vielmehr „partikular rational“ sei:[820] „Jemand hat eine Aufgabe und ist bemüht, sie auszuführen. Hinter diesem Bemühen kann eine ganze Reihe von Gründen stehen: sozialisatorisch erworbene Pflichtauffassungen, Angst vor Repressionen, Arbeitsfreude, der Wunsch, sich das Leben angenehm zu machen und möglichst frei von Konflikten zu halten, Gehaltszulagen, Spaß an ungewöhnlichen Herausforderungen, politische oder moralische Grundüberzeugungen, die Bedürfnisse des Ehepartners, der Kinder, der Eltern, was auch immer. Schließlich und gewiß nicht zuletzt: die Sache sinnvoll zu finden.“[821] Handeln findet immer innerhalb sozialer Settings und Verbindlichkeiten statt, wie nicht zuletzt die Begriffe „Moral der Truppe“ und „Korpsgeist“ versinnbildlichen. Gruppennormen und Gruppenhandeln sind immer zentrale Entscheidungsfaktoren im Handlungsgefüge.[822] Hier liegt für Welzer als Sozialpsychologe der Schlüssel für ein Verständnis davon, aus welchem Grund Menschen töten, die unter anderen Umständen nie zu Mördern geworden wären.[823]

Welzer führt beispielsweise an, dass man, wenn der beliebte und geschätzte Vorgesetzte selbst deutliche Schwierigkeiten mit der Erfüllung seiner Aufgabe hatte, also eine „schwache“ Autorität war, diesen nicht „im Stich“ lassen wollte. Major Trapp fand die dem Bataillon übertragene Aufgabe furchtbar und bot „seinen Männern“ vor dem ersten bevorstehenden Mordeinsatz ausdrücklich an, sich von dieser Aufgabe freistellen zu lassen – ein Angebot, von dem nur

820 Welzer, Sinn, Mord und Moral, in: Europäisches Kultur- und Informationszentrum in Thüringen (Hg.), VIA REGIA 2001, unter: http://www.via-regia.org/bibliothek/pdf/heft70_71/welzer_sinn_mord_und_moral.pdf, zuletzt abgerufen am 25. September 2017, S. 1.

821 Welzer, Sinn, Mord und Moral, in: Europäisches Kultur- und Informationszentrum in Thüringen (Hg.), VIA REGIA 2001, unter: http://www.via-regia.org/bibliothek/pdf/heft70_71/welzer_sinn_mord_und_moral.pdf, zuletzt abgerufen am 25. September 2017, S. 1.

822 Welzer, Sinn, Mord und Moral, in: Europäisches Kultur- und Informationszentrum in Thüringen (Hg.), VIA REGIA 2001, unter: http://www.via-regia.org/bibliothek/pdf/heft70_71/welzer_sinn_mord_und_moral.pdf, zuletzt abgerufen am 25. September 2017, S. 7.

823 Welzer, Sinn, Mord und Moral, in: Europäisches Kultur- und Informationszentrum in Thüringen (Hg.), VIA REGIA 2001, unter: http://www.via-regia.org/bibliothek/pdf/heft70_71/welzer_sinn_mord_und_moral.pdf, zuletzt abgerufen am 25. September 2017, S. 7.

sehr wenige Gebrauch machten:[824] „[H]ier mag es dem [E]inzelnen allemal sinnvoller erscheinen, Loyalität mit dem geschätzten, weil ‚schwachen' Kommandeur zu zeigen, und es mag ihm ganz einleuchtend sein, daß man auch Befehlen folgen können muß, deren Ausführung einem schwer fällt – zumal wenn die übergroße Majorität der anderen, die auch nicht hervortreten, die Richtigkeit der eigenen Interpretation durch ihre Entscheidung, mitzumachen[,] im selben Augenblick bestätigt. Es liegt also – zumindest vor dieser ersten Mordaktion – viel näher[,] mitzumachen, als nicht mitzumachen. Ergänzend ließe sich noch die Überlegung heranziehen, daß die Entscheidung, nicht mitzumachen, hieße, die schlimme Arbeit den Kameraden aufzubürden und sich selbst davon auf ihre Kosten auszunehmen – ein unsozialer Akt [...]"[825] In diesem Fall ist es also durchaus denkbar, dass das Gewissen des Einzelnen mit der Entscheidung, sich einer Teilnahme zu verweigern, stärker im Konflikt gestanden hätte als mit einer schlichten Ausführung der Aufgabe. Niemand möchte schließlich als jemand, der die anderen verrät und diese mit ihrer schwierigen Aufgabe allein lässt, sprichwörtlich als „Kameradenschwein", wahrgenommen werden.

Bei einigen regte sich das Gewissen gegen die Tötungen. Sie entwickelten jedoch Strategien, um dieses zu beschwichtigen und unter den gegebenen Umständen als gut vor sich selbst dazustehen. Ein Angehöriger des Polizeibataillons gab daher die folgende Überlegung kund: „Ich habe mich, und das war mir möglich, bemüht, nur Kinder zu erschiessen. Es ging so vor sich, daß die Mütter die Kinder bei sich an der Hand führten. Mein Nachbar erschoss dann die Mutter und ich das dazugehörige Kind, weil ich mir aus bestimmten Gründen sagte, dass das Kind ohne seine Mutter doch nicht mehr leben konnte. Es sollte gewissermaßen eine Gewissensberuhigung für mich selbst sein, die nicht ohne ihre Mutter mehr lebensfähigen Kinder zu erlösen."[826] Auch dies ist eine Form

824 Welzer, Sinn, Mord und Moral, in: Europäisches Kultur- und Informationszentrum in Thüringen (Hg.), VIA REGIA 2001, unter: http://www.via-regia.org/bibliothek/pdf/heft70_71/welzer_sinn_mord_und_moral.pdf, zuletzt abgerufen am 25. September 2017, S. 6.

825 Welzer, Sinn, Mord und Moral, in: Europäisches Kultur- und Informationszentrum in Thüringen (Hg.), VIA REGIA 2001, unter: http://www.via-regia.org/bibliothek/pdf/heft70_71/welzer_sinn_mord_und_moral.pdf, zuletzt abgerufen am 25. September 2017, S. 6 f.

826 Browning, Ganz normale Männer, S. 107; vgl. hierzu auch: Welzer, Sinn, Mord und Moral, in: Europäisches Kultur- und Informationszentrum in Thüringen (Hg.), VIA REGIA 2001, unter: http://www.via-regia.org/bibliothek/pdf/heft70_71/welzer_sinn_mord_und_moral.pdf, zuletzt abgerufen am 25. September 2017, S. 5; Fritze, Leviathan 37 (2009), 5, 26.

der Überlagerung oder Überschreibung von Gewissensinhalten, um das eigene Verhalten vor sich selbst zu rechtfertigen, den eigenen Persönlichkeitskern zu schützen, die moralische Integrität und auch sich selbst gegenüber das Gesicht zu wahren. Derartige Rechtfertigungsstrategien lassen sich sicherlich auch als eine Form des Selbstbetrugs bezeichnen.

(3) Das Milgram-Experiment, das Stanforder Gefängnisexperiment und die Performancekunst „Rythm 0“

Diese menschlichen Gruppen- und Handlungsdynamiken wurden im Rahmen von sozialpsychologischen Experimenten analysiert. Das Milgram-Experiment aus dem Jahr 1961 sollte eine psychologische Erklärung für den Holocaust liefern und die Bereitschaft durchschnittlicher Personen austesten, autoritären Anweisungen auch dann Folge zu leisten, wenn diese im Widerspruch zum eigenen Gewissen stehen. Ein autoritär auftretender Versuchsleiter, der in Wirklichkeit ein Schauspieler war, gab der Versuchsperson, welche einen „Lehrer“ verkörpern sollte, die Anweisung, einem Schüler, welcher ebenfalls von einem Schauspieler dargestellt wurde, bei Fehlern in der Zusammensetzung von Wortpaaren einen elektrischen Schlag zu versetzen. Die Versuchspersonen hörten die Schreie der „Schüler“, waren jedoch zum größten Teil bereit, bei einer nachdrücklichen Aufforderung des Versuchsleiters immer stärkere, sogar letztendlich tödlich wirkende Stromstöße zu verabreichen.[827] Milgram nahm ausdrücklich Bezug auf Arendts „Eichmann in Jerusalem“. Er bemerkte, die fundamentalste Erkenntnis der Untersuchung sei, dass gewöhnliche Menschen, welche keine persönliche Feindschaft empfinden und nur eine ihnen übertragene Aufgabe erfüllen, zu Handlungen in einem Vernichtungsprozess in der Lage sein können.[828] Dieses „Elektroschock-Experiment“ wurde in jüngerer Zeit in einer abgewandelten Version wiederholt und kommt zu ganz ähnlichen „ernüchternden“ Ergebnissen.[829]

Das – wenn auch umstrittene – von Zimbardo durchgeführte Stanforder Gefängnisexperiment aus dem Jahr 1971 verdeutlicht, wie leicht Menschen, bei denen keinerlei psychologische Auffälligkeiten vorliegen oder gar eine Disposition zu sadistischem Verhalten erkennbar ist, je nach Situation sowie den

827 Milgram, Das Milgram-Experiment.

828 Milgram, Das Milgram-Experiment, S. 22.

829 Hauschild, Elektroschock-Experiment, in: Spiegel online vom 15. März 2017, unter: http://www.spiegel.de/wissenschaft/mensch/milgram-experiment-fast-jeder-wuerde-auf-befehl-foltern-a-1138728.html, zuletzt abgerufen am 25. September 2017.

sozialen Umständen zu bestialischem und brutalem Verhalten bewegt werden können.[830] Psychologisch unauffällige Studenten wurden für ein Gefängnis-Experiment ausgewählt, in welchem ein Teil der Studenten die Wärter und ein anderer Teil die Insassen darstellen sollte. Die Versuchspersonen wurden zu Hause „verhaftet" und in das „Gefängnis" gebracht. Dort hatten sie sich einer Prozedur zu unterziehen, welche absichtlich so gestaltet wurde, dass sie für die „Gefangenen" erniedrigend war: Es fand eine „Entlausung" statt und die Gefangenen mussten Fußketten sowie Gefängniskleidung in Form eines Nachthemds ohne Unterwäsche tragen. Sie bekamen zudem eine Nummer zugeordnet und wurden von den Wärtern lediglich mit dieser Nummer angesprochen. Alle Maßnahmen der Wärter, im Gefängnis für „Zucht und Ordnung" zu sorgen, waren erlaubt, um auszutesten, wie weit diese in der Demonstration ihrer Macht und Überlegenheit gegenüber den Gefangenen gehen und inwiefern sie die Situation ausnutzen. Nach einiger Zeit musste das Experiment jedoch abgebrochen werden, da Entwürdigungen und Misshandlungen von Gefangenen durch die Wärter – insbesondere nachts, wenn diese davon ausgingen, dass die Kameras nicht mehr angeschaltet waren – zunahmen und schließlich ein nicht mehr vertretbares Maß erreichten.[831]

Im Jahr 1974, als das Stanforder Gefängnisexperiment noch seine Wellen schlug, zeigte die serbische Künstlerin Marina Abramović in Neapel mit ihrer Performance „Rythm 0" auf erschreckende Art und Weise, wie Menschen, welche die Verantwortung für ihr Handeln abgeben können, zu Tätern werden. Sechs Stunden lang wollte sich Abramović ihrem Publikum vollständig ausliefern und stellte diesem unterschiedliche Gegenstände zur Verfügung. Hierzu gehörten Lebensmittel, Werkzeuge, Blumen, Messer und eine geladene Waffe. Sie beabsichtigte, alle Folgen des Geschehens zu tragen und versprach, niemanden für sein Verhalten zur Rechenschaft zu ziehen. Nach einigen Stunden geriet die Situation außer Kontrolle. Abramović wurde sexuell belästigt, war halbnackt, da ihre Kleider aufgeschnitten wurden, und hatte Verletzungen am Körper. Das

830 So auch: Welzer, Sinn, Mord und Moral, in: Europäisches Kultur- und Informationszentrum in Thüringen (Hg.), VIA REGIA 2001, unter: http://www.via-regia.org/bibliothek/pdf/heft70_71/welzer_sinn_mord_und_moral.pdf, zuletzt abgerufen am 25. September 2017, S. 6.

831 Zimbardo, Das Stanford Gefängnis Experiment.

Publikum teilte sich in Angreifer und Beschützer. Schließlich legte jemand der Künstlerin den Revolver in die Hand, woraufhin die Polizei verständigt wurde.[832]

Beim Stanforder Gefängnisexperiment schlussfolgerten Wissenschaftler, dass hierarchisch aufgebaute und geschlossene Strukturen, welche für wenig Handlungsspielraum und damit für Unfreiheit sorgen, Menschen schneller „unmenschlich“ werden lassen als dies in offenen Einrichtungen der Fall ist. Abramovićs Performance ist daher besonders aufsehenerregend, weil das Publikum gerade nicht mit Unfreiheit, sondern mit Freiheit sowie absoluter Macht über einen Menschen konfrontiert und nur von den Folgen seines Handelns freigesprochen wurde.[833] In einem Artikel der „Zeit“ über die Performance heißt es: „[Die Zuschauer] waren gefangen in einem Netz aus eigenen Wünschen, fremden Erwartungen und dem, was man Gewissen nennt.“[834] Das Gewissen vieler „ganz normaler“ Menschen in einer zivilisierten und von Menschenrechten geprägten Welt, die sich in keinerlei Drucksituation befanden, reichte jedoch offenbar nicht so weit, dass es sadistisches und entwürdigendes Verhalten gegenüber jemand Wehrlosem verhindern konnte.

(4) Die Ambivalenz des Gewissens

Zusammenfassend lässt sich also festhalten: Bestialische, „monströse Taten“ können ganz allgemein nicht nur von pathologischen Kriminellen oder antimoralischen Monstern begangen werden, sondern auch von ganz „normalen“ und in psychologischer Hinsicht absolut unauffälligen Durchschnittsmenschen, die unter anderen Umständen nicht versucht gewesen wären oder die Möglichkeit gehabt hätten, sich an einem Massenmord zu beteiligen.[835] In diesem Sinne stellte der Holocaust-Überlebende Primo Levi fest: „Es gibt die Ungeheuer, aber sie sind zu wenig, als dass sie wirklich gefährlich werden könnten. Wer gefährlicher ist, das sind die normalen Menschen.“[836]

---

832 Vorkoeper, Der Zwang der Freiheit, in: Zeit online vom 01. März 2006, unter: http://www.zeit.de/feuilleton/kunst_naechste_generation/tod_3/komplettansicht, zuletzt abgerufen am 25. September 2017.

833 Vorkoeper, Der Zwang der Freiheit, in: Zeit online vom 01. März 2006, unter: http://www.zeit.de/feuilleton/kunst_naechste_generation/tod_3/komplettansicht, zuletzt abgerufen am 25. September 2017.

834 Vorkoeper, Der Zwang der Freiheit, in: Zeit online vom 01. März 2006, unter: http://www.zeit.de/feuilleton/kunst_naechste_generation/tod_3/komplettansicht, zuletzt abgerufen am 25. September 2017.

835 Bialas, Die moralische Ordnung des Nationalsozialismus, in: Konitzer/Groß (Hg.), Moralität des Bösen, S. 30, S. 31.

836 Levi, zitiert nach: Nuy, Die Politik von Athenes Schild, S. 257.

Die Funktion des Gewissens im Nationalsozialismus war also sehr komplex und unterschiedlich ausgeprägt. Es gab aus moralischer Überzeugung handelnde Nationalsozialisten, die ihren inneren Widerstand gegen die Tötungen überwanden, indem sie höhere Ziele und Zwecke ihrer Aufgabe im Gewissen verankerten. Andere entwickelten Rechtfertigungsstrategien vor sich selbst, um ihr Gewissen zu beruhigen. Zudem fand alles Handeln unter sozialen Zwängen und Gruppenzwängen statt, welche auf das Gewissen einwirkten und andere Werte wie beispielsweise kameradschaftliches Verhalten ins Gewissensurteil einfließen ließen.

Weder waren jedoch alle Täter während des Nationalsozialismus nur pflichtbewusste Befehlsempfänger, noch handelten alle von ihnen stets nach ihrer Moral und mit reinem Gewissen. So beriefen sich auch gerade Gegner des Nationalsozialismus auf das Gewissen und appellierten an das vermeintlich schlechte Gewissen der Täter, wenn beispielsweise das vierte Flugblatt der „Weißen Rose" mit den Worten „Wir schweigen nicht, wir sind Euer böses Gewissen; die Weiße Rose läßt Euch keine Ruhe!" endete.[837]

Dantine bemerkt in diesem Sinne, das Gewissen habe eine rein formale Natur und könne von jedem Inhalt geprägt sein. Auf diese Weise seien daher auch geradezu groteske Gewissensdiskrepanzen möglich. Manch einer habe eine pedantische Sexualmoral, aber töte andere Menschen ohne mit der Wimper zu zucken. Wie variabel das Gewissen sei, zeige sich in der Geschichte der menschlichen Existenz.[838] Er bezeichnet das Gewissen als inhaltlich leer und beeinflussbar.[839] Giubilini schreibt daher in der Stanford Encyclopedia of Philosophy, dass es keine Verbindung zwischen dem Gewissen und einer „richtigen Moral" gibt, sondern dass das Gewissen mit der eigenen Vorstellung von Moral verknüpft ist.[840] Er führt die Geschichte von Huckleberry Finn in Mark Twain's Werk

837 Siehe hierzu: Schulz, „Wir sind euer böses Gewissen", in: Bundeszentrale für politische Bildung vom 20. April 2005, unter: http://www.bpb.de/geschichte/nationalsozialismus/weisse-rose/61008/die-flugblaetter-im-wortlaut, zuletzt abgerufen am 25. September 2017.

838 Dantine, Die Funktion des Gewissens im Recht, in: Kallenbach/Schemel (Hg.), Funktion des Gewissens im Recht, S. 46, S. 58 f.; vgl. zu diesem Kapitel: Ostendorf, Wissenschaftliche Hausarbeit zum Thema „Das irrende Gewissen", S. 31 ff.

839 Dantine, Die Funktion des Gewissens im Recht, in: Kallenbach/Schemel (Hg.), Funktion des Gewissens im Recht, S. 46, S. 57.

840 Giubilini, Conscience, in: Zalta (Hg.), The Stanford Encyclopedia of Philosophy, unter: https://plato.stanford.edu/entries/conscience/, zuletzt abgerufen am 25. September 2017.

„Adventures of Huckleberry Finn“[841] an: In einer Passage fühlt Finn sich schuldig, weil er seinem Freund, dem Sklaven Jim, geholfen hat, vor seiner Eigentümerin „Miss Watson“ zu fliehen. Das Gefühl der Schuld kommt bei Finn nicht von einer externen Autorität, sondern verkörpert den Urteilsspruch durch sein Gewissen in Übereinstimmung mit seinen moralischen Gesetzen. Die Gewissensbisse sind durch eine Spannung zwischen den Gefühlen, die sein Handeln unterstützen, und den durch seine soziale Umwelt vermittelten Prinzipien verursacht. Zu der Zeit, in welcher der Roman spielt, war Sklavenhaltung eine normale und anerkannte Form des Eigentums und einem Sklaven zur Flucht zu verhelfen, bedeutete, jemandem sein Privateigentum zu entziehen. Dies war das Gesetz, gegen welches sich Huck's Gewissen richtete.[842] Heute wiederum wäre man der Auffassung, dass Sklavenhaltung gegen elementare Menschenrechte verstößt und würde die Befreiung von Sklaven im Gewissen zumeist als vollumfänglich moralisch geboten erachten.

Damit bleibt die Erkenntnis, dass das Gewissen zumindest äußerst beeinflussbar und von den gesellschaftlichen Werten sowie dem menschlichen Miteinander und sozialen Gefüge abhängig ist. Es kann zudem mit anderen vermeintlich übergeordneten Werten und moralischen Verpflichtungen sowie Prinzipien ausgefüllt, überschrieben oder beruhigt werden. Der Gewissensruf des Einzelnen in seiner konkreten Situation konnte jedenfalls nicht stets einen verlässlichen Rettungsanker vor Menschlichkeitsverbrechen darstellen.

b.) Die Krise des modernen Gewissens als Krise der modernen Welt

Hannah Arendt beschäftigte sich fortgehend mit der Gewissensproblematik. Unabhängig davon, ob ihre Charakterisierung Eichmanns richtig war, verwies der „Ruin des Gewissens“, der die überwiegende Zahl der Deutschen erfassende Gewissenskollaps während des Dritten Reichs, nach Arendt auf eine tieferliegende Problematik, welche nicht auf den Zeitabschnitt des Nationalsozialismus begrenzt ist.[843] Das Gewissen während des Nationalsozialismus stellte für Arendt vielmehr die verheerende Kulmination einer grundlegenden Gewissenskrise sowie einer Krise des persönlichen Urteilsvermögens innerhalb der

841 Twain, Adventures of Huckleberry Finn.

842 So: Giubilini, Conscience, in: Zalta (Hg.), The Stanford Encyclopedia of Philosophy, unter: https://plato.stanford.edu/entries/conscience/, zuletzt abgerufen am 25. September 2017; siehe hierzu auch: Bennett, Philosophy 49 (1974), 123.

843 Vgl. hierzu: Dauner, Das Gewissen, S. 85.

abendländischen Welt dar. Diese „Krise der modernen Welt“ sei der Normperversion in der Zeit von 1933 bis 1945 weit vorausgegangen. Sie besteht für Arendt darin, dass überzeitlich feststehende Maßstäbe für das Gute nicht mehr existieren.[844]

aa.) Eine Krise aus Verlust von Tradition und christlicher Sittlichkeit?

Arendt ist der Auffassung, das historische Erbe der christlichen Sittlichkeit habe seine Kohärenz und seine ordnende Kraft verloren.[845] Die nationalsozialistische Normperversion setze – wie jede Normperversion – einen Verlust der Tradition voraus.[846] Die Austauschbarkeit von Werten sowie deren Relativität sei an die Stelle der abendländischen Sittlichkeit getreten.[847] Es wird argumentiert, diese Variabilität von Normen und Pflichtbewusstsein sowie Pflichttreue hätte damit ein gefährliches Ungleichgewicht erzeugt. Der Mensch unterwerfe sich allem, was nur irgendwie Orientierung zu erzeugen verspreche.[848]

Das Gewissen befindet sich, wie erläutert, im Zustand einer andauernden Unbestimmtheit und kann sich auf ganz unterschiedliche normative Größen beziehen.[849] Gewissensinhalte sind schließlich mit Gründel „nicht einfach angeboren, sondern weithin umwelt- und kulturgebunden“.[850] Wie bereits dargestellt, wird das Gewissen daher auch in der Stanford Encyclopedia of Philosophy als leere Box, die mit jedem Inhalt gefüllt werden kann, und als in moralischer Hinsicht neutral bezeichnet.[851] Strohm führt aus, das Gewissen habe insofern ein

844 Arendt, Die Nachwirkungen des Naziregimes, in: Ludz (Hg.), In der Gegenwart, S. 38 ff.; dies., Was ist Politik?, hg. v. Ludz, S. 21 ff., S. 23; vgl. hierzu auch: Dauner, Das Gewissen, S. 85 f.

845 Vgl. Arendt, Das „deutsche Problem“ ist kein deutsches Problem, in: Ludz (Hg.), In der Gegenwart, S. 9, S. 11 f., S. 14; siehe hierzu auch: Dauner, Das Gewissen, S. 87.

846 Arendt, Was ist Autorität?, in: Ludz (Hg.), Zwischen Vergangenheit und Zukunft, S. 159, S. 161; vgl. hierzu auch: Dauner, Das Gewissen, S. 87.

847 Arendt, Tradition und die Neuzeit, in: Ludz (Hg.), Zwischen Vergangenheit und Zukunft, S. 23, S. 45; vgl. hierzu auch: Dauner, Das Gewissen, S. 87.

848 Volk, Urteilen in dunklen Zeiten, S. 63; vgl. hierzu auch: Dauner, Das Gewissen, S. 87, Rn. 296.

849 Dauner, Das Gewissen, S. 88.

850 Gründel, Verbindlichkeit und Reichweite des Gewissensanspruchs, in: Ders. (Hg.), Das Gewissen: subjektive Willkür oder oberste Norm?, S. 99, S. 109.

851 Giubilini, Conscience, in: Zalta (Hg.), The Stanford Encyclopedia of Philosophy, unter: https://plato.stanford.edu/entries/conscience/, zuletzt abgerufen am 25. September 2017.

„identity problem", als dass es keinen festgelegten oder ererbten Inhalt vorweise und gegen die eine Position ebenso wie gegen die genau entgegengesetzte Auffassung mobilisiert werden könne.[852] Diese „notorische Krise des modernen Gewissens"[853] kann jedoch mit Arendt nicht rückgängig gemacht werden – etwa durch eine Aufstellung neuer Maßstäbe und Werte oder eine „Rückkehr zum guten Alten".[854]

Der schnelle Übergang vom Dritten Reich zur Bundesrepublik Deutschland – eine Rückkehr zu „intakter Normativität" – ist daher für Arendt, was auf den ersten Blick verblüffend erscheint, ein Kollaps der moralischen Ordnung:[855] „Morality collapsed into a mere set of mores – manners, customs, conventions to be changed at will – not with criminals, but with ordinary people, who, as long as moral standards were socially accepted, never dreamt of doubting what they have taught to believe in. And this matter, that is, the problem it raises is not resolved if we admit, as we must, that the Nazi doctrine did not remain with the German people, that Hitler's criminal morality was changed back again at a moment's notice, at the moment ‚history' had given the notice to defeat. Hence we must say that we witnessed the total collapse of a ‚moral' order not once but twice, and this sudden return to ‚normality', contrary to what is often complacently assumed, can only reinforce our doubts."[856] Tatsächlich ist ein so schneller „Umschwung" der Werte verblüffend, zumal „Nazi-Deutschland" heute wie eine andere Welt scheint, obwohl es sich nicht um eine „andere Welt" und in den ersten Jahren der Bundesrepublik noch nicht einmal um „andere Menschen" handelte.

bb.) Eine generelle Krise des menschlichen Geistes gegenüber dem Guten?

Joseph Ratzinger spricht daher im Jahr 1968 von einer „generelle[n] Krise des menschlichen Geistes gegenüber dem Guten".[857] Einige Zeit später, im Jahr 1984, äußert er in einem Vortrag anlässlich der 72. Fortbildungstagung für Ärzte in

852 Strohm, Conscience, S. 120; vgl. hierzu auch: Giubilini, Conscience, in: Zalta (Hg.), The Stanford Encyclopedia of Philosophy, unter: https://plato.stanford.edu/entries/conscience/, zuletzt abgerufen am 25. September 2017.

853 Dauner, Das Gewissen, S. 88.

854 Arendt, Was ist Politik, hg. v. Ludz, S. 22; vgl. hierzu auch: Dauner, Das Gewissen, S. 88.

855 Dauner, Das Gewissen, S. 89.

856 Arendt, Responsibility and Judgment, hg. v. Kohn, S. 54 f.

857 Ratzinger, Kommentar zur Pastoralkonstitution „Gaudium et spes", in: Höfer/Rahner (Hg.), Lexikon für Theologie und Kirche, Erg.-Bd. 3, S. 313, S. 329.

Regensburg, dass die eigentliche Krankheit der modernen Welt ihr Defizit an Moral sei. Das Gewissen werde von vielen als eine Art Apotheose der Subjektivität verstanden.[858] Weiter führt er aus: „Die grundlegende christliche Erkenntnis, daß es gegen das Gewissen keine Instanz gibt, erhält eine völlig veränderte und letztlich absurde Bedeutung, wo das Gewissen nichts anderes mehr als die zum letzten Maßstab erhobene Subjektivität ist."[859] Auf diese Weise werde Willkürverhalten Tür und Tor geöffnet.[860]

Niemann bemerkt in diesem Sinne, der „Kompass" des Gewissens stimme nicht mehr: „[D]ort, wo [das Gewissen] noch sehr fest verankert ist, kann es moralisch völlig unhaltbare Dinge befehlen."[861] Zudem habe es in der modernen Welt seinen Handlungszwang verloren:[862] „Das Gewissen war oft mit dem religiösen Glauben verbunden und mit der Vorstellung von einem Gott, der in unser Herz schaut und alles sieht, was wir Böses vorhaben, – auch im stillen Kämmerlein, allein mit der Vereinskasse oder der Firmenbilanz oder der Steuererklärung. Die große moralische Freiheit von heute, das ‚Erlaubt ist, was nicht auffällt', die gab es früher nicht. Gott fiel alles auf. Und dann kam Nietzsches Entdeckung der Moderne: ‚Gott ist tot'. Der wahre Kern seiner Entdeckung war eigentlich: ‚[D]as Gewissen ist tot.' Wir können handeln wie wir wollen, das Gewissen kann uns nicht mehr hindern."[863] Auch Hannah Arendt äußert in diesem Sinne in einer öffentlichen Diskussion, sie sei sich sicher, dass die totalitäre Katastrophe nicht geschehen wäre, wenn die Menschen noch an einen strafenden Gott oder die Hölle geglaubt hätten, wenn es also noch oberste Prinzipien gegeben hätte.[864]

cc.) Der Weg zu einem größeren Bewusstsein von der „Gefährlichkeit" des Gewissens

Dem ist zwar insofern zuzustimmen, als dass Gott seine beherrschende und richtende Stellung in einer säkularisierten und pluralistischen Gesellschaft

---

858 Ratzinger, Der Streit um die Moral, S. 5.

859 Ratzinger, Der Streit um die Moral, S. 5.

860 Vgl. zu diesen Befürchtungen seitens der kirchlichen Autorität auch: Gründel, Vorwort des Herausgebers, in: Ders. (Hg.), Das Gewissen: subjektive Willkür oder oberste Norm?, S. 7, S. 8.

861 Niemann, Aufklärung und Kritik 2010, 22, 34.

862 Niemann, Aufklärung und Kritik 2010, 22, 34.

863 Niemann, Aufklärung und Kritik 2010, 22, 34.

864 Arendt, Ich will verstehen, hg. v. Ludz, S. 87 f.; vgl. hierzu auch: Dauner, Das Gewissen, S. 87 f., Fn. 298.

zumindest für viele Menschen eingebüßt hat. Nichtsdestotrotz haben die meisten – auch Atheisten – selbst ohne Gottesglauben eine innere moralische Instanz. Ihr Verhalten ist auf ein soziales Miteinander ausgerichtet und dies letztendlich unabhängig davon, ob es einen Gott oder eine höhere Macht gibt. Kurzum: Nicht jeder Atheist nimmt typischerweise moralischen Verfall in Kauf, sobald er sich nicht beobachtet fühlt.

Zudem hatten die überzeugten Nationalsozialisten – wie dargestellt – durchaus eine Moral. Zwar war das Tötungsverbot anerkannt. Es wurden jedoch Rechtfertigungsgründe – wie beispielsweise Gründe der Gefahrenabwehr – für die Tötungen im konkreten Fall gefunden oder die Reichweite des Tötungsverbots wurde nur auf bestimmte Gruppen von Menschen beschränkt. Zumindest die meisten Kulturen oder Gesellschaften unterscheiden sich wohl nicht hinsichtlich solcher grundlegender Normen. Sehr wohl jedoch divergiert ihre „Moralpraxis" hinsichtlich der Ausnahmen, Reichweite und Rechtfertigungsgründe, sodass sich von einer im Ergebnis „anderen Moral" sprechen lässt.[865]

Die Rechtfertigungsstrategien im Nationalsozialismus ließen es möglich werden, dass die Täter bei ihrem verbrecherischen Handeln nichtsdestotrotz ein gutes Gewissen aufrechterhalten konnten – sogar ohne, dass es hierfür charakterlicher sowie psychischer „Defekte" oder eines „pervertierten Gewissens" bedurfte. Daher ist auch nicht ersichtlich, warum ein streng religiöser Mensch an einer Planung sowie Durchführung totalitärer Verbrechen nicht teilnehmen können sollte, wenn ihm seine inneren Überzeugungen erlauben, derartige Verbrechen mit einem guten Gewissen oder zumindest unter Anwendung von Rechtfertigungsstrategien vor dem eigenen Gewissen zu begehen.[866] Diese Rechtfertigungsstrategien müssen zudem nicht korrekt, sondern bloß subjektiv überzeugend sein.[867]

Ebenso kritisch zu beurteilen ist auch die Annahme Niemanns, dass wir in einem Zeitalter leben, in welchem junge Männer von keinem Gewissen mehr gehindert werden, Frauen und Kinder sowie unschuldige Zivilisten zu töten und Terrorismus keine neue Kriegstechnik, sondern die Folge daraus sei, dass „wir frei sind zu wählen, ob wir ein Gewissen haben oder nicht".[868] Ganz im Gegenteil handeln, wie bereits dargestellt, gerade Terroristen aus innerer Überzeugung und im Sinne höherer Ziele sowie letztendlich aus Glaubens- und Gewissensgründen.

---

865 Fritze, Leviathan 37 (2009), 5, 29.
866 Fritze, Leviathan 37 (2009), 5, 27 f.
867 Fritze, Leviathan 37 (2009), 5, 30.
868 Niemann, Aufklärung und Kritik 2010, 22, 34.

Einerseits könnte man annehmen, das Gewissen des Attentäters müsse sich – wenn es existiert oder intakt ist – gegen die Tötung Unschuldiger richten. Auf der anderen Seite ist es jedoch gerade die Gewissensaufgabe des Attentäters und im Sinne seiner inneren, festen – vielleicht sogar moralischen – Überzeugung, diese Menschen für ein höheres Ziel umzubringen. Hier zeigt sich nur gerade wieder, wie uneindeutig und beeinflussbar das Gewissen ist, wie einfach es auf „Abwege" geraten und wie es durch andere Gewissensinhalte und innere Überzeugungen überformt werden kann.

Niemann zufolge nutzte Himmler diese neu gewonnene Freiheit: „Todesschüsse abzufeuern und dabei nichts gefühlt zu haben oder dem moralischen Gefühl bewusst standgehalten zu haben, das galt nun als neue Tapferkeit, als nationalsozialistische Tugend und große Leistung."[869]

Dem ist jedoch entgegenzuhalten, dass das Gewissen schon immer nicht die unfehlbare Instanz war, für welche man es gehalten hat. Dies wird an aus heutiger Sicht unmoralischem oder gewissenlosem Handeln durch die Geschichte hindurch, wie beispielsweise bei Sklavenhandel, Gladiatorenkämpfen, Ketzerjagden, Hexenverbrennungen, der Anwendung barbarischer Foltermethoden oder öffentlichen Hinrichtungen deutlich.

Heute würde man behaupten, all dies verstößt gegen elementare und unveräußerliche Menschenrechte und ist unmoralisch. Indem jedoch heute gar nicht mehr vom Gewissen verlangt wird, stets als Erkenntnisorgan des Guten verlässlich das überzeitlich Richtige zu verkörpern, das Gewissen nicht mehr durch Gerichte als „richtig", „falsch" oder gar „irrig" bezeichnet werden kann,[870] jeder also ein Recht auf sein Gewissen hat und das Gewissen nicht mehr an überpositives Recht gebunden werden kann,[871] muss man sich der Uferlosigkeit und der Gefahren des Gewissens gegenwärtig viel eher bewusst sein. Der Staat bekennt sich durch das Grundrecht auf Gewissensfreiheit gerade dazu, eine Vielfalt an Gewissensentscheidungen und Gewissensauffassungen zuzulassen und nicht zu bewerten – solange kein kollidierendes Verfassungsrecht entgegensteht. Er hat nicht mehr die Aufgabe, eine überzeitliche Moral oder substanzielle Sittlichkeit durchzusetzen, sondern – wie dargelegt – lediglich die Funktion einer äußeren Friedensordnung.[872]

---

869 Niemann, Aufklärung und Kritik 2010, 22, 34.
870 BVerfGE 12, 45 (56).
871 Luhmann, AöR 90 (1965), 257, 261.
872 Vgl.: Schockenhoff, Wie gewiss ist das Gewissen?, S. 22.

Wenn Arendt – wie gezeigt – eine Krise des modernen Gewissens konstatiert, welche daraus resultiere, dass es feststehende Maßstäbe des Guten nicht mehr gibt, greift dies etwas zu kurz. In der modernen, aufgeklärten, von Menschenrechten, Toleranz und Humanismus geprägten westlichen Welt gelten schließlich „höhere moralische Standards“ als dies weithin im Verlauf der Geschichte der Fall war.

Die moderne Auffassung vom Gewissen stellt sich vielmehr gerade als ein Fortschritt, insbesondere auch im Bereich der Toleranz gegenüber anderen Ansichten, dar. Die Krise des modernen Gewissens als Krise der modernen Welt liegt also eher in der Erkenntnis der – jedoch schon immer existierenden – Fehlbarkeit des Gewissens, wie sich besonders deutlich anhand des Nationalsozialismus gezeigt hat.

c.) Zur Gewissenskrise aus psychologischer Sicht – das Gewissen als „repressives Organ“

Zur „Wertekrise“ des Gewissens in der modernen Welt tritt auch eine „Krisenanfälligkeit“ des Gewissens in psychologischer und psychopathologischer Hinsicht. Das Gewissen wurde nicht nur in seiner Funktion als Systemstabilisator und Kern der eigenen Persönlichkeit, als höchstpersönlicher moralischer Wegweiser, Gegenstand wissenschaftlicher Betrachtungen. Das unterdrückende, böse, anklagende, strafende schlechte Gewissen kann vielmehr auch als „Vorgeschmack der Hölle“ auftreten, indem es martert, zermürbt und foltert.[873]

In der psychologischen Literatur wurden die Pathologien beschrieben, welche einem übermäßig unterdrückenden Gewissen entspringen können. Starke Impulse, die über eine bestimmte Zeitpanne hinweg durch das Gewissen als „Über-Ich“ unterdrückt werden, können sich in Gewalttätigkeit und Aggressionen wandeln. Auch fernab von pathologischen Formen wurde das Gewissen häufig eher als hemmend und weniger als ermöglichend oder befähigend aufgefasst.[874] Thome führt daher aus: „In philosophy and the history of thought we also encounter various forms of ambivalence or tension inherent to the concept of conscience. On the one hand, conscience is conceived to be the guarantor of the individual's autonomy and self-determination, on the other hand it

873 Vgl.: Frey, Praxis der Kinderpsychologie und Kinderpsychiatrie 38 (1989), 363, 364.

874 Thome, Self-Control, Conscience, and Criminal Violence, in: Heitmeyer u. a. (Hg.), Control of Violence, S. 121, S. 134.

is conceived as the representative (the ‚voice') of some (internalized) authority imposing its will upon the person."[875]

Das quälende schlechte Gewissen mit seiner repressiven und destruktiven Kraft erlangt insbesondere bei Nietzsche und Freud eine besondere Bedeutung. Das Gewissen tritt bei Freud als „Über-Ich" auf, welches auch bei den Analysen zum „autoritären Charakter" bei Fromm eine Rolle spielt. Der „autoritäre Charakter" verkörpert demnach die typische Persönlichkeitsstruktur von Befehlsbefolgern in totalitären Regimes wie dem Nationalsozialismus. Schließlich erlangt das schlechte Gewissen mit seiner negativen Funktion für die menschliche Persönlichkeitsstruktur auch bei einigen psychischen Erkrankungen eine besondere Bedeutung.

aa.) Das Gewissen in Friedrich Nietzsches „Zur Genealogie der Moral"

Nur unter der Bedingung des Gewissens bildet sich bei Nietzsche das stolze Gefühl der Verantwortlichkeit, das „Bewusstsein dieser seltenen Freiheit, dieser Macht über sich und das Geschick",[876] welche notwendig ist, um etwas versprechen zu dürfen. Auf diese Weise entsteht auch als reife und späte Frucht der Stolz, zu sich „Ja" sagen zu dürfen.[877] Der souveräne Mensch definiert Gewissen also als das zum Instinkt gewordene Bewusstsein der Macht über sich selbst und über das Geschick.[878]

Das „schlechte Gewissen" ist jedoch keine Form dieses Gewissens, welches Nietzsche dem „souveränen Individuum" zuschreibt.[879] Ein zentrales Argument im zweiten Teil von Nietzsches „Genealogie der Moral" ist, dass sich das schlechte Gewissen, in seiner entwickelten Form als Schuldgefühl und insbesondere mit dem Christentum assoziiert, als eine Form der nach innen und gegen sich selbst gekehrten Grausamkeit darstellt.[880] Das schlechte Gewissen kommt

875 Thome, Self-Control, Conscience, and Criminal Violence, in: Heitmeyer u. a. (Hg.), Control of Violence, S. 121, S. 134.

876 Nietzsche, Zur Genealogie der Moral, S. 49.

877 Nietzsche, Zur Genealogie der Moral, S. 49; siehe auch: Gerhardt, „Schuld", „schlechtes Gewissen" und Verwandtes (II 4–7), in: Höffe (Hg.), Friedrich Nietzsche, Zur Genealogie der Moral, S. 81, S. 83.

878 Ridley, Journal of Nietzsche Studies 11 (1996), 1, 2.

879 Janaway, Beyond Selflessness, S. 129; Ridley, Journal of Nietzsche Studies 11 (1996), 1, ist der Ansicht: „The distinction, and the function of the distinction, between good and bad conscience is perplexing […]"

880 Siehe hierzu: Janaway, Beyond Selflessness, S. 124 ff.

bei Nietzsche aus dem Ressentiment. Es verkörpert die Vermehrung des Leidens durch die Verinnerlichung der eigentlich aktiven Kraft und kann definiert werden als Verinnerlichung des Leidens durch Richtungsänderung des Ressentiments.[881] Der Anbeginn des schlechten Gewissens ist der gewaltsam latent gemachte, zurückgedrängte und ins Innere eingekehrte Instinkt der Freiheit, welcher sich nur noch an sich selbst entlädt.[882]

Die Macht der Gesellschaft basiert Nietzsche zufolge insbesondere auf sittlichem Zwang, der den Einzelnen in den Bann der Gesellschaft und des Friedens einschließt. Dies bewirkt eine Verinnerlichung des Menschen, indem sich alle Instinkte, welche sich nicht nach außen wenden, nach innen entladen. Das schlechte Gewissen ist die Erkrankung des Menschen an sich selbst als Folge einer Kriegserklärung an die einstigen Instinkte. Der gesellschaftliche Zwang bewirkt, dass der Einzelne sittlichen Zwang auch gegen sich selbst anwendet und der Mensch, welcher sich in der drückenden Enge der Regelmäßigkeit der Sitte selbst zerreißt, das schlechte Gewissen erfindet.[883]

Nietzsche betrachtet die Entstehung des schlechten Gewissens als Ausdruck einer nicht mehr ablösbaren moralischen Schuld. Der Mensch ist ein zum Zweck der Zähmung in den Staat eingesperrtes, in sich selbst zurückgescheuchtes Wesen, welches „das schlechte Gewissen erfunden hat, um sich selbst wehe zu tun, nachdem der natürliche [...] nach außen gerichtete Ausweg des Wehethun-wollens verstopft war, – dieser Mensch des schlechten Gewissens hat sich der religiösen Voraussetzung bemächtigt, um seine Selbstmarterung bis zu ihrer schauerlichsten Härte [...] zu treiben."[884] Dieser Mensch deutet selbst seine unablöslichen Tierinstinkte als eine Schuld gegen Gott um. Diese Schuld gegenüber Gott wiederum wird zum Folterwerkzeug.[885] Dem Menschen wohne eine Art Willens-Wahnsinn der seelischen Grausamkeit inne, „der Wille des Menschen, sich schuldig und verwerflich zu finden bis zur Unsühnbarkeit".[886] Nietzsche spricht daher vom Richter- und Henkertum Gottes.[887] Die Grausamkeit

881 Deleuze, Nietzsche und die Philosophie, S. 145.
882 Nietzsche, Zur Genealogie der Moral, S. 79.
883 Nietzsche, Zur Genealogie der Moral, S. 77; Kerger, Autorität und Recht im Denken Nietzsches, S. 83.
884 Nietzsche, Zur Genealogie der Moral, S. 86.
885 Nietzsche, Zur Genealogie der Moral, S. 86.
886 Nietzsche, Zur Genealogie der Moral, S. 86.
887 Nietzsche, Zur Genealogie der Moral, S. 86.

gegen sich selbst wird als eine verdiente Strafe für die inhärente Unwertigkeit des Menschen aufgefasst.[888]

Das Gerecht-sein hingegen ist nach Nietzsche immer ein aktives und positives Handeln. Der aktive und aggressive, angreifende Mensch ist der Gerechtigkeit daher zu jeder Zeit „hundert Schritte näher" als der reaktive Mensch des Ressentiments und des schlechten Gewissens. Der Mutigere, Stärkere und Vornehmere habe das bessere Gewissen und das freiere Auge, während der Mensch des Ressentiments das schlechte Gewissen „auf dem Gewissen" habe.[889] Der verzweifelte und sehnsüchtige Gefangene habe das „schlechte Gewissen" erfunden und damit die größte Erkrankung der Menschheit, das Leiden des Menschen am Menschen selbst, eine Kriegserklärung an die alten Instinkte der Kraft, Furchtbarkeit und Lust, eingeleitet.[890]

Nietzsches Sichtweise insbesondere auf das schlechte Gewissen zeigt also die zerstörerische, hemmende und autoaggressive Gewalt des Gewissens auf, welche im Kontrast zur Auffassung vom Gewissen als „Stimme Gottes" und Verkörperung des Guten im Menschen sowie zur Bewahrung des innersten Persönlichkeitskerns steht. Dies verdeutlicht wieder einmal, wie ambivalent sich Gewissenstheorien im Laufe der Geistesgeschichte dargestellt haben und wie unterschiedlich die Gewissensfunktion gedeutet wurde.

bb.) Das Über-Ich bei Sigmund Freud

Das Über-Ich bei Freud ist ein Teil der Persönlichkeit, welcher Verbote und Hemmnisse sowie moralische Zwänge verursacht und nimmt die Form des Gewissens an, um seine Kontrolle über die Impulse und Instinkte des Menschen auszuüben, indem es negative Gefühle wie Aggressionen gegen das Ich und Schuld hervorruft. Ähnlich wie Nietzsche sieht auch Freud im Gewissen eine Verinnerlichung, eine Zurückwendung der Aggression gegen das eigene Ich, wo es von einem Anteil des Ichs übernommen wird und sich als Über-Ich dem Übrigen entgegenstellt. Dieses Gewissen übt gegen das Ich dieselbe Aggressionsbereitschaft aus, welche es im Grunde gerne an anderen, fremden Individuen befriedigen würde. Das strenge Über-Ich und das ihm unterworfene Ich stehen in einer Spannung, welche sich als Schuldbewusstsein und Strafbedürfnis

888 Janaway, Beyond Selflessness, S. 137.

889 Nietzsche, Zur Genealogie der Moral, S. 65.

890 Nietzsche, Zur Genealogie der Moral, S. 77; vgl. zu diesem Kapitel: Ostendorf, Seminararbeit zum Thema „Obligationenrecht und moralische Begriffswelt in der zweiten Abhandlung von Friedrich Nietzsches ‚Zur Genealogie der Moral'".

äußert.[891] Die Kultur schwäche und entwaffne die Aggressionslust des Menschen und lasse sie „durch eine Instanz in seinem Inneren, wie durch eine Besetzung in der eroberten Stadt, überwachen".[892] Freud wollte die brutal zurückhaltende und grausam verbietende Qualität dessen, was er als normale Moral betrachtet, analysieren und sah in der Existenz aggressiver Instinkte eine Erklärung für die strafende Natur des Über-Ichs.[893]

Je tugendhafter der Mensch, desto strenger und misstrauischer trete paradoxerweise das Gewissen auf, sodass derjenige, welcher es „in der Heiligkeit am weitesten gebracht" habe, sich letztendlich der „ärgsten Sündhaftigkeit" beschuldige.[894] An dieser Stelle wird deutlich, dass das schlechte Gewissen nicht nur zurecht und bei echten moralischen Verfehlungen quält, sondern auch gerade die Tüchtigsten verstärkt zurechtweisen und martern kann. Solange es dem Menschen gutgehe, sei sein Gewissen milde. Im Unglück jedoch steigere der Mensch seine Gewissensansprüche, bestrafe sich selbst durch Bußen und lege sich Enthaltungen auf.[895]

Das Schuldgefühl habe zwei Ursprünge: zunächst die Angst vor der Autorität – anfangs den Eltern – und dann die Angst vor dem Über-Ich. Während die Angst vor der Autorität dazu zwinge, aus Angst vor Liebesverlust auf Triebbefriedigungen zu verzichten, dränge das Über-Ich zur Bestrafung, da der Fortbestand der verbotenen Wünsche vor dem Über-Ich nicht verborgen werden könne.[896] Das Über-Ich ist gleichsam die verinnerlichte Autorität.[897] Das Schuldgefühl, die Härte des Über-Ichs, sei dasselbe wie die Strenge des Gewissens. Das Strafbedürfnis stelle sich als „Triebäußerung des Ichs, welches unter dem Einfluss des

891 Freud, Das Unbehagen in der Kultur, in: Freud u. a. (Hg.), Gesammelte Werke, Bd. 14, S. 419, S. 482 f.

892 Freud, Das Unbehagen in der Kultur, in: Freud u. a. (Hg.), Gesammelte Werke, Bd. 14, S. 419, S. 483; siehe auch: Giubilini, Conscience, in: Zalta (Hg.), The Stanford Encyclopedia of Philosophy, unter: https://plato.stanford.edu/entries/conscience/, zuletzt abgerufen am 25. September 2017.

893 Vgl. hierzu: Jones, Philosophy 41 (1966), 34, 40.

894 Freud, Das Unbehagen in der Kultur, in: Freud u. a. (Hg.), Gesammelte Werke, Bd. 14, S. 419, S. 485; siehe hierzu auch: Jones, Philosophy 41 (1966), 34, 37.

895 Freud, Das Unbehagen in der Kultur, in: Freud u. a. (Hg.), Gesammelte Werke, Bd. 14, S. 419, S. 485.

896 Freud, Das Unbehagen in der Kultur, in: Freud u. a. (Hg.), Gesammelte Werke, Bd. 14, S. 419, S. 486.

897 Siehe hierzu: Thome, Self-Control, Conscience, and Criminal Violence, in: Heitmeyer u. a. (Hg.), Control of Violence, S. 121, S. 135.

sadistischen Über-Ichs masochistisch geworden ist", dar.[898] Das Kultur-Über-Ich verkörpert bei Freud also das harte, unerbittliche und grausame Gewissen.[899] Freud hat den Gewissensbegriff mithin psychologisiert und von religiösen Bezügen befreit.[900] Auch bei Freuds Theorie ist also der autoaggressive Charakter des Gewissens von besonderer Bedeutung.

cc.) Zum „autoritären Charakter" nach Erich Fromm

Das autoritäre Über-Ich, das als repressives schlechtes Gewissen auftritt, spielt auch eine Rolle bei der Entstehung des „autoritären Charakters", wie er insbesondere von Fromm, Horkheimer und Adorno ab den 1930er Jahren geprägt wurde. Fromm[901] knüpfte an Freuds Theorie an, dass der kleine, ungefähr drei- bis sechsjährige Junge erotische Gefühle seiner Mutter gegenüber entwickelt und auf den Vater eifersüchtig wird. Die ödipalen Wünsche des Knaben sind nicht erfüllbar, sodass er sich mit seinem Vater identifiziert und diese verinnerlichte väterliche Autorität zum triebunterdrückenden Über-Ich, dem Gewissen, wird. Seine Ge- und Verbote werden zu den eigenen so wie später auch die Vorschriften von Lehrern und anderen Vorbildern.[902]

Der „autoritäre Charakter" beschreibt ein Muster von Persönlichkeitseigenschaften, welche einen extremen Gehorsam gegenüber Autoritäten sowie Rassismus und Konformismus begründen. Fromm verwendet die Begriffe „autoritärer Charakter" und „sadomasochistischer Charakter" synonym. Der Sadomasochistische wird immer durch seine Einstellung zur Autorität gekennzeichnet. Auf der einen Seite bewundert er die Autorität und strebt danach, sich dieser zu unterwerfen. Auf der anderen Seite aber möchte er selbst die Autorität verkörpern und andere gefügig machen.[903]

---

898 Freud, Das Unbehagen in der Kultur, in: Freud u. a. (Hg.), Gesammelte Werke, Bd. 14, S. 419, S. 496.

899 Vgl.: Frey, Praxis der Kinderpsychologie und Kinderpsychiatrie 38 (1989), 363, 366.

900 Hermsen, „Der innere Gerichtshof", in: Kurth/Janus (Hg.), Psychohistorie und Persönlichkeitsstruktur, S. 77, S. 79.

901 Fromm, Sozialpsychologischer Teil, in: Horkheimer (Hg.), Studien über Autorität und Familie, S. 77, S. 82.

902 Freud, Das Ich und das Es, S. 24 ff.; vgl. hierzu auch: Zimmei, Das Unbehagen in der Autorität, in: Die Zeit vom 14. August 1981, unter: http://www.zeit.de/1981/34/das-unbehagen-an-der-autoritaet, zuletzt abgerufen am 25. September 2017; siehe auch: Jones, Philosophy 41 (1966), 34, 39 f.

903 Fromm, Die Furcht vor der Freiheit, S. 163.

Der Gegensatz zum autoritären Charakter ist der reife Mensch, der sich nicht anklammern muss und Liebe sowie Vernunft entwickeln kann. Der autoritäre Charakter hat diese Reife nicht erreicht, fühlt sich zutiefst einsam und ist von Angst, Minderwertigkeitsgefühlen und Ohnmacht ergriffen, sodass er einen mächtigen und überragenden Führer sucht. Er macht sich selbst klein, während die Autorität groß gemacht werden muss, damit er sich als Teilchen von ihr ebenfalls groß fühlen kann. Die bedeutenden diktatorischen Bewegungen seiner Zeit haben und hatten nach Fromm ihre Grundlage in dieser irrationalen Autorität, welche – im Gegensatz zu der auf Anerkennung von Kompetenz basierenden rationalen Autorität – eine emotionale Unterwerfung darstellt. Triebfedern waren die Angst und das Ohnmachtsgefühl des Unterworfenen sowie seine Bewunderung für den „Führer". Fromm betont, dass es daher Ziel des Menschen sein müsse, seine eigene Autorität zu werden und in sittlichen Fragen ein Gewissen zu haben.[904]

Er appelliert letztendlich also auch wieder an das Gewissen – jedoch in seiner Funktion für den reifen Menschen. Hier zeigt sich noch einmal, wie ambivalent das Gewissen – entweder als quälendes, autoaggressives Über-Ich, als verinnerlichte Autorität oder doch als Maßstab für reifes, sittliches Verhalten – auftreten kann und auf welche Weise es trotz aller Gefahren, die durch es drohen, doch immer wieder als Wegweiser fungieren soll.

Heute ist mit Altmeyer jedoch die Grundlage für den „autoritären Charakter" entfallen. Die kulturelle Liberalisierung und die sexuelle Revolution führten dazu, dass statt des „autoritätsfixierten Sozialcharakters" nun andere und „modernere" Persönlichkeitsformen sowie Persönlichkeitsformationen vorherrschen:[905] „In dem Maße nämlich, wie sich die Gesellschaft kulturell und sexuell liberalisierte, erodierte die soziale Grundlage der autoritätsfixierten Persönlichkeit [...]"[906]

Unabhängig davon, wie aktuell der „autoritäre Charakter" noch in der modernen Forschung ist, zeigt sich anhand dieser Theorie, wie das Über-Ich, welches die Autorität verinnerlicht und ursprünglich das Gewissen darstellt, als derart negativ und destruktiv aufgefasst wurde, dass es zu Faschismus und Rassismus beitragen könne.

---

904 Fromm, Deutsche Universitätszeitung (12) Nr. 9 1957, 3 f.

905 Altmeyer, Forum der Psychoanalyse 29 (2013), 1, 8.

906 Altmeyer, Forum der Psychoanalyse 29 (2013), 1, 8.

dd.) Das zermarternde Gewissen in der Psychopathologie

Das erdrückende und repressive „Über-Ich“ kann auch nach anderen Theorien auf bestimmte Art und Weise pathologisch werden. Die zehrenden und belastenden Auswirkungen von Schuldgefühlen und einem übermäßig stark ausgeprägten Gewissen sind vielfältig.[907] Watson führt aus, das Gewissen könne dazu führen, dass jemand davon ausgeht, mit seinen sexuellen Impulsen oder dem Gefühl von Wut stimme etwas nicht.[908] Er schreibt: „If we side with our conscience against our passions in this way, the resultant guilt can sap our vigour, remove our potential to love life, or render us timid, unable to fight our corner.“[909] Unterdrückte Wut sei zudem viel gefährlicher als ausgelebte, da sie sich eher auf zwanghafte und unkontrollierte Art und Weise äußern könne und daher eine größere Gefahr bestehe, dass diese in Gewalt übergeht.[910]

Hermsen konstatiert, dass der autoaggressive Charakter und die Strenge des Über-Ichs im Zusammenhang mit psychopathologischen Prozessen wie bei der Depression oder der Paranoia, also dem Beobachtungswahn, stehen können. Oft sei es schlimmer, sich selbst zu verurteilen und schuldig zu sprechen, als von anderen verurteilt zu werden. Aus dieser Beobachtung heraus habe auch Freud das Über-Ich eingeführt.[911] Die selbstkritische Funktion des Gewissens habe sich in den Dienst der ständigen Selbstbeobachtung gestellt und trete dem Kranken auf eine feindselige Art und Weise entgegen. Der Paranoide mag beispielsweise darüber klagen, dass man all seine Gedanken kennt und seine Handlungen beobachtet, während er über das Walten dieser Instanz von Stimmen, die in der dritten Person zu ihm sprechen, informiert wird.[912]

Das selbstkritische Gewissen tritt ähnlich hierzu auch dem Depressiven nicht selten verurteilend und anklagend gegenüber. In der Depression verliert der Mensch seine Selbstachtung. Nach Hermsen spricht der innere Richter im Wege der Selbstverurteilung bei schwer Depressiven und Suizidalen ein Todesurteil.

---

907 Watson, Existential Analysis 25 (2004), 284, 287.

908 Watson, Existential Analysis 25 (2004), 284, 287.

909 Watson, Existential Analysis 25 (2004), 284, 287 f.

910 Watson, Existential Analysis 25 (2004), 284, 288.

911 Hermsen, „Der innere Gerichtshof“, in: Kurth/Janus (Hg.), Psychohistorie und Persönlichkeitsstruktur, S. 77, S. 95.

912 Freud, Studienausgabe, Bd. 3, hg. v. Mitscherlich/Richards/Strachey, S. 62; vgl. hierzu auch: Hermsen, „Der innere Gerichtshof“, in: Kurth/Janus (Hg.), Psychohistorie und Persönlichkeitsstruktur, S. 77, S. 95.

Die autoaggressive innere Instanz vernichte also das eigene Leben.[913] Das Über-Ich habe eine destruktive Einstellung, es trete als Stimme eines Anklagevertreters auf. Die Energie des Organismus wende sich gegen sich selbst. Das Über-Ich erscheine in Form von Scham, Schuldgefühlen, Demütigung, Angst, Vorwürfen, Gefühlen der Unzulänglichkeit sowie der Unfähigkeit zu freiem Handeln und dem Wunsch, die eigene Kraft aufzugeben.[914] Es können Mentzos zufolge verzweifelte Leistungsanstrengungen, massive Versagensängste und Schuldgefühle bis hin zum Versündigungswahn, um das Über-Ich zu versöhnen, auftreten, welche schließlich mit heftigen aggressiven oder auch autoaggressiven Reaktionen einhergehen.[915]

In diese Richtung weist auch schon Freud, wenn er – wie dargestellt – davon ausgeht, dass das Gewissen gerade die Tüchtigsten martert und besonders dann quält sowie Bußen auferlegt, sobald es dem Menschen schlecht geht.[916] Tatsächlich können Gefühle der Reue, Vorwürfe gegenüber sich selbst und Schuldgefühle sowie „Gedankenspiralen", die auch aus dem Gewissen resultieren, zu einer schlechten, ungesunden und damit nicht wünschenswerten Verfassung beitragen, sodass die Kraft eines übermächtigen Gewissens auch in dieser Hinsicht nicht unterschätzt werden darf. Das Empfinden von Selbstanklagen, Selbstvorwürfen, Selbsterniedrigungen, Gewissensbissen und Schuldvorwürfen ist in diesem Sinne charakteristisch für die Gedankenwelt Depressiver.[917] Symptome einer „Depressiven Episode" nach dem von der Weltgesundheitsorganisation herausgegebenen international anerkannten Klassifikationssystem für medizinische Diagnosen „ICD-10-GM" sind daher beispielsweise auch Gedanken der Wertlosigkeit und Schuldgefühle.[918]

---

913 Hermsen, „Der innere Gerichtshof", in: Kurth/Janus (Hg.), Psychohistorie und Persönlichkeitsstruktur, S. 77, S. 95.

914 Siehe: Gendlin, Focusing-orientierte Psychotherapie, S. 400; vgl. hierzu auch: Hermsen, „Der innere Gerichtshof", in: Kurth/Janus (Hg.), Psychohistorie und Persönlichkeitsstruktur, S. 77, S. 97. Bei Gendlin ist das Über-Ich jedoch – im Gegensatz zur Konzeption bei Freud – nicht mit dem Gewissen als moralische Instanz gleichzusetzen, vgl. hierzu auch: Hermsen, „Der innere Gerichtshof", in: Kurth/Janus (Hg.), Psychohistorie und Persönlichkeitsstruktur, S. 77, S. 97, Rn. 76.

915 Mentzos, Forum der Psychoanalyse 26 (2010), 255, 264.

916 Freud, Das Unbehagen in der Kultur, in: Freud u. a. (Hg.), Gesammelte Werke, Bd. 14, S. 419, S. 485; siehe hierzu auch: Jones, Philosophy 41 (1966), 34, 37.

917 Will u. a., Depression, S. 91.

918 Weltgesundheitsorganisation, ICD-10-GM, F32.

Hermsen schließlich betont noch einen weiteren Aspekt und bringt das krankmachende Gewissen mit der säkularisierten modernen Welt in Verbindung. Ihm zufolge ist das Über-Ich im Laufe des 20. Jahrhunderts krankmachend geworden. Der Gewissensdiskurs, welcher erst die Möglichkeit schuf, die westliche Individualität auszubilden, werde nun zum Hindernis einer Selbstentfaltung der eigenen Persönlichkeit.[919] Für ihn liegt der Verdacht nahe, dass dies als „Preis für die westliche Autonomie und Säkularisierung" betrachtet werden könne.[920] In Bezug auf die Ausbildung der eigenen Identität gebe es kein verbindliches Bezugssystem mehr, sodass diese im Individuum selbst erfolgen müsse. Aufgrund der Ausdifferenzierung der komplexen westlichen Welt und des fortschreitenden Säkularisierungsprozesses werde dies jedoch immer schwieriger und fragiler. Da in modernen Gesellschaften keine allgemeinverbindlichen und akzeptierten Orientierungssysteme existierten, seien auch die moralischen Überzeugungen unverbindlicher geworden.[921] Diese Vernachlässigung vormoderner Tradition in der liberalen Moderne sowie der moralische Substanzverlust seien nicht nur in der philosophischen Debatte beklagt worden.[922]

Auch wenn die westlichen Konzeptionen der Individualisierung im Sinne von Selbstbestimmung und Selbstverwirklichung nicht klar seien, gebe es keinen Weg mehr zurück zu den gesellschaftlichen Normen vor der Trennung von Kirche und Staat.[923] Das Berufsleben und der Arbeitsmarkt hingegen seien weiterhin von den „Normen der Leistungsgesellschaft, die mithilfe des Gewissensdiskurses im Verlauf der (frühen) Neuzeit und Moderne in Europa ausgebildet worden sind", beherrscht.[924] Moderne Selbststrategien stünden stets im Spannungsfeld

---

919 Hermsen, „Der innere Gerichtshof", in: Kurth/Janus (Hg.), Psychohistorie und Persönlichkeitsstruktur, S. 77, S. 98.

920 Hermsen, „Der innere Gerichtshof", in: Kurth/Janus (Hg.), Psychohistorie und Persönlichkeitsstruktur, S. 77, S. 98.

921 Hermsen, „Der innere Gerichtshof", in: Kurth/Janus (Hg.), Psychohistorie und Persönlichkeitsstruktur, S. 77, S. 98.

922 Hermsen, „Der innere Gerichtshof", in: Kurth/Janus (Hg.), Psychohistorie und Persönlichkeitsstruktur, S. 77, S. 98, Fn. 81, führt MacIntyre mit seinem Werk „Der Verlust der Tugend" an.

923 Hermsen, „Der innere Gerichtshof", in: Kurth/Janus (Hg.), Psychohistorie und Persönlichkeitsstruktur, S. 77, S. 98.

924 Hermsen, „Der innere Gerichtshof", in: Kurth/Janus (Hg.), Psychohistorie und Persönlichkeitsstruktur, S. 77, S. 99.

zwischen innerer Freiheit und sozialer Unfreiheit, zwischen innerem und äußerem Gericht.[925]

In der modernen westlichen Welt hat das Individuum tatsächlich immer mehr Freiheiten und Entscheidungsmöglichkeiten. Die Selbstdarstellung in der Öffentlichkeit und Selbstoptimierung mit einer ständigen Angst, suboptimal gewählt zu haben, treten in den Vordergrund. Das Individuum gerät in die Gefahr einer Selbstüberforderung mit dem Gefühl des Ungenügendseins. Dies kann dann zur „Zeitkrankheit“ der Depression führen. Diese Depression ist nach Ehrenberg dann jedoch nicht mehr eine „Krankheit der Schuld“, sondern eine „Krankheit der Verantwortung“. An die Stelle der kulturell geforderten Triebsublimierung wie noch bei Freud tritt die sozial gesteuerte Selbstüberforderung.[926] Nicht mehr die Sexualität, sondern die Identität wird damit zum Hauptproblem.[927]

Eine derartige Selbstüberforderung inmitten von grenzenloser Freiheit, einer Vielfalt an Wahlmöglichkeiten und dem Anspruch, sich selbst zu optimieren und darzustellen, das Beste, das Richtige aus sich und der eigenen Identität zu machen, tritt auch in der sprichwörtlichen „Quarter-Life-Crisis“ zu Tage, wenn junge Menschen nicht wissen, ob sie beruflich den richtigen Weg eingeschlagen, „optimal gewählt“ haben und welche Ziele sie im Leben verfolgen wollen.

ee.) Kontrastierende Gewissensfunktionen in Verfassungsrecht und Psychopathologie

In der Tat ist es wichtig, auch die in diesem Kapitel dargestellte destruktive, zermarternde und pathologisch werdende Seite des Gewissens im Blick zu haben. Wenn im Verfassungsrecht das Gewissen und die Freiheit, nach dem Gewissen als Kern der eigenen Persönlichkeit zu handeln, im Vordergrund stehen, scheint es, als sei das Gewissen stets schützenswert und für den Einzelnen sowie seine Identität und Persönlichkeitsbildung besonders wertvoll. Psychologisch kann das Gewissen jedoch, wie dargestellt, auch ganz andere Formen annehmen. Das Gewissen ist also nicht nur in Bezug auf seine Werte und Inhalte ambivalent und droht stets, „ins Böse umzuschlagen“. Es hat auch eine sehr ambivalente psychologische Funktion und kann, wenn es pathologisch wird, geradezu abträglich für eine gesunde Persönlichkeitsentwicklung sein. Damit lässt sich also nicht nur

---

925 Hermsen, „Der innere Gerichtshof“, in: Kurth/Janus (Hg.), Psychohistorie und Persönlichkeitsstruktur, S. 77, S. 99.

926 Ehrenberg, zitiert nach: Altmeyer, Forum der Psychoanalyse 29 (2013), 1, 12.

927 Vgl.: Altmeyer, Forum der Psychoanalyse 29 (2013), 1, 10 f.

von einer Wertekrise des modernen Gewissens, sondern auch von einer Krisenanfälligkeit des Gewissens in psychologischer Hinsicht sprechen.

Ob diese Gewissenskrise spezifisch mit der modernen säkularisierten Welt zusammenhängt, lässt sich jedoch nicht ganz eindeutig beantworten. Die Depression gilt als „Volkskrankheit moderner Gesellschaften" und die zunehmende Wahlfreiheit, der Leistungsdruck und die Orientierungslosigkeit in Bezug auf feststehende Werte sind dieser mit Sicherheit zuträglich. Verstrickungen und Gewissensqualen – wenn auch in einem anderen Zusammenhang und unter anderen Lebensbedingungen – gab es aber schon immer und sind nicht unbedingt ein Spezifikum der säkularisierten Moderne.

Ebenso wie in Bezug auf die Wertekrise des Gewissens mit der durch Arendt festgestellten Kulmination im Nationalsozialismus herrscht heute auch in Bezug auf die Krisenanfälligkeit des Gewissens in psychologischer Hinsicht jedoch ein größeres Bewusstsein von den Gefahren durch das Gewissen vor. Die Vorstellung vom Gewissen als das Gute, das höchste und würdigste Erbteil des Menschen, wie Goethe es einst bezeichnete,[928] bröckelt also in mehrfacher Hinsicht.

928 V. Goethe, Maximen und Reflexionen, S. 157.

8.) Ein Weg aus der Krise

Zusammenfassend lässt sich zur „Krise des Gewissens“ also Folgendes festhalten: Das Gewissen dient nicht mehr verlässlich als „Maßstab des Guten“ und ist, wie ausgeführt, auch dazu in der Lage, Handlungen zu akzeptieren oder gutzuheißen, die aus heutiger westlicher Sicht zutiefst verachtenswert scheinen. Weiterhin muss es aufgrund der ausdifferenzierten und verkomplizierten Produktionsprozesse in der modernen Welt oftmals auf unsicherer Tatsachengrundlage entscheiden. „Gewissens“- und „Überzeugungstäter“ stellen sich mit dem Gefühl, moralisch im Recht zu sein, gegen die Rechtsordnung und Kulturen haben und hatten sittliche Maßstäbe, die mit unseren unvereinbar sind.

Die Rechtskultur einer Gesellschaft unterliegt stets zeitlichem Wandel, woraus auch eine historische und kulturelle Relativität rechtswissenschaftlicher Aussagen resultiert.[929] Das Gewissen befindet sich in einer Krise der sittlichen Haltlosigkeit, verschwindet aus der aktuellen Debatte und kann auch in psychologischer Hinsicht pathologische Züge annehmen. Wenn also das Gewissen in einer pluralistischen und säkularisierten Welt nicht mehr ohne Weiteres an für alle geltende sittliche Maßstäbe rückgebunden werden kann, wenn oberste Werte mangels eines inhaltsbestimmenden absoluten Wertes, von welchem eine „Rangordnung der Werte“ vernunftmäßig ableitbar ist, nicht schlichtweg *er*kannt werden, sondern sich vielmehr zu ihnen *be*kannt wird,[930] wenn in den Worten Blaise Pascals in Bezug auf Gerechtigkeitsvorstellungen die Wahrheit diesseits der Pyrenäen einen Irrtum jenseits verkörpert,[931] dann droht das Gewissen des Einzelnen tatsächlich zur bloßen subjektiven Willkür zu werden.

Jedoch wäre auf der anderen Seite, wie bereits dargestellt, kein Raum für das Gewissen im Recht, wenn sich eine Werte- und Rechtsordnung von absoluter Wahrheit und Gültigkeit entwerfen ließe,[932] und erhält die grundrechtliche Gewährleistung der Gewissensfreiheit auch erst dadurch ihren Wert, dass keine absolut gültige Wahrheit in Bezug auf die „richtige“ Gewissensentscheidung vorausgesetzt wird. Schon Thomas von Aquin bemerkte in seiner Konzeption einer unvertretbaren Lebenswahrheit jedes Einzelnen, es komme wegen der verschiedenen Lebensverhältnisse unter den Menschen vor, dass manche Handlungen

929 Vgl. Neumann, Wahrheit im Recht, S. 30.
930 Hartmann, Ethik, S. 290; Paul, Gewissen und Recht, S. 13 f.
931 Pascal, Pensees, 249, S. 57; vgl. hierzu auch: Neumann, Wahrheit im Recht, S. 18.
932 Paul, Gewissen und Recht, S. 14.

für den einen tugendhaft – weil ihm entsprechend – sein können, während sie für den anderen hingegen lasterhaft – da ihm unangemessen – seien.[933]

Doch wie lässt sich unter diesen Bedingungen überhaupt noch ein moralisches Urteil fällen und was berechtigt, gegenüber anderen den eigenen Standpunkt als richtig zu vertreten und diese überzeugen zu wollen?

In der Arbeit soll ein neuer und bewussterer Umgang mit dem Gewissen und seiner Bedeutung für das Recht gefunden werden. Das Gewissen soll als eine genuin menschliche selbst-reaktive Haltung verstanden werden, welche der Mensch weder ablegen kann noch vernünftigerweise sollte, um sich mit anderen Menschen als Teilnehmer an der moralischen Gemeinschaft zu verständigen – auch wenn es möglicherweise keine absolut gültige Gewissensgrundlage gibt.

Hierfür wird ein Ansatz Peter Strawsons aus „Freiheit und Übelnehmen" auf das Gewissen übertragen. Strawson befasst sich mit der Frage danach, ob der Mensch einen freien Willen hat und kommt zu dem Schluss, dass dies im Ergebnis irrelevant ist. Wir sprechen andere in der Regel als Teilnehmer an der moralischen Gemeinschaft an und sind nicht in der Lage, dauerhaft eine verobjektivierende Haltung einzunehmen.[934] Wie darzustellen sein wird, verhält es sich mit dem Gewissen als gegenüber sich selbst eingenommene genuin menschliche Haltung, welche uns als Teilnehmer an der moralischen Gemeinschaft agieren lässt, ebenso.

a.) Gewissen und Willensfreiheit

Die Frage nach der Bedeutung des Gewissens ist eng mit der Frage nach der Willensfreiheit, also der Frage, ob der Mensch frei ist, sich für eine oder mehrere Handlungen zu entscheiden, verknüpft. Ohne die Fähigkeit zur Verantwortung kann das Gewissen keine reale, sondern nur eine Scheinfunktion haben und müsste sich schlussendlich als bloßer „Aberglaube" herausstellen. Die innere Stimme, der Ruf des Menschen zur Verantwortung vor sich selbst, würde eine bloße psychische Selbsttäuschung darstellen.[935] Der ehemalige Bundesrichter Paul formulierte, das Gewissen wäre ein „Gaukelspiel, eine List der Natur",

---

933 V. Aquin, Summa totius theologiae, S. 407: „Sic enim, propter diversas hominum conditiones, contingit quod aliqui actus sunt aliquibus virtuosi, tanquam eis proportionati et convenientes, qui tamen sunt aliis vitiosi, tanquam eis non proportionati." Vgl. hierzu auch: Schockenhoff, Wie gewiss ist das Gewissen?, S. 199.

934 Vgl. hierzu insgesamt: Strawson, Freiheit und Übelnehmen, in: Pothast (Hg.), Seminar: Freies Handeln und Determinismus, S. 201 ff.

935 Paul, Gewissen und Recht, S. 5 f.

wenn der Mensch nur als ein Glied in einer unendlichen Kausalkette fungieren würde.[936]

Infolge der subjektiv empfundenen Entscheidungsfreiheit des Menschen stellt sich ihm stets die Frage: „Was soll ich tun?" Wenn das bewusste, denkende und wollende Ich für dasjenige, welches das Gehirn macht, jedoch nicht im moralischen Sinne verantwortlich ist, der Mensch also so handelt, wie er nach den Naturgesetzen, denen die Neurone gehorchen, handeln muss, scheint diese Frage nach Jungclaussen nur eine rhetorische zu sein.[937]

Jungclaussen führt daher aus: „Wären der Entscheidungsdialog und die Stimme des Gewissens allein durch phylogenetisch angelegte neuronale Strukturen bestimmt, bliebe kein Platz für persönliche Verantwortung. Jeder Angeklagte wäre vor Gericht zu der Aussage berechtigt: ‚*Ich* bin unschuldig, meine *Gene* sind schuld an meiner Tat'. Dann könnte er für seine Tat nicht verantwortlich gemacht werden. Daran scheint sich im Prinzip auch nichts zu ändern, wenn man berücksichtigt, dass nicht die Gene selbst, sondern die von ihnen angelegten neuronalen Strukturen das Handeln eines Menschen steuern. Denn der Angeklagte kann die Schuld auch auf seine Neurone schieben. Doch sind die neuronalen Strukturen plastisch und verändern sich im Laufe des Lebens. Der Angeklagte kann also nur dann verantwortlich gemacht werden, wenn er selbst Einfluss nehmen kann auf die neuronale Struktur seines eigenen Gehirns und auf diese Weise auf die Motive seines Handelns, einschließlich der Stimme des Gewissens […]"[938]

Der Mensch hat bereits vor der Handlung, welche er ausführt, das Gefühl, ganz genau zu wissen, ob er sich moralisch richtig oder falsch verhält. Dieses Wissen wird im deutschen Sprachraum als Gewissen bezeichnet. Kant bezeichnet dieses ganz persönliche Wissen als moralisches Gesetz im Menschen und ist der Auffassung, dass er nach diesem moralischen Gesetz handeln kann und damit die Freiheit hat, sein Handeln nach der Stimme des Gewissens auszurichten oder dies gerade nicht zu tun:[939] „[Der Mensch] urteilet also, dass er etwas

---

936 Paul, Gewissen und Recht, S. 6.

937 Jungclaussen, Was soll ich tun?, unter: http://hardwin-jungclaussen.de/pdf/Was_soll_ich_tun.pdf, zuletzt abgerufen am 25. September 2017, S. 2.

938 Jungclaussen, Was soll ich tun?, unter: http://hardwin-jungclaussen.de/pdf/Was_soll_ich_tun.pdf, zuletzt abgerufen am 25. September 2017, S. 4 (Hervorhebungen im Original).

939 Jungclaussen, Was soll ich tun?, unter: http://hardwin-jungclaussen.de/pdf/Was_soll_ich_tun.pdf, zuletzt abgerufen am 25. September 2017, S. 2.

kann, darum, weil er sich bewußt ist, dass er es soll, und erkennt in sich die Freiheit, die ihm sonst ohne das moralische Gesetz unbekannt geblieben wäre."[940]

Die Frage nach dieser sittlichen Entscheidungsfähigkeit des Menschen, welche als Problem der Willensfreiheit in die Geistesgeschichte eingegangen ist, wirkt nach Paul mit Sachzwängen, die nicht allein akademischer Natur sind, in das Recht hinein.[941] Besonders relevant wird die Frage nach der Freiheit des Willens bei der Diskussion um die Berechtigung eines Schuldstrafrechts. Vom Freiheitsproblem hängt schließlich – so könnte man meinen – auch das Schuldproblem ab. Ohne Schuld wäre die Strafe nach Hartmann daher gar keine Strafe, sondern ein überflüssiges Übel in der Welt.[942] Die Strafrechtswissenschaft scheint existenziell bedroht, wenn Hirnforscher erklären, das Strafrecht in seiner gegenwärtigen Form müsse sich als gänzlich verfehlt darstellen, da Schuld im strafrechtlichen Sinne nicht existiere, schließlich habe keiner anders handeln können, als er es in einer bestimmten Situation getan hat. Nur Verhaltenskonditionierung sowie Maßregeln der Sicherung und Besserung scheinen dann noch möglich.[943]

Prominente Hirnforscher wie Wolf Singer und Gerhard Roth sehen im freien Willen in diesem Sinne eine Illusion.[944] Prinz kündigt den aufgeklärten Hirnforscher als Spielverderber des „Gesellschaftsspiels von Moral und Recht" an, zu welchem er auch den Strafprozess zählt. Der Spielverderber in diesem Sinne sei insbesondere der forensisch gutachtende Psychologe, welcher darauf besteht, dass der Handelnde nach seiner Wissenschaft nicht anders handeln konnte als er es getan hat. Das „Spiel" des Zuschreibens von individueller Verantwortlichkeit

940 Kant, Kritik der praktischen Vernunft, in: Weischedel (Hg.), Werke in sechs Bänden, Bd. 4, S. 106, S. 140.

941 Paul, Gewissen und Recht, S. 6.

942 Hartmann, Ethik, S. 747; vgl. hierzu auch: Paul, Gewissen und Recht, S. 6.

943 Stuckenberg, Willensfreiheit und strafrechtliche Schuld, in: Rechts- und Wirtschaftswissenschaftliche Fakultät der Universität des Saarlandes (Hg.), Saarbrücker Bibliothek, unter: http://archiv.jura.uni-saarland.de/projekte/Bibliothek/text.php?id=535, zuletzt abgerufen am 25. September 2017, S. 2.

944 Singer, Ein neues Menschenbild?; Roth, Willensfreiheit, Verantwortlichkeit und Verhaltensautonomie, in: Dölling (Hg.), FS Lampe, S. 43 ff. Auch Strawson, Freedom and Belief, sowie Pereboom, Living Without Free Will, beispielsweise sind der Auffassung, die Idee von Willensfreiheit und Verantwortlichkeit sei inkonsistent; siehe hierzu: O'Connor, Free Will, in: Zalta (Hg.), The Stanford Encyclopedia of Philosophy, unter: https://plato.stanford.edu/archives/sum2016/entries/freewill/, zuletzt abgerufen am 25. September 2017.

fände damit ein Ende.[945] Auch Roth und Singer drängen auf die Verabschiedung eines Strafrechts, das gegen den Täter den Schuldvorwurf erhebt, er hätte sich anders entscheiden können als er es getan hat. Für beide beinhaltet jedoch der Verzicht auf die Annahme einer persönlichen Schuld keineswegs gleichzeitig einen Verzicht auf „Bestrafung".[946]

Auch die Verfassung und die Rechtsordnung allgemein setzt den Menschen als autonomes Wesen voraus.[947] Die an prominenter Stelle, in Art. 1 Abs. 1 GG verankerte Menschenwürdegarantie geht vom Wesen des Menschen als in seiner sittlichen Entscheidung frei aus.[948] Das Bundesverfassungsgericht führt hierzu an: „Dem Schutz der Menschenwürde liegt die Vorstellung vom Menschen als einem geistig-sittlichen Wesen zugrunde, das darauf angelegt ist, in Freiheit sich selbst zu bestimmen und sich zu entfalten [...]"[949]

Der Bundesgerichtshof erklärt in diesem Sinne im Jahr 1952: „Strafe setzt Schuld voraus. Schuld ist Vorwerfbarkeit. Mit dem Unwerturteil der Schuld wird dem Täter vorgeworfen, daß er sich nicht rechtmäßig verhalten, daß er sich für das Unrecht entschieden hat, obwohl er sich rechtmäßig verhalten, sich für das Recht hätte entscheiden können."[950] Auch der Bundesgerichtshof geht hier also von einer Entscheidungs- und Willensfreiheit des Menschen aus.

Vor diesem Freiheitsproblem ist nach Paul auch in Bezug auf das Gewissen kein Ausweichen möglich. Die Respektierung des Gewissens als rein psychologisches Phänomen läuft für ihn auf eine bloße Fiktion hinaus. Aus einer Fiktion lasse sich aber nichts ableiten. Der Gegenstand vertrage keine Fiktionen. Ebenso abwegig wie jede Fiktion der Schuld sei auch die Vorstellung, die Achtung vor unseren Mitmenschen solle auf eine Menschenwürdefiktion gestützt werden.[951] Nur wenn die Selbstbestimmung des Menschen tatsächlich existiert, sei das Gewissen daher nicht nur ein Trugspiel und seine richtende Funktion grundsätzlich berechtigt.[952]

---

945 Prinz, Freiheit oder Wissenschaft?, in: v. Cranach/Foppa (Hg.), Freiheit des Entscheidens und Handelns, S. 86, S. 100; vgl. hierzu auch: Hillenkamp, JZ 2005, 313, 314.

946 Vgl. Roth, Willensfreiheit, Verantwortlichkeit und Verhaltensautonomie, in: Dölling (Hg.), FS Lampe, S. 43, S. 56 f.; Singer, Ein neues Menschenbild? S. 34; vgl. hierzu auch: Hillenkamp, JZ 2005, 313, 315.

947 Paul, Gewissen und Recht, S. 7.

948 Vgl. hierzu auch: Paul, Gewissen und Recht, S. 7 f.

949 BVerfGE 123, 267 (413); vgl. auch: BVerfGE 45, 187 (227).

950 BGHSt 2, 194 (200).

951 Paul, Gewissen und Recht, S. 10 f.

952 Paul, Gewissen und Recht, S. 12.

b.) Strawsons agnostischer Kompatibilismus – zu „Freiheit und Übelnehmen“

Doch muss der Streit um die Frage, ob der Mensch einen freien Willen hat, überhaupt entschieden werden? Die Antworten auf die Frage, ob Willensfreiheit existiert, sind genauso zahlreich und vielgestaltig wie diejenigen auf die nachfolgende Frage, was der freie Wille des Menschen für die Zurechnung von Verantwortung bedeutet, wenn er denn überhaupt etwas bedeutet.[953] Was unter dem „freien Willen“ zu verstehen ist, ob damit tatsächlich Letzturheberschaft im Sinne einer libertarischen Freiheit gemeint ist, wird unterschiedlich aufgefasst. Während einerseits angenommen wird, dass Freiheit und Determinismus miteinander vereinbar sind (Kompatibilismus), wird andererseits die Auffassung vertreten, dass beides sich nicht vereinbaren lässt (Inkompatibilismus).[954]

Strawson meint zu Anfang seiner Ausführungen über „Freiheit und Übelnehmen“, er wisse nicht, was die These des Determinismus besage.[955] Die Wahrheit dieser These sei aber auch nicht von Relevanz. Er befasst sich mit menschlichen moralischen Haltungen wie Dankbarkeit und Übelnehmen, aber auch den Praxen des Lobens und Strafens. Ebenso, wie es derartige persönliche reaktive Haltungen gebe, welche mit Forderungen anderen gegenüber verbunden sind, so existierten auch selbst-reaktive, mit Forderungen an uns selbst verbundene Haltungen. Hierzu zählen beispielsweise Gefühle von Schuld und

---

953 Stuckenberg, Willensfreiheit und strafrechtliche Schuld, in: Rechts- und Wirtschaftswissenschaftliche Fakultät der Universität des Saarlandes (Hg.), Saarbrücker Bibliothek, unter: http://archiv.jura.uni-saarland.de/projekte/Bibliothek/text.php?id=535, zuletzt abgerufen am 25. September 2017, S. 1. Insbesondere ist in begrifflicher Hinsicht umstritten, was unter dem „freien Willen“ zu verstehen ist, welche Bedingungen für eine „freie“ Entscheidung erfüllt sein müssen und ob damit tatsächlich Letzturheberschaft in einem „libertarischen“ Sinne gemeint ist. Siehe zu den unterschiedlichen philosophischen Auffassungen: O'Connor, Free Will, in: Zalta (Hg.), The Stanford Encyclopedia of Philosophy, unter: https://plato.stanford.edu/archives/sum2016/entries/freewill/, zuletzt abgerufen am 25. September 2017.

954 Vgl.: O'Connor, Free Will, in: Zalta (Hg.), The Stanford Encyclopedia of Philosophy, unter: https://plato.stanford.edu/archives/sum2016/entries/freewill/, zuletzt abgerufen am 25. September 2017; Eshleman, Moral Responsibility, in: Zalta (Hg.), The Stanford Encyclopedia of Philosophy, unter: https://plato.stanford.edu/entries/moral-responsibility/, zuletzt abgerufen am 25. September 2017.

955 Strawson, Freiheit und Übelnehmen, in: Pothast (Hg.), Seminar: Freies Handeln und Determinismus, S. 201.

Verantwortlichkeit oder aber des Gebundenseins.[956] Im zwischenmenschlichen Zusammenleben nehmen wir anderen und auch uns selbst gegenüber automatisch persönliche reaktive und nicht-distanzierte Haltungen ein. Wir sprechen den anderen als Teilnehmer, als Mitglied der moralischen Gemeinschaft an. Wenn jemand uns auf die Hand tritt, nehmen wir ihm dies unwillkürlich übel und begegnen ihm damit als verantwortlichem Gegenüber. Erfahren wir jedoch, dass er geschubst wurde oder einen epileptischen Anfall hatte, nehmen wir eine verobjektivierende Haltung ein, wir werfen ihm sein Verhalten moralisch nicht vor, weil wir automatisch davon ausgehen, dass er dafür „nichts konnte". Diese verobjektivierende Haltung ist jedoch die Ausnahme und lässt sich – trotz einer theoretischen Überzeugung vom Determinismus – nicht durchgehend anderen gegenüber einnehmen.[957]

Wenn in einem besonderen Fall eine objektive Haltung gegenüber jemandem eingenommen wird, ist dies nach Strawson nicht das Resultat einer theoretischen Überzeugung vom Determinismus, sondern „eine Folge davon, dass wir die gewöhnlichen personalen Haltungen aufgegeben haben aus Gründen, die von Fall zu Fall verschieden sind."[958] Interpersonal-reaktive und nicht-distanzierte Haltungen seien in reziproke Verhältnisse eingebettet und „natürlich menschliche Reaktionen auf den guten oder bösen Willen oder die Gleichgültigkeit anderer uns gegenüber, wie sie in ihren Haltungen und Handlungen sich zeigt."[959] Es folge nicht aus irgendeiner allgemeinen These des Determinismus, welche der Wahrheit entsprechen könnte, dass niemandes Verhalten mehr als Ausdruck bestimmter Zwecke angesehen werden kann, dass niemand weiß, was er tut oder dass niemand einen moralischen Sinn hat, mithin nicht zu (selbst-) reaktiven Haltungen fähig ist.[960] Strawson konstatiert: „Wirklich ist kein solcher Sinn von ‚determiniert', wie er für eine allgemeine These des Determinismus

956 Strawson, Freiheit und Übelnehmen, in: Pothast (Hg.), Seminar: Freies Handeln und Determinismus, S. 201, S. 219; vgl. hierzu auch: Keil, Keine Strafe ohne Schuld, keine Schuld ohne freien Willen?, in: Schuster (Hg.), Zur Bedeutung der Philosophie für die theologische Ethik, S. 159, S. 162.

957 Vgl.: Strawson, Freiheit und Übelnehmen, in: Pothast (Hg.), Seminar: Freies Handeln und Determinismus, S. 201, S. 216.

958 Strawson, Freiheit und Übelnehmen, in: Pothast (Hg.), Seminar: Freies Handeln und Determinismus, S. 201, S. 216.

959 Strawson, Freiheit und Übelnehmen, in: Pothast (Hg.), Seminar: Freies Handeln und Determinismus, S. 201, S. 212.

960 Strawson, Freiheit und Übelnehmen, in: Pothast (Hg.), Seminar: Freies Handeln und Determinismus, S. 201, S. 222 f.

erforderlich wäre, jemals für unser faktisches Außerkraftsetzen moralischer reaktiver Haltungen relevant."[961]

Strawson erläutert jedoch nicht, inwiefern sich Menschen, denen gegenüber wir ausnahmsweise eine objektive Haltung einnehmen, von solchen Menschen unterscheiden, die wir als verantwortliche Teilnehmer an der moralischen Gemeinschaft ansprechen, zu denen wir also gewöhnliche „reaktive" Beziehungen unterhalten.[962] Eine Antwort hierauf liefert Nida-Rümelin, wonach Menschen moralische Reaktionen zeigen, wenn sie annehmen, dass ihr Gegenüber sich in Bezug auf sein Handeln von Gründen hat leiten lassen. Diese Reaktion wird dann aufgegeben, wenn man davon ausgeht, dass das jeweilige Verhalten eines Menschen auf Ursachen zurückzuführen ist, welche nicht seiner rationalen Kontrolle unterliegen. „Willensfrei" wäre dann also die Person, die in dem Sinne vernünftig ist, dass sie sich von Gründen anleiten lässt.[963]

Strawson fragt, ob die Annahme der Wahrheit einer allgemeinen These des Determinismus das Ende von Dankbarkeit und Übelnehmen sowie der wechselseitigen erwachsenen Liebe bedeuten würde.[964] Man wird dazu neigen, diese Frage schon intuitiv zu verneinen. Auch Strawson kommt zu dem Schluss, dass die Aufgabe solcher nicht-distanzierter interpersonaler Haltungen „unserer Natur nicht gegeben" ist, sodass sich auch die Frage erübrigt, ob ein derartiges Verhalten für uns vernünftig wäre.[965] Stünden wir jedoch vor einer solchen Wahl, wäre die Vernünftigkeit derselben angesichts der aus ihr resultierenden Gewinne und Verluste wohl nicht durch die Wahrheit oder Unwahrheit der These vom Determinismus beeinflusst.[966]

Interpersonale und nicht objektive Haltungen sowie Gefühle prägen auch einen wesentlichen Teil des moralischen Lebens:[967] „Nur indem wir diesen

---

961 Strawson, Freiheit und Übelnehmen, in: Pothast (Hg.), Seminar: Freies Handeln und Determinismus, S. 201, S. 223.

962 Giesinger, Zeitschrift für Erziehungswissenschaft 9 (2006) 1, 97, 103.

963 Nida-Rümelin, Über menschliche Freiheit, S. 29 f.; vgl. hierzu auch: Giesinger, Zeitschrift für Erziehungswissenschaft 9 (2006) 1, 97, 103.

964 Strawson, Freiheit und Übelnehmen, in: Pothast (Hg.), Seminar: Freies Handeln und Determinismus, S. 201, S. 212.

965 Strawson, Freiheit und Übelnehmen, in: Pothast (Hg.), Seminar: Freies Handeln und Determinismus, S. 201, S. 223.

966 Strawson, Freiheit und Übelnehmen, in: Pothast (Hg.), Seminar: Freies Handeln und Determinismus, S. 201, S. 224.

967 Strawson, Freiheit und Übelnehmen, in: Pothast (Hg.), Seminar: Freies Handeln und Determinismus, S. 201, S. 229.

Umfang von Haltungen beachten, können wir an den Tatsachen[,] wie wir sie kennen, einen Sinn von dem entdecken, was wir meinen, d. h. von allem, was wir meinen, wenn wir die Sprache der Moral von Verdienst, Verantwortlichkeit, Schuld, Verurteilung und Gerechtigkeit sprechen."[968]

Auf diese Weise kritisiert Strawson eine Überintellektualisierung in Bezug auf die Frage nach moralischer Verantwortung. Er sieht reaktive Gefühle und Haltungen als natürlichen Ausdruck des menschlichen Miteinanders, insbesondere der interpersonalen Natur unseres Lebens. Eine rationale Begründung ist hierfür nicht notwendig.[969] Selbst, wenn der Beweis möglich wäre, dass menschliches Verhalten vollumfänglich determiniert ist, könnten wir nicht davon abrücken, eine Katze oder einen Säugling anders zu behandeln, ihm anders zu begegnen als einem psychisch gesunden, erwachsenen Menschen. Wir können nicht davon abweichen, diesen erwachsenen Menschen im Vergleich zu einem Säugling als verantwortlicher und freier einzuschätzen.[970]

c.) Vergleichbare Ansätze für das Recht

Im Folgenden soll nicht die ganze Debatte um die Willensfreiheit und ihre Bedeutung für das Recht, insbesondere die Verantwortlichkeit im strafrechtlichen Sinne, nachgezeichnet werden. Bis heute wird darüber gestritten, was die „herrschende Meinung" in Bezug auf diese Frage sei.[971] Vielmehr sollen die Überlegungen herangezogen werden, welche nach den vorangegangenen Ausführungen besonders relevant scheinen.

Schon Adam Smith stellte in Bezug auf die Praxis des Strafens die menschlichen Gefühle und Haltungen von Dankbarkeit und Übelnehmen – wie sie auch bei Strawson als genuin menschliche Erscheinungen auftreten – in den

---

968 Strawson, Freiheit und Übelnehmen, in: Pothast (Hg.), Seminar: Freies Handeln und Determinismus, S. 201, S. 229.

969 Strawson, Freiheit und Übelnehmen, in: Pothast (Hg.), Seminar: Freies Handeln und Determinismus, S. 201, S. 229; vgl. hierzu auch: Eshleman, Moral Responsibility, in: Zalta (Hg.), The Stanford Encyclopedia of Philosophy, unter: https://plato.stanford.edu/entries/moral-responsibility/, zuletzt abgerufen am 25. September 2017.

970 Giesinger, Zeitschrift für Erziehungswissenschaft 9 (2006), 97, 104.

971 Siehe: Spilgies, ZIS 2007, 155 ff.; Neumann, in: Roxin/Widmaier (Hg.), 50 Jahre Bundesgerichtshof, Bd. 4, S. 83, S. 85; vgl. hierzu auch: Stuckenberg, Willensfreiheit und strafrechtliche Schuld, in: Rechts- und Wirtschaftswissenschaftliche Fakultät der Universität des Saarlandes (Hg.), Saarbrücker Bibliothek, unter: http://archiv.jura.uni-saarland.de/projekte/Bibliothek/text.php?id=535, zuletzt abgerufen am 25. September 2017, S. 12.

Vordergrund: „Gratitude and resentment […] are the sentiments which most immediately and directly prompt to reward and to punish […] [T]hat action must […] surely appear to deserve punishment, which everybody who hears of it is angry with, and upon that account rejoices to see punished."[972]

Auch das Recht geht von einer Art „Normalität" aus, welche sich nur unter Berufung auf Ausnahmen anfechten lässt. Strafrechtliche Schuld kann insofern als unterstellte Normalität aufgefasst werden, wenn angenommen wird, dass jemand, der nicht unter einem Defizit leidet oder sich zum Zeitpunkt der Tat in einer besonders bedrängenden Situation befindet, als in der Lage gilt, das Recht zu befolgen und keine Straftaten zu begehen.[973] Dies ist auch ein Phänomen des Alltags, wenn wir – wie angeführt – in dem Fall, dass uns jemand auf die Hand oder den Fuß tritt, diese Person automatisch verantwortlich machen und ihr das Verhalten vorwerfen. Nur wenn sie gestolpert ist, geschubst wurde oder gar psychisch krank war, nehmen wir das Verhalten nicht mehr übel, da die Person in unseren Augen nichts dafür konnte. Es handelt sich hierbei in den Worten Günthers also um eine „gesellschaftliche Selbstverständlichkeit der wechselseitigen Zuschreibung von Verantwortlichkeit, von der wir nur in begründeten Ausnahmefällen abweichen".[974]

Bennett beschäftigt sich in seinem Aufsatz „Accountability (II)" mit Strawson und der Praxis des Strafens. Eine Strafe drückt reaktive Haltungen wie Ärger oder Übelnehmen aus, ist für ihn jedoch aus einer utilitaristischen Perspektive, also in Bezug auf ihre positiven Auswirkungen im Rahmen des menschlichen Zusammenlebens, zu betrachten: „In a […] complex way, it is open for us to give play to our generalized vicarious resentment of criminal behaviour by endorsing a system of punishment, expressing our resentment in our willingness to put the offender at the disposal of the legal system; while at the same time resolving that this should be enacted only in cases where it has a good enough chance of doing some good. The permissive framework is set by utility; the punishment within that framework expresses our reactive, retributive anger or resentment. Thus, a genuinely retributive element in punishment cohabits with severe utilitarian constraints."[975]

972 Smith, The Theory of Moral Sentiments, hg. v. Haakonsson, S. 80 f.

973 Günther, KJ 2006, 116, 118.

974 Günther, KJ 2006, 116, 119.

975 Bennett, Accountability (II), in: McKenna/Russell (Hg.), Free Will and Reactive Attitudes, S. 47, S. 68.

aa.) Ist die Frage nach der Willensfreiheit überhaupt die richtige für das Strafrecht?

Ähnlich wie Strawson stellt auch Sarstedt, der ehemalige Vorsitzende des Berliner Strafsenats des Bundesgerichtshofs, darauf ab, dass man sich auf dem falschen Weg befinde, wenn man sich auf die Frage nach der Willensfreiheit des Menschen einlasse.[976] Er führt daher aus: „Die Weisen der Jahrtausende haben sie nicht schlüssig zu beantworten vermocht; und wenngleich wir jetzt eine Entscheidung des Bundesgerichtshofs haben [...], in der rechtskräftig festgestellt ist, dass der Mensch einen freien Willen hat, dass er auf verantwortliche ‚freie sittliche Selbstbestimmung angelegt' ist, [...] so bin ich angesichts der Unmöglichkeit, diese Behauptung oder ihr Gegenteil zu beweisen, noch gar nicht so fest überzeugt, dass es überhaupt eine vernünftige Frage ist. Für den Strafrichter ist sie es jedenfalls nicht. [...] Eine Überlegung, die vom Determinismus her nicht zur selben Antwort führt wie vom Indeterminismus, ist für mich als Strafrichter einfach falsch. Solche Argumente pflegen unter Praktikern auch gar nicht aufzutreten. In dem Senat, dem ich seit zehn Jahren angehöre und dessen Mehrheit seit zehn Jahren in der gleichen Besetzung zusammen ist, weiß ich von den anderen Mitgliedern gar nicht, ob sie an den freien Willen des Menschen glauben oder nicht; dabei haben wir doch nun schon so manche tausend Strafsachen miteinander beraten."[977]

Angesichts dieses Problems im Strafrecht beziehen einige, wie beispielsweise Roxin, der Schuld als „unrechtes Handeln trotz normativer Ansprechbarkeit"[978] versteht, eine agnostische Position. Damit wird eine Stellungnahme zur Problematik um die Willensfreiheit entbehrlich. Auch wird angenommen, die Freiheitsannahme stelle eine normative Setzung, gleichsam eine „soziale Spielregel" dar.[979]

Keil bemerkt in diesem Sinne, dass sich in der deutschen Strafrechtslehre in jüngerer Zeit generell ein Umschwung zugunsten agnostischer Positionen zeige. Die Mehrheit der deutschen Kommentare und Lehrbücher – fast lasse sich hierbei von einer „herrschenden Lehre" sprechen – halte mittlerweile die Annahme

---

976 Vgl. hierzu: Paul, Gewissen und Recht, S. 8.

977 Sarstedt, Die Justiz 1962, 110, 115; vgl. hierzu auch: Paul, Gewissen und Recht, S. 8 f.

978 Roxin, Strafrecht Allgemeiner Teil, Bd. 1, § 19, Rn. 36.

979 Vgl. hierzu: Stuckenberg, Willensfreiheit und strafrechtliche Schuld, in: Rechts- und Wirtschaftswissenschaftliche Fakultät der Universität des Saarlandes (Hg.), Saarbrücker Bibliothek, unter: http://archiv.jura.uni-saarland.de/projekte/Bibliothek/text.php?id=535, zuletzt abgerufen am 25. September 2017, S. 14.

eines freien Willens, da sie „forensisch nicht greifbar“ und „empirisch unbeweisbar“ sei, für eine „Zuschreibung“ oder „normative Setzung“ und empfehle daher eine agnostische Haltung.[980]

bb.) Das Prinzip der Verantwortlichkeit als unumstößliche Realität unserer menschlichen Existenz

Wessels, Beulke und Satzger erläutern in ihrem Lehrbuch zum Allgemeinen Teil des StGB das Schuld- und Verantwortungsprinzip als Voraussetzung für die Strafe, auf welchem das deutsche Strafrecht in Übereinstimmung mit dem Grundgesetz beruht. Aufgrund der Tatsache, dass weder der Standpunkt des klassischen Indeterminismus mit seinem Postulat der absoluten Willensfreiheit des Menschen noch die Position des Determinismus mit dem Prinzip einer „Kausalgesetzlichkeit“ menschlichen Handelns (also dem Verbrechen als zwangsläufigem Resultat eines Zusammenspiels von Anlage und Umwelt) wissenschaftlich genau beweisbar seien, müsse sich das Strafrecht „mit der Erkenntnis zufriedengeben, dass das Prinzip der Verantwortlichkeit des sittlich reifen und seelisch gesunden Menschen eine unumstößliche Realität unserer menschlichen Existenz“ darstelle.[981]

Die Willensfreiheit verkörpert in diesem Sinne – wie durch Strawson explizit gemacht – auch für Schünemann einen „Teil der gesellschaftlichen Realität“. Die Weltsicht, entsprechend welcher die Menschen einander als verantwortlich und frei behandeln, sei in der Tiefenstruktur und auch in der Umgangssprache fest verankert.[982] Jakobs hält die Frage nach der Willensfreiheit für irrelevant, da sinnenhaftes Verhalten und eine normative Ordnung mit der Zuweisung von Folgenverantwortung und Handlungsfreiheit keine empirischen Größen seien, sondern der Wille vielmehr eine normative Konstruktion darstelle. Der freie Wille sei nur eine Metapher für das Nichtvorhandensein von außergewöhnlichem Zwang. Wenn keine Erklärung durch Krankheit, einen Irrtum

---

980 Keil, Keine Strafe ohne Schuld, keine Schuld ohne freien Willen?, in: Schuster (Hg.), Zur Bedeutung der Philosophie für die theologische Ethik, S. 159, S. 166.

981 Wessels/Beulke/Satzger, Strafrecht Allgemeiner Teil, 44. Aufl. 2014, Rn. 397.

982 Schünemann, Die Funktion des Schuldprinzips im Präventionsstrafrecht, in: Ders. (Hg.), Grundfragen des modernen Strafrechtssystems, S. 153, S. 163 ff.; vgl. hierzu auch: Stuckenberg, Willensfreiheit und strafrechtliche Schuld, in: Rechts- und Wirtschaftswissenschaftliche Fakultät der Universität des Saarlandes (Hg.), Saarbrücker Bibliothek, unter: http://archiv.jura.uni-saarland.de/projekte/Bibliothek/text.php?id=535, zuletzt abgerufen am 25. September 2017, S. 13.

oder besonderen Zwang möglich sei, zeige sich die mangelnde Rechtstreue des Täters.[983]

In der Tat scheint es wenig sinnvoll, für das Recht auf die Beantwortung einer Frage angewiesen zu sein, über die sich die Philosophen und Wissenschaftler seit jeher streiten. Zudem würde sich im zwischenmenschlichen Zusammenleben trotz einer theoretischen Überzeugung vom Determinismus tatsächlich wenig ändern. Die Vorstellung von Schuld und Strafe ist ein wesentliches Element für unser menschliches Zusammenleben. Stuckenberg erkennt richtig, dass es zwar möglich sein muss, Normen wegen ihrer empirischen Unzulänglichkeit zu kritisieren. Verantwortlichkeit und Freiheit sind jedoch soziale und mithin normativ geprägte Konzeptionen.[984] Die Selbstwahrnehmung des Menschen als bewusst sowie frei agierendes Wesen ist nicht hintergehbar. Die „Wahrnehmung" eines freien Willens als Institution der Handlungssteuerung stellt sich als ein notwendiger „Systemzustand" für den Menschen dar und ist unaufgebbar. Der strafrechtliche Schuldbegriff erhält seinen Inhalt aus dem Sinn der Zurechnung, schlussendlich also dem Zweck der Strafe. Wenn allgemein Zweck der Strafe die Aufrechterhaltung der normativen Ordnung einer Gesellschaft ist, dann ist das Strafrecht an gesellschaftliche Zurechnungsmuster gekoppelt, zu welchen gegenwärtig die Übernahme von persönlicher Verantwortung für einen Normverstoß gehört.[985]

Dass die schweren Zweifel gegen die Willensfreiheit bis heute praktisch resultatlos geblieben sind, liegt für Burkhardt daran, dass selbst eine empirische Gewissheit dem Freiheitsbewusstsein des Menschen nichts anhaben könne. Eine im Bewusstsein des Anders-Handeln-Könnens vollzogene Handlung sei praktisch frei, sodass das Strafrecht hieran auch anknüpfen könne.[986] Damit wird eine

---

983 Jakobs, ZStW 117 (2005), 247, 262 f.; vgl. hierzu auch: Stuckenberg, Willensfreiheit und strafrechtliche Schuld, in: Rechts- und Wirtschaftswissenschaftliche Fakultät der Universität des Saarlandes (Hg.), Saarbrücker Bibliothek, unter: http://archiv.jura.uni-saarland.de/projekte/Bibliothek/text.php?id=535, zuletzt abgerufen am 25. September 2017, S. 16.

984 Stuckenberg, Willensfreiheit und strafrechtliche Schuld, in: Rechts- und Wirtschaftswissenschaftliche Fakultät der Universität des Saarlandes (Hg.), Saarbrücker Bibliothek, unter: http://archiv.jura.uni-saarland.de/projekte/Bibliothek/text.php?id=535, zuletzt abgerufen am 25. September 2017, S. 16.

985 Stuckenberg, Willensfreiheit und strafrechtliche Schuld, in: Rechts- und Wirtschaftswissenschaftliche Fakultät der Universität des Saarlandes (Hg.), Saarbrücker Bibliothek, unter: http://archiv.jura.uni-saarland.de/projekte/Bibliothek/text.php?id=535, zuletzt abgerufen am 25. September 2017, S. 16 f.

986 Burkhardt, Das Magazin 2003, 21, 23 f.

solche Position durch den Zugriff auf die Teilnehmer- und Erste-Person-Perspektive vom Streit zwischen Determinismus und Indeterminismus im Sinne Strawsons überhaupt nicht berührt.[987]

Im gesamten Rechtssystem, nicht nur im Bereich des Strafrechts, sowie ganz allgemein im sozialen Leben sind Personen „Zurechnungsendpunkte". Verantwortlichkeit sowie die Fähigkeit zur Selbstbestimmung sind soziale Konstrukte, die hiermit korrelieren und die Selbstwahrnehmung integrieren. Dies ist ein Ausdruck der von Peter Strawson geprägten „participant attitude".[988]

d.) Bedenken gegenüber Strawsons Ansatz

Es herrscht weitgehend Übereinstimmung, dass Strawsons Betrachtungen zu reaktiven Haltungen einen wertvollen Beitrag zu unserem Verständnis von der Praxis des Verantwortlichmachens geleistet haben. Strawson zeigte mit seinem vieldiskutierten Beitrag die Defizite einer kompatibilistischen und konsequentialistischen Auffassung – also der Ansicht, dass Determinismus und moralische Verantwortung sich nicht ausschließen und das Verhalten anderer durch Lob und Tadel auch in einer deterministischen Welt beeinflusst werden kann – sowie einer inkompatibilistischen verdienstbasierten Auffassung – also der Ansicht, dass Determinismus und freier Wille sich ausschließen – auf. Beide Denkrichtungen erfassen die Konzeption moralischer Verantwortung nicht zur Gänze richtig, wenn sie davon ausgehen, dass die Praxis des Zuschreibens von Verantwortung auf einer theoretischen Beurteilung von Verantwortlichkeit basiert.[989]

Strawsons Einfluss auf die Debatte um die Zuschreibung von Verantwortlichkeit zeigt sich in der anhaltenden Diskussion über die Rolle reaktiver Haltungen im menschlichen Zusammenleben und der Art und Weise, wie zeitgenössische

---

987 Burkhardt, Das Magazin 2003, 21, 22 f.

988 Stuckenberg, Willensfreiheit und strafrechtliche Schuld, in: Rechts- und Wirtschaftswissenschaftliche Fakultät der Universität des Saarlandes (Hg.), Saarbrücker Bibliothek, unter: http://archiv.jura.uni-saarland.de/projekte/Bibliothek/text.php?id=535, zuletzt abgerufen am 25. September 2017, S. 17.

989 Vgl.: Eshleman, Moral Responsibility, in: Zalta (Hg.), The Stanford Encyclopedia of Philosophy, unter: https://plato.stanford.edu/entries/moral-responsibility/, zuletzt abgerufen am 25. September 2017. Vertreter einer konsequentialistischen Konzeption von Verantwortlichkeit, welche der Auffassung sind, dass der Determinismus keine Bedrohung für moralische Verantwortlichkeit darstellt, da Lob und Tadel auch in einer deterministischen Welt effektive Mittel darstellen, um das Verhalten eines anderen zu beeinflussen, sind beispielsweise Hobbes, Hume und Mill sowie aus der aktuellen Debatte Vargas, Building Better Beings, S. 158 ff.

Theoretiker ihre Denkgerüste zur Zuschreibung von Verantwortlichkeit ausrichten.[990] Seine Argumentation hat viele Anhänger gefunden, sodass man heute von den „reaktive attitude theories“ als einer eigenen Art des Kompatibilismus spricht.[991] Strawsons Aufsatz wurde daher auch als Meilenstein in Bezug auf die Problematik um den freien Willen des Menschen bezeichnet und weitergedacht, wenn beispielsweise Smilansky den Glauben an eine Letztverantwortlichkeit als Illusion mit weitgehend positiven Folgen auffasst.[992]

aa.) Kritik an Strawsons Betrachtungsweise vom rein internen Standpunkt

Kritisiert wurde Strawson jedoch dafür, dass Urteile über reaktive Haltungen immer nur streng vom internen Standpunkt in Bezug auf diese Praxen erfolgen. Verantwortlichsein wird also immer in Relation zur Praxis des Verantwortlichmachens definiert und eine Rechtfertigung dessen von einem externen Standpunkt ist nicht möglich. Da reaktive Haltungen natürliche Reaktionen unserer menschlichen Psyche darstellen, können sie auch nicht durch theoretische Überlegungen verdrängt oder beseitigt werden. Es sei jedoch durchaus möglich, bestehende Praxen des Verantwortlichmachens von einem externen Standpunkt aus zu kritisieren. Beispielsweise mag man argumentieren, dass entweder die Praxis des Verantwortlichmachens in der eigenen Gemeinschaft oder in einer anderen Gemeinschaft geändert werden sollte.[993] Zusammenfassend könne

990 Siehe insbesondere auch zum „accountability model“, welches entscheidend durch Strawson geprägt wurde: Eshleman, Moral Responsibility, in: Zalta (Hg.), The Stanford Encyclopedia of Philosophy, unter: https://plato.stanford.edu/entries/moral-responsibility/, zuletzt abgerufen am 25. September 2017.

991 Keil, Keine Strafe ohne Schuld, keine Schuld ohne freien Willen?, in: Schuster (Hg.), Zur Bedeutung der Philosophie für die theologische Ethik, S. 159, S. 163.

992 Smilansky, Proceedings of the Aristotelian Society 101 (2001), 71 ff.; vgl. hierzu auch: Beckmann, Willensfreiheit, in: Nida-Rümelin/Spiegel/Tiedemann (Hg.), Handbuch Philosophie und Ethik, Bd. 2, S. 131, 139 f.

993 Siehe hierzu: Eshleman, Moral Responsibility, in: Zalta (Hg.), The Stanford Encyclopedia of Philosophy, unter: https://plato.stanford.edu/entries/moral-responsibility/, zuletzt abgerufen am 25. September 2017. Vargas, Building Better Beings, S. 161 f., führt aus: „Alas, the virtues of the Strawsonian account of blameworthiness do not extend to providing a satisfactory answer to questions of justification that are in some sense external to the practice. The Strawsonian picture comes up short in the face of skeptical concerns about the integrity of the practice. Strawson's thought was that we could answer the justification question by looking to the immutability (in most of us) of those attitudes on which the particular stance of holding one another responsible

Verantwortlichsein also nicht strikt in Bezug auf eine existierende Praxis des Verantwortlichmachens erklärt werden.[994] Strawson hat zwar mit der Annahme Recht, dass wir sowohl im Alltag als auch vor Gericht Menschen verantwortlich machen oder entschuldigen, ohne dass über den Determinismus nachgedacht wird. Hieraus schließen agnostische Kompatibilisten, dass diese unsere Praxen in einer deterministischen Welt ebenso gerechtfertigt seien. Tatsächlich besteht jedoch zwischen beiden Aussagen eine große Lücke.[995]

Hillenkamp führt in Bezug auf das Strafrecht und die Position, welche für das Verantwortlichmachen und den Schuldvorwurf strikt auf die Erste-Person-Perspektive rekurriert, aus, dass das Strafrecht an eine solche Illusion nicht anknüpfen könne. Er ist der Auffassung, dass, wenn die Erste-Person-Perspektive tatsächlich als Trugschluss entlarvt werden sollte, sich diese Illusion nicht mehr halten könnte. Das Strafrecht baute auf eine Lüge und das Menschenbild sei gefälscht, womit er sich nicht abfinden könne.[996]

bb.) Stimmen Strawsons Annahmen hinsichtlich des Verantwortlichkeitspessimismus und menschlichen reaktiven Verhaltensweisen?

Weiterhin wird argumentiert, dass reaktive Haltungen in Wirklichkeit nicht ohne Weiteres mehr in vollem Umfang bestehen könnten, wenn der Determinismus wahr ist – oder als wahr aufgefasst wird. In diesem Zusammenhang wird häufig angeführt, dass negative reaktive Haltungen beispielsweise dann nicht mehr existieren oder abgeschwächt werden, wenn zur Kenntnis gelangt, dass die Vergangenheit eines Täters oder Akteurs von Vernachlässigung oder schwerem Missbrauch geprägt war. Es liege nahe, anzunehmen, dass unsere reaktiven

rests. I am doubtful this part of the Strawsonian approach works. […] [T]he significance of the fixed attitudes, and the constitutive roles they purportedly play in our lives is this: they deflect the demand for justification. Once we recognize the fact that our practices are an outgrowth of attitudes that are fixed and, anyway, could only be abandoned at cost of our entire way of ordinarily relating to one another, it simply does not make sense to continue to ask whether we are justified in holding one another morally responsible."

994 Vgl. hierzu: Eshleman, Moral Responsibility, in: Zalta (Hg.), The Stanford Encyclopedia of Philosophy, unter: https://plato.stanford.edu/entries/moral-responsibility/, zuletzt abgerufen am 25. September 2017.

995 Keil, Keine Strafe ohne Schuld, keine Schuld ohne freien Willen?, in: Schuster (Hg.), Zur Bedeutung der Philosophie für die theologische Ethik, S. 159, S. 163.

996 Hillenkamp, JZ 2005, 313, 320.

Haltungen sich in einem solchen Fall ändern, da wir einen derartigen Hintergrund gewissermaßen als „determinierend" auffassen. Wenn diese Annahme der Wahrheit entspricht, können theoretische Erwägungen, wie die Überzeugung vom Determinismus, unsere reaktiven Haltungen durchaus beeinflussen.[997]

Pereboom erhebt überdies den Einwand, dass bei einer theoretischen Überzeugung vom Determinismus nicht alle, sondern nur einige reaktive Haltungen und Einstellungen aufgegeben werden müssten. Durch die Annahme eines Verantwortlichkeitspessimismus würden die Gefühle des Verletzt- sowie Beunruhigt- und Besorgtseins, aber auch bestimmte Aspekte des Vergebens und des Dankbarseins nicht berührt. Zwar werde das Empfinden von Reue oder Schuld nicht mehr möglich sein. Aber auch als Verantwortlichkeitspessimist könne man durchaus Trauer über die eigenen Taten empfinden, wenn man falsch gehandelt hat, sich vornehmen, diese Taten nicht mehr zu begehen und sie ernsthaft bedauern. Es blieben also einige reaktive Einstellungen übrig, welche nach Pereboom für ein geordnetes und vernünftiges Zusammenleben vollkommen genügen.[998]

Pereboom ist zudem der Auffassung, dass die Aufgabe der Idee, der Mensch sei für sein Handeln verantwortlich, sogar dazu führt, dass negative und schadenbringende reaktive Haltungen wie etwa moralischer Zorn und Wut ihre Grundlage verlieren. Überschießender moralischer Zorn kann schließlich auch die Bereitschaft zur Zufügung von Schmerzen, Folter und im schlimmsten Fall zur Tötung erhöhen. Insbesondere der destruktive moralische Zorn werde gerade durch die Überzeugung davon verstärkt, dass der andere tatsächlich eine ernsthafte Strafe verdiene.[999]

Diese Differenzierungen Perebooms mögen zwar theoretisch überzeugen. Letztlich wird jedoch im sozialen Miteinander, beim Ansprechen des anderen aus einer Teilnehmerperspektive, eine automatische Differenzierung zwischen diesen Emotionen, Haltungen und Einstellungen – je nachdem, ob sie Verantwortlichkeit im eigentlichen Sinne voraussetzen oder nicht – unmöglich sein.

---

997 Vgl.: Nagel, The View From Nowhere, S. 125; Kane, The Significance of Free Will, S. 84 ff.; siehe hierzu auch: Eshleman, Moral Responsibility, in: Zalta (Hg.), The Stanford Encyclopedia of Philosophy, unter: https://plato.stanford.edu/entries/moral-responsibility/, zuletzt abgerufen am 25. September 2017.

998 Pereboom, Living Without Free Will, S. 97 f.; vgl. hierzu auch: Beckmann, Willensfreiheit, in: Nida-Rümelin/Spiegel/Tiedemann (Hg.), Handbuch Philosophie und Ethik, Bd. 2, S. 131, 139.

999 Pereboom, Living Without Free Will, S. 208; vgl. hierzu auch: Beckmann, Willensfreiheit, in: Nida-Rümelin/Spiegel/Tiedemann (Hg.), Handbuch Philosophie und Ethik, Bd. 2, S. 131, S. 139.

Der Mensch ist darauf angelegt, davon auszugehen, dass er einen freien Willen hat, um mit anderen vernünftig zusammenleben und in der Gemeinschaft handeln zu können. Wie bereits dargestellt, liefert Strawson einen entscheidenden und weiterführenden Beitrag für ein Verständnis dessen, wie Verantwortlichkeit im zwischenmenschlichen Miteinander aufgefasst werden kann und auch für das Strafrecht sind seine Denkgerüste von besonderer Bedeutung.

e.) Übertragung auf das Gewissen – das Gewissen aus einer Teilnehmerperspektive

Das Gewissen ist ebenfalls Teil von reaktiven Haltungen im menschlichen Zusammenleben und stellt eine selbst-reaktive Haltung dar. Ebenso, wie es persönliche und stellvertretende reaktive Haltungen gibt, welche mit Forderungen an andere Menschen für einen selbst sowie Forderungen an andere Menschen für andere Menschen verknüpft sind, existieren nach Strawson auch selbst-reaktive Haltungen, die mit Forderungen an einen selbst für andere Menschen zusammenhängen. Diese selbst-reaktiven Haltungen werden also sich selbst gegenüber eingenommen. Strawson nennt in diesem Zusammenhang das Gefühl von Scham, Gefühle der Verpflichtung und des Gebundenseins, aber auch der Reue, Schuld und Verantwortlichkeit sowie den Gewissensbiss. All diese Typen von Haltungen sind nach Strawson miteinander verbunden. Allgemein fordern wir – innerhalb verschiedener Grenzen – von uns selbst für andere Menschen die Rücksicht, welche wir auch von anderen Menschen für andere Menschen verlangen. All diese Haltungen haben ihre gemeinsame Wurzel in der Natur des Menschen und der Mitgliedschaft im menschlichen Zusammenleben, in menschlichen Gemeinschaften.[1000]

Selbst-reaktive Haltungen und gegen sich selbst gerichtete Gefühle sind nach Strawson auch dafür verantwortlich, dass der Verbrecher oder Übeltäter sich mit seiner „gerechten“ Strafe zufriedengibt und nicht seinerseits derartige negative reaktive Haltungen wie beispielsweise solche des Übelnehmens in Bezug auf die Strafe entwickelt, wie er sie entwickeln würde, wenn grundlos ein Übel über ihn verhängt würde.[1001] Außenstehende reagieren in der Regel mit sehr starken

1000 Strawson, Freiheit und Übelnehmen, in: Pothast (Hg.), Seminar: Freies Handeln und Determinismus, S. 201, S. 219 f.

1001 Strawson, Freiheit und Übelnehmen, in: Pothast (Hg.), Seminar: Freies Handeln und Determinismus, S. 201, S. 228; vgl. hierzu auch: Ferguson/Dempsey, Reconciling interpersonal versus responsibility-based models of guilt, in: Koops u. a. (Hg.), The Development and Structure of Conscience, S. 171, S. 180.

Gefühlen, wenn ein voll verantwortlich Handelnder keine angemessenen selbstreaktiven Haltungen und Gefühle wie beispielsweise Schuld oder Gewissensbisse entwickelt. Der Ausdruck von Schuldgefühlen durch einen Handelnden zeigt, dass dieser sich der Verletzung eines Verhaltensstandards bewusst und um eine Wiedergutmachung bemüht ist.[1002] Schuld manifestiert sich für Greenspan daher in einem negativen Gefühl bei dem Gedanken, für ein Übel verantwortlich zu sein.[1003] Strawsons und Greenspans Analysen stimmen mit Betrachtungen zum interpersonalen Ursprung von Schuld und ihren Funktionen für unser Verhalten sowie zwischenmenschliche Beziehungen überein und korrespondieren auch mit solchen, die Schuld als Basis für die Wahrnehmung von Verantwortlichkeit herausstellen.[1004]

Es ist demnach also im Ergebnis – auch für das Strafrecht und das Recht allgemein – irrelevant, ob das Gewissen mangels Willensfreiheit sowie menschlicher Verantwortlichkeit und mangels feststehender Gewissensgrundlage in Form von absoluten, verbindlichen und unabänderlichen Werten als bloßer „Aberglaube", als reine „Fiktion", entlarvt werden kann. Wir appellieren an unser Gewissen und das Gewissen des anderen als Teilnehmer an der moralischen Gemeinschaft. Auch das Gewissen stellt – wie viele weitere reaktiven Haltungen – einen Teil der Grundfundamente menschlichen Zusammenlebens dar. Die Möglichkeit des Gewissens verkörpert damit ein „allgemein anthropologisches Faktum".[1005] Gewissen und Schuld existieren mithin als genuin menschliche selbst-reaktive Haltungen, welche dauerhaft abzulegen in der moralischen Gemeinschaft wohl nicht möglich sein wird – zumal hiermit mehr Verluste als Gewinne für das menschliche Zusammenleben verbunden wären.

Wie bereits dargestellt, sah schon Kant im Gewissen eine „Prädisposition", welche dem Menschen mitgegeben ist, um sich vernünftigerweise in praktischer Hinsicht zu bestimmen.[1006] „Every human being has a conscience, a common

---

1002 Ferguson/Dempsey, Reconciling interpersonal versus responsibility-based models of guilt, in: Koops u. a. (Hg.), The Development and Structure of Conscience, S. 171, S. 181.

1003 Greenspan, Practical Guilt, S. 166.

1004 Ferguson/Dempsey, Reconciling interpersonal versus responsibility-based models of guilt, in: Koops u. a. (Hg.), The Development and Structure of Conscience, S. 171, S. 181.

1005 Kümmel, Zum Problem des Gewissens, in: Blühdorn (Hg.), Das Gewissen in der Diskussion, S. 441, S. 445.

1006 Kant, Werke, Bd. 5, hg. v. Hartenstein, S. 271; siehe auch: Esser, The Inner Court of Conscience, in: Sensen/Timmermann/Tampota (Hg.), Kant's „Tugendlehre", S. 269, S. 280; Rohlf, Immanuel Kant, in: Zalta (Hg.), The Stanford Encyclopedia of sense grasp of morality, and a firm conviction that he or she is morally accountable. We may have different beliefs about the source of morality's authority – God, social convention, human reason. We may arrive at different conclusions about what morality requires in specific situations. And we may violate our own sense of duty. But we all have a conscience, and an unshakeable belief that morality applies to us. According to Kant, this belief cannot and does not need to be justified or proved [...] It is just a ground-level fact about human beings that we hold ourselves morally accountable."[1007] Kant ist auch der Auffassung, dass es einen Instinkt, einen unwillkürlichen und unwiderstehlichen Trieb in unserer Natur gibt, welcher uns zwingt, ein Urteil über unsere Handlungen zu fällen, sodass ein innerer Schmerz über böse und Freude über gute Handlungen entsteht.[1008]

In diesem Sinne wird auch angenommen, dass Psychopathen, die ein antisoziales sowie kriminelles Verhalten zeigen und systematisch ohne Rücksicht darauf, was sie für richtig oder falsch erachten, handeln, ein Gewissen fehlt.[1009] Sie werden durch eine Unfähigkeit, zwischenmenschliche Beziehungen einzugehen, einen Mangel an Empathie und ein fehlendes Gewissen gekennzeichnet.[1010] Psychopathie wird von Morse definiert als Störung, welche durch emotionale Abnormalitäten wie das Fehlen von Empathie, Gewissen und Rücksicht auf andere sowie Verhaltensauffälligkeiten wie antisoziales Verhalten charakterisiert werden kann.[1011] Vujošević zufolge fehlt Psychopathen die Verbindung zwischen ihren moralischen Überzeugungen und den gegen sich selbst gerichteten Gefühlen beispielsweise von Selbstverurteilung und Schuld, in Strawsons Terminologie also den genuin menschlichen selbst-reaktiven Haltungen. Psychopathen können demnach also nicht die Gewissensbisse oder Reue empfinden, welche andere Menschen spüren, wenn sich eine Diskrepanz zwischen ihren

---

Philosophy, unter: https://plato.stanford.edu/archives/spr2016/entries/kant/, zuletzt abgerufen am 25. September 2017.

1007 Rohlf, Immanuel Kant, in: Zalta (Hg.), The Stanford Encyclopedia of Philosophy, unter: https://plato.stanford.edu/archives/spr2016/entries/kant/, zuletzt abgerufen am 25. September 2017.

1008 Kant, Vorlesung zur Moralphilosophie, hg. v. Stark, S. 101.

1009 Hare, Without Conscience; vgl. hierzu auch: Giubilini, Conscience, in: Zalta (Hg.), The Stanford Encyclopedia of Philosophy, unter: https://plato.stanford.edu/entries/conscience/, zuletzt abgerufen am 25. September 2017.

1010 Vgl.: Sevecke/Krischer, 8. Emotionale Auffälligkeiten bei antisozialem Verhalten im Kindes- und Jugendalter, in: Dulz u. a. (Hg.), Handbuch der Antisozialen Persönlichkeitsstörung, S. 105, S. 110.

1011 Morse, Neuroethics 1 (2008), 205.

moralischen Überzeugungen und dem eigenen Handeln ergibt.[1012] Ihre moralischen Überzeugungen an sich können dabei oft als „normal“ qualifiziert werden.[1013]

Auch „Der Spiegel“ berichtet von Psychopathen als Menschen mit einem kalt-unemotionalen Erscheinungsbild, die schon als Kinder keine tieferen Empfindungen für andere haben[1014] und bei denen in der Kindheit eine Reihe an Fehlern bei der Entwicklung von Mitgefühl und einem Gewissen geschehen sind.[1015] Ein Gewissen zu haben, gehört offenbar zu den wichtigen Grundlagen, welche für eine „gelingende psychosoziale Selbststeuerung menschlicher Entwicklung“ notwendig sind.[1016] Eine Vorstellung von moralischem Verhalten sowie damit verknüpft die Fähigkeit zu emphatischem und rücksichtsvollem Handeln sind also ebenso Bestandteil einer gesunden menschlichen Konstitution wie das Empfinden von Reue, Schuldgefühlen und Gewissensbissen, wenn entgegen dieser moralischen Überzeugungen gehandelt wird.

Auf diese Weise ist es – trotz der Tatsache, dass das aktuelle Verständnis des Gewissens und der Gewissensfreiheit als Ausdruck des modernen Freiheitsdenkens in einer säkularisierten und pluralistischen Welt angesehen werden kann und Gewissensurteile durch Gerichte nicht als richtig oder falsch bezeichnet werden können – menschlich und ganz natürlich im mitmenschlichen Zusammenleben, Urteile in moralischer Hinsicht zu fällen. Ebenso natürlich ist es, gegenüber anderen aus einer Teilnehmerperspektive den eigenen Standpunkt als richtig zu vertreten und diese überzeugen zu wollen. Das Gewissen als genuin menschliche selbst-reaktive Haltung sowie eigene Vorstellungen von Gut und Böse, Richtig und Falsch gehören ebenso wie die Vorstellung von Verantwortlichkeit und Schuld zur menschlichen Natur. Nur auf diese Weise ist Handeln nach den eigenen moralischen Überzeugungen und auch eine Kommunikation über Werte und moralisch richtiges Verhalten möglich. Hier sprechen wir den

1012 Vujošević, Philosophical Psychology 28 (2015), 1219 ff.; vgl. hierzu auch: Giubilini, Conscience, in: Zalta (Hg.), The Stanford Encyclopedia of Philosophy, unter: https://plato.stanford.edu/entries/conscience/, zuletzt abgerufen am 25. September 2017.

1013 Vgl.: Schaich/Sinnott-Armstrong, Do psychopaths make moral judgments?, in: Kiehl/Sinnott-Armstrong (Hg.), Handbook on Psychopathy and Law, S. 107, S. 124; siehe hierzu auch: Giubilini, Conscience, in: Zalta (Hg.), The Stanford Encyclopedia of Philosophy, unter: https://plato.stanford.edu/entries/conscience/, zuletzt abgerufen am 25. September 2017.

1014 Thadeusz, Kindheit ohne Gewissen, in: Der Spiegel 48/2012, S. 136, S. 137.

1015 Thadeusz, Kindheit ohne Gewissen, in: Der Spiegel 48/2012, S. 136, S. 138.

1016 Mahler, Gewissen und Gewissensbildung in der Psychotherapie, S. 68.

anderen ebenfalls in der Regel als verantwortlichen Gegenüber an und wechseln nur ausnahmsweise zu einer objektiven Perspektive, wenn wir davon ausgehen, dass dieser unsere Auffassung nicht verstehen kann oder ihr nicht zugänglich ist. Wir werden wohl trotz einer theoretischen Überzeugung davon, dass Gewissensauffassungen grundsätzlich nicht als „richtig", „falsch" oder „irrig" bezeichnet werden können, nicht aufhören, nach diesen Überzeugungen zu handeln, unsere Werte zu vertreten, von ihnen überzeugt zu sein und auch andere überzeugen zu wollen. Schließlich kann man nur auf diese Weise einen Konsens finden, Argumente austauschen und sich auf gemeinsame Werte verständigen.

Auch wenn daher in einer säkularisierten und pluralistischen Welt theoretisch jede Gewissensauffassung grundsätzlich – im Rahmen der durch das Grundgesetz festgesetzten Grenzen – zu akzeptieren ist und eine Gewissensauffassung dem Grunde nach durch Gerichte nicht in Bezug auf ihre „Wahrheit" beurteilt werden darf, sind im zwischenmenschlichen Miteinander Diskussionen über die eigenen im Gewissen verankerten Vorstellungen durchaus möglich und in gesellschaftlicher Hinsicht auch wünschenswert. Dies gehört zur menschlichen Natur und trägt mehr Nutzen als Schaden für das menschliche Zusammenleben in sich.

All das bedeutet jedoch nicht, dass nur Psychopathen und keine „ganz normalen" Menschen in bestimmten Situationen ohne Rücksicht auf das Gewissen oder jegliche Gewissensregung handeln können, wie der Nationalsozialismus und beispielsweise auch das Stanforder Gefängnisexperiment oder die Performancekunst „Rythm 0" von Marina Abramović noch einmal gezeigt haben. Manche Kinder fügen Tieren ohne Grund Schmerzen zu, einige Menschen mobben und quälen damit andere, ohne in einer Drucksituation zu sein. Gerade derartige Erkenntnisse gehören aber ebenfalls zur Krise des Gewissens und das Wissen hierum kann für einen bewussteren und reflektierten Umgang mit dem Gewissen sorgen. Die menschlichen Anlagen sind sehr vielfältig und facettenreich. Ohne Gewissen, Schuldbewusstsein, Mitleid und Einfühlungsvermögen als genuin menschliche Anlagen stünde es um die Welt jedoch schlecht, wie psychopathisches und antisoziales Verhalten verdeutlicht.

9.) Zum Umgang mit der Gewissensfreiheit und dem Gewissen im Recht

Das Gewissen kann damit also auch weiterhin als Bezugspunkt für das Recht fungieren, wenn in Art. 4 Abs. 1 GG die Gewissensfreiheit vorbehaltlos gewährleistet ist, nach Art. 4 Abs. 3 GG niemand gegen sein Gewissen zum Kriegsdienst an der Waffe gezwungen werden darf und Art. 38 Abs. 1 Satz 2 GG die Abgeordneten des Deutschen Bundestags nur ihrem Gewissen unterwirft, aber auch wenn ein Richter – wie oben dargestellt – einen Fall beurteilt. Es ist ein wesentliches Element des menschlichen Lebens und nicht aus unserem alltäglichen Miteinander hinwegzudenken, sodass das Recht dies auch zu berücksichtigen hat. All das kann nur geschehen, wenn man einander moralisch und sittlich als Teilnehmer anspricht und reaktive, interpersonale Haltungen einnimmt. Dies ist der menschlichen Natur immanent und unabhängig davon, ob es einen „freien Willen" oder eine objektive und letzte Begründung für all die durch die Haltungen verkörperten Werte gibt.

a.) Wie weit darf die Toleranz eines „abweichenden Gewissens" reichen?

Die Vielfalt an Werten und Glaubensüberzeugungen, welche eines der strukturierenden Merkmale gegenwärtiger Gesellschaften darstellt, führt jedoch häufig und nicht nur in Deutschland zu ethischen und politischen Auseinandersetzungen sowie Meinungsverschiedenheiten, welche das „soziale Band" in unterschiedlichem Maß erodieren.[1017] In ganz verschiedenen Lebensbereichen verlangen Individuen aufgrund ihrer Glaubens- oder Gewissensüberzeugungen nach Sonderlösungen oder Ausnahmen von geltendem Recht. Wie sollte eine Gesellschaft, motiviert durch ein Ideal von sozialer Gerechtigkeit, solche Konflikte lösen? Das Ziel einer liberalen und pluralistischen Konzeption von Säkularität muss – auch in internationaler Hinsicht – sein, einen optimalen Ausgleich zwischen dem „respect for moral equality" und der „protection of individuals' freedom of conscience" zu finden.[1018]

1017 Maclure/Taylor, Secularism and freedom of conscience, S. 62.
1018 Maclure/Taylor, Secularism and freedom of conscience, S. 63.

aa.) Zur Schrankproblematik in Bezug auf die Gewissensfreiheit nach Art. 4 Abs. 1 GG

(1) Grundsätzliches zu den absoluten Grenzen der Gewissensfreiheit

Die in Art. 4 GG gewährleistete Gewissensfreiheit steht nicht unter einem Vorbehalt der „allgemeinen Gesetze". Dies ist nach Böckenförde nicht ohne Vorbedacht geschehen.[1019] Es stellt sich jedoch die Frage, wo das Recht die Grenze in Bezug auf eine noch schützenswerte oder gesellschaftlich akzeptable Gewissensposition ziehen soll. Schließlich ist es möglich, dass Widersprüche zwischen dem subjektiv empfundenen Urteil des Gewissens und objektiv gültigen Rechtsvorschriften oder auch zwischen dem eigenen subjektiven Gewissen und der gesellschaftlich anerkannten Moral auftreten. Gerade große und heroische Verhaltensanforderungen sind oftmals individualisiert und nicht verallgemeinerungsfähig und können einen Verstoß gegen das Recht fordern. Es ist also der Konflikt zwischen subjektiver Eingebung des Gewissens und der vorherrschenden objektiven Verhaltensordnung zu lösen.[1020]

Jedenfalls abzulehnen ist die Auffassung Geigers, es werde eine objektive, sittliche Ordnung vorausgesetzt, welcher das subjektive Gewissen entspreche, sodass im Ergebnis für den Konfliktfall eine Instanz mit lehramtlichen Funktionen in Kenntnis der objektiven Ordnung den Inhalt des jeweils „richtigen" Gewissensurteils festzustellen habe.[1021] Im weltanschauungsneutralen Staat ist sie, wie umfassend dargelegt, unzulässig.[1022]

Paul konstatiert, das Grundgesetz räume, wenn es die Menschenwürde zum obersten Ziel der Rechtsordnung erklärt, nicht etwa dem einzelnen Gewissen einen unbedingten Vorrang ein. Eine Verfassung könne keinen Bestand haben, wenn sie dies täte.[1023] Gerade das Bundesverfassungsgericht habe auch betont, dass das Grundgesetz nicht vom Menschenbild eines selbstherrlichen Individuums, sondern von der in der Gemeinschaft stehenden und ihr vielfältig verpflichteten Persönlichkeit ausgeht.[1024] Böckenförde erkennt daher, dass Freiheit als rechtliche Freiheit niemals absolut und unbeschränkt gewährleistet sein kann, da die Tatsache, dass diese Freiheit nur gemeinsam mit der Freiheit anderer

---

1019 Böckenförde, VVDStRL 28 (1970), 33, 35.

1020 So auch: Luhmann, Die Funktion der Gewissensfreiheit im öffentlichen Recht, in: Kallenbach/Schemel (Hg.), Funktion des Gewissens im Recht, S. 9 f.

1021 Geiger, Gewissen, Ideologie, Widerstand, Nonkonformismus, S. 60, S. 63.

1022 So z. B. auch: Bäumlin, VVDStRL 28 (1970), 3, 17.

1023 Paul, Gewissen und Recht, S. 15.

1024 BVerfGE 12, 45 (51); vgl. hierzu: Paul, Gewissen und Recht, S. 15.

bestehen kann, zu ihrem Begriff gehört.[1025] Paul ist der Auffassung, Gewissen und Freiheit können immer erst in der Bindung an Pflichten eine „sinnerfüllende Verwirklichung" finden.[1026] Das abweichende Gewissen, welches die Tolerierung eines ihm gemäßen Verhaltens fordert, stelle also vor die Frage nach den Grenzen einer möglichen Toleranz.[1027]

In diesem Sinne äußert auch Bäumlin, die Gewissensfreiheit als Äußerung des Toleranzprinzips sei „unter keinen Umständen ein Rechtstitel für die Vergewaltigung der anderen". Die Freiheit des Gewissens schütze demnach weder das „herrscherliche subjektiv-moralische Gewissen", welches Maßgeblichkeit auch für alle anderen einfordert, noch das rebellische, „wahre und vorurteilslose Bewusstsein" von Gruppen, die sich selbst für kompetent befinden, „stellvertretend für alle anderen den Weg zum Richtigen zu weisen".[1028]

Die absoluten Grenzen einer möglichen Toleranz einer andersartigen Gewissensentscheidung liegen nach Paul in der Menschenwürde und dem Rechtsstaatsprinzip, die nach Art. 79 Abs. 3 GG unabänderlich sind.[1029] Böckenförde sieht die unübertretbaren Grenzen der Gewissensfreiheit dort, wo „die elementaren, letzten Zwecke des modernen Staates [...] unmittelbar bedroht sind: der innerstaatliche Friedenszustand, der Bestand des Staates und die Möglichkeit seiner Sicherung nach außen, die Sicherung von Leben und Freiheit der Person, die unbedingt zu schützenden Rechte der [E]inzelnen".[1030] Das Gewissen, welches für sich selbst vom Staat unbedingte Achtung sowie Freiheit verlangt, ist schließlich auch verpflichtet, die Rechte und Freiheit der anderen Menschen zu respektieren.[1031]

(2) Luhmanns Ansatz zur Lösung eines Konflikts zwischen Gesetz und Gewissen

Böckenförde rekurriert schließlich – da der „Unterlassungsanspruch" des Individuums sich nur auf das konkrete dem Gewissen entgegenstehende Handeln, nicht aber auf eine ersatzlose Freistellung richte – auf das Auferlegen von

1025 Böckenförde, VVDStRL 28 (1970), 33, 54.
1026 Paul, Gewissen und Recht, S. 15.
1027 Paul, Gewissen und Recht, S. 16.
1028 Bäumlin, VVDStRL 28 (1970), 3, 25.
1029 Paul, Gewissen und Recht, S. 18.
1030 Böckenförde, VVDStRL 28 (1970), 33, 59.
1031 Böckenförde, VVDStRL 28 (1970), 33, 59 f.

Verhaltensalternativen und den elementaren Sinn der Gewissensfreiheit nach Luhmann.[1032]

Luhmann ist der Auffassung, dass der Konflikt nicht radikal zugunsten entweder der einen oder der anderen Seite entschieden werden könne. Weder „rein subjektiv-anarchische Lösungen“ noch „objektive Moralen ohne subjektiven Abweichungsspielraum“ seien angemessen oder auch nur vertretbar. Daher müsse das Ziel sein, nicht nur simple Lösungen, sondern Entscheidungsregeln zu finden, welche vernünftig begründbar und somit auch kritikfähig sind.[1033] Luhmann differenziert zwischen moralisch und soziologisch begründeten Entscheidungsregeln. Eine Entscheidungsregel sei dann moralisch begründet, wenn die Wahl zwischen Gewissensforderung und moralischer Vorschrift wiederum durch eine andere höherrangige moralische Vorschrift entschieden wird.[1034] Wer noch am Naturrechtsgedanken festhalte, meine zunächst diese hierarchische Form, während die Frage danach, ob und welche Inhalte er sonst noch einbeziehen kann, zunehmend zweifelhaft werde.[1035]

Luhmann rekurriert letztendlich aber auf die Systemtheorie, welche „ein Suchmuster für mögliche Problemlösungen“ hergebe, „ohne damit den Entscheidenden moralisch auf bestimmte Lösungen festzulegen“,[1036] und damit auf soziologisch begründete Entscheidungsregeln. Er versteht das Gewissen, wie dargelegt, als Systemstabilisator der eigenen Persönlichkeit und führt aus: „[Es kommt] zunächst nur auf die These an, dass der Begriff Gewissen als eine euphemistische, honorifizierende, werbende Bezeichnung dient für Steuerungseinrichtungen, die in einer bestimmten Lage der gesellschaftlichen Entwicklung unentbehrliche Funktionen übernehmen – unentbehrlich sowohl für zahlreiche psychische Systeme als auch für soziale Systeme, insbesondere die Gesellschaft im Ganzen; unentbehrlich sowohl für den, der zur Vereinfachung seiner Umwelt voraussetzen muss, dass andere ein Gewissen fühlen, dass andere wissen, dass er

---

1032 Böckenförde, VVDStRL 28 (1970), 33, 61 f.; ebenfalls auf Verhaltensalternativen im Sinne Luhmanns rekurrierend: Bäumlin, VVDStRL 28 (1970), 3, 21 f.; Jarass, in: Jarass/Pieroth, Grundgesetz für die Bundesrepublik Deutschland, Art. 4, Rn. 50.

1033 Vgl. z. B.: Luhmann, Die Funktion der Gewissensfreiheit im öffentlichen Recht, in: Kallenbach/Schemel (Hg.), Funktion des Gewissens im Recht, S. 9, S. 10.

1034 Luhmann, Die Funktion der Gewissensfreiheit im öffentlichen Recht, in: Kallenbach/Schemel (Hg.), Funktion des Gewissens im Recht, S. 9, S. 11.

1035 Luhmann, Die Funktion der Gewissensfreiheit im öffentlichen Recht, in: Kallenbach/Schemel (Hg.), Funktion des Gewissens im Recht, S. 9, S. 11.

1036 Luhmann, Die Funktion der Gewissensfreiheit im öffentlichen Recht, in: Kallenbach/Schemel (Hg.), Funktion des Gewissens im Recht, S. 9, S. 13.

unterstellt, dass sie ein Gewissen fühlen und dass sie auch die Nichtenttäuschung dieses Sichverlassens auf ihr Gewissen zur Sache ihres Gewissens machen."[1037]

Luhmann macht daher den Vorschlag, im Konflikt zwischen subjektivem Gewissensurteil und öffentlicher Ordnung, welchen das Grundgesetz voraussieht und dem Wortlaut nach „zu einseitig in eine anarchische Richtung löst", einen „Konflikt der Steuerungsweise verschiedener Systeme" zu sehen.[1038] Als Entscheidungsregel solle das Prinzip gelten, dass dasjenige System zurückweichen muss, welches seinerseits über Alternativen verfügt. In den übrigen „alternativlosen" Fällen sei der Wortlaut des Grundgesetzes anzuwenden, wobei jedoch ein enger Gewissensbegriff zugrunde gelegt werden müsse.[1039]

Wenn die alte „moralische" Bindung oder eine „Wahrheitsbindung" des Gewissens aufgegeben werden muss, dann müssen in Luhmanns Worten die darin latent verankerten sozialen Rücksichten kompensiert werden. Nun muss auf andere Weise für sie gesorgt werden. Wie bereits dargestellt, geht es für Luhmann dann nicht mehr darum, ob der Einzelne auf sein Gewissen hört und hierdurch – so unterstellt – zu einer gemeinsamen Wahrheit zurückgeführt wird, sondern um das Problem, dass er zur Quelle von sozialen Enttäuschungen und Störungen werden kann, wenn er auf sein Gewissen hört,[1040] da ein stark ausgeprägtes Gewissen, basierend auf starken Überzeugungen, keine Garantie für friedvolles Verhalten ist.[1041]

Wie bereits dargelegt, sieht Luhmann den Sinn der Gewissensfreiheit dann darin, dass eine Orientierung am Gewissen nicht ermöglicht, sondern vielmehr gerade erspart wird. Der alte Wahrheitskosmos lasse sich nicht wiederherstellen, sodass das Gewissen sowie seine Folgeprobleme auf der Ebene sozialer Planung gelöst werden müssen. Zwar könne soziale Planung als Ersatz für Wahrheit aus einigen Perspektiven kein vollwertiges Äquivalent bilden, dies verstehe sich von selbst. Gerade das aber sei ein typisches Merkmal sozialer Differenzierung.[1042] Luhmann führt aus: „Wie alle Institutionen wird auch die Wahrheit in der

---

1037 Luhmann, Die Funktion der Gewissensfreiheit im öffentlichen Recht, in: Kallenbach/Schemel (Hg.), Funktion des Gewissens im Recht, S. 9, S. 16.

1038 Luhmann, Die Funktion der Gewissensfreiheit im öffentlichen Recht, in: Kallenbach/Schemel (Hg.), Funktion des Gewissens im Recht, S. 9, S. 16.

1039 Luhmann, Die Funktion der Gewissensfreiheit im öffentlichen Recht, in: Kallenbach/Schemel (Hg.), Funktion des Gewissens im Recht, S. 9, S. 16 f.

1040 Luhmann, AöR 90 (1965), 257, 279 f.

1041 Thome, Self-Control, Conscience, and Criminal Violence, in: Heitmeyer u. a. (Hg.), Control of Violence, S. 121, S. 134.

1042 Luhmann, AöR 90 (1965), 257, 280.

Neuzeit funktional spezifiziert, und zwar in Bezug auf die Ordnung des Verhältnisses von Wahrnehmung und Begriff. Auch die Wahrheit muss daher, so wie die Familie, das Recht, die politische Ordnung, Funktionen abgeben, die durch andere, darauf spezialisierte Institutionen wirksamer befriedigt werden können. Dass unsere Gewissenslehre diese Entwicklung bisher nicht akzeptiert, bringt sie in die Gefahr, als romantische Ideologie zu versteinern."[1043]

Wie bereits dargestellt, hat Luhmanns Zugriff auf die Freiheit des Gewissens mit dem Absehen von einer Wahrheitsbindung des Gewissens und dem Rekurrieren auf „lästige Alternativen" einen großen Beitrag zum verfassungsrechtlichen Verständnis der Gewissensfreiheit und zur Lösung von Konflikten zwischen Gesetz und Gewissen geleistet, auch wenn die Gewissensbetätigungsfreiheit, mithin das forum externum, eine zu untergeordnete Rolle spielt.

(3) Abwägung und Herstellung von praktischer Konkordanz

Bei der in Art. 4 Abs. 1 GG verankerten Gewissensfreiheit handelt es sich – wie dargelegt – um ein vorbehaltlos gewährleistetes Grundrecht. Es kann daher nur durch kollidierendes Verfassungsrecht eingeschränkt werden.[1044] Eine Heranziehung der Schranken von Art. 2 Abs. 1 GG scheidet schon nach dem klaren Wortlaut von Art. 4 Abs. 1 GG aus.[1045] Eingriffe in die Gewissensfreiheit können damit nur durch die „immanenten Schranken" des Grundgesetzes gerechtfertigt werden.[1046]

Im Konfliktfall ist die Gewissensfreiheit im Wege der Abwägung mit kollidierenden Eingriffszwecken zu einem möglichst schonenden Ausgleich zu bringen, es ist praktische Konkordanz herzustellen.[1047] Die Gewissensfreiheit ist in diesem Sinne einschränkbar, wenn ihre unbegrenzte Ausübung andere Verfassungsgüter,

---

1043 Luhmann, AöR 90 (1965), 257, 280.

1044 Siehe nur: Epping, Grundrechte, Rn. 333; Manssen, Staatsrecht II, § 15, Rn. 347; Morlok, in: Dreier (Hg.), Grundgesetz Kommentar, Bd. 1, Art. 4, Rn. 159; Germann, in: Epping/Hillgruber (Hg.), Beck'scher Online-Kommentar zum Grundgesetz, Art. 4, Rn. 95; Jarass, in: Jarass/Pieroth, Grundgesetz für die Bundesrepublik Deutschland, Art. 4, Rn. 50.

1045 Scholler, Gewissen, Gesetz und Rechtsstaat, in: Blühdorn (Hg.), Das Gewissen in der Diskussion, S. 407, S. 419.

1046 Morlok, in: Dreier (Hg.), Grundgesetz Kommentar, Bd. 1, Art. 4, Rn. 127.

1047 Germann, in: Epping/Hillgruber (Hg.), Beck'scher Online-Kommentar zum Grundgesetz, Art. 4, Rn. 95; ebenfalls zur Abwägung sowie zur Herstellung praktischer Konkordanz: Bäumlin, VVDStRL 28 (1970), 3, 22.

insbesondere die Grundrechte Dritter, beeinträchtigen würde, sodass unter dem Grundsatz der „Einheit der Verfassung“ ein Ausgleich herzustellen ist.[1048]

Auch Scholler zufolge muss der Missbrauch des Grundrechts durch die Rechtsordnung gesteuert werden. Dies geschehe gegenüber den kollidierenden Grundrechten der Mitbürger durch Güterabwägung. Eine solche sei aber gegenüber objektiven Rechtsgütern der Gemeinschaft nicht möglich, da diese dem Gewissen gegenüber „inkommensurabel“ seien. Scholler fasst zusammen, die missbrauchs- und kollisionslösenden Normen fänden ihre Grundlage in der Zusammenschau der Grundrechtsnormen, welche die Entfaltung annexer Vorbehaltsschranken erlaube.[1049]

Czermak führt aus, der Kreis legitimer Verfassungsschranken werde recht klein sein, sofern eine Einschränkung überhaupt möglich sei. Wenn eine echte Gewissensnot vorliege, sei nicht vorstellbar, aus welchen vorrangigen Gründen sich der staatliche Zwang (unter Umständen in reduzierter Form) durchsetzen sollte. Terroranschläge von Überzeugungstätern seien schon nicht in der Lage, den Tatbestand der Gewissensfreiheit zu erfüllen. Sie seien schwerlich als staatlich verursachter Konflikt aufzufassen, vor allen Dingen aber verstießen sie gegen das dem Grundgesetz zugrunde liegende Gewaltverbot. Nichtsdestotrotz gebe es aber Konstellationen, in denen eine Abwägung zwischen grundgesetzlich geschützten Rechtsgütern vorzunehmen sei. Czermak erwähnt in diesem Zusammenhang den Fall, in welchem die durch das Strafrecht vorgeschriebene Hilfeleistungspflicht aus Art. 2 Abs. 2 GG mit der religiös begründeten Gewissensauffassung, welche eine Hilfeleistung verbietet, im Konflikt steht.[1050] Eine solche Konstellation lag im sogenannten „Gesundbeter-Fall“ vor, in dem beide Eheleute eine Bluttransfusion ablehnten und die Ehefrau verstarb.[1051]

Auch eine Einschränkung des Grundrechts auf Gewissensfreiheit in diesem Sinne geschieht zusammenfassend also insofern, als dass man den Träger des Gewissens als Teilnehmer an der moralischen Gemeinschaft anspricht und von ihm in Bezug auf Freiheit und Toleranz das verlangt, was auch von den anderen Mitgliedern in der Gemeinschaft verlangt wird. So kann jemandem auch entgegengehalten werden, seine Gewissensauffassung sei nicht mehr im Einklang mit der Verfassung und den gesellschaftlichen Werten, auf denen eine

1048 Siehe z. B.: BVerfGE 32, 98 (107 f.); vgl. hierzu auch: Morlok, in: Dreier (Hg.), Grundgesetz Kommentar, Bd. 1, Art. 4, Rn. 127.

1049 Scholler, Gewissen, Gesetz und Rechtsstaat, in: Blühdorn (Hg.), Das Gewissen in der Diskussion, S. 407, S. 420 f.

1050 Czermak, Religions- und Weltanschauungsrecht, § 8, Rn. 138.

1051 BVerfGE 32, 98.

Gesellschaft basiert. Auf diese Weise wird mithin ein Ausgleich in Bezug auf alle kollidierenden Interessen geschaffen.

bb.) Einschränkbarkeit des Rechts auf Kriegsdienstverweigerung

Zweifelhaft ist, ob kollidierendes Verfassungsrecht auch bei Art. 4 Abs. 3 Satz 1 GG herangezogen werden kann. Das Bundesverfassungsgericht hat zwar – zu Zeiten, in welchen noch Wehrpflicht bestand – in zwei seiner Entscheidungen die Heranziehung zum Kriegsdienst trotz einer entgegenstehenden Entscheidung des Gewissens als verfassungsgemäß anerkannt und sich auf kollidierendes Verfassungsrecht in Form der aus verschiedenen Normen abgeleiteten Wehrfähigkeit des Staates berufen.[1052] Wenn aber jede Gewissensentscheidung unter dem Vorbehalt der „Wehrfähigkeit des Staates" steht, birgt dies die Gefahr, dass das Grundrecht in inhaltlicher Hinsicht entwertet wird.[1053] Die Richter Böckenförde und Mahrenholz führen in ihrem abweichenden Votum zum Urteil des Bundesverfassungsgerichts BVerfGE 69, 1 (65) (Kriegsdienstverweigerung II) daher aus: „In seinem normativen Gehalt setzt Art. 4 Abs. 3 GG [...] Grenzen für Ausbau und Organisation der militärischen Landesverteidigung, nicht umgekehrt. [...] Immanente Schranken des Grundrechts aus Art. 4 Abs. 3 GG können nicht aus dem ihm gegenüberstehenden staatlichen ‚Gegeninteresse', d. h. der Aufgabe zur Herstellung einer funktionsfähigen Landesverteidigung, gewonnen werden; denn gerade dieser staatlichen Aufgabe gegenüber ist Art. 4 Abs. 3 GG vom Verfassungsgeber als Begrenzung normiert worden. [...]"[1054]

Auch Morlok ist der Ansicht, selbst, wenn man entgegen der von ihm vertretenen Auffassung aus bundesstaatlichen Kompetenz- und Ermächtigungsnormen sowie Organisationsregelungen eine verfassungsrechtliche Grundentscheidung für eine wirksame Landesverteidigung ableiten wollte, so könne aber ein Eingriff in das vorbehaltlos gewährleistete Grundrecht auf Kriegsdienstverweigerung nicht gerechtfertigt werden, da ebendieser staatlichen Aufgabe durch das Grundrecht gerade Grenzen gesetzt werden sollen. Anderenfalls würde das Grundrecht

---

1052 BVerfGE 28, 243 (261); siehe auch: BVerfGE 69, 1 (21 f.); vgl. hierzu: Epping, Grundrechte, Rn. 333.

1053 Epping, Grundrechte, Rn. 333.

1054 BVerfGE 69, 1 (65) (abweichende Meinung von Böckenförde und Mahrenholz); vgl. hierzu auch: Epping, Grundrechte, Rn. 333.

auf Kriegsdienstverweigerung entgegen seiner rechtlichen Ausgestaltung stets unter dem Vorbehalt einer effektiven Landesverteidigung stehen.[1055]

Germann meint sogar, Eingriffe in den Schutzbereich von Art. 4 Abs. 3 GG seien keiner verfassungsrechtlichen Rechtfertigung zugänglich.[1056] Dem ist schon aufgrund der Tatsache zuzustimmen, dass – wie dargestellt – das Bekenntnis des Staates, seine Bürger nicht gegen ihr Gewissen und damit ihren ureigenen Persönlichkeitskern (zum Töten) zu zwingen, gerade bei der Kriegsdienstverweigerung aus Gewissensgründen auf seine Ernsthaftigkeit und Wahrhaftigkeit geprüft wird. Hier zeigt sich die Bereitschaft des Staates, Opfer auf sich zu nehmen, um das Gewissen des Einzelnen zu schützen und so weit wie möglich unversehrt zu lassen, selbst wenn es um seinen eigenen Bestand geht. Der Respekt vor dem Einzelnen mit seiner Freiheit, seiner Persönlichkeit und seinem Gewissen ist größer als das Interesse des Staates an seiner Bestandsfähigkeit.

cc.) Zum „Gewissensirrtum“ des Straftäters

(1) Die Debatte um die strafrechtliche Einordnung des „Gewissensirrtums“ – der Weg zur „schuldtheoretischen Lösung“ des § 17 StGB

Wie ein vermeintlich „irrendes Gewissen“ in der strafrechtlichen Irrtumslehre zu behandeln ist, war lange Zeit umstritten. Das Reichsgericht sah im Unrechtsbewusstsein kein Verbrechensmerkmal. Für ein „vorsätzliches Verschulden“ reichte die Kenntnis der objektiven Tatbestandsmerkmale aus.[1057] Nur ein Tatirrtum (error facti) und ein diesem gleichgestellter „außerstrafrechtlicher Rechtsirrtum“ (error iuris) beseitigte den Vorsatz, nicht aber ein strafrechtlicher Rechtsirrtum. Die Abgrenzung zwischen einem strafrechtlichen und einem außerstrafrechtlichen Rechtsirrtum orientierte sich am Kriterium der Strafwürdigkeit, war aber so willkürlich, dass Hippel die Ansicht vertrat, das Reichsgericht stünde mit dieser Lehre so einsam und verlassen da wie wohl sonst in keiner wichtigen Frage.[1058]

1055 Morlok, in: Dreier (Hg.), Grundgesetz Kommentar, Bd. 1, Art. 4, Rn. 188; so auch: Jarass, in: Jarass/Pieroth, Grundgesetz für die Bundesrepublik Deutschland, Art. 4, Rn. 60.

1056 Germann, in: Epping/Hillgruber (Hg.), Beck'scher Online-Kommentar zum Grundgesetz, Art. 4, Rn. 119.

1057 Siehe: RGSt 2, 268 (269); RGSt 8, 182 (183); RGSt 53, 81 (85); vgl. hierzu auch: Kraatz, JURA 2014 (8), 787, 791 f.

1058 V. Hippel, Deutsches Strafrecht, Bd. 2, S. 343; vgl. hierzu auch: Kraatz, JURA 2014 (8), 787, 792.

Nach dem Jahr 1945 änderte sich die Praxis jedoch auch aus diesem Grund.[1059] Welzel entwickelte die Schuldtheorie, welche sich in der Rechtsprechung durchsetzte. Der Irrtum über ein Tatbestandsmerkmal als Tatbestandsirrtum sei klar vom Irrtum über die Rechtswidrigkeit des Handelns, dem Verbotsirrtum, zu trennen.[1060] Diese strenge Unterscheidung zwischen Tatbestands- und Verbotsirrtum hat sich erst in den 1950er Jahren verfestigt.[1061] Die als „Vorsatztheorie“ bezeichnete Auffassung behandelte im Gegensatz zur später entwickelten „Schuldtheorie“ Tatbestands- und Verbotsirrtum gleich und verneinte auch bei Vorliegen eines Verbotsirrtums den Vorsatz. Hierbei war zwischen der strengen und der eingeschränkten Vorsatztheorie zu unterscheiden, welche den Vorsatz dann wiederum bejahte, wenn dem Täter das Unrechtsbewusstsein aus „Rechtsblindheit“ fehlte.[1062]

Dies verkennt nach Welzel jedoch den spezifischen sachlichen Unterschied zwischen Sachverhalts- und Rechtsirrtum und führt daher zu Fehllösungen. Im Falle der Tötungen im Rahmen der Euthanasie während des Nationalsozialismus beispielsweise könne man nicht bestreiten, dass der jeweilige Täter dem Opfer wissentlich und willentlich das Leben genommen hat. Der Irrtum betreffe lediglich die Rechtswidrigkeit der vorsätzlichen Tötungshandlung. Das Bewusstsein der Rechtswidrigkeit gehöre daher zur Schuld und lasse den Tatvorsatz unberührt. Wenn jemand im irrigen Glauben, dazu berechtigt zu sein, jemanden tötet, so sei dessen Schuld als Vorwerfbarkeit der Tat, wenn dieser Irrtum unvermeidlich war, ausgeschlossen. War der Irrtum jedoch bei Anwendung der zumutbaren Sorgfalt vermeidbar, so sei die Vorwerfbarkeit nach dem Grade der Entschuldbarkeit des Irrtums gemindert.[1063] Die früher vom Reichsgericht vertretene Auffassung hingegen verstoße gegen das Schuldprinzip.[1064] Nach Welzel

1059 Vgl.: BGHSt 2, 194; OLG Oldenburg, SJZ 1950, 834 f.; vgl. hierzu auch: Kraatz, JURA 2014 (8), 787, 792.

1060 Welzel, Der Irrtum über die Rechtswidrigkeit des Handelns, in: Ders., Abhandlungen zum Strafrecht und zur Rechtsphilosophie, S. 250 ff.; siehe hierzu auch: Foljanty, Recht oder Gesetz, S. 80; Freudiger, Die juristische Aufarbeitung der NS-Verbrechen, S. 342.

1061 Wessels/Beulke/Satzger, Strafrecht Allgemeiner Teil, Rn. 689a.

1062 Wessels/Beulke/Satzger, Strafrecht Allgemeiner Teil, 44. Aufl. 2014, Rn. 463.

1063 Welzel, Der Irrtum über die Rechtswidrigkeit des Handelns, in: Ders., Abhandlungen zum Strafrecht und zur Rechtsphilosophie, S. 250, S. 252, S. 255; vgl. auch: Foljanty, Recht oder Gesetz, S. 80.

1064 Welzel, Der Irrtum über die Rechtswidrigkeit des Handelns, in: Ders., Abhandlungen zum Strafrecht und zur Rechtsphilosophie, S. 250, S. 256.

ist dies die wesensmäßige Konsequenz des Schuldprinzips sowie die grundlegende Einsicht der scholastischen Moraltheologie im Anschluss an Thomas von Aquin, dass die „ignorantia iuris invincibilis" die Schuld ausschließt, während die „ignorantia iuris vincibilis" diese mindert, die Vorsätzlichkeit der Tat aber unberührt lässt.[1065]

Der im Jahr 1975 erlassene § 17 StGB in der Fassung des 2. StrRG kann als „Positivierung der schuldtheoretischen Lösung" angesehen werden. Das geltende Recht ist mit den §§ 16, 17 StGB aus obigen und vom Bundesverfassungsgericht als verfassungskonform bestätigten Gründen der Schuldtheorie gefolgt.[1066]

Sehr häufig wird die Annahme eines entschuldigenden unvermeidbaren Verbotsirrtums nach § 17 StGB beim „klassischen" Gewissens- oder Überzeugungstäter abzulehnen sein, wenn dieser das Recht kennt, sein Gewissensgebot jedoch bewusst darüber stellt und weiß, dass die von ihm missachtete Norm eine verfassungsmäßig zustande gekommene ist.[1067] Heuchemer schreibt in seinem Beitrag zu § 17 StGB im Beck'schen Online Kommentar zum StGB daher schlicht, dass Überzeugungs- und Gewissenstäter mit Unrechtsbewusstsein handeln.[1068]

Katoh macht hiervon jedoch eine Ausnahme für den Fall, dass der „Überzeugungstäter" sich gegen ein Gesetz richtet, das aus naturrechtlichen, überpositiven Gründen ungültig ist. In diesem Fall handele er sittlich und rechtlich einwandfrei, er begehe kein Verbrechen und nur Terror, nicht aber Recht könne ihn wegen seines Widerstandes „in den Kerker werfen".[1069] Das mag zwar plausibel klingen, gerade wenn man die Geschichte Deutschlands betrachtet. Tatsächlich verweist dies jedoch auf das bereits wohl „überholte" Naturrecht und droht, zu einer Leerformel zu werden, zumal sich wohl kein Staat dazu bekennen wird, Gesetze zu haben, die aus überpositiven, naturrechtlichen Gründen nichtig sind.

1065 Welzel, Der Irrtum über die Rechtswidrigkeit des Handelns, in: Ders., Abhandlungen zum Strafrecht und zur Rechtsphilosophie, S. 250, S. 255; ders., Vom irrenden Gewissen, in: Blühdorn (Hg.), Das Gewissen in der Diskussion, S. 384, S. 388 f.; vgl.: v. Aquin, Das irrende Gewissen, Art. 6, unter: http://www.hoye.de/christentum/lieferung16.pdf, zuletzt abgerufen am 25. September 2017.

1066 BVerfGE 41, 121; vgl. hierzu auch: Wessels/Beulke/Satzger, Strafrecht Allgemeiner Teil, 44. Aufl. 2014, Rn. 465.

1067 Vgl.: BGHSt 2, 194 (208); vgl. hierzu auch: Katoh, Die Krise des Schuldprinzips, in: Hefendehl/Hörnle/Greco (Hg.), FS Schünemann, S. 131, S. 135.

1068 Heuchemer, in: v. Heintschel-Heinegg (Hg.), Beck'scher Online Kommentar zum StGB, § 17, Rn. 16.

1069 Katoh, Die Krise des Schuldprinzips, in: Hefendehl/Hörnle/Greco (Hg.), FS Schünemann, S. 131, S. 135.

(2) Eine Sonderbehandlung für Gewissenstäter?

Es wurden noch andere Ansichten zur strafrechtlichen Behandlung des „Gewissensirrtums“ und einer von der Rechtsordnung nicht mehr tolerierten Gewissensauffassung vorgebracht, wobei sich auch die Frage nach einer Differenzierung zwischen Gewissens- und Überzeugungstätern stellt.[1070]

(a) Unterscheidung zwischen Gewissens- und Überzeugungstäter

Heuchemer ist der Auffassung, dass derjenige als Überzeugungstäter handelt, welcher meint, zur Begehung einer Straftat durch eine moralische, naturrechtliche, religiöse oder sonstige Legitimation berechtigt zu sein. Gewissenstäter hingegen sei, wer davon ausgehe, zu einer solchen strafrechtswidrigen Handlung sogar verpflichtet zu sein.[1071] Es handelt sich also nach Heuchemer um den Unterschied zwischen empfundener Berechtigung und Verpflichtung.

Eine Gewissenstat hat mit Peters und Roxin wesentlich strengere Voraussetzungen als eine Überzeugungstat.[1072] Die Gewissensentscheidung ist mehr als jede noch so starke persönliche Überzeugung oder ein bloßes „Für-richtig-Halten“.[1073] Hauptbeispiel für ein bloßes „Für-richtig-Halten“ ist die politische Meinung. Nur ausnahmsweise wird sie zu einer Entscheidung über „Gut und Böse“.[1074] Damit orientiert sich eine Überzeugung an den Kriterien von „Richtig und Falsch“, während für das Gewissen die Kriterien „Gut und Böse“ gelten.[1075] Die Gewissenstat unterscheidet sich zudem von der Überzeugungstat nicht durch die Inhalte, die sie durchsetzen will, sondern durch das innere Erlebnis unbedingter Verpflichtung. Die Gewissenstat ist daher ein relativ seltener Unterfall der Überzeugungstat und beschränkt sich auf Handlungen von existenzieller Bedeutung.[1076]

1070 Siehe zu dieser Unterscheidung auch: Welzel, Niederschriften über die Sitzungen der Großen Strafrechtskommission, Bd. 3, S. 61.

1071 Heuchemer, in: v. Heintschel-Heinegg (Hg.), Beck'scher Online Kommentar zum StGB, § 17, Rn. 16.

1072 Peters, Überzeugungstäter und Gewissenstäter, in: Geerds/Naucke (Hg.), FS Mayer, S. 257, S. 273; vgl. auch: Roxin, GA 2011, 1, 3.

1073 Peters, Überzeugungstäter und Gewissenstäter, in: Geerds/Naucke (Hg.), FS Mayer, S. 257, S. 273; Roxin, GA 2011, 1, 3.

1074 Peters, Überzeugungstäter und Gewissenstäter, in: Geerds/Naucke (Hg.), FS Mayer, S. 257, S. 273.

1075 Roxin, GA 2011, 1, 3.

1076 Roxin, Die Gewissenstat als Strafbefreiungsgrund, in: Kaufmann/Mestmäcker/Zacher (Hg.), FS Maihofer, S. 389, S. 392.

(b) Straflosigkeit in besonderen Fällen

Radbruch schlug eine Sonderbehandlung des Überzeugungstäters vor. Die Strafe könne dem Täter nicht mit sittlicher Überlegenheit gegenübertreten, wenn sein Beweggrund darin bestand, dass er sich zur Tat auf Grundlage seiner sittlichen, religiösen oder politischen Überzeugung für verpflichtet hielt.[1077] Einschließung und Festungshaft als mit keiner ehrenmindernden Strafe verbundene Maßnahmen für den aus ehrenhaften Beweggründen handelnden Täter wurden diskutiert.[1078]

Am Beispiel der Verweigerung von Bluttransfusionen für Angehörige aus religiösen Gründen leitet Rudolphi für den Gewissenstäter einen „Strafbefreiungsgrund" für den Fall her, dass realisierbare Alternativen für den strafrechtlichen Rechtsgüterschutz vorhanden sind, der Arzt also beispielsweise die rettende Transfusion auch gegen den Willen vornehmen oder der Vormundschaftsrichter informiert werden kann. Fehlen solche Alternativen, könne der Gewissenstäter nur dann straffrei bleiben, wenn er selbst die erforderliche Hilfe anbietet oder solche Möglichkeiten eröffnet.[1079]

Roxin weist darauf hin, dass derjenige, welcher aus religiös motivierten Gewissensgründen die Zustimmung zu einer lebensrettenden Bluttransfusion bei seinem Kind verweigert, nicht bestraft wird, weil seine Zustimmung durch Bestellung eines einwilligenden Pflegers oder erforderlichenfalls auch durch eine Notstandshandlung des Arztes ersetzt werden kann und ordnet dies als Bereitstellen einer gewissensneutralen Verhaltensalternative durch den Staat, wozu dieser durch das Grundrecht auf Gewissensfreiheit verpflichtet ist, ein.[1080] Auch an dieser Stelle wird mit der Bezugnahme auf gewissensneutrale oder gewissensschonende Verhaltensalternativen noch einmal die Bedeutung von Luhmanns Zugriff auf die Gewissensfreiheit deutlich.

Das Bundesverfassungsgericht hat beispielsweise im sogenannten „Bluttransfusions-" oder „Gesundbeterfall" einen Strafausschließungsgrund angenommen, wenn der konkrete Konflikt zwischen Rechtspflicht und Gewissensgebot

---

1077 So der diskutierte § 71 E 1922; Radbruch, ZStW 44 (1924), 34, 35 ff.; vgl. hierzu auch: Hirsch, Strafrecht und Überzeugungstäter, S. 8, S. 8, Fn. 8.

1078 Radbruch, ZStW 44 (1924), 34 ff.; vgl.: Bockelmann, Zur Problematik der Sonderbehandlung von Überzeugungsverbrechern, in: Stratenwerth (Hg.), FS Welzel, S. 543 ff.; siehe hierzu auch: Sax, Der Ideologie-Täter und das Problem des irrenden Gewissens in juristischer Sicht, in: Gehring (Hg.), Der Ideologie-Täter, S. 13, S. 28.

1079 Rudolphi, Die Bedeutung eines Gewissensentscheides für das Strafrecht, in: Stratenwerth u. a. (Hg.), FS Welzel, S. 605, S. 625.

1080 Roxin, GA 2011, 1, 2.

den Täter in eine seelische Bedrängnis bringt, gegenüber welcher die Strafe eine übermäßige und daher seine Menschenwürde verletzende Reaktion bedeuten würde.[1081] In diesem Fall hat ein Ehemann es aus Gewissensgründen unterlassen, seiner Frau nach der Geburt des vierten Kindes zu einer von ihr abgelehnten Bluttransfusion zu raten, welche ihr Leben gerettet hätte. Beide Ehegatten gehörten dem „evangelischen Brüderverein", einer christlichen Sekte, die aus religiösen Gründen Bluttransfusionen ablehnt, an.[1082]

Im Ergebnis ist mit Roxin, worauf an späterer Stelle noch einmal einzugehen ist, die eng begrenzte und aus Art. 4 Abs. 1 GG abgeleitete Möglichkeit einer „Entschuldigung" anzunehmen, solange die immanenten Schranken in Bezug auf die Freiheit der Gewissensbetätigung eingehalten werden. Roxin lässt eine „Exkulpation" zu, wenn eine Bestrafung aus präventiven Gründen nicht unerlässlich ist.[1083] An anderer Stelle nennt er dies auch die Möglichkeit eines „übergesetzlichen Ausschlusses der strafrechtlichen Verantwortlichkeit".[1084] Die von Roxin verwendeten Begrifflichkeiten changieren in diesem Zusammenhang.

Eine Rechtfertigung der Tat, wie sie teilweise vertreten wird,[1085] lehnt er jedoch ab.[1086] Auf diese Weise findet er Anschluss an seine Lehre von der „Verantwortlichkeit".[1087] Dieser zufolge setzt die dritte deliktssystematische Kategorie, welche sich an den Tatbestand und die Rechtswidrigkeit anschließt, nicht nur die Schuld des Täters, sondern auch eine auf den Zwecken der Strafe basierende „präventive Bestrafungsnotwendigkeit" voraus. Beim Gewissenstäter mangele es nicht an der Schuld, ihm war ein Andershandeln möglich, aber es fehle die präventive Notwendigkeit einer Strafe.[1088]

Diese Auffassung deckt sich im Ergebnis mit der Begründung des Bundesverfassungsgerichts im „Bluttransfusionsfall", wenn es heißt, dass Kriminalstrafe unabhängig von ihrer Höhe bei einer derartigen Fallgestaltung unter keinem Aspekt (Vergeltung, Prävention, Resozialisierung des Täters) eine adäquate

1081 Vgl. u. a.: BVerfGE 32, 98 (109).

1082 BVerfGE 32, 98; vgl. hierzu auch: Roxin, GA 2011, 1, 8.

1083 Roxin, GA 2011, 1, 10; vgl. hierzu auch: ders., Die Gewissenstat als Strafbefreiungsgrund, in: Kaufmann/Mestmäcker/Zacher (Hg.), FS Maihofer, S. 389 ff.; ders., Strafrecht Allgemeiner Teil, Bd. 1, § 22, Rn. 100 ff.

1084 Roxin, ZIS 2011, 552, 563; ders., Strafrecht Allgemeiner Teil, Bd. 1, § 22, Rn. 168.

1085 Vgl. z. B.: Frisch, GA 2006, 273, 277; Höcker, Das Grundrecht der Gewissensfreiheit und seine Auswirkungen im Strafecht, S. 54, S. 68.

1086 Roxin, GA 2011, 1, 5.

1087 Roxin, Strafrecht Allgemeiner Teil, Bd. 1, § 19, Rn. 1 ff.

1088 Roxin, GA 2011, 1, 10.

Sanktion darstelle. Auch das Bundesverfassungsgericht leitet das „Zurückweichen des Strafrechts“ in einer solchen Situation unmittelbar aus Art. 4 Abs. 1 GG her.[1089] Bei einer Beschränkung auf echte Gewissensnot und bei Beachtung der Schranken des Grundrechts auf Gewissensfreiheit führt die Gewährung von Nachsicht durch eine Entschuldigung zur praktischen Konkordanz zwischen der Freiheit des Gewissenstäters und der Freiheit des von der Tat Betroffenen.[1090]

b.) Wenn Gewissen und Recht im Widerspruch stehen

aa.) Zur Bedeutung des Konflikts zwischen Gewissen und Recht

Das Problem des rechtlichen Umgangs mit einem im Konflikt mit der Rechtsordnung oder allgemeinen gesellschaftlichen Werten stehenden Gewissen, also einem vermeintlich „irrenden Gewissen“, stellte sich in Deutschland in den Jahren und Jahrzehnten nach dem Nationalsozialismus in unterschiedlichen Konstellationen. In den „Mauerschützenprozessen“ wurde die „Radbruchsche Formel“ und – wenn auch nicht immer offen – Naturrecht als Grund individueller Strafbarkeit herangezogen, um das in Art. 103 Abs. 2 StGB verankerte Rückwirkungsverbot zu überwinden.[1091]

Die Frage nach der rechtlichen Behandlung eines vermeintlichen „Gewissensirrtums“ stellte sich im Folgenden beispielsweise auch bei der Verweigerung lebensrettender Bluttransfusionen für Angehörige aus Glaubens- und Gewissensgründen, bei der Sterbehilfe, bei Sitzblockaden durch Anhänger der Friedensbewegung und dem Beschädigen von Eisenbahnanlagen aus Protest gegen Atommülltransporte. Auch im „Fall Daschner“ handelte der Täter wohl „aus Gewissen“, als er dem Entführer des kleinen Jakob von Metzler, Magnus Gäfgen, Gewalt androhen ließ, um den Aufenthaltsort des Kindes zu erfahren. Der von Welzel konstruierte „Weichenstellerfall“[1092] mit der Frage nach einem übergesetzlichen Notstand sowie die Problematik in Bezug auf die Zulässigkeit eines Flugzeugabschusses bei terroristischen Angriffen kann – wie noch zu zeigen sein wird – ebenfalls als Frage des höchstpersönlichen Gewissens aufgefasst werden.

1089 BVerfGE 32, 98 (108 f.); vgl. hierzu auch: Roxin, GA 2011, 1, 10.

1090 Kühl, Strafrecht Allgemeiner Teil, § 12, Rn. 116; vgl. hierzu auch: Roxin, GA 2011, 1, 12.

1091 BGHSt 39, 1; 41, 101; kritisch in Bezug auf die Verurteilungen z. B.: Dreier, JZ 1997, 421 ff.

1092 Welzel, ZStW 63 (1951), 47, 51.

Noch grundlegender mit aktuell gültigem westlichem Recht im Konflikt stehen auch vermeintlich von Gott legitimierte Terroranschläge und Attentate, wie beispielsweise durch Terroristen des „Islamischen Staates", oder auch tödlich verlaufende „Exorzismen", wie im Dezember 2015 in Frankfurt am Main,[1093] und Ehrenmode.

Der wesentliche Unterschied zu den Urteilen, die sich mit „nationalsozialistischem Unrecht" befassen, sowie den „Mauerschützenprozessen" ist jedoch, dass die Täter in den oben genannten Fällen nicht im Einklang mit aktuell geltendem Recht handelten, welchem nachträglich die Geltung abgesprochen wurde. Es handelte sich in diesen Fällen vielmehr um einen geahndeten Verstoß gegen gültiges Recht. Derjenige, welcher in einer Gewaltherrschaft die von der Terrorideologie verlangten und gebilligten „Verbrechen" begeht, unterscheidet sich, selbst wenn er aus innerer Übereinstimmung handelt, daher vom „Überzeugungstäter", der durch eine auf einem individuellen Wahrheitserlebnis basierende freie Entscheidung zum Verbrechen motiviert wird. Er handelt vielmehr unter dem Druck „des hinter ihm stehenden Kollektivphänomens der alles beherrschenden Terrorideologie, [welche] die Richtziele aller, auch seiner Handlungsvollzüge unausweichlich festlegt".[1094]

bb.) Aktuelle Gewissenskonflikte und Dilemmata

Es ist heute unstrittig, dass das Grundrecht auf Gewissensfreiheit dem Staat die Pflicht auferlegt, für häufig auftretende Gewissenskonflikte eine „gewissensneutrale Alternative" zu schaffen, wenn dies nach Art des Gewissenskonflikts möglich ist. Der deutsche Gesetzgeber ist dieser Pflicht auch in großem Umfang nachgekommen.[1095] In einer Grundsatzentscheidung von 1972 sprach das Bundesverfassungsgericht einem evangelischen Pfarrer, welcher sich auf das Schwurverbot im neuen Testament berief, das Recht zu, keinen Zeugeneid zu leisten – auch nicht ohne religiöse Formel. Die StPO müsse verfassungskonform ausgelegt werden. Im konkreten Einzelfall liege ein gesetzlicher Grund zur

---

1093 Höll, Exorzisten-Prozess: Dämonen in Zimmer 433, in: Süddeutsche Zeitung vom 10. Oktober 2016, unter: http://www.sueddeutsche.de/panorama/frankfurt-exorzismus-prozess-daemonen-auf-zimmer-1.3198452, zuletzt abgerufen am 25. September 2017.

1094 Sax, Der Ideologie-Täter und das Problem des irrenden Gewissens in juristischer Sicht, in: Gehring (Hg.), Der Ideologie-Täter, S. 13, S. 18; siehe zu diesem Kapitel: Ostendorf, Wissenschaftliche Hausarbeit zum Thema „Das irrende Gewissen", S. 20 ff.

1095 Roxin, GA 2011, 1, 2.

Eidesverweigerung vor. Es handele sich um einen unausweichlichen, den Betroffenen in seiner geistig-sittlichen Existenz als autonome Persönlichkeit berührenden Konflikt.[1096] Derjenige, welchem das Gewissen verbietet, einen Eid zu schwören, kann stattdessen nach § 65 StPO seine Aussage „im Bewusstsein der Verantwortung vor Gericht" bekräftigen.[1097]

Eine entsprechende Ansicht vertrat das Bundesverfassungsgericht zur Ermöglichung der Annahme eines Kommunalmandats und verlangte die Zulässigkeit einer Ersetzung der Eidesleistung durch eine andere Beteuerungsformel.[1098] Daraufhin wurden die Gesetze entsprechend geändert, um eine gewissensneutrale Alternative bereitzustellen.[1099]

Wer als Arzt aus Gewissensgründen einen Schwangerschaftsabbruch verweigert, soll nach Möglichkeit durch einen anderen Arzt ersetzt werden.[1100] Art. 4 Abs. 1 GG schützt die auf einer Gewissensentscheidung beruhende Weigerung, an einem Schwangerschaftsabbruch mitzuwirken.[1101]

(1) Besondere Notstandssituationen

Es gibt weitere Konstellationen im (Straf-)Recht, in denen eine ausdrückliche Regelung zur Ermöglichung der Freiheit der Gewissensbetätigung nicht getroffen wurde, mit Roxin aber eine Straflosigkeit des Gewissenstäters zumindest in manchen Fällen in Erwägung zu ziehen ist.[1102] In besonderen Notstandssituationen wird dies besonders relevant.

1096 BVerfGE 33, 23; vgl. hierzu auch: Czermak, Religions- und Weltanschauungsrecht, § 8, Rn. 139; Morlok, in: Dreier (Hg.), Grundgesetz Kommentar, Bd. 1, Art. 4, Rn. 101. Das Bundesverfassungsgericht vermengte jedoch Glaubens- und Gewissensfreiheit terminologisch; siehe: Czermak, Religions- und Weltanschauungsrecht, § 8, Rn. 139, Fn. 19.

1097 Vgl. hierzu auch: Roxin, GA 2011, 1, 2.

1098 BVerfGE 79, 69; vgl. hierzu auch: Czermak, Religions- und Weltanschauungsrecht, § 8, Rn. 139.

1099 Czermak, Religions- und Weltanschauungsrecht, § 8, Rn. 139.

1100 Roxin, GA 2011, 1, 2.

1101 Germann, in: Epping/Hillgruber (Hg.), Beck'scher Online-Kommentar zum Grundgesetz, Art. 4, Rn. 90.2.

1102 Roxin, GA 2011, 1, 2.

(a) Der „Flugzeugabschuss“

Einer der besonders häufig diskutierten und auch im Theater sowie im Fernsehen präsenten[1103] Gewissenskonflikte im Recht ist die Frage, ob ein von Terroristen entführtes Flugzeug, das auf ein mit Menschen voll besetztes Stadion zusteuert, abgeschossen werden darf, auch wenn dieser Fall häufig nicht spezifisch als Gewissenskonflikt dargestellt wird. Durch diese Frage werden unsere rechtsstaatlichen Prinzipien auf die Probe gestellt.

Vorbild eines solchen imaginären Szenarios ist der Terrorangriff am 11. September 2001 auf das World Trade Center in New York, bei welchem mehrere tausend Menschen starben.[1104] Der Bundesgesetzgeber reagierte auf dieses Ereignis, indem er am 11. Januar 2005 ein Luftsicherheitsgesetz erließ, dessen § 14 Abs. 3 und 4 die Abwehr von Angriffen im Luftraum betrafen und wie folgt lauteten:

> „§ 14 LuftSiG
> […]
> (3) Die unmittelbare Einwirkung mit Waffengewalt ist nur zulässig, wenn nach den Umständen davon auszugehen ist, dass das Luftfahrzeug gegen das Leben von Menschen eingesetzt werden soll, und sie das einzige Mittel zur Abwehr dieser gegenwärtigen Gefahr ist.
> (4) Die Maßnahme nach Abs. 3 kann nur der Bundesminister der Verteidigung oder im Vertretungsfall das zu seiner Vertretung berechtigte Mitglied der Bundesregierung anordnen.“

Der Verfassungsrechtler Bernhard Schlink schreibt in seinem Essay für den „Spiegel“, die Debatten um das Luftsicherheitsgesetz seien keine großen Sternstunden des Parlaments gewesen. Neben den kompetenzrechtlichen Problemen, die sich beim Luftsicherheitsgesetz stellten und auf die vorliegend nicht näher eingegangen werden soll, seien die materiellrechtlichen Aspekte des Würde- und Lebensschutzes zurückgetreten. Die Grünen hätten ihr „spürbar schlechtes Gewissen“ mit der absurden Überlegung überspielt, eigentlich ermächtige das Luftsicherheitsgesetz gar nicht zum Abschuss, sondern treffe nur die Regelung, dass für den Fall, dass die Bundeswehr abschießen wolle, der Verteidigungsminister über den Abschuss entscheiden müsse. Die FDP habe die Probleme des Lebens- und Würdeschutzes angesprochen, diese aber an den Ausschuss und die dort anzuhörenden Sachverständigen weitergeleitet, deren Auswahl dann für eine oberflächliche Behandlung gesorgt habe.[1105]

1103 Siehe hierzu: Das Theaterstück und die gleichnamige Verfilmung „Terror“ von Ferdinand von Schirach.

1104 Vgl. hierzu auch: Roxin, ZIS 2011, 552.

1105 Schlink, Debatte: An der Grenze des Rechts, in: Der Spiegel 3/2005, S. 34, S. 35.

(aa) Das Urteil des Bundesverfassungsgerichts

Am 15. Februar 2006 lehnte das Bundesverfassungsgericht die entsprechende Regelung im Luftsicherheitsgesetz ab, welche es erlauben sollte, ein von Terroristen entführtes Flugzeug abzuschießen.[1106] Insbesondere hervorzuheben ist, dass das Bundesverfassungsgericht urteilte, die Ermächtigung, nach § 14 Abs. 3 LuftSiG durch unmittelbare Einwirkung mit Waffengewalt ein Luftfahrzeug abzuschießen, welches gegen das Leben von Menschen eingesetzt werden soll, sei mit Art. 2 Abs. 2 Satz 1 GG in Verbindung mit Art. 1 Abs. 1 GG unvereinbar, soweit hiervon an der Tat nicht beteiligte Menschen an Bord des Luftfahrzeugs betroffen werden.[1107] Überdies fehle dem Bund auch die Gesetzgebungskompetenz.[1108]

Das Grundrecht auf Leben aus Art. 2 Abs. 2 Satz 1 GG steht nach Art. 2 Abs. 2 Satz 3 GG unter dem Vorbehalt des Gesetzes. Das Gesetz, welches das Recht auf Leben einschränkt, muss jedoch seinerseits im Lichte dieses Grundrechts sowie der Menschenwürdegarantie nach Art. 1 Abs. 1 GG ausgelegt werden. Das menschliche Leben stellt in diesem Sinne die vitale Basis der Menschenwürde, welche den obersten Verfassungswert sowie ein tragendes Konstitutionsprinzip verkörpert, dar.[1109] Die Verpflichtung des Staates zur Achtung der Menschenwürde schließt es aus, den Menschen zum bloßen Objekt staatlichen Handelns zu machen.[1110]

In der Extremsituation einer Flugzeugentführung sind die Passagiere sowie die Besatzung typischerweise in einer ausweglosen Lage. Es ist ihnen nicht mehr möglich, ihre Lebensumstände selbstbestimmt zu gestalten. Das macht sie nach den Ausführungen des Bundesverfassungsgerichts nicht nur zum Objekt der Täter, sondern auch der Staat, welcher die Abwehrmaßnahme des § 14 Abs. 3 LuftSiG ergreift, behandelt sie als reine Objekte zur Rettung anderer.[1111] Die Angreifer selbst hingegen würden durch einen Abschuss nicht zum Objekt staatlichen Handelns gemacht. Es entspreche schließlich vielmehr gerade ihrer Subjektqualität, dass sie für ihr selbstbestimmtes Handeln zur Verantwortung gezogen werden.[1112]

1106 BVerfGE 115, 118.
1107 BVerfGE 115, 118 (118, 3. Leitsatz).
1108 BVerfGE 115, 118 (140).
1109 BVerfGE 115, 118 (152).
1110 BVerfGE 115, 118 (153).
1111 BVerfGE 115, 118 (154).
1112 BVerfGE 115, 118 (161).

Der Abschuss werde zudem unter Umständen durchgeführt, welche nicht erwarten lassen, dass in dem entscheidenden Augenblick, in welchem nach § 14 Abs. 4 Satz 1 LuftSiG über die Durchführung der Maßnahme nach § 14 Abs. 3 LuftSiG entschieden wird, die tatsächliche Lage immer vollumfänglich überblickt und richtig eingeschätzt werden kann.[1113] Die Entscheidung sei nach Lage der Dinge immer auf Grundlage einer unsicheren Kalkulation zu treffen, beispielsweise aufgrund von Kommunikationsproblemen zwischen den Entführern, dem Pilot, dem Kabinenpersonal, der Polizei, dem Bundesminister und anderen involvierten Personen, sodass es zu Überreaktionen und falschen Impulsen kommen könne.[1114] Zudem sei auch nicht ausgeschlossen, dass Verhaltensabläufe eintreten, welche dafür sorgen, dass eine Maßnahme nach § 14 Abs. 3 LuftSiG gar nicht mehr erforderlich ist.[1115] Die Lage an Bord könne sich innerhalb von Minuten oder sogar Sekunden ändern, sodass diejenigen Menschen, welche auf der Erde unter einem extremen Zeitdruck entscheiden müssen, kaum in der Lage seien, verlässlich zu beurteilen, ob die Voraussetzungen nach § 14 Abs. 3 LuftSiG vorliegen.[1116]

Das Bundesverfassungsgericht führt in seinem Urteil aus, dass dabei hier nicht zu entscheiden sei, wie ein trotzdem vorgenommener Abschuss und eine Anordnung desselben strafrechtlich zu beurteilen wären. Für die verfassungsrechtliche Beurteilung sei lediglich ausschlaggebend, dass der Gesetzgeber eine derartige Maßnahme nicht als rechtmäßig qualifizieren und damit erlauben dürfe.[1117] Auch die Argumentation, die Menschen im Flugzeug seien ohnehin „todgeweiht", gehe fehl, da die menschliche Würde und das menschliche Leben gerade für jeden Menschen unabhängig von der Dauer seiner physischen Existenz verfassungsrechtlich geschützt werden. Zudem könne eine verlässliche Aussage darüber, ob das Leben der Menschen an Bord tatsächlich „ohnehin verloren" ist, in der Regel nicht getroffen werden.[1118]

Die Einschätzung, dass derjenige, welcher das Flugzeug besteigt, mutmaßlich in den Abschuss und damit in die eigene Tötung einwilligt, könne ebenfalls nicht mehr sein als eine lebensfremde Fiktion.[1119] Eine andere Beurteilung sei auch

1113 BVerfGE 115, 118 (154 f.).
1114 BVerfGE 115, 118 (155 f.).
1115 BVerfGE 115, 118 (155).
1116 BVerfGE 115, 118 (156).
1117 BVerfGE 115, 118 (157).
1118 BVerfGE 115, 118 (158).
1119 BVerfGE 115, 118 (157).

nicht deswegen gerechtfertigt, weil das Vorgehen bewirken soll, dass das Leben anderer geschützt und gerettet wird.[1120]

(bb) Stellungnahmen in der Literatur

Das Urteil des Bundesverfassungsgerichts wurde kontrovers diskutiert. Einige wie beispielsweise Gropp[1121], Hirsch[1122] und Schünemann[1123] sprechen sich für eine Rechtmäßigkeitslösung aus.[1124] Im öffentlichen Recht plädieren insbesondere Isensee[1125], Hillgruber[1126] und Depenheuer[1127] für die Berechtigung eines Flugzeugabschusses, auch wenn hierbei die Passagiere getötet werden.[1128] Hillgruber erachtet das durch das Bundesverfassungsgericht gefundene Ergebnis als widersinnig,[1129] während Isensee die Entscheidung als unvernünftig auffasst und der Ansicht ist, dass der grundrechtlich gebotene Lebensschutz in sein Gegenteil verkehrt werde.[1130] Er führt aus: „Die grundrechtliche Rechtfertigung dieses Eingriffs kann nur aus der Notwendigkeit heraus erfolgen, den unter den gegebenen Umständen größtmöglichen Lebensschutz zu erreichen."[1131]

Es entspricht jedoch der fast allgemeinen Ansicht in der Literatur, dass in Bezug auf Fragen des Lebensschutzes beim Konflikt eines Unterlassungsgebots mit einer Pflicht zur Handlung das Unterlassungsgebot Vorrang hat.[1132] Für den vorliegend in Rede stehenden Fall des Abschusses eines von Terroristen entführten Flugzeugs bedeutet dies, dass das Unterlassungsgebot, unbeteiligte

---

1120 BVerfGE 115, 118 (159).
1121 Gropp, GA 2006, 284 ff.
1122 Hirsch, Defensiver Notstand gegenüber ohnehin Verlorenen, in: Hettinger u. a. (Hg.), FS Küper, S. 149 ff.
1123 Schünemann, Rechtsfreier Raum und eigenverantwortliche Entscheidung, in: Neumann/Hassemer/Schroth (Hg.), Verantwortetes Recht, S. 145 ff.
1124 Vgl. hierzu auch: Roxin, ZIS 2011, 552.
1125 Isensee, Leben gegen Leben, in: Pawlik/Zaczyk (Hg.), FS Jakobs, S. 205 ff.
1126 Hillgruber, JZ 2007, 209 ff.
1127 Depenheuer, Das Bürgeropfer im Rechtsstaat, in: Ders. (Hg.), FS Isensee, S. 43 ff.
1128 Vgl. hierzu auch: Roxin, ZIS 2011, 552.
1129 Hillgruber, JZ 2007, 209, 217; vgl. hierzu auch: Roxin, ZIS 2011, 552.
1130 Isensee, Leben gegen Leben, in: Pawlik/Zaczyk (Hg.), FS Jakobs, S. 205, S. 229; Roxin, ZIS 2011, 552, bezeichnet derartige Ausführungen von Befürwortern einer Abschussberechtigung als polemisch.
1131 Isensee, Leben gegen Leben, in: Pawlik/Zaczyk (Hg.), FS Jakobs, S. 205, S. 229.
1132 So: Roxin, ZIS 2011, 552, 554; ders., Strafrecht Allgemeiner Teil, Bd. 1, § 16, Rn. 117.

Passagiere nicht zu töten, Vorrang vor dem Handlungsgebot hat, andere Menschenleben zu retten.[1133]

Die Argumentation, das Leben der Passagiere sei nicht mehr schutzfähig,[1134] weil es ohnehin nur noch wenige Minuten oder Augenblicke andauern könne, ist jedoch abzulehnen, da man mit einer derartigen Argumentation schließlich auch die vorzeitige Tötung Moribunder als zulässig erachten müsste, wenn ein anderer den Apparat, an welchem der Moribunde angeschlossen ist, oder eines seiner Organe braucht.[1135] Auch die Argumentation, es handele sich um eine Gefahrengemeinschaft mit einseitig verteilten Rettungschancen, da die Passagiere zwar nicht mehr, aber die Menschen am Boden noch gerettet werden können, ist abzulehnen und zur Illustration dessen der Mignonette-Fall[1136] anzuführen, mit dem sich im Jahr 1884 ein englisches Gericht zu befassen hatte.[1137] Die Yacht „Mignonette“ wurde schiffbrüchig und die Mitglieder der Besatzung trieben wochenlang mit einem Boot, auf das sie sich retten konnten, im Ozean. Um nicht zu verhungern, töteten die Besatzungsmitglieder den ohnehin bereits im Sterben liegenden Schiffsjungen und ernährten sich von seinem Fleisch. Dass in diesem Fall ein Rechtfertigungsgrund vorliegen könnte, wurde allgemein nicht angenommen. Die Täter wurden sogar zum Tode verurteilt, jedoch schließlich durch die Krone begnadigt und die Todesstrafe wurde in eine Freiheitsstrafe von sechs Monaten umgewandelt. Nach der aktuellen Rechtslage in Deutschland wären die Besatzungsmitglieder jedoch nach § 35 StGB entschuldigt gewesen.[1138]

Einige wie beispielsweise Kaufmann zogen aus dieser Situation die Konsequenz, eine eindeutige rechtliche Lösung sei nicht möglich. Die Rechtsordnung müsse sich dort, wo sie keine richtige Lösung bereithalten könne, zurückziehen und dürfe die Tat weder rechtfertigen noch für rechtswidrig erklären. Die Lösung wird damit dem Gewissen des Täters überlassen.[1139]

Die Tötungshandlung wäre somit also eine unverbotene Konsequenz einer Gewissensentscheidung. Dies jedoch wollte auch der Gesetzgeber mit dem

---

1133 So auch: Roxin, ZIS 2011, 552, 554.

1134 In diesem Sinne z. B.: Sinn, NStZ 2004, 585, 592 f.

1135 Roxin, ZIS 2011, 552, 556.

1136 Hierzu insbesondere: Pröchel, Die Fälle des Notstands nach angloamerikanischem Strafrecht, S. 61 ff.

1137 Roxin, ZIS 2011, 552, 557.

1138 Roxin, ZIS 2011, 552, 557.

1139 Zum rechtsfreien Raum: Kaufmann, Rechtsfreier Raum und eigenverantwortliche Entscheidung, in: Schroeder/Zipf (Hg.), FS Maurach, S. 327 ff.

Luftsicherheitsgesetz in Bezug auf die Entscheidungsverantwortlichen nicht erreichen – auf eine Gewissensentscheidung zurückgeworfen in einer höchsten Konfliktlage, in welcher keine der Handlungsalternativen rechtlich vertretbar oder hinnehmbar scheint. Einer der Impulse des Gesetzgebers war damit sicherlich auch, seine Exekutivorgane von derartigen Gewissensnöten zu befreien.[1140] Darauf, ob dies auch tatsächlich gelingen kann, ist an späterer Stelle noch einzugehen. Die Annahme eines solchen rechtsfreien Raums liefe jedoch zudem auf eine Erlaubnis des Abschusses hinaus und ist daher abzulehnen.[1141]

Es sind daher deontologische Schranken in Bezug auf staatliche Eingriffe zu berücksichtigen und eine Beurteilung der Richtigkeit einer Entscheidung muss unabhängig von ihren Folgen sein. Eine konsequentialistische Lösung, welche gerade diese Folgen als ausschlaggebend für die Beurteilung betrachtet, ist mithin abzulehnen.[1142] Roxin führt aus: „Selbst zur Rettung von Menschenleben darf der Staat niemanden töten, der an der Entstehung der Gefahr nicht beteiligt ist. Es gibt also Unverfügbares im Recht, das jeder Abwägung entzogen ist. Diese deontologischen Schranken jeder staatlichen Handlungsbefugnis wurzeln in obersten Verfassungsgrundsätzen, im Falle der Flugzeugentführung [...] in der Menschenwürde."[1143] Überdies tritt das konsequentialistische Argument hinzu, dass die Gefährdung von Menschen an der Stelle des Abschusses keinesfalls hingenommen werden kann.[1144]

Auch der letzte Versuch einer Rechtfertigung über die Annahme eines rechtfertigenden Staatsnotstands scheitert daran, dass ein Flugzeugabschuss, welcher Menschen am Boden gefährdet, nicht nur auf die Täterschaft von Terroristen beschränkt ist. Ein Flugzeug kann auch von einem geistig Verwirrten entführt und ein Absturz durch den Tod der Piloten oder die Manövrierunfähigkeit des Flugzeugs herbeigeführt werden. Überdies führt ein Terroranschlag auch nicht zu einer Bedrohung des gesamten Staates in seiner Existenz.[1145] Eine Lösung auf Rechtfertigungsebene kann also nicht gefunden werden.[1146]

1140 Herzog, Die Menschenwürde als absolute Grenze instrumenteller Vernunft, in: Roggan (Hg.), FG Hirsch, S. 89, S. 91 f.

1141 Roxin, ZIS 2011, 552, 560.

1142 Roxin, ZIS 2011, 552, 557.

1143 Roxin, ZIS 2011, 552, 558.

1144 Roxin, ZIS 2011, 552, 558.

1145 Roxin, ZIS 2011, 552, 560.

1146 So auch: Herzog, Die Menschenwürde als absolute Grenze instrumenteller Vernunft, in: Roggan (Hg.), FG Hirsch, S. 89, S. 92.

(cc) Zur Strafbarkeit im konkreten Fall – auch eine Frage des Gewissens?

Wo aber handelt es sich nun bei diesem Fall tatsächlich um eine Gewissensentscheidung?

Jahn äußert anlässlich des verfilmten Theaterstücks „Terror“ von Ferdinand von Schirach, welches sich mit ebender Frage befasst, ob ein von Terroristen entführtes Flugzeug, das auf ein voll besetztes Stadion zusteuert, abgeschossen werden darf, der Handlungsverantwortliche könne sich nur falsch verhalten: „‚Falsch‘ im strafrechtlichen Sinne verhält er sich allenfalls, wenn er auf den Knopf drückt – er hat gegenüber den 70.000 Stadionbesuchern keine Garantenpflicht und macht sich auch nicht wegen unterlassener Hilfeleistung strafbar, wenn er das gerade nicht tut. ‚Falsch‘ verhält er sich gegenüber den Stadionbesuchern aber in einem moralphilosophischen Sinne, wenn er etwas nicht tut, das in seiner Macht stünde.“[1147]

Das Gewissen wird dann relevant, wenn es um eine etwaige Strafbarkeit dessen geht, der sich dazu entschließt, einen Abschuss anzuordnen oder durchzuführen. In Grenzfällen ist eine Straffreistellung nicht ausgeschlossen.[1148] Auch das Bundesverfassungsgericht hat wohl an solche Lösungen gedacht, wenn es ausführt, dass es nicht zu entscheiden habe, wie ein gleichwohl vorgenommener Abschuss strafrechtlich zu beurteilen wäre.[1149] So plädieren beispielsweise Dreier[1150], Hilgendorf[1151] und Beulke[1152] für die Annahme eines übergesetzlichen entschuldigenden Notstands.[1153]

Roxin hingegen setzt, wie bereits ausgeführt, am Zweck der Strafe an. Er ist der Auffassung, es dürfe keine Reduktion auf die „Schuld“ stattfinden und rekurriert auf die „Verantwortlichkeit“ im Sinne einer Möglichkeit und Notwendigkeit der Verhängung von Strafe, welche neben der Schuld auch eine präventive Bestrafungsnotwendigkeit voraussetze.[1154] Er führt daher aus: „[Es] lässt sich [...] für Grenzfälle des Lebensnotstandes die Möglichkeit eines übergesetzlichen Ausschlusses der strafrechtlichen Verantwortlichkeit begründen. Wenn ein

1147 Jahn, Die Logik des Grundgesetzes, in: Programmheft zum Theaterstück „Terror“ von Ferdinand von Schirach, S. 6, S. 11.

1148 Roxin, ZIS 2011, 552, 562.

1149 BVerfGE 115, 118 (157); vgl. hierzu auch: Roxin, ZIS 2011, 552, 562.

1150 Dreier, JZ 2007, 261, 267.

1151 Hilgendorf, Tragische Fälle, in: Blaschke u. a. (Hg.), Sicherheit statt Freiheit?, S. 107, S. 130.

1152 Wessels/Beulke/Satzger, Strafrecht Allgemeiner Teil, Rn. 467.

1153 Vgl. hierzu auch: Roxin, ZIS 2011, 552, 562.

1154 Roxin, ZIS 2011, 552, 562.

Abfangjäger das Terrorflugzeug vergeblich abzudrängen versucht hat, die Hoffnungslosigkeit der Situation aus nächster Nähe überblickt und sich durch sein Gewissen gedrungen fühlt, die Menschen am Boden durch einen Abschuss des Flugzeugs zu retten, lädt er zwar immer noch die Schuld einer unrechtmäßigen Tötung der Passagiere auf sich. Aber man kann auf die Bestrafung verzichten, weil der Täter nicht aus kriminellen Motiven, sondern aus Gründen der Lebenserhaltung gehandelt hat, weil nicht wenige Rechtsgelehrte ein solches Verhalten sogar billigen und weil einer Gewissensentscheidung auch von der Verfassung (Art. 4 GG) ein zwar nicht Rechtswidrigkeit und Schuld, unter Umständen aber doch die Strafe ausschließender Stellenwert, zugesprochen wird."[1155]

In diesem Fall, in extremen Notstandssituationen, in welchen das „richtige" Handeln selbst in der Rechtswissenschaft kontrovers diskutiert wird und unterschiedliche, sogar gegensätzliche Lösungen vertreten werden, ist dieser Ansatz zu befürworten, um in einer ausweglosen Ausnahmesituation das Gewissen des Einzelnen zu respektieren.

Der ehemalige Bundesverfassungsrichter Dieter Hömig, welcher als Berichterstatter das Urteil des Bundesverfassungsgerichts gegen das rot-grüne Luftsicherheitsgesetz vorbereitet hatte, äußerte schließlich, er hoffe darauf, dass es ein Verantwortlicher auf sich nehme, das Notwendige zu vollziehen und die Last eines Rechtsverstoßes persönlich zu tragen.[1156] Graw kommentiert in „Die Welt online" daher, es handele sich um einen Verfassungsrichter, der wolle, dass im Fall der Fälle seine Urteile ignoriert werden.[1157] Der damalige Verteidigungsminister Peter Struck verkündete ganz offen, er würde den Abschussbefehl geben, wenn sich damit noch Schlimmeres verhindern ließe – danach jedoch sofort zurücktreten. Sein Nachfolger Franz Josef Jung wiederum ließ keinen Zweifel daran, dass er genauso handeln würde.[1158]

1155 Roxin, ZIS 2011, 552, 563; näher zur Gewissensentscheidung: Ders., GA 2011, 1 ff.; ders., Die Gewissenstat als Strafbefreiungsgrund, in: Kaufmann/Mestmäcker/Zacher (Hg.), FS Maihofer, S. 389 ff.

1156 Hömig, zitiert nach: Graw, Das geplagte Gewissen des Ministers Jung, in: Welt online vom 19. September 2007, abrufbar unter: https://www.welt.de/politik/article1197231/Das-geplagte-Gewissen-des-Ministers-Jung.html, zuletzt abgerufen am 25. September 2017.

1157 Graw, Das geplagte Gewissen des Ministers Jung, in: Welt online vom 19. September 2007, abrufbar unter: https://www.welt.de/politik/article1197231/Das-geplagte-Gewissen-des-Ministers-Jung.html, zuletzt abgerufen am 25. September 2017.

1158 Siehe: Denkler, Jungs Abschuss-Überlegungen, in: Süddeutsche Zeitung vom 12. Mai 2010, unter: http://www.sueddeutsche.de/politik/2.220/jungs-abschuss-ueberlegungen-jenseits-des-rechtsstaats-1.332044, zuletzt abgerufen am 25. September 2017.

In moralischer und auf das Gewissen des Einzelnen bezogener Hinsicht ist die Frage nach der Richtigkeit eines „Flugzeugabschusses“ also bei vielen Menschen keineswegs eindeutig mit „Nein“ zu beantworten. Wenn beispielsweise in anderen Rechtskreisen wie den USA im Vergleich zu Deutschland eine weniger deontologische und stärker utilitaristische Ethik im Vordergrund steht,[1159] ist es durchaus möglich, dass Menschen auch im deutschen Rechtskreis eher einer solchen moralischen Betrachtungsweise zugeneigt sind.

Der Fall kann schließlich theoretisch auch so abgewandelt werden, dass lediglich ein sehr alter und kranker sowie chronisch suizidaler Passagier, der ohnehin in den nächsten Minuten sterben wird, mit den Terroristen an Bord des Flugzeugs ist, welches wiederum gerade auf ein mit 100.000 Menschen besetztes Stadion zufliegt. Sicherlich ist dieser Fall verfassungsrechtlich mit obiger Argumentation keineswegs anders zu beurteilen, da, wie dargestellt, keine – qualitative und auch quantitative – Abwägung in Bezug auf das Leben stattfinden darf und der verfassungsrechtlich garantierte Würde- sowie Lebensschutz unabhängig von der Dauer der physischen Existenz ist.

In einem solchen Fall aber eine Strafbarkeit dessen anzunehmen, der sich tatsächlich aufgrund einer echten und nachvollziehbaren Gewissensentscheidung aus Gründen des Lebensschutzes zu einem Abschuss entschließt, wäre eine zu harte Reaktion, zumal, wie Roxin richtig feststellt, eine Strafe in diesem Fall nicht notwendig ist, das Strafrecht ganz allgemein – wie das Bundesverfassungsgericht ausführt – stets die „ultima ratio“[1160] darstellen soll und die „richtige“ Lösung in diesem Fall tatsächlich von Rechtsgelehrten kontrovers diskutiert wird.

Derjenige, welcher sich in solch einer Extremsituation zum Abschuss entschließt, würde möglicherweise erhebliche Gewissensqualen erleiden, wenn er dies nicht täte und sprichwörtlich das Leben mehrerer tausend Menschen „auf dem Gewissen“ hätte, zumal die durch den Abschuss getöteten Menschen zumindest sehr wahrscheinlich ohnehin wenige Minuten später gestorben wären. Solche Gewissensqualen zu empfinden, ist nachvollziehbar und menschlich. Wie bereits ausführlich dargelegt, wird der Einzelne, wenn er gezwungen wird, gegen sein höchstpersönliches Gewissen zu handeln, in seiner gesamten Persönlichkeit und damit seiner moralischen Integrität als Mensch bedroht. Das Gewissen als genuin menschliche selbstreaktive

---

1159 Vgl. hierzu: Wang, Die strafrechtliche Rechtfertigung von Rettungsfolter, S. 372.
1160 BVerfGE 39, 1 (47).

Haltung ist dabei nicht ohne Weiteres ablegbar und gehört zum menschlichen Leben in einer Gemeinschaft.

Das Recht darf, wenn es dem Menschen nicht fremd werden will, dessen Gewissensqualen nicht unberücksichtigt lassen und vom Einzelnen nicht verlangen, eine Strafe auf sich zu nehmen, zumal – wie schon Roxin argumentiert hat – eine Bestrafungsnotwendigkeit angesichts dieses singulären Extremfalls nicht gegeben ist. Der Mensch, welcher bei einer Flugzeugentführung die Entscheidung für oder gegen einen Abschuss zu fällen hat, wird diese Aufgabe wohl im vollen Bewusstsein einer außerordentlich großen Verantwortung und keineswegs leichtfertig wahrnehmen und zuvor wahrscheinlich gehofft haben, niemals in eine solche Situation zu geraten. Er wird zudem mit dem Anspruch an sich selbst handeln, das moralisch Richtige zu tun und sich gleichzeitig dessen bewusst sein, dass er diesem Anspruch in der tragischen Dilemma-Situation nie ganz gerecht werden kann. Damit unterscheidet er sich von vielen anderen Straftätern, welche oftmals egoistisch allein im eigenen Interesse handeln und dieses über das Interesse aller anderen stellen. Das Handeln anhand seines Gewissens ist an den Interessen und am Wohl der Allgemeinheit orientiert und dabei frei von egoistischen Motiven. Damit erfüllt er seine Pflicht zur Gewissensbildung und zu gewissenhaftem Handeln. Er „verdient" im eigentlichen Wortsinn keine Strafe und darf nicht gezwungen werden, die Gewissensqualen zu erdulden, welche sein Gewissen als Haltung ihm selbst gegenüber womöglich verursachen würde.

(b) Die „Rettungsfolter"

Besonders in den Blick der Öffentlichkeit rückte die Problematik um die Zulässigkeit einer sogenannten „Rettungsfolter" durch den „Fall Daschner". Wolfgang Daschner, der stellvertretende Polizeipräsident in Frankfurt am Main, ließ im „Entführungsfall Jakob von Metzler" durch den ihm untergebenen Kriminalhauptkommissar Ennigkeit die Anwendung unmittelbaren Zwangs androhen, da der Entführer Magnus Gäfgen zwar die Entführung gestand, aber nicht bereit war, den Ort anzugeben, an welchem sich das Opfer befand, und Daschner um das Leben des entführten Jungen fürchtete. Gäfgen machte unter dem Eindruck dieser Drohungen Angaben zum Aufenthaltsort des Kindes. Das Opfer war – wie der Entführer wusste – jedoch bereits tot. Daschner war sich bewusst, dass sein Verhalten rechtsstaatlich bedenklich sein könnte und fertigte selbst einen Aktenvermerk an, welcher den Anstoß zur Eröffnung eines Strafverfahrens gegen ihn lieferte. Der Strafprozess gegen Daschner vor dem Frankfurter Landgericht endete im Dezember 2004 mit einem milden Urteil, welches jedoch zugleich das absolute Folterverbot bekräftigte.[1161] Nach einer Forsa-Umfrage für den „Stern“ waren 63 Prozent der Bevölkerung der Auffassung, Daschner solle für sein Verhalten nicht bestraft werden, während sich nur 32 Prozent der 1003 Befragten für eine Strafe aussprachen.[1162]

(aa) Folterverbot und Menschenwürde

In der rechtswissenschaftlichen Fachdiskussion stellen die Überlegungen in Richtung einer Zulässigkeit von Folter in Ausnahmesituationen zwar weiterhin eine Minderheitenposition dar, werden jedoch in den Worten Bielefeldts „im Ton skeptischer Nachdenklichkeit vorgetragen“ und gehen mit dem Anspruch einher, „im Prinzip mehrheitsfähig“ zu sein. Im Hintergrund der aktuellen Debatte steht vor allem die Angst vor terroristischer Bedrohung.[1163]

Ein Vertreter dieser Position ist insbesondere Winfried Brugger. Er führt folgendes Gedankenexperiment an: Eine von Terroristen platzierte Bombe droht, zahlreiche Menschen zu töten. Ein mutmaßlicher Terrorist wird festgenommen, welcher über Informationen verfügt, die benötigt werden, um die Bombe zu entschärfen. Andere Möglichkeiten, um die Gefahr abzuwenden, bestehen nicht. Brugger spricht sich in einer derartigen Situation dafür aus, von Staats wegen Folter einzusetzen, um an die lebensrettenden Informationen zu gelangen. Ihm geht es hierbei jedoch nicht um menschliches Handeln in Dilemma-Situationen, sondern um die Legitimität staatlichen Handelns in Fällen des Notstands.[1164] Brugger plädiert für die Herausnahme einer Fallgruppe, in der das absolut geltende Verbot der Folter zu ungerechten Ergebnissen führen würde.[1165]

Herdegen hielt es in seiner Kommentierung zu Art. 1 Abs. 1 GG aus dem Jahr 2003 im Einzelfall für möglich, dass „die Androhung oder Zufügung körperlichen Übels, die sonstige Überwindung willentlicher Steuerung oder die Ausforschung unwillkürlicher Vorgänge wegen der auf Lebensrettung gerichteten Finalität eben nicht den Würdeanspruch verletzen“,[1166] selbst wenn sich derartige

---

1161 Vgl. hierzu: Bielefeldt, APuZ 36 (2006), 3, 4.

1162 Siehe hierzu: O. V., Umfrage, in: Spiegel online vom 26. Februar 2003, unter: http://www.spiegel.de/politik/deutschland/umfrage-deutsche-zeigen-verstaendnis-fuer-folterpolizisten-a-237826.html, zuletzt abgerufen am 25. September 2017.

1163 Bielefeldt, APuZ 36 (2006), 3, 4.

1164 Siehe: Brugger, Der Staat 35 (1996), 67 ff.; ders., JZ 2000, 165 ff.; vgl. hierzu: Bielefeldt, APuZ 36 (2006), 3, 4.

1165 Brugger, JZ 2000, 165, 172; vgl. hierzu auch: Bielefeldt, APuZ 36 (2006), 3, 5.

1166 Herdegen, in: Maunz/Dürig (Begr.), Herzog u. a. (Hg.), Grundgesetzkommentar (EL 2003), Art. 1, Rn. 45; vgl. hierzu auch: Bielefeldt, APuZ 36 (2006), 3, 4, Rn. 2.

Ausführungen in seiner Kommentierung nun nicht mehr finden. Auch Herzberg befasst sich mit dem „Fall Daschner“ und verneint letztendlich einen Verstoß gegen das Folterverbot sowie eine Verletzung der Menschenwürde.[1167]

Jakobs wiederum argumentiert für eine Differenzierung zwischen Bürger- und Feindstrafrecht. Während im Rahmen des Bürgerstrafrechts die Täter generell als Mitglied der Rechtsgemeinschaft geachtet würden, sei dies im Feindstrafrecht für eine bestimmte Gruppe von Menschen nicht der Fall, sofern diese Menschen sich so fundamental gegen die Rechtsordnung stellten, dass mit ihnen keine rechtliche Gemeinschaft mehr möglich sei.[1168] Wenn der Staat gegenüber diesem „Feind“ keinerlei rechtliche Bindung einhalten muss, verliert auch das Folterverbot konsequenterweise seinen rechtlichen Status, selbst wenn Jakobs sich hierzu nicht weiter äußert.[1169]

Auch die Konstruktion eines Auswegs mittels Notwehr in Form von Nothilfe[1170] oder eines rechtfertigenden Notstands stellt einen Versuch dar, das Folterverbot zu relativieren.[1171] Die rechtliche Erlaubnis, im Notstand in fremde Rechtsgüter einzugreifen, gilt jedoch nur für die Bürger untereinander. Der Staat darf sich nicht auf den rechtfertigenden Notstand berufen, um fremde Rechtsgüter zu verletzen. Er darf nicht foltern. Würde der Staat unvorhersehbar und willkürlich handeln dürfen, wäre das Leben der Menschen nicht mehr berechenbar.[1172]

Die Folter stellt eine Missachtung der Menschenwürde dar. Sie zielt darauf ab, den Willen eines Menschen zu brechen und damit seine Subjektqualität unmittelbar zu negieren.[1173] Es geht bei der Anwendung von Folter nicht darum, den Menschen daran zu hindern, etwas Verbotenes zu tun, sondern darum, ihn gegen seinen ausdrücklichen Willen zu einem Handeln zu bewegen, wodurch er seine Freiheit und seine Würde vollständig verliert. Diese Würde kommt ihm auch dann zu, wenn er sich durch sein Verhalten selbst „an die Grenze

1167 Herzberg, JZ 2005, 321 ff.

1168 Jakobs, HRRS (Aufsätze und Urteilsanmerkungen) 2004, 88 ff.; vgl. hierzu auch: Bielefeldt, APuZ 36 (2006), 3, 6.

1169 So: Bielefeldt, APuZ 36 (2006), 3, 6.

1170 Erb, Nicht Folter, sondern Nothilfe, in: Zeit online vom 09. Dezember 2004, unter: http://www.zeit.de/2004/51/Essay_Daschner, zuletzt abgerufen am 25. September 2017.

1171 Krasmann/Wehrheim, MschrKrim 2006, 265, 267 f.

1172 Günther, Darf der Staat foltern, um Menschenleben zu retten?, in: Beestermöller/Brunkhorst (Hg.), Rückkehr der Folter, S. 101, S. 103.

1173 Bielefeldt, APuZ 36 (2006), 3, 7.

der Rechtsgemeinschaft" gebracht hat. Sie ihm zu rauben, würde ihn zu einer „Unperson" machen.[1174]

Kants Formulierung des kategorischen Imperativs, die unbedingte Forderung, so zu handeln, „dass [D]u die Menschheit, sowohl in [D]einer Person als in der Person eines jeden anderen, jederzeit zugleich als Zweck, niemals bloß als Mittel brauchst",[1175] wird vollständig aufgegeben, indem der Anspruch des Menschen auf Achtung als Selbstzweck negiert wird.[1176] Die UN-Anti-Folter-Konvention, welcher Deutschland beigetreten ist, Art. 3 der Europäischen Menschenrechtskonvention, Art. 104 Abs. 1 Satz 2 GG sowie einige einfachgesetzliche Normen in der Strafprozessordnung legen ein absolutes Verbot der Folter fest.

Die Folter wurde weiterhin unter anderem abgeschafft, da die unter Folter herbeigeführten Aussagen nicht besonders glaubwürdig waren. Die Gefolterten waren dazu bereit, auch von ihnen nicht begangene Taten zu gestehen, nur um ein Ende der Tortur herbeizuführen.[1177] Zudem gibt es keine „saubere Folter". Welche Methoden sollen schließlich zugelassen werden? Nur Schläge und Elektroschocks oder auch härtere Methoden? Sollen die Bediensteten speziell für die Anwendung von Folter ausgebildet werden?[1178]

Es droht ein Dammbruch, welcher den Rechtsstaat als Ganzes beschädigt, wenn ein Staat Folter gestattet. Jenseits des Folterverbots gibt es keine plausible Grenze mehr.[1179] Auch die Argumentation, die Menschenwürde und das Leben des Opfers hätten in diesem Fall den Vorrang vor der Menschenwürde des Täters, kann somit nicht überzeugen. „Wir sind, was wir tun" lautet daher das Leitmotiv des Essays zur Folter im Rechtsstaat von Reemtsma. Weiterhin heißt es: „Und wir sind, was wir versprechen, niemals zu tun."[1180]

1174 Günther, Darf der Staat foltern, um Menschenleben zu retten?, in: Beestermöller/Brunkhorst (Hg.), Rückkehr der Folter, S. 101, S. 106.

1175 Kant, Grundlegung zur Metaphysik der Sitten, in: Weischedel (Hg.), Werke in sechs Bänden, Bd. 4, S. 11, S. 61.

1176 Bielefeldt, APuZ 36 (2006), 3, 7.

1177 Günther, Darf der Staat foltern, um Menschenleben zu retten?, in: Beestermöller/Brunkhorst (Hg.), Rückkehr der Folter, S. 101, S. 106.

1178 Günther, Darf der Staat foltern, um Menschenleben zu retten?, in: Beestermöller/Brunkhorst (Hg.), Rückkehr der Folter, S. 101, S. 106 f.

1179 Bielefeldt, APuZ 36 (2006), 3, 6 f.

1180 Reemtsma, Folter im Rechtsstaat?, S. 129; vgl. hierzu auch: Krasmann/Wehrheim, MschrKrim 2006, 265, 270.

(bb) Strafe für den Folternden? Die Gewissensentscheidung in Dilemma-Situationen

Eine andere Frage ist jedoch auch hier, ebenso wie bei der Problematik um einen möglichen „Flugzeugabschuss", ob derjenige, welcher Folter anwendet oder deren Anwendung befiehlt, tatsächlich dafür bestraft werden soll. Ein voreiliger Strafverzicht darf nicht dazu führen, dass der Eindruck erweckt wird, der Staat billige oder fördere Folter im Grunde. Wer Folter anwendet, muss sich darüber bewusst sein, dass er dafür in jedem Fall vor Gericht gestellt wird, was schließlich auch die Anti-Folter-Konvention der Vereinigten Nationen bindend vorschreibt. Nur ein Strafprozess kann die Frage klären, ob wirklich eine tragische Dilemma-Situation vorlag, in welcher die Folter zwar nicht gerechtfertigt sein, dennoch aber straffrei bleiben kann.[1181]

Die Begriffe „Gewissen" und „Gewissensentscheidung" werden in der Literatur zur sogenannten „Rettungsfolter" nur selten verwendet. Es kann sich jedoch auch hier um eine besondere menschliche Dilemma-Situation handeln, die als solche erkannt werden sollte.[1182]

Auch in diesem Fall ist mit Roxin ein Strafausschluss grundsätzlich denkbar. Zu beachten ist, dass in einer Extremsituation die Entscheidung für eine Übertretung des Folterverbots durch eine Gewissensentscheidung geprägt sein kann, das Handeln des Folternden zusätzlich prinzipiell eine rechtsgutsfreundliche und lebensbewahrende Richtung hat, die einzige mit hoher Wahrscheinlichkeit erfolgreiche Möglichkeit zur Rettung darstellt und es sich um eine einzigartige Situation handelt, die kaum noch einmal wiederkehren wird, sodass eine Exkulpation auch nicht geeignet wäre, die generalpräventive Wirkung des Verbots in grundsätzlicher Art und Weise aufzuweichen. Wenn diese Voraussetzungen erfüllt sind, erscheint in Roxins Worten „die Zubilligung eines übergesetzlichen Verantwortungsausschlusses immerhin als diskutabel".[1183] Das Recht könne Nachsicht üben, wie es das in anderen Not- und Konfliktsituationen auch tut.[1184]

Roxin stellt diese Überlegungen im Zusammenhang mit dem bereits angeführten und auch international diskutierten „ticking-time-bomb-scenario" an,

1181 Bielefeldt, APuZ 36 (2006), 3, 8.

1182 In diesem Sinne auch: Merkel, Notwehr zugunsten des Kindes, in: Deutschlandradio Kultur vom 30. Juni 2008, unter: http://www.deutschlandradiokultur.de/notwehr-zugunsten-des-kindes.954.de.html?dram:article_id=143498, zuletzt abgerufen am 25. September 2017.

1183 Roxin, Strafrecht Allgemeiner Teil, Bd. 1, § 22, Rn. 168.

1184 Roxin, Strafrecht Allgemeiner Teil, Bd. 1, § 22, Rn. 168.

erachtet die Bedingungen im „Fall Daschner“ jedoch nicht als erfüllt. Es habe sich nicht um eine singuläre Situation, einen Grenzfall, gehandelt und die Androhung von Folter sei auch nicht besonders erfolgversprechend oder das einzig verbleibende Mittel zur Lebensrettung gewesen.[1185]

Tatsächlich unterscheidet sich der „Fall Daschner“ von der Situation, in welcher die Entscheidung getroffen werden muss, ob ein entführtes Flugzeug abgeschossen werden darf, und auch dem „ticking-time-bomb-scenario“ dadurch, dass es sich nicht um einen singulären Einzelfall handelt. In der täglichen Berufspraxis eines Polizisten wird es wohl gelegentlich Situationen geben, in denen durch die Folter eines Menschen oder die Androhung von Folter potenziell das Leben oder die körperliche Unversehrtheit eines anderen unschuldigen Menschen geschützt werden kann. Sicherlich ist es auch in einem solchen Fall menschlich und nachvollziehbar, dass das Gewissen als selbstreaktive Haltung quält und Vorwürfe macht. Dies ist, wie bereits dargestellt, nicht ablegbar, gehört zum Menschen und stellt ein wesentliches Element des Zusammenlebens dar.

Anders als im „ticking-time-bomb-scenario“ und der Dilemma-Situation des entführten Flugzeugs ist es dem Folternden jedoch zumutbar, eine – wenn auch milde – strafrechtliche Sanktion auf sich zu nehmen. In der Bereitschaft hierzu – also der Inkaufnahme von Nachteilen und Sanktionen – wie sie bei Wolfgang Daschner aufgrund dessen eigens angefertigten Aktenvermerks wohl vorlag, zeigt sich – wie dargestellt – zudem auch gerade die Konsequenz und Ernsthaftigkeit der Gewissensentscheidung. Die „präventive Bestrafungsnotwendigkeit“ entfällt hier nicht, da das Folterverbot ansonsten aufgeweicht und Folter in ganz unterschiedlichen Situationen angewendet würde.

Beim „ticking-time-bomb-scenario“ hingegen ist eine solche Aufweichung nicht zu befürchten. Sicherlich können auch hier Abgrenzungsschwierigkeiten auftreten, wenn sich die Frage stellt, ob eine Situation eher dem „Fall Daschner“ oder dem „Bombenlegerfall“ gleicht. Solche Probleme sind dem Recht jedoch immanent, wenn es nicht starr sein will und die Aufgabe hat, auch Einzelfallgerechtigkeit herzustellen. In einer äußersten und singulären Extremlage, wenn der Einzelne im Bewusstsein einer enormen Verantwortung, frei von egoistischen Motiven, mit der Absicht der Rechtsgutserhaltung und anhand einer sorgfältig gebildeten Gewissensentscheidung handelt, ist von Strafe abzusehen, um den Betroffenen nicht zu zwingen, entweder von seinem Gewissen als einer genuin menschlichen selbst-reaktiven Haltung gequält und in seiner moralischen Integrität bedroht zu werden oder eine Strafe auf sich zu nehmen.

1185 Roxin, Strafrecht Allgemeiner Teil, Bd. 1, § 22, Rn. 168 f.

(c) Ausblick auf rechtskulturell bedingte Unterschiede in Bezug auf besondere Notstandssituationen – der „Flugzeugabschuss" und die „Rettungsfolter" in den USA

Wichtig ist jedoch, im Blick zu haben, dass die dargestellte Debatte und Argumentation in Bezug auf die Problematik um einen etwaigen Abschuss entführter Flugzeuge und die Rettungsfolter spezifisch deutsch geprägt ist – selbst wenn wir mit unserem Verfassungsverständnis auch angesichts der Menschenrechtsentwicklung keineswegs allein sind.[1186]

In einigen europäischen Ländern ist ein Abschuss von Passagiermaschinen zulässig, in anderen wiederum ist dies nicht der Fall, während unterschiedliche Behörden zuständig sind, sodass über eine mangelnde Koordinierung in Europa sowie eine Gefahr für Fluggäste und Piloten berichtet wird.[1187]

In den USA existiert keine ausdrückliche gesetzliche Grundlage, welche mit § 14 Abs. 3 LuftSiG vergleichbar wäre. Für den Fall einer terroristischen Bedrohung kann der Präsident in seiner aus Art. 2, 2. Abschnitt, Abs. 1 der Verfassung der Vereinigten Staaten von Amerika begründeten Funktion als Oberbefehlshaber über die Armee einen Befehl erteilen, welcher den Abschuss eines Zivilluftfahrzeugs enthält.[1188] Auch am 11. September 2001 wurde ein Befehl zum Abschuss entführter Flugzeuge erteilt, welcher die Piloten der Abfangjäger jedoch erst erreichte, nachdem das letzte der vier Flugzeuge bereits abgestürzt war.[1189] Die Luftverkehrsbehörde und das Nordamerikanische Luftverteidigungskommando waren auf derartige Angriffe wie beim 11. September 2001 nicht vorbereitet. Daher erfolgte der Befehl, Kampfjets zu entsenden, um die Flugzeuge aufzuhalten, zu spät. Der offizielle Untersuchungsbericht zu den Anschlägen von New York wirft den US-Behörden in diesem Sinne Versagen

---

1186 Jahn, Die Logik des Grundgesetzes, in: Programmheft zum Theaterstück „Terror" von Ferdinand von Schirach, S. 6, S. 11.

1187 Lodde, Luftsicherheit: Tödliche Gefahr über Europa, in: Spiegel online vom 17. Februar 2006, unter: http://www.spiegel.de/politik/deutschland/luftsicherheit-toedliche-gefahr-ueber-europas-himmel-a-401533.html, zuletzt abgerufen am 25. September 2017.

1188 Siehe hierzu: Giemulla/Rothe, Der Abschuss von Zivilluftfahrzeugen, in: Dies. (Hg.), Recht der Luftsicherheit, S. 97, S. 98.

1189 O. V., Tonbandaufnahmen aus dem Flug 93, in: Spiegel online vom 23. Juli 2004, unter: http://www.spiegel.de/politik/ausland/tonbandaufnahmen-aus-dem-flug-93-war-s-das-sollen-wir-es-runterbringen-a-310000.html, zuletzt abgerufen am 25. September 2017.

vor.[1190] Medienberichten aus dem Jahr 2003 zufolge trainierten Piloten der Air Force mehrmals in der Woche den Abschuss von Passagierflugzeugen, um auf einen Angriff wie am 11. September 2001 vorbereitet zu sein.[1191]

Auch in Bezug auf die Rettungsfolter zeigt sich in den USA ein etwas anderes Bild als in Deutschland. Während die Rettungsfolter nach der herrschenden Auffassung in der deutschen Rechtsordnung nicht gerechtfertigt sein kann, ist die Frage in den USA noch nicht abschließend geklärt.[1192] Die Lösung des Falles ist dort vielmehr heftig umstritten.[1193]

Die Debatte in den USA wird häufig anhand des dargestellten Gedankenexperiments der „ticking-time-bomb-Hypothese" geführt.[1194] Insbesondere die Bush-Regierung hat sich oftmals auf diese Hypothese zur Legitimierung extremer Vernehmungsmethoden gestützt.[1195]

Während in der deutschen Debatte zentrales Argument die – insbesondere infolge der Erfahrungen im Nationalsozialismus – durch Art. 1 Abs. 1 GG absolut geschützte Menschenwürde ist, wird dieser Begriff als „human dignity" im Text der amerikanischen Verfassung nicht erwähnt.[1196] In der Rechtsprechung des US-Supreme Court wird „human dignity" zwar als Argument herangezogen,[1197] es handelt sich jedoch nicht um einen selbstständigen Verfassungswert und es kann auch nicht die Rede von einem absoluten Schutz der Menschenwürde sein.[1198]

1190 O. V., US-Luftwaffe hätte zweites Flugzeug abschießen können, in: Süddeutsche Zeitung vom 06. Dezember 2008, unter: http://www.sueddeutsche.de/politik/-september-us-luftwaffe-haette-zweites-flugzeug-abschiessen-koennen-1.846647, zuletzt abgerufen am 25. September 2017.

1191 Schmitt, U.S. Practices How to Down Hijacked Jets, in: The New York Times vom 03. Oktober 2003, unter: http://www.nytimes.com/2003/10/03/us/us-practices-how-to-down-hijacked-jets.html, zuletzt abgerufen am 25. September 2017; o.V., US pilots train shooting civilian planes, in: BBC News vom 03. Oktober 2003, unter: http://news.bbc.co.uk/go/pr/fr/-/2/hi/americas/3161354.stm, zuletzt abgerufen am 25. September 2017.

1192 Siehe hierzu: Wang, Die strafrechtliche Rechtfertigung von Rettungsfolter.

1193 Vgl.: Wang, Die strafrechtliche Rechtfertigung von Rettungsfolter, S. 6.

1194 Wang, Die strafrechtliche Rechtfertigung von Rettungsfolter, S. 5.

1195 Vgl.: Kovarovic, Fla. J. Int'l L. 22 (2010), 251, 252.

1196 Vgl.: Wang, Die strafrechtliche Rechtfertigung von Rettungsfolter, S. 352, S. 357.

1197 Vgl. z. B.: Rochen v. California, 342 U.S. 165, 174 (1952); Heart of Atlanta Motel v. United States, 379 U.S. 241, 250 (1964).

1198 Wang, Die strafrechtliche Rechtfertigung von Rettungsfolter, S. 355.

Zudem kommt dem Utilitarismus in der US-amerikanischen Rechtsordnung mehr Gewicht zu. Im Vergleich zur Idee der strengen negativen Freiheit wird im Utilitarismus mehr Wert auf die Interessen der Gesellschaft und der Öffentlichkeit gelegt.[1199] Nach deutschem Verständnis ist die Rechtsordnung durch die Individualisierung und Trennung der Freiheitssphären der jeweiligen Einzelpersonen gekennzeichnet[1200] und es stehen die Freiheit sowie die Interessen des Individuums im Vordergrund.[1201] Auch die Menschenwürdegarantie, welche nach ganz herrschender Auffassung in Deutschland keinesfalls zu relativieren ist, basiert nicht auf einem Kosten-Nutzen-Kalkül, sondern stützt sich vor allem auf die kantische, deontologische Ethik.[1202]

(2) Fazit zum Konflikt von Gewissen und Recht

Außer den geschilderten „Notstandssituationen" gibt es noch viele weitere Fälle, in welchen das Gewissen im Recht relevant wird oder mit diesem im Konflikt steht. Roxin führt als Beispiel die Frage an, ob jemand wegen Tötung auf Verlangen nach § 216 StGB strafbar sein soll, welcher einen völlig gelähmten, schwer leidenden Patienten, der seinem Leben selbst kein Ende setzen kann, auf dessen flehentliches Bitten hin und auf Anweisung seines Gewissens tötet.[1203] Die Problematik um die Sterbehilfe ist rechtlich geregelt und auf das Gewissen wird oftmals kein oder nur wenig Bezug genommen.[1204] Nichtsdestotrotz handelt es sich auch hier im Kern, auf menschlicher und moralischer Basis, um eine Frage des Gewissens.

Auch der bereits angesprochene zivile Ungehorsam ist oftmals – selbst wenn, wie dargestellt, eine Unterscheidung zwischen einer rein persönlichen Gewissensentscheidung und zivilem Ungehorsam gemacht werden kann – ein bewusster Gesetzesverstoß aus Gewissensgründen. Herzog bezeichnet das Recht des Bürgers zur Gehorsamsverweigerung gegenüber solchen gesetzlichen Pflichten, welche mit seiner Gewissensentscheidung im Konflikt stehen, in seinem Beitrag für den Grundgesetzkommentar von Maunz und Dürig als wichtigste Variante

---

1199 Wang, Die strafrechtliche Rechtfertigung von Rettungsfolter, S. 372.

1200 Wang, Die strafrechtliche Rechtfertigung von Rettungsfolter, S. 374; so bereits: Neubecker, Zwang und Notstand in rechtsvergleichender Darstellung, Bd. 1, S. 318.

1201 Wang, Die strafrechtliche Rechtfertigung von Rettungsfolter, S. 374.

1202 Wang, Die strafrechtliche Rechtfertigung von Rettungsfolter, S. 374; vgl.: Hufen, JuS 2010, 1 ff.

1203 Roxin, GA 2011, 1, 3.

1204 Vgl. z. B.: BGHSt 55, 191; BGH, NJW 2014, 3572.

des Grundrechts. Art. 4 Abs. 1 GG verkörpere nichts anderes als die bereits Jahrhunderte alte Lehre vom Widerstandsrecht aus Gewissensgründen.[1205] Gewissenskonflikte im Recht sind also allgegenwärtig und stellen die Rechtsordnung immer wieder vor neue Herausforderungen.

Schlink kommt in Bezug auf die dargestellten „besonderen Notstandssituationen" zu dem Schluss, kein Gesetz könne den Handlungs- und Entscheidungsverantwortlichen von der Verantwortung für seine Entscheidung entlasten. Sie befinde sich unausweichlich bei dem, in dessen Hand das Geschehen liegt. Die unschuldigen Leben, welche bei einem Flugzeugabschuss vernichtet werden, würden das Gewissen des Handelnden quälen, wenn er sich dazu entschließt, bei einem Terroranschlag einen Flugzeugabschuss durchzuführen, ob der Verteidigungsminister die Vernichtung befohlen hat oder nicht. Auch das Gewissen eines Polizisten, der einen Menschen foltert, werde nicht dadurch erleichtert, dass das Gesetz die Folter erlaubt und der Vorgesetzte sie befohlen hat, wie auch das gesetzliche Verbot der Folter sein Gewissen nicht von der Qual befreie, durch das Unterlassen von Folter Leben nicht gerettet zu haben, welche er durch ihren Einsatz möglicherweise hätte retten können. Wer annehme, dass Gesetz und Befehl den Konflikt, die Entscheidung und die Qual des Gewissens ersparen könnten, denke vom Menschen doch zu wenig.[1206]

Dies mag – wie ausgeführt – durchaus zutreffen, da in unserer (Rechts-) Kultur ein großes Bewusstsein in Bezug auf die Unzulässigkeit von Folter und Menschenwürdeproblematiken vorherrscht. Das Gewissen kann jedoch – wie dargelegt – durch Gesetze, Befehle und die jeweiligen Werte einer Gemeinschaft beeinflusst werden. In anderen Ländern beispielsweise ist (leichte) Folter zulässig und gehört Gewalt – unter anderem auch gegen Kinder und Frauen – zur Tagesordnung, ohne dass man davon ausgehen muss, dass die Handelnden stets derartigen Gewissensqualen unterliegen. Dies trifft auch für einige frühere Kulturen zu. So ist den Berichten von Menschenrechtsorganisationen zufolge Folter eine weitverbreitete Praxis. In mehr als der Hälfte der Staaten findet Folter statt, in mehr als einem Drittel der Staaten wird sie systematisch und regelmäßig eingesetzt.[1207]

1205 Herzog, in: Maunz/Dürig (Begr.), Herzog u. a. (Hg.), Grundgesetz-Kommentar, Art. 4, Rn. 138.

1206 Schlink, Debatte: An der Grenze des Rechts, in: Der Spiegel 3/2005, S. 34, S. 36.

1207 Vgl.: Amnesty International, Combating torture; siehe hierzu auch: Bielefeldt, APuZ 36 (2006), 3.

Gewissensqualen bei der Anordnung oder Durchführung von Folter hängen davon ab, ob man sich hieraus ein Gewissen macht. Donald Trump, derzeitiger Präsident der USA, äußerte als US-Präsidentschaftsbewerber beispielsweise ohne jegliche Gewissensregung, im Falle eines Wahlsieges wolle er nicht nur die umstrittene Verhörmethode Waterboarding, bei welcher das Ertrinken simuliert wird, wieder einführen, sondern sogar Schlimmeres zurückbringen.[1208] Er führte Ende 2015 bei einer Wahlkampfrede aus, die Amerikaner könnten sicher sein, dass er Waterboarding wieder einführen würde und ergänzte, die Foltermethode liefere gute Ergebnisse. Weiterhin ist er der Ansicht: „Auch wenn es nichts nützt – sie hätten es verdient."[1209] Gerade letztere Aussage hat noch nicht einmal mehr einen Bezug zur Lebensrettung und Rechtsgutserhaltung. Ein Bewusstsein darüber, dass es sich im speziellen Fall der Rettungsfolter um eine besondere Dilemma-Situation handelt, liegt jedenfalls nicht vor und die Situation wird auch nicht als quälende Gewissensentscheidung aufgefasst.

In derartigen „besonderen Notstandssituationen" kann es sich also um einen Gewissenskonflikt handeln, bei welchem der Einzelne sich eine Entscheidung nicht einfach macht. Dies muss jedoch nicht immer zwingend der Fall sein. Die eigene Persönlichkeit, die jeweilige Sozialisierung und Rechtskultur sowie mit ihr verbunden die Gesetzeslage kann einen großen Einfluss auf das Gewissen sowie das Empfinden von „Dilemma-Situationen" haben.

Das Gewissen gehört als genuin menschliche selbst-reaktive Haltung zum Menschen und ist ein wesentliches sowie unverzichtbares Element menschlichen Zusammenlebens. Ohne Gewissen droht, wie dargestellt, antisoziales, psychopathisches und in der menschlichen Gemeinschaft intolerables Verhalten. Die Krise des modernen Gewissens weist jedoch gerade darauf hin, dass man sich nicht jederzeit ohne Weiteres auf das Gewissen als Maßstab für „Richtig" und „Falsch" verlassen kann. Es ist beeinflussbar und nimmt mitunter die Werte der jeweiligen Gemeinschaft auf. Damit gehören Gewissenskonflikte, in denen das Gewissen eine negative Haltung sich selbst gegenüber einnimmt und Vorwürfe macht sowie anklagt, zwar zum menschlichen Leben, müssen aber nicht

---

1208 O. V., US-Wahlkampf, Trump will „höllisch schlimmere" Methoden als Waterboarding, in: Spiegel online vom 07. Februar 2016, unter: http://www.spiegel.de/politik/ausland/donald-trump-will-hoellisch-schlimmere-methoden-als-waterboarding-a-1076060.html, zuletzt abgerufen am 25. September 2017.

1209 O. V., CIA-Chef würde wegen Waterboarding-Folter zurücktreten, in: Spiegel online vom 14. Juli 2016, unter: http://www.spiegel.de/politik/ausland/donald-trump-cia-chef-wuerde-wegen-waterboarding-folter-zuruecktreten-a-1102947.html, zuletzt abgerufen am 25. September 2017.

überall und bei jedem auftreten und sind auch immer abhängig von der jeweiligen Persönlichkeit, Kultur und Gesellschaft.

Schlink bemerkt weiterhin, dass Situationen, in denen die Anforderungen des Rechts mit denen des Glaubens oder Gewissens in Konflikt geraten, sich nicht völlig vermeiden lassen. Die Gesellschaft darf nicht darauf verzichten, im Recht Regeln für das gesellschaftliche Zusammenleben festzulegen und diese dann auch durchzusetzen. Der Einzelne wiederum kann nicht davon abweichen, seinem Glauben oder Gewissen ausnahmsweise mehr zu folgen als dem Recht, woraus sich die Möglichkeit eines Konflikts ergibt. Das Recht würde sich aufgeben, wenn es dem Einzelnen den Konflikt ersparte, im Konflikt vor dem Einzelnen zurückwiche.[1210] Es muss vielmehr vom Einzelnen verlangen, den Konflikt auszuhalten, eine Entscheidung zu treffen und diese dann schließlich auch zu verantworten:[1211] „An der Grenze des Rechts haben die Konflikte und hat die Tragik ihren Ort. Sie gehören zu unserem Menschsein und wir müssen mit ihnen leben."[1212]

1210 Schlink, Debatte: An der Grenze des Rechts, in: Der Spiegel 3/2005, S. 34, S. 36.
1211 Schlink, Debatte: An der Grenze des Rechts, in: Der Spiegel 3/2005, S. 34, S. 36.
1212 Schlink, Debatte: An der Grenze des Rechts, in: Der Spiegel 3/2005, S. 34, S. 36.

10.) Schlussbetrachtung

Zusammenfassend zeigt sich mithin, dass das Gewissen eines der vielseitigsten, aber auch problematischsten und unklarsten Elemente des menschlichen Lebens darstellt. Es gibt keinen einheitlichen Begriff, keine einheitliche Bedeutung des Gewissens, sowohl in einem philosophischen als auch in einem psychologischen Sinn. Seine Funktion wurde geistesgeschichtlich völlig unterschiedlich gedeutet – manchmal auf Grundlage philosophischer Theorien in Bezug auf Geist und Moral, manchmal aber auch, um religiösen oder politischen Absichten zu dienen.[1213] Insgesamt lässt sich jedoch eine Entwicklung von einem objektiven hin zu einem subjektiven Gewissensverständnis nachzeichnen.

Das Gewissensurteil wird dabei im Recht stets relevant. Es erhält bei der Entstehung des Rechts als „Summe von Gewissensentscheidungen“ und auch, wenn der Richter einen Fall entscheidet, eine besondere Bedeutung. Gleichzeitig kann es jedoch auch pathologische Züge annehmen, aus heutiger westlicher Sicht moralisch unhaltbare Dinge befehlen und in psychologischer Hinsicht eine geradezu destruktive Kraft entfalten.

Das Gewissen hat zwar nicht die Eigenschaft, stets zuverlässig als „Erkenntnisorgan des Guten“ zu dienen. Es befindet sich, wie beispielsweise die Erfahrungen im Nationalsozialismus oder aktuell Terrorismus zeigen, in Hegels Worten stets „auf dem Sprunge […], ins Böse umzuschlagen“[1214] und kann auch manipuliert, verdrängt und mit anderen Gewissensinhalten überschrieben werden. Es ist jedoch eng mit der Frage nach der Willensfreiheit des Menschen verknüpft und als genuin menschliche selbstreaktive Haltung ein wesentlicher Bezugspunkt und Bestandteil menschlichen Lebens. Das Gewissen ist nicht ohne Weiteres ablegbar und lässt uns – gemeinsam mit anderen reaktiven und selbstreaktiven Haltungen – als Teilnehmer an der moralischen Gemeinschaft agieren. Das Recht kann und muss damit auf das Gewissen bauen, wenn es dem Menschen nicht fremd werden will.[1215]

Das Gewissen konstituiert die Persönlichkeit des Einzelnen. Ebenso, wie jede Epoche oberste Werte nicht schlicht *er*kennt, sondern sich zu ihnen *be*kennt,

---

1213 Giubilini, Conscience, in: Zalta (Hg.), The Stanford Encyclopedia of Philosophy, unter: https://plato.stanford.edu/entries/conscience/, zuletzt abgerufen am 25. September 2017.

1214 Hegel, Grundlinien der Philosophie des Rechts, hg. v. Lasson, § 139.

1215 Vgl.: Kaufmann, Das Gewissen und das Problem der Rechtsgeltung, S. 25.

steht der einzelne Mensch vor der Forderung seines Gewissens und muss sich aus eigener Verantwortung zu seinem Standpunkt in der Welt bekennen.[1216] Dies geschieht letztendlich unabhängig davon, ob die These des moralischen Universalismus oder Relativismus beziehungsweise im Hinblick auf die Frage nach der Willensfreiheit die These des Determinismus oder Indeterminismus wahr ist. Das Gewissen als genuin menschliche Eigenschaft ist trotz seiner „Fehleranfälligkeit" und Manipulierbarkeit nicht vollständig ablegbar, was – wie man beispielsweise an Psychopathen und Menschen mit einer dissozialen Persönlichkeitsstörung sieht – ohnehin sehr negative Auswirkungen auf das gesellschaftliche Zusammenleben hätte, und dient als höchstpersönlicher Wegweiser durch das Leben.

Dass die Verfassung das Gewissen ihrem Wortlaut nach als unverletzlich schützt, ist, wie dargestellt, ein wesentliches Merkmal des aufgeklärten, modernen, säkularisierten, pluralistischen und freiheitlichen Staates. Der Staat spricht sich keine Letztentscheidungskompetenz über „Richtig" und „Falsch" zu und gibt seinen Bürgern die Möglichkeit, ihr Leben in Freiheit auszurichten. Er respektiert sie als verantwortliche und vernünftige Individuen, welche fähig sind und das Recht haben, eine eigene Konzeption des Guten zu entwickeln und zu vertreten.

Gerade deswegen jedoch muss der Staat sich gleichzeitig auch der Gefahren durch das Gewissen besonders bewusst sein. Das Gewissen des Einzelnen darf in der staatlichen Gemeinschaft nie unbeschränkt frei sein, da das Fundament des Staates ansonsten gefährdet wäre, sondern muss seine Grenzen an der Verfassung selbst finden. Nichtsdestotrotz sind Konflikte zwischen Recht und Gewissen möglich, in denen das Recht, um den Persönlichkeitskern des Einzelnen zu achten, Nachsicht üben kann – insbesondere, wenn es sich um tragische sowie singuläre Dilemma-Situationen handelt.

Der ehemalige Bundesrichter Paul führt in Bezug auf das Gewissen aus: „Weil aber die Vernunft das Lebensrätsel in Wahrheit nicht löst und zur Daseinsbewältigung allein nicht befähigt, weil menschliche Werterkenntnis immer relativ bleibt, wächst dem Gewissen des [E]inzelnen im Gemeinschaftsleben und seinen Ordnungen eine besondere Problematik zu."[1217] Ziel der vorliegenden Dissertation war es, diese Problematik dargestellt und einen bewussten, reflektierten Umgang mit dem Gewissen im Recht gefunden oder zumindest gefördert zu haben.

1216 Vgl.: Paul, Gewissen und Recht, S. 13 f.

1217 Paul, Gewissen und Recht, S. 14.

Literaturverzeichnis

Altmeyer, Martin, Die exzentrische Psyche. Zur zeitgenössischen Neigung des Seelenlebens, aus sich herauszugehen und zu zeigen, was in ihm steckt, Forum der Psychoanalyse 29 (2013), 1–26.

Altnöder, Ferdinand, Ziviler Ungehorsam, Wien 2012.

Améry, Jean, Die Tortur, in: Scheit, Gerhard (Hg.), Werke, Bd. 2: Jenseits von Schuld und Sühne, Stuttgart 2002, 55–85.

Amnesty International, Combating torture. A Manual for Action, Oxford 2003.

Arendt, Hannah, Eichmann in Jerusalem. Ein Bericht von der Banalität des Bösen, München 1964.

Arendt, Hannah, Elemente und Ursprünge totalitärer Herrschaft. Antisemitismus, Imperialismus, Totalitarismus, 7. Aufl., München/Zürich 2000.

Arendt, Hannah, Tradition und die Neuzeit, in: Ludz, Ursula (Hg.), Zwischen Vergangenheit und Zukunft. Übungen im politischen Denken I, 2. Aufl., München/Zürich 2000, 23–53.

Arendt, Hannah, Über den Zusammenhang von Denken und Moral, in: Ludz, Ursula (Hg.), Zwischen Vergangenheit und Zukunft. Übungen im politischen Denken I, 2. Aufl., München/Zürich 2000, 128–155.

Arendt, Hannah, Was ist Autorität?, in: Ludz, Ursula (Hg.), Zwischen Vergangenheit und Zukunft. Übungen im politischen Denken I, 2. Aufl., München/Zürich 2000, 159–200.

Arendt, Hannah, Das „deutsche Problem" ist kein deutsches Problem, in: Ludz, Ursula (Hg.), In der Gegenwart. Übungen im politischen Denken II, München/Zürich 2000, 9–25.

Arendt, Hannah, Die Nachwirkungen des Naziregimes. Bericht aus Deutschland, in: Ludz, Ursula (Hg.), In der Gegenwart. Übungen im politischen Denken II, München/Zürich 2000, 38–63.

Arendt, Hannah, Denktagebuch. 1950 bis 1973, Bd. 1, hg. v. Ludz, Ursula/Nordmann, Ingeborg, München/Zürich 2002.

Arendt, Hannah, Ich will verstehen. Selbstauskünfte zu Leben und Werk, hg. v. Ludz, Ursula, Originalausg. 1996, München/Zürich 2005.

Arendt, Hannah, Responsibility and Judgment, hg. v. Kohn, Jerome, New York 2003.

Arendt, Hannah, Was ist Politik?, hg. v. Ludz, Ursula, 3. Aufl., München 2007.

Bäumlin, Richard, Das Grundrecht der Gewissensfreiheit, VVDStRL 28 (1970), 3–27.

Ballhausen, Hanno, Chronik des Zweiten Weltkriegs, Gütersloh/München 2004.

Beck, Maren, Die Heimtücke – ein unzeitgemäßes und moralisierendes Mordmerkmal. Unter Berücksichtigung des Abschlussberichts der von Justizminister Heiko Maas eingesetzten Expertenkommission, ZIS 2016, 10–18.

Beckmann, Ansgar, Willensfreiheit, in: Nida-Rümelin, Julian/Spiegel, Irina/Tiedemann, Markus (Hg.), Handbuch Philosophie und Ethik, Bd. 2: Disziplinen und Themen, Paderborn 2015, 131–140.

Beckmann, Jürgen, Kognitive Dissonanz. Eine handlungstheoretische Perspektive, Berlin/Heidelberg/New York/Tokyo 1984.

Bennett, Jonathan, The Conscience of Huckleberry Finn, Philosophy 49 (1974), 123–134.

Bennett, Jonathan, Accountability (II), in: McKenna, Michael/Russel, Paul (Hg.), Free Will and Reactive Attitudes. Perspectives on P. F. Strawson's „Freedom and Resentment", London/New York 2008, 47–68.

Bergen, Peter L., Heiliger Krieg Inc. Osama bin Ladens Terrornetz, Berlin 2003.

Berlin, Isaiah, Two Concepts of Liberty, in: Ders., Four Essays on Liberty, London/Oxford/New York 1971, 118–172.

Bernhard, Patrick, Kriegsdienstverweigerung und Zivildienst, in: Bundeszentrale für politische Bildung vom 09. Mai 2016, unter: http://www.bpb.de/politik/grundfragen/deutsche-verteidigungspolitik/216758/kriegsdienstverweigerung, zuletzt abgerufen am 25. September 2017.

Bernstein, Richard, zitiert nach: Weckel, Ulrike, Hannah Arendts „Eichmann in Jerusalem". Eine Tagung zur Historiographie des Holocaust, Werkstatt*Geschichte* 18 (1997), 101–105.

Bialas, Wolfgang, Die moralische Ordnung des Nationalsozialismus. Zum Zusammenhang von Philosophie, Ideologie und Moral, in: Konitzer, Werner/Gross, Raphael (Hg.), Moralität des Bösen. Ethik und nationalsozialistische Verbrechen, Frankfurt a. M./New York 2009, 30–60.

Bialas, Wolfgang, Moralische Ordnungen des Nationalsozialismus, Göttingen 2014.

Bielefeldt, Heiner, Zur Unvereinbarkeit von Folter und Rechtsstaatlichkeit, APuZ 36 (2006), 3–8.

Blühdorn, Jürgen, Einleitung, in: Ders. (Hg.), Das Gewissen in der Diskussion, Darmstadt 1976, 1–19.

Bockelmann, Paul, Zur Problematik der Sonderbehandlung von Überzeugungsverbrechern, in: Stratenwerth, Günter/Kaufmann, Armin/Geilen, Gerd/Hirsch, Hans J./Schreiber, Hans-Ludwig/Jakobs, Günther/Loos, Fritz (Hg.),

Festschrift für Hans Welzel zum 70. Geburtstag am 25. März 1974, Berlin/New York 1974, 543–556.

Böckenförde, Ernst-Wolfgang, Das Grundrecht der Gewissensfreiheit, VVDStRL 28 (1970), 33–81.

Böckenförde, Ernst-Wolfgang, Staat, Gesellschaft, Freiheit. Studien zur Staatstheorie und zum Verfassungsrecht, Frankfurt a. M. 1976.

Böckenförde, Ernst-Wolfgang, Freiheit ist ansteckend, in: TAZ vom 23. September 2009, unter: http://www.taz.de/!576006/, zuletzt abgerufen am 25. September 2017.

Böhnigk, Volker, Kant und der Nationalsozialismus. Einige programmatische Bemerkungen über nationalsozialistische Philosophie, Bonn 2000.

Bollmann, Ralph, Drittes Hilfspaket für Hellas. Eine Frage des Gewissens, in: FAZ vom 18. August 2015, unter: http://www.faz.net/aktuell/wirtschaft/menschen-wirtschaft/was-bedeutet-das-genau-dem-gewissen-verpflichtet-13752194.html, zuletzt abgerufen am 25. September 2017.

Bonhoeffer, Dietrich, Werke, Bd. 6: Ethik, hg. v. Tödt, Ilse/Tödt, Heinz E./Feil, Ernst/Green, Clifford, München 1992.

Borowski, Martin, Die Glaubens- und Gewissensfreiheit des Grundgesetzes, Tübingen 2006.

Breazeale, Dan, Johann Gottlieb Fichte, in: Zalta, Edward N. (Hg.), The Stanford Encyclopedia of Philosophy, Fall 2017 Edition, unter: https://plato.stanford.edu/archives/spr2014/entries/johann-fichte/, zuletzt abgerufen am 25. September 2017.

Breil, Reinhold, Kritik und System. Die Grundproblematik der Ontologie Nicolai Hartmanns in transzendentalphilosophischer Sicht, Würzburg 1996.

Brinkmann, Karl, Grundrecht und Gewissen im Grundgesetz. Eine rechtsphilosophisch-staatsrechtliche Untersuchung, Bonn 1965.

Browning, Christopher R., Ganz normale Männer. Das Reserve-Polizeibataillon 101 und die „Endlösung“ in Polen, Hamburg 1999.

Brugger, Winfried, Darf der Staat ausnahmsweise foltern?, Der Staat 35 (1996), 67–97.

Brugger, Winfried, Vom unbedingten Verbot der Folter zum bedingten Recht auf Folter?, JZ 2000, 165–173.

Buch, Walter, Des nationalsozialistischen Menschen Ehre und Ehrenschutz, München 1939.

Burkhardt, Björn, Und sie bewegt uns doch: die Willensfreiheit, Das Magazin 2003, 21–24.

Childress, James F., Appeals to Conscience, Ethics 89 (1979), 315–335.

Clever, Molly/Segal, David R., After Conscription: The United States and the All-Volunteer Force, Sicherheit und Frieden 30 (2012), 9–18.

Coke, Edward, zitiert nach: Kriele, Martin, Einführung in die Staatslehre. Die geschichtlichen Legitimitätsgrundlagen des demokratischen Verfassungsstaates, 6. Aufl., Stuttgart/Berlin/Köln 2003.

Copleston, Frederick, A History of Philosophy, Bd. 7: Fichte to Nietzsche, London 1963.

Cox, Damian/La Caze, Marguerite/Levine, Michael, Integrity, in: Zalta, Edward N. (Hg.), The Stanford Encyclopedia of Philosophy, Spring 2017 Edition, unter: https://plato.stanford.edu/entries/integrity/, zuletzt abgerufen am 25. September 2017.

Czermak, Gerhard, Religions- und Weltanschauungsrecht. Eine Einführung. In Kooperation mit Prof. Dr. Dr. Eric Hilgendorf, Berlin/Heidelberg 2008.

Dantine, Wilhelm, Die Funktion des Gewissens im Recht, in: Kallenbach, Hans/Schemel, Willi (Hg.), Funktion des Gewissens im Recht, Frankfurt a. M. 1970, 46–62.

Dauner, Paul, Das Gewissen, Stuttgart 2008.

De Voltaire, François M. A., Kleine Philosophische Aufsätze, Kap. 46, hg. v. Welcker, Roland, in: Spiegel online, Projekt Gutenberg-DE vom 20. September 2008, unter: http://gutenberg.spiegel.de/buch/-2437/46, zuletzt abgerufen am 25. September 2017.

Denkler, Thorsten, Jungs Abschuss-Überlegungen. Jenseits des Rechtsstaats, in: Süddeutsche Zeitung vom 12. Mai 2010, unter: http://www.sueddeutsche.de/politik/2.220/jungs-abschuss-ueberlegungen-jenseits-des-rechtsstaats-1.332044, zuletzt abgerufen am 25. September 2017.

Deleuze, Gilles, Nietzsche und die Philosophie, München 1976.

Depenheuer, Otto, Das Bürgeropfer im Rechtsstaat, in: Ders. (Hg.), Staat im Wort. Festschrift für Josef Isensee, Heidelberg 2007, 43–60.

Derbolav, Josef, Hegels Theorie der Handlung, in: Riedel, Manfred (Hg.), Materialien zu Hegels Rechtsphilosophie, Bd. 2, Frankfurt a. M. 1975, 201–216.

Dreier, Horst, Gustav Radbruch und die Mauerschützen, JZ 1997, 421–434.

Dreier, Horst, Kants Republik, JZ 2004, 745–756.

Dreier, Horst, Grenzen des Tötungsverbotes – Teil 1, JZ 2007, 261–270.

Dreier, Horst (Hg.), Grundgesetz Kommentar, Bd. 1: Präambel, Artikel 1–19, 3. Aufl., Tübingen 2013.

Dreier, Horst (Hg.), Grundgesetz Kommentar, Bd. 2: Artikel 20–82, 3. Aufl., Tübingen 2015.

Droege, Michael/Fischer-Lescano, Andreas, Gewissensfreiheit in der Bundeswehr – Berufung auf die Völkerrechtswidrigkeit des Irakkrieges als Ungehorsamsgrund?, NVwZ 2006, 171–173.

Ebeling, Gerhard, Theologische Erwägungen über das Gewissen, in: Blühdorn, Jürgen (Hg.), Das Gewissen in der Diskussion, Darmstadt 1976, 142–161.

Ebers, Godehard J., Staat und Kirche im neuen Deutschland, München 1930.

Edel, Geert, „Formalismus" und Universalisierung in der Kantischen Ethik, in: Funke, Gerhard (Hg.), Akten des Siebenten Internationalen Kant-Kongresses. Kurfürstliches Schloß zu Mainz 1990, Bd. 2, Teil 1: Sektionsbeiträge, Sektionen A–F, Bonn 1991, 291–304.

Ehrenberg, Alain, zitiert nach: Altmeyer, Martin, Die exzentrische Psyche. Zur zeitgenössischen Neigung des Seelenlebens, aus sich herauszugehen und zu zeigen, was in ihm steckt, Forum der Psychoanalyse 29 (2013), 1–26.

Elon, Amos, Hannah Arendts Exkommunizierung, in: Smith, Gary (Hg.), Hannah Arendt Revisited: „Eichmann in Jerusalem" und die Folgen, Frankfurt a. M. 2000, 17–32.

Eisenfeld, Bernd/Schicketanz, Peter, Bausoldaten in der DDR: Die „Zusammenführung feindlich-negativer Kräfte" in der NVA, Berlin 2011.

Emge, Carl A., Vorschule der Rechtsphilosophie, Berlin-Grunewald 1925.

Emge, Carl A., Das Apriori und die Rechtswissenschaft, ARSP 21 (1928), 519–536.

Emundts, Dina, Über Gewissen und Gewissheit, DZPhil 64 (2016), 495–521.

Epping, Volker, Grundrechte. In Zusammenarbeit mit Sebastian Lenz und Philipp Leydecker, 6. Aufl., Berlin/Heidelberg 2015.

Epping, Volker/Hillgruber, Christian (Hg.), Beck'scher Online-Kommentar zum Grundgesetz, 30. Edition, München, Stand: 01.09.2016.

Eppler, Erhard, zitiert nach: Schwab-Trapp, Michael, Konflikt, Kultur und Interpretation. Eine Diskursanalyse des öffentlichen Umgangs mit dem Nationalsozialismus, Opladen 1996.

Erb, Volker, Nicht Folter, sondern Nothilfe, in: Zeit online vom 09. Dezember 2004, unter: http://www.zeit.de/2004/51/Essay_Daschner, zuletzt abgerufen am 25. September 2017.

Erdoğan, Aslı, zitiert nach: Breidecker, Volker, Festgenagelt an das Schicksal, in: Süddeutsche Zeitung vom 18. Oktober 2016, unter: http://www.sueddeutsche.de/kultur/eroeffnung-der-frankfurter-buchmesse-festgenagelt-an-das-schicksal-1.3210547, zuletzt abgerufen am 25. September 2017.

Eshleman, Andrew, Moral Responsibility, in: Zalta, Edward N. (Hg.), The Stanford Encyclopedia of Philosophy, unter: https://plato.stanford.edu/entries/moral-responsibility/, Winter 2016 Edition, zuletzt abgerufen am 25. September 2017.

Esser, Andrea M., The Inner Court of Conscience, Moral Self-Knowledge, and the Proper Object of Duty (TL 6:437–444), in: Sensen, Oliver/Timmermann, Jens/Trampota, Andreas (Hg.), Kant's „Tugendlehre". A Comprehensive Commentary, Berlin/New York 2013, 269–291.

Ferguson, Tamara J./Dempsey, Heidi L., Reconciling interpersonal versus responsibility-based models of guilt, in: Koops, Willem/Brugman, Daniel/Ferguson, Tamara J./Sanders, Andries F. (Hg.), The Development and Structure of Conscience, Hove/New York 2010, 171–206.

Festinger, Leon, A theory of cognitive dissonance, Evanston 1957.

Festinger, Leon/Carlsmith, James, Cognitive consequences of forced compliance, Journal of Abnormal and Social Psychology 58 (1959), 203–210.

Fichte, Johann G., Joh. Gottl. Fichte, Werke. Auswahl in sechs Bänden, Bd. 2: Grundlage des Naturrechts/Das System der Sittenlehre (1798). Grundlage des Naturrechts nach den Prinzipien der Wissenschaftslehre von Johann Gottlieb Fichte, hg. v. Medicus, Fritz, Jena/Leipzig 1796.

Fichte, Johann G., Das System der Sittenlehre nach den Principien der Wissenschaftslehre, Jena/Leipzig 1798.

Fischer, Peter/Asal, Kathrin/Krueger, Joachim I., Sozialpsychologie für Bachelor. Lesen, Hören, Lernen im Web, Berlin/Heidelberg 2013.

Foljanty, Lena, Recht oder Gesetz. Juristische Identität und Autorität in den Naturrechtsdebatten der Nachkriegszeit, Tübingen 2013.

Forst, Rainer, Die Pflicht zur Gerechtigkeit (Kapitel 6), in: Höffe, Otfried (Hg.), John Rawls. Eine Theorie der Gerechtigkeit, 2. Aufl., Berlin 2006, 187–208.

Frank, Hans, Die Technik des Staates. Mit einem Vorwort von Professor Dr. Ernst Letzgus, Berlin/Leipzig/Wien 1942.

Frank, Hans, zitiert nach: Hirch, Waldemar, Untersuchung der NS-Sondergerichtsbarkeit anhand der Heimtückefälle im Kreis Darmstadt, Darmstadt 1988.

Freihalter, Gerd U., Gewissensfreiheit. Aspekte eines Grundrechts, Berlin 1973.

Freud, Sigmund, Das Unbehagen in der Kultur, in: Freud, Anna/Bibring, Edward/Hoffer, Willi/Kris, Ernst/Isakower, Otto (Hg.), Gesammelte Werke. Chronologisch geordnet, Bd. 14: Werke aus den Jahren 1925–1931, 5. Aufl., Frankfurt a. M. 1972, 419–506.

Freud, Sigmund, Studienausgabe, Bd. 3: Psychologie des Unbewussten, hg. v. Mitscherlich, Alexander/Richards, Angela/Strachey, James, 6. Aufl., Frankfurt a. M. 1975.

Freud, Sigmund, Das Ich und das Es, Hamburg 2016.

Freudiger, Kerstin, Die juristische Aufarbeitung von NS-Verbrechen, Tübingen 2002.

Frey, Eberhard, Über-Ich oder Gewissen – Zum Unterschied der beiden Begriffe und seiner Bedeutung für die Psychotherapie von Kindern und Jugendlichen, Praxis der Kinderpsychologie und Kinderpsychiatrie 38 (1989), 363–371.

Frisch, Wolfgang, Grundrecht der Gewissensfreiheit und Gewissensdruck im Strafrecht, GA 2006, 273–279.

Fritze, Lothar, Täter mit gutem Gewissen. Über menschliches Versagen im diktatorischen Sozialismus, Köln/Weimar 1998.

Fritze, Lothar, Moralische Rechtfertigung und außermoralische Überzeugungen. Sind „totalitäre Verbrechen" nur in einer säkularen Welt möglich?, Leviathan 37 (2009), 5–33.

Fromm, Erich, Die autoritäre Persönlichkeit, Deutsche Universitätszeitung (12) Nr. 9 1957, 3–4.

Fromm, Erich, Die Furcht vor der Freiheit, Frankfurt a. M./Köln 1966.

Fromm, Erich, Sozialpsychologischer Teil, in Horkheimer, Max (Hg.), Studien über Autorität und Familie, 2. Aufl., Paris 1936 (veröffentlicht: Lüneburg 1987), 77–135.

Galewicz, Włodzimierz, Gewissen, in: Willaschek, Marcus/Stolzenberg, Jürgen/Mohr, Georg/Bacin, Stefano (Hg.), Kant-Lexikon, Bd. 1: a priori/a posteriori – Gymnastik, Berlin/Boston 2015,4 849–851.

Galston, William A., Liberal Pluralism. The Implications of Value Pluralism for Political Theory and Practice, New York 2002.

Geiger, Willi, Gewissen, Ideologie, Widerstand, Nonkonformismus. Grundfragen des Rechts, München 1963.

Gendlin, Eugene T., Focusing-orientierte Psychotherapie. Ein Handbuch der erlebnisbezogenen Methode, München 1998.

Gerhardt, Volker, „Schuld", „schlechtes Gewissen" und Verwandtes (II 4–7), in: Höffe, Otfried (Hg.), Friedrich Nietzsche. Zur Genealogie der Moral, Berlin 2004, 81–95.

Giemulla, Elmar M./Rothe, Bastian R., Der Abschuss von Zivilluftfahrzeugen – (k)ein deutsches Problem, in: Dies. (Hg.), Recht der Luftsicherheit, Berlin/Heidelberg 2008, 97–103.

Giesinger, Johannes, Erziehung der Gehirne? Willensfreiheit, Hirnforschung und Pädagogik, Zeitschrift für Erziehungswissenschaft 9 (2006), 97–109.

Giubilini, Alberto, Conscience, in: Zalta, Edward N. (Hg.), The Stanford Encyclopedia of Philosophy, Winter 2016 Edition, unter: https://plato.stanford.edu/entries/conscience/, zuletzt abgerufen am 25. September 2017.

Goebbels, Joseph, Tagebucheintrag vom 20. August 1941, zitiert nach: Verplaetse, Jan, Der moralische Instinkt. Über den natürlichen Ursprung unserer Moral, Göttingen 2011.

Göring, Hermann W., zitiert nach: Rauschning, Hermann, Gespräche mit Hitler, Zürich/New York 1940.

Götte, Petra, Jugendstrafvollzug im „Dritten Reich": diskutiert und realisiert – erlebt und erinnert, Bad Heilbronn 2003.

Graw, Ansgar, Das geplagte Gewissen des Ministers Jung, in: Welt online vom 19. September 2007, abrufbar unter: https://www.welt.de/politik/article1197231/Das-geplagte-Gewissen-des-Ministers-Jung.html, zuletzt abgerufen am 25. September 2017.

Greenspan, Patricia S., Practical Guilt. Moral Dilemmas, Emotions, and Social Norms, New York 1995.

Gropp, Walter, Der Radartechniker-Fall – ein durch Menschen ausgelöster Defensivnotstand? Ein Nachruf auf § 14 III Luftsicherheitsgesetz, GA 2006, 284–288.

Gross, Raphael, Anständig geblieben. Nationalsozialistische Moral, Frankfurt a. M. 2010.

Gründel, Johannes, Verbindlichkeit und Reichweite des Gewissensanspruchs, in: Ders. (Hg.), Das Gewissen: subjektive Willkür oder oberste Norm?, Düsseldorf 1990, 99–126.

Gründel, Johannes, Vorwort des Herausgebers, in: Ders. (Hg.), Das Gewissen: subjektive Willkür oder oberste Norm?, Düsseldorf 1990, 7–9.

Günther, Hans F. K., Ritter, Tod und Teufel. Der heldische Gedanke, 5. Aufl., München 1937.

Günther, Klaus, Darf der Staat foltern, um Menschenleben zu retten?, in: Beestermöller, Gerhard/ Brunkhorst, Hauke (Hg.), Rückkehr der Folter. Rechtsstaat im Zwielicht?, 101–108.

Günther, Klaus, Hirnforschung und strafrechtlicher Schuldbegriff, KJ 2006, 116–133.

Hafner, Felix, Religionsfreiheit im Kontext der Menschenrechte, in: Loretan, Adrian (Hg.), Religionsfreiheit im Kontext der Grundrechte. Religionsrechtliche Studien, Teil 2, Zürich 2011, 121–161.

Hamel, Walter, Glaubens- und Gewissensfreiheit, in: Bettermann, Karl A./ Nipperdey, Hans C./Scheuner, Ulrich (Hg.), Die Grundrechte. Handbuch der Theorie und Praxis der Grundrechte, Bd. 4: Grundrechte und institutionelle Garantien, Halbbd. 1, Berlin 1960, 37–110.

Hare, Robert D., Without Conscience. The Disturbing World of the Psychopaths Among Us, New York 1999.

Hartmann, Nicolai, Ethik, 4. Aufl., Berlin 1962.

Hauschild, Jana, Elektroschock-Experiment, in: Spiegel online vom 15. März 2017, unter: http://www.spiegel.de/wissenschaft/mensch/milgram-experiment-fast-jeder-wuerde-auf-befehl-foltern-a-1138728.html, zuletzt abgerufen am 25. September 2017.

Hauskeller, Michael, Konträre Moralentwürfe oder verschiedene Anwendungen derselben Moral? EWE 20 (2009), 435–436.

Hebeler. Timo, Der Widerstreit von Gehorsamspflicht und Gewissensfreiheit des Soldaten – Anmerkung zum Urteil des Bundesverwaltungsgerichts vom 21. Juni 2005 (2 WD 12.04), KJ 39 (2006), 209–218.

Hegel, Georg W. F., Grundlinien der Philosophie des Rechts. Mit den von Gans redigierten Zusätzen aus Hegels Vorlesungen, hg. v. Lasson, Georg, Leipzig 1911.

Hegel, Georg W. F., Über die wissenschaftlichen Behandlungsarten des Naturrechts, seine Stelle in der praktischen Philosophie, und sein Verhältnis zu den positiven Rechtswissenschaften, in: Brockard, Hans/Buchner, Hartmut (Hg.), G. W. F. Hegel. Jenaer Kritische Schriften (II), Hamburg 1983, 90–178.

Hegel, Georg W. F., Phänomenologie des Geistes, hg. v. Toman, Rolf, Köln 2000.

Hegel, Georg W. F., Enzyklopädie der philosophischen Wissenschaften im Grundrisse, hg. v. Holzinger, Michael, 4. Aufl., Berlin 2017.

Heine, Heinrich, Zur Geschichte der Religion und Philosophie in Deutschland (1835), Rudolstadt/Berlin 2009.

Herdegen, Matthias, Gewissensfreiheit und Normativität des positiven Rechts, Berlin/Heidelberg/New York/London/Paris/Tokyo/Hong Kong 1989.

Herdegen, Matthias, § 98 Gewissensfreiheit, in: Burgi, Martin (Hg.), Handbuch der Grundrechte in Deutschland und Europa, Bd. 4: Grundrechte in Deutschland. Einzelgrundrechte I, Heidelberg 2011, 663–677.

Hermsen, Edmund, „Der innere Gerichtshof“. Die Entwicklung des Gewissens aus religionspsychologischer und psychohistorischer Sicht, in: Kurth, Winfried/Janus, Ludwig (Hg.), Psychohistorie und Persönlichkeitsstruktur, Heidelberg 2002, 77–101.

Hertzke, Allen D., Introduction. Advancing the first freedom in the twenty-first century, in: Ders. (Hg.), The Future of Religious Freedom: Global Challenges, Oxford 2013, 3–30.

Herzberg, Rolf D., Folter und Menschenwürde, JZ 2005, 321–328.

Herzog, Felix, Die Menschenwürde als absolute Grenze instrumenteller Vernunft. Zur Frage von Abwägungsverboten aus Anlass des Luftsicherheitsgesetzes, in: Roggan, Frederik (Hg.), Mit Recht für Menschenwürde und Verfassungsstaat. Festgabe für Dr. Burkhard Hirsch, Berlin 2006, 89–99.

Herzog, Roman, Die Freiheit des Gewissens und der Gewissensverwirklichung, DVBl 1969, 718–722.

Hessisches Kultusministerium, Bildungsstandards und Inhaltsfelder. Das neue Kerncurriculum für Hessen, Sekundarstufe I – Gymnasium, Ethik, unter: https://kultusministerium.hessen.de/sites/default/files/media/kerncurriculum_ethik_gymnasium.pdf, zuletzt abgerufen am 25. September 2017.

Heuer, Wolfgang, Hannah Arendt über das Böse im 20. Jahrhundert, in: Horster, Detlef (Hg.), Das Böse neu denken, 2. Aufl., Weilerswist 2008, 15–28.

Heusinger, Bruno, Rechtsfindung und Rechtsfortbildung im Spiegel richterlicher Erfahrung, Köln/Berlin/Bonn/München 1975.

Heyen, Volker, Über Gewissen und Vertrauen des Abgeordneten, Der Staat 25 (1986), 35–54.

Hildebrandt, Heinz, Rechtsfindung im neuen deutschen Staate. Ein Beitrag zu den Rechtsquellen, zur Auslegung und Ergänzung des Gesetzes, Berlin 1935.

Hilgendorf, Eric, Tragische Fälle. Extremsituationen und strafrechtlicher Notstand, in: Blaschke, Ulrich/Förster, Achim/Lumpp, Stephanie/Schmidt, Judith (Hg.), Sicherheit statt Freiheit? Staatliche Handlungsspielräume in extremen Gefährdungslagen, Berlin 2005, 107–132.

Hill, Thomas E., Punishment, Conscience, and Moral Worth, The Southern Journal of Philosophy 36 (1997), Ergänzung, 51–71.

Hillenkamp, Thomas, Strafrecht ohne Willensfreiheit? Eine Antwort auf die Hirnforschung, JZ 2005, 313–320.

Hillgruber, Christian, Der Staat des Grundgesetzes – nur „bedingt abwehrbereit"?, JZ 2007, 209–218.

Hilpert, Konrad, Gewissen in neueren kirchlichen Verlautbarungen, Lebendige Katechese 7 (1985), 158–163.

Himmler, Heinrich, Geheim! Rede vor dem Offizierskorps einer Grenadierdivision auf dem Truppenübungsplatz Bitsch am 26.7.1944, zitiert nach: Peterson, Agnes F./Smith, Bradley F. (Hg.), Heinrich Himmler. Geheimreden 1933 bis 1945, Frankfurt a. M./Berlin/Wien 1974, 215–237.

Himmler, Heinrich, Rede bei der SS-Gruppenführertagung in Posen am 4. Oktober 1943, zitiert nach: Reibenschuh, Gernot, Menschliches Denken. Eine systematische Studie am Boden der Kantischen Philosophie, Berlin/New York 1997.

Hirch, Waldemar, Untersuchung der NS-Sondergerichtsbarkeit anhand der Heimtückefälle im Kreis Darmstadt, Darmstadt 1988.

Hirsch, Ernst E., Zur juristischen Dimension des Gewissens und der Unverletzlichkeit der Gewissensfreiheit des Richters, Berlin 1979.

Hirsch, Hans J., Strafrecht und Überzeugungstäter, Berlin 1996.

Hirsch, Hans J., Defensiver Notstand gegenüber ohnehin Verlorenen, in: Hettinger, Michael/Zopfs, Jan/Hillenkamp, Thomas/Köhler, Michael/Rath, Jürgen/Streng, Franz/Wolter, Jürgen (Hg.), Festschrift für Wilfried Küper zum 70. Geburtstag, Heidelberg 2007, 149–172.

Hitler, Adolf, zitiert nach: Rauschning, Hermann, Gespräche mit Hitler, Zürich/New York 1940.

Höcker, Ralf, Das Grundrecht der Gewissensfreiheit und seine Auswirkungen im Strafrecht, Frankfurt a. M./Berlin/Bern/Brüssel/New York/Oxford/Wien 2000.

Höffe, Otfried, Immanuel Kant, 8. Aufl., München 2014.

Höll, Susanne, Exorzisten-Prozess: Dämonen in Zimmer 433, in: Süddeutsche Zeitung vom 10. Oktober 2016, unter: http://www.sueddeutsche.de/panorama/frankfurt-exorzismus-prozess-daemonen-auf-zimmer-1.3198452, zuletzt abgerufen am 25. September 2017.

Hömig, Dieter, zitiert nach: Graw, Ansgar, Das geplagte Gewissen des Ministers Jung, in: Welt online vom 19. September 2007, abrufbar unter: https://www.welt.de/politik/article1197231/Das-geplagte-Gewissen-des-Ministers-Jung.html, zuletzt abgerufen am 25. September 2017.

Höver, Gerhard, Einleitung. Normativität und Gewissen, in: Höver, Gerhard/Honnefelder, Ludger (Hg.), Der Streit um das Gewissen, Paderborn/München/Wien/Zürich 1993, 11–24.

Hofmann, Hasso, Verfassungsrechtliche Perspektiven. Aufsätze aus den Jahren 1980–1994, Tübingen 1995.

Hohn, Hannsjosef, Die Freiheit des Gewissens, Heidelberg 1990.

Honecker, Martin, Testimonium conscientiae. Was ist norma proxima des sittlichen Urteils? (Korreferat), in: Höver, Gerhard/Honnefelder, Ludger (Hg.), Der Streit um das Gewissen, Paderborn/München/Wien/Zürich 1993, 83–92.

Honnefelder, Ludger, Vernunft und Gewissen. Gibt es eine philosophische Begründung für die Normativität des Gewissens? (Korreferat), in: Höver, Gerhard/Honnefelder, Ludger (Hg.), Der Streit um das Gewissen, Paderborn/München/Wien/Zürich 1993, 113–121.

Hoye, William J., Das Gewissen als Konvergenzpunkt der Wahrheit, in: Ders. (Hg.), Die Wirklichkeit der Wahrheit. Freiheit der Gesellschaft und Anspruch des Unbedingten, Wiesbaden 2013, 55–74.

Hübsch, Stefan, Philosophie und Gewissen. Beiträge zur Rehabilitierung des philosophischen Gewissensbegriffs, Göttingen 1995.

Hufen, Friedhelm, Die Menschenwürde, Art. 1 I GG, JuS 2010, 1–10.

Hume, David, A Treatise of Human Nature, hg. v. Selby-Bigge, Lewis A., 2. Aufl., Oxford 1978.

Ischinger, Caroline, Was Altkleider aus Deutschland für Afrika bedeuten, in: Süddeutsche Zeitung vom 29. Mai 2013, unter: http://www.sueddeutsche.de/wirtschaft/textilrecycling-was-altkleider-aus-deutschland-fuer-afrika-bedeuten-1.1683519, zuletzt abgerufen am 25. September 2017.

Isensee, Josef, Gewissen im Recht – Gilt das allgemeine Gesetz nur nach Maßgabe des individuellen Gewissens? (Korreferat), in: Höver, Gerhard/Honnefelder, Ludger (Hg.), Der Streit um das Gewissen, Paderborn/München/Wien/Zürich 1993, 41–61.

Isensee, Josef, Leben gegen Leben. Das grundrechtliche Dilemma des Terrorangriffs mit gekapertem Passagierflugzeug, in: Pawlik, Michael/Zaczyk, Rainer (Hg.), Festschrift für Günther Jakobs zum 70. Geburtstag am 26. Juli 2007, Köln/Berlin/München 2007, 205–234.

Jahn, Matthias, Die Logik des Grundgesetzes. Ein Gespräch mit dem Strafrechtsprofessor Matthias Jahn, in: Programmheft zum Theaterstück „Terror" von Ferdinand von Schirach, 6–13.

Janaway, Christopher, Beyond Selflessness. Reading Nietzsche's Genealogy, New York 2007.

Jakobs, Günther, Bürgerstrafrecht und Feindstrafrecht, HRRS (Aufsätze und Urteilsanmerkungen) 2004, 88–95.

Jakobs, Günther, Individuum und Person. Strafrechtliche Zurechnung und die Ergebnisse moderner Hirnforschung, ZStW 117 (2005), 247–266.

Jakuszewicz, Adam, Das Grundrecht der Gewissensfreiheit in der polnischen Verfassung, Frankfurt Oder 2011.

James, David, Hegel's Philosophy of Right. Subjectivity and Ethical Life, London/New York 2007.

Jarass, Hans D./Pieroth, Bodo, Grundgesetz für die Bundesrepublik Deutschland. Kommentar, 14. Aufl., München 2016.

Jellinek, Georg, System der subjektiven öffentlichen Rechte, hg. v. Kersten, Jens, 2. Aufl., Tübingen 1905.

Jellinek, Georg, Die sozialethische Bedeutung von Recht, Unrecht und Strafe, 2. Aufl., Berlin 1908.

Jellinek, Georg, Die Erklärung der Menschen- und Bürgerrechte, in: Schnur, Roman (Hg.), Zur Geschichte der Erklärung der Menschenrechte, Darmstadt 1964.

Jennings, Sarah, The Dialectic of Conscience within Hegel's Philosophy of Right, Warwick 2010.

Joecks, Wolfgang/Miebach, Klaus (Hg.), Münchener Kommentar zum StGB, Bd. 1: §§ 1–37 StGB, 3. Aufl., München 2017.

Joffe, Carole E., Doctors of Conscience. The Struggle to Provide Abortion Before and After Roe V. Wade, Boston 1995.

Jones, David H., Freud's Theory of Moral Conscience, Philosophy 41 (1966), 34–57.

Jungclaussen, Hardwin, Was soll ich tun? Kant, Planck und die Neurowissenschaft zur Willensfreiheit, Teil 2, 2004, unter: http://hardwin-jungclaussen.de/pdf/Was_soll_ich_tun.pdf, zuletzt abgerufen am 25. September 2017.

Kägi, Werner, Rechtsfragen der Volksinitiative auf Partialrevision. Ein Beitrag zur Lehre von den inhaltlichen Schranken, ZSR (75) 1956, 739a–885a.

Kane, Robert, The Significance of Free Will, New York/Oxford 1996.

Kant, Immanuel, Die Metaphysik der Sitten, in: Weischedel, Wilhelm (Hg.), Werke in sechs Bänden, Bd. 4: Schriften zur Ethik und zur Religionsphilosophie, Wiesbaden 1956, 307–634.

Kant, Immanuel, Grundlegung zur Metaphysik der Sitten, in: Weischedel, Wilhelm (Hg.), Werke in sechs Bänden, Bd. 4: Schriften zur Ethik und zur Religionsphilosophie, Wiesbaden 1956, 11–102.

Kant, Immanuel, Kritik der praktischen Vernunft, in: Weischedel, Wilhelm (Hg.), Werke in sechs Bänden, Bd. 4: Schriften zur Ethik und zur Religionsphilosophie, Wiesbaden 1956, 106–302.

Kant, Immanuel, Die Religion innerhalb der Grenzen der bloßen Vernunft, Königsberg 1793.

Kant, Immanuel, Über Pädagogik, hg. v. Rink, Theodor, Königsberg 1803.

Kant, Immanuel, Immanuel Kant's vorzügliche kleine Schriften und Aufsätze. Mit Anmerkungen. Nebst Betrachtungen über die Erde und den Menschen aus ungedruckten Vorlesungen von Immanuel Kant. In zwei Bänden, Bd. 1, hg. v. Starke, Friedrich Ch., Leipzig 1833.

Kant, Immanuel, Immanuel Kant's Werke. Sorgfältig revidirte Gesamtausgabe in zehn Bänden, Bd. 5: Immanuel Kant's Metaphysik der Sitten in zwei Theilen. Rechtslehre, Tugendlehre. Nebst den kleineren Abhandlungen zur Moral und Politik, hg. v. Hartenstein, Gustav, Leipzig 1838.

Kant, Immanuel, Vorlesung zur Moralphilosophie, hg. v. Stark, Werner, Berlin/ New York 2004.

Kant, Immanuel, Reflexion 6815, AA XIX, zitiert nach: Dauner, Paul, Das Gewissen, Stuttgart 2008.

Katoh, Hisao, Die Krise des Schuldprinzips, das Problem der Schuldfähigkeit des Überzeugungstäters und die Behandlungsmethode für seine Resozialisierung, in: Hefendehl, Roland/Hörnle, Tatjana/Greco, Luís (Hg.), Streitbare Strafrechtswissenschaft. Festschrift für Bernd Schünemann zum 70. Geburtstag am 1. November 2014, Berlin/Boston 2014, 131–142.

Kaufmann, Arthur, Rechtsfreier Raum und eigenverantwortliche Entscheidung, in: Schroeder, Friedrich-Christian/Zipf, Heinz (Hg.), Festschrift für Reinhart Maurach zum 70. Geburtstag, Karlsruhe 1972, 327–345.

Kaufmann, Arthur, Das Gewissen und das Problem der Rechtsgeltung, Heidelberg 1990.

Kaufmann, Arthur/von der Pfordten, Dietmar, Problemgeschichte der Rechtsphilosophie, in: Hassemer, Winfried/Neumann, Ulfrid/Saliger, Frank (Hg.), Einführung in die Rechtsphilosophie und Rechtstheorie der Gegenwart, 9. Aufl., Heidelberg 2016, Rn. 2.

Keil, Geert, Keine Strafe ohne Schuld, keine Schuld ohne freien Willen?, in: Schuster, Josef (Hg.), Zur Bedeutung der Philosophie für die theologische Ethik, Freiburg i. Br. 2010, 159–173.

Kelly, Duncan, Revisiting the Rights of Man: Georg Jellinek on Rights and the State, Law and History Review 22 (2004), 493–529.

Kelsen, Hans, Reine Rechtslehre, 2. Aufl., Wien 2000.

Kerger, Henry, Autorität und Recht im Denken Nietzsches, Berlin 1988.

Kersting, Wolfgang, Niccolò Machiavelli, 3. Aufl., München 2006.

Kettner, Fabian, Ein Handlungsreisender in Sachen „Endlösung der Judenfrage". Die Rolle Adolf Eichmanns für das Bild von der Moderne, 2006, unter: http://www.rote-ruhr-uni.com/texte/kettner_eichmann.pdf, zuletzt abgerufen am 25. September 2017.

Kindhäuser, Urs/Neumann, Ulfrid/Paeffgen, Hans-Ullrich (Hg.), Nomos Kommentar zum Strafgesetzbuch, 4. Aufl., Baden-Baden 2013.

Kirchhof, Paul, § 283 Der Bürger in Zugehörigkeit und Verantwortung, in: Isensee, Josef/Kirchhof, Paul (Hg.), Handbuch des Staatsrechts der Bundesrepublik Deutschland, Bd. 12: Normativität und Schutz der Verfassung, 3. Aufl., Heidelberg/München/Landsberg/Frechen/Hamburg 2014, 1045–1142.

Klein, Martin, Beweis und Gewissen. Zur Beweiswürdigung im Anerkennungsverfahren des Kriegsdienstverweigerers, Berlin 1972.

Klier, Gerhard, Gewissensfreiheit und Psychologie. Der Beitrag der Psychologie zur Normbereichsanalyse des Grundrechts der Gewissensfreiheit, Berlin 1978.

Kneib, Michael, Entwicklungen im Verständnis der Gewissensfreiheit. Zur Rezeption der Gewissensfreiheit durch die katholische Moraltheologie und das kirchliche Lehramt zwischen 1832 und 1965, Frankfurt a. M. 1996.

Koch, Kurt, Prüfung oder Tatbeweis des Gewissens? Ethisch-theologische Überlegungen zur Gewissensproblematik bei der Militärdienstverweigerung, Neue Wege 77 (1983), 317–326.

Kohlberg, Lawrence, Die Psychologie der Moralentwicklung, hg. v. Althof, Wolfgang, 2. Aufl., Frankfurt a. M. 1997.

Kotzur, Markus, Gewissensfreiheit contra Gehorsamspflicht oder: der Irak-Krieg auf verwaltungsgerichtlichem Prüfstand, JZ 2006, 25–30.

Kovarovic, Kate, Our „Jack Bauer" Culture: Eliminating the Ticking Time Bomb Exception to Torture, Fla. J. Int'l L. 22 (2010), 251–284.

Kraatz, Erik, Verbreitete Fehler bei der Behandlung des Erlaubnistatbestandsirrtums am Beispiel des Hells Angels-Falles (BGH, NStZ 2012, 272), JURA 2014, 787–797.

Krasmann, Susanne/Wehrheim, Jan, Folter und die Grenzen des Rechtsstaats, MSchrKrim 2006, 261–275.

Krey, Volker (Begr.)/Esser, Robert (fortgef.), Deutsches Strafrecht Allgemeiner Teil, 6. Aufl., Stuttgart 2016.

Kriele, Martin, Einführung in die Staatslehre. Die geschichtlichen Legitimitätsgrundlagen des demokratischen Verfassungsstaates, 6. Aufl., Stuttgart/Berlin/Köln 2003.

Krishnaswami, Arcot, Study of Discrimination in the Matter of Religious Rights and Practices, New York 1960.

Krölls, Albert, Kriegsdienstverweigerung. Das unbequeme Grundrecht, Frankfurt a. M. 1980.

Krüger, Karen, Schriftstellerin Asli Erdogan festgenommen, in: FAZ vom 17. August 2016, unter: http://www.faz.net/aktuell/feuilleton/debatten/tuerkische-autorin-asli-erdogan-in-tuerkei-festgenommen-14393005.html, zuletzt abgerufen am 25. September 2017.

Krüger, Karen, Asli Erdogan spricht aus, worüber andere schweigen, in: FAZ vom 19. August 2016, unter: http://www.faz.net/aktuell/feuilleton/debatten/zur-verhaftung-der-schriftstellerin-asli-erdogan-in-der-tuerkei-14394973.html, zuletzt abgerufen am 25. September 2017.

Kühl, Kristian, Strafrecht Allgemeiner Teil, 8. Aufl., München 2017.

Kümmel, Friedrich, Zum Problem des Gewissens, in: Blühdorn, Jürgen (Hg.), Das Gewissen in der Diskussion, Darmstadt 1976, 441–460.

Kuhla, Karoline, Geschwister Scholl. Erzogen zum Widerstand, in: Spiegel online vom 21. Februar 2013, unter: http://www.spiegel.de/einestages/hinrichtung-von-hans-und-sophie-scholl-erzogen-zum-widerstand-a-951049.html, zuletzt abgerufen am 25. September 2017.

Kuhlmann, Wolfgang, Einleitung, in: Forum für Philosophie Bad Homburg (Hg.), Zerstörung des moralischen Selbstbewusstseins: Chance oder Gefährdung? Praktische Philosophie in Deutschland nach dem Nationalsozialismus, Frankfurt a. M. 1988, 7–23.

Kuhn, Helmut, Begegnungen mit dem Sein. Meditationen zur Metaphysik des Gewissens, in: Blühdorn, Jürgen (Hg.), Das Gewissen in der Diskussion, Darmstadt 1976, 162–186.

Kwiet, Konrad, Rassenpolitik und Völkermord, in: Benz, Wolfgang/Graml, Hermann/Weiß, Hermann (Hg.), Enzyklopädie des Nationalsozialismus, 3. Aufl., Stuttgart 1997, 50–65.

Lepsius, Olivier, Die Religionsfreiheit als Minderheitenrecht in Deutschland, Frankreich und den USA, Leviathan 34 (2006), 321–349.

Levi, Primo, zitiert nach: Nuy, Sandra, Die Politik von Athenes Schild. Zur dramaturgischen Logik des Politischen im fiktionalen Film, Berlin 2017.

Locke, John, An Essay concerning Human Understanding, Bd. 1, New York 1825.

Locke, John, The Locke Reader. Selections from the works of John Locke with a general introduction and commentary, hg. v. Yolton, John W., London/New York/Melbourne 1977.

Locke, John, A letter concerning Toleration, in: Electronic Text Center. University of Virginia Library, unter: http://web.archive.org/web/20130824180038/http://etext.lib.virginia.edu/etcbin/toccer-new2?id=LocTole.xml&images=images/modeng&data=/texts/english/modeng/parsed&tag=public&part=1&division=div1, zuletzt abgerufen am 25. September 2017.

Lodde, Eva, Tödliche Gefahr über Europa, in: Spiegel online vom 17. Februar 2006, unter: http://www.spiegel.de/politik/deutschland/luftsicherheit-toedliche-gefahr-ueber-europas-himmel-a-401533.html, zuletzt abgerufen am 25. September 2017.

Löw, Christine, Die Erkundigungspflicht beim Verbotsirrtum nach § 17 StGB, Frankfurt a. M./Berlin/Bern/Brüssel/New York/Oxford/Wien 2002.

Lopez, Adam, The Law of the Land, Judicial College of Victoria Journal 4 (2016), 83–104.

Lübbe, Hermann, Politischer Moralismus. Der Triumph der Gesinnung über die Urteilskraft, Berlin 1987.

Luhmann, Niklas, Die Gewissensfreiheit und das Gewissen, AöR 90 (1965), 257–286.

Luhmann, Niklas, Die Funktion der Gewissensfreiheit im öffentlichen Recht, in: Kallenbach, Hans/Schemel, Willi (Hg.), Funktion des Gewissens im Recht, Frankfurt a. M. 1970, 9–22.

Luhmann, Niklas, Rechtssoziologie, 4. Aufl., Wiesbaden 2008.

Luthardt, Christoph E., Apologetische Vorträge über die Heilswahrheiten des Christentums, im Winter 1867 zu Leipzig gehalten, 4. Aufl., Leipzig 1874.

Luther, Martin, zitiert nach: Kantzenbach, Friedrich W., Martin Luther und die Anfänge der Reformation, Gütersloh 1965.

Machiavelli, Niccolò, Gesammelte Werke in einem Band. Vom Staate - Vom Fürsten - Geschichte von Florenz - Die Kunst des Krieges - Kleine Schriften - Komödien - Dialog über die Sprache - Die Belfagor-Novelle, hg. v. Ulfig, Alexander, Frankfurt a. M. 2006.

MacIntyre, Alasdair C., Der Verlust der Tugend. Zur moralischen Krise der Gegenwart, Frankfurt a. M. 1995.

Maclure, Jocelyn/Taylor, Charles, Secularism and freedom of conscience, Cambridge/Massachusetts/London/England 2011.

Mahler, Roland, Gewissen und Gewissensbildung in der Psychotherapie, Wiesbaden 2009.

Manssen, Gerrit, Staatsrecht II. Grundrechte, 14. Aufl., München 2017.

Martinsen, Renate, Staat und Gewissen im technischen Zeitalter. Prolegomena einer politischen Aufklärung, Weilerswist 2004.

Mattil, Friedrich, Gewissensanspannung, ZStW 74 (1972), 201–244.

Maunz, Theodor, Toleranz und Parität im deutschen Staatsrecht, München 1953.

Maunz, Theodor/Dürig, Günter (Begr.), Herzog, Roman/Scholz, Rupert/Herdegen, Matthias/Klein, Hans K. (Hg.), Grundgesetz-Kommentar, München, 42. EL Februar 2003.

Maunz, Theodor/Dürig, Günter (Begr.), Herzog, Roman/Scholz, Rupert/Herdegen, Matthias/Klein, Hans K. (Hg.), Grundgesetz-Kommentar, München, 78. EL September 2016.

McGuire, Martin C., On Conscience, The Journal of Philosophy 60 (1963), 253–263.

Mentzos, Stavros, Depression mit und ohne Konflikt. Potenziell depressiogener Konflikt mit und ohne Depression, Forum der Psychoanalyse 26 (2010), 255–269.

Merkel, Christian, „Tod den Idioten" – Eugenik und Euthanasie in juristischer Rezeption vom Kaiserreich zur Hitlerzeit, 2. Aufl., Berlin 2007.

Merkel, Reinhard, Notwehr zugunsten des Kindes, in: Deutschlandradio Kultur vom 30. Juni 2008, unter: http://www.deutschlandradiokultur.de/notwehr-zugunsten-des-kindes.954.de.html?dram:article_id=143498, zuletzt abgerufen am 25. September 2017.

Mertens, Thomas, Recht und Unrecht des Gewissens in Hegels Rechtsphilosophie. Über Moralität und Sittlichkeit, ARSP 74 (1988), 477–490.

Messerschmidt, Manfred, Kriegsdienstverweigerer und Deserteure des Zweiten Weltkriegs, in: Oberbürgermeister der Stadt Osnabrück/Präsident der Universität Osnabrück (Hg.), Osnabrücker Jahrbuch Frieden und Wissenschaft 4 (1997), Osnabrück 1997, 167–171.

Messerschmidt, Manfred, Das preußische Militärwesen, in: Neugebauer, Wolfgang (Hg.), Handbuch der preußischen Geschichte, Bd. 3: Vom Kaiserreich zum 20. Jahrhundert und Große Themen der Geschichte Preußens, Berlin/New York 2001, 329–546.

Milgram, Stanley, Das Milgram-Experiment. Zur Gehorsamsbereitschaft gegenüber Autoritäten, Hamburg 1974.

Mill, John S., On Liberty, Luton/Bedfordshire 2011.

Mimentza Martin, Janire, Die sozialrechtliche Stellung von Ausländern mit fehlendem Aufenthaltsrecht. Deutschland und Spanien im Rechtsvergleich, München 2012.

Mirbt, Hermann, Art. 135 und 136. Glaubens- und Gewissensfreiheit, in: Nipperdey, Hans C. (Hg.), Die Grundrechte und Grundpflichten der Reichsverfassung. Kommentar zum zweiten Teil der Reichsverfassung, Bd. 2: Art. 118–142, Frankfurt a. M. 1975.

Mock, Erhard, Gewissen und Gewissensfreiheit. Zur Theorie der Normativität im demokratischen Verfassungsstaat, Berlin 1983.

Möllers, Christoph, zitiert nach: Bollmann, Ralph, Drittes Hilfspaket für Hellas, in: FAZ vom 18. August 2015, unter: http://www.faz.net/aktuell/wirtschaft/menschen-wirtschaft/was-bedeutet-das-genau-dem-gewissen-verpflichtet-13752194.html, zuletzt abgerufen am 25. September 2017.

Morgenstern, Martin, Die metaphysischen Wurzeln der Moral bei Schopenhauer, in: Birnbacher, Dieter/Lorenz, Andreas/Miodoński, Leon (Hg.), Schopenhauer im Kontext. Deutsch-polnisches Schopenhauer-Symposion 2000, Würzburg 2002, 71–82.

Morse, Stephen J., Psychopathy and Criminal Responsibility, Neuroethics 1 (2008), 205–212.

Müller, Ingo, Justiz ohne Gewissen – Justiz „nach bestem Wissen und Gewissen". Deutsche Richter von 1933 bis 1945 und die Bedeutung des Gewissens nach 1945. Ein Beitrag aus der Tagung: Gewissen und Recht. Zum

Spannungsverhältnis von Recht, Gerechtigkeit und Gewissen (nicht nur) bei Richtern, Bad Boll 2007.

Müller, Stephan E., Personal-soziale Entfaltung des Gewissens im Jugendalter. Eine moralanthropologische Studie, Mainz 1984.

Nagel, Thomas, The View From Nowhere, New York/Oxford 1986.

Neitzel, Sönke/Welzer, Harald, Soldaten. Protokolle vom Kämpfen, Töten und Sterben, Frankfurt a. M. 2011.

Neubecker, Friedrich K., Zwang und Notstand in rechtsvergleichender Darstellung, Bd. 1: Grundlagen. Der Zwang im öffentlichen Recht, Leipzig 1910.

Neumann, Ulfrid, Die Schuldlehre des Bundesgerichtshofs – Grundlagen, Schuldfähigkeit, Verbotsirrtum, in: Roxin, Claus/Widmaier, Gunter (Hg.), 50 Jahre Bundesgerichtshof. Festgabe aus der Wissenschaft, Bd. 4: Strafrecht, Strafprozessrecht, München 2000.

Neumann, Ulfrid, Wahrheit im Recht. Zu Problematik und Legitimität einer fragwürdigen Denkform, Baden-Baden 2004.

Niemann, Hans-Joachim, Ist das Gewissen wirklich die letzte Instanz?, Aufklärung und Kritik 2010, 22–40.

Nietzsche, Friedrich, Werke. Kritische Gesamtausgabe, Bd. 2: Menschliches, Allzumenschliches, Nachgelassene Fragmente. Frühling 1878 bis November 1879, hg. v. Colli, Giorgio/Montinari, Mazzino, Berlin 1967.

Nietzsche, Friedrich, Zur Genealogie der Moral. Eine Streitschrift, Stuttgart 1988.

O. V., Historisches E-Paper. Soldatenmißhandlungen und Fahnenflucht, in: FAZ vom 01. Juli 1914, Drittes Morgenblatt, 1, unter: http://www.faz.net/aktuell/politik/der-erste-weltkrieg/historisches-e-paper-soldatenmisshandlungen-und-fahnenflucht-13041961.html, zuletzt abgerufen am 25. September 2017.

O. V., Umfrage, in: Spiegel online vom 26. Februar 2003, unter: http://www.spiegel.de/politik/deutschland/umfrage-deutsche-zeigen-verstaendnis-fuer-folterpolizisten-a-237826.html, zuletzt abgerufen am 25. September 2017.

O. V., US pilots train shooting civilian planes, in: BBC News vom 03. Oktober 2003, unter: http://news.bbc.co.uk/go/pr/fr/-/2/hi/americas/3161354.stm, zuletzt abgerufen am 25. September 2017.

O. V., Tonbandaufnahmen aus dem Flug 93, in: Spiegel online vom 23. Juli 2004, unter: http://www.spiegel.de/politik/ausland/tonbandaufnahmen-aus-dem-flug-93-war-s-das-sollen-wir-es-runterbringen-a-310000.html, zuletzt abgerufen am 25. September 2017.

O. V., US-Luftwaffe hätte zweites Flugzeug abschießen können, in: Süddeutsche Zeitung vom 06. Dezember 2008, unter: http://www.sueddeutsche.de/

politik/-september-us-luftwaffe-haette-zweites-flugzeug-abschiessen-koennen-1.846647, zuletzt abgerufen am 25. September 2017.

O. V., US-Wahlkampf. Trump will „höllisch schlimmere" Methoden als Waterboarding, in: Spiegel online vom 07. Februar 2016, unter: http://www.spiegel.de/politik/ausland/donald-trump-will-hoellisch-schlimmere-methoden-als-waterboarding-a-1076060.html, zuletzt abgerufen am 25. September 2017.

O. V., CIA-Chef würde wegen Waterboarding-Folter zurücktreten, in: Spiegel online vom 14. Juli 2016, unter: http://www.spiegel.de/politik/ausland/donald-trump-cia-chef-wuerde-wegen-waterboarding-folter-zuruecktreten-a-1102947.html, zuletzt abgerufen am 25. September 2017.

O. V., Schwule werden mit neuem Gesetz rehabilitiert, in: Zeit online vom 22. Juni 2017, unter: http://www.zeit.de/politik/deutschland/2017-06/homosexualitaet-bundestag-gesetz-rehabilitiert, zuletzt abgerufen am 25. September 2017.

O. V., Abgeordnete fordern Abstimmung noch in dieser Wahlperiode, in: Süddeutsche Zeitung vom 27. Juni 2017, unter: http://www.sueddeutsche.de/politik/berlin-merkel-gewissensentscheidung-bei-ehe-fuer-alle-1.3562358, zuletzt abgerufen am 25. September 2017.

O'Connor, Timothy, Free Will, in: Zalta, Edward N. (Hg.), The Stanford Encyclopedia of Philosophy, Summer 2016 Edition, unter: https://plato.stanford.edu/archives/sum2016/entries/freewill/, zuletzt abgerufen am 25. September 2017.

Ostendorf, Lisa M., Seminararbeit zum Thema „Obligationenrecht und moralische Begriffswelt in der zweiten Abhandlung von Friedrich Nietzsches ‚Zur Genealogie der Moral' ", Frankfurt a. M. 2013.

Ostendorf, Lisa M., Wissenschaftliche Hausarbeit zum Thema „Das irrende Gewissen. Der Gewissensirrtum in der moraltheologischen, philosophischen, strafrechtstheoretischen und historischen Dimension", Frankfurt a. M. 2015.

Ottmann, Henning, Geschichte des politischen Denkens, Bd. 3: Die Neuzeit, Teilbd. 2: Das Zeitalter der Revolution, Stuttgart/Weimar 2008.

Pannenberg, Wolfhart, Theologie und Philosophie. Ihr Verhältnis im Lichte ihrer gemeinsamen Geschichte, Göttingen 1996.

Papst Gregor XVI., Enzyklika „Mirari vos", in: Utz, Arthur/von Galen, Brigitta (Hg.), Die katholische Sozialdoktrin in ihrer geschichtlichen Entfaltung, Aachen 1976.

Pascal, Blaise, Pensees, Blacksburg 2001.

Paton, Herbert J., Conscience and Kant, Kant-Studien 70 (1979), 239–251.

Paul, Egbert, Gewissen und Recht. Demokratie und Rechtsstaat, Köln/Berlin/Bonn/München/Darmstadt 1970.

Paul, Willy, Vorwort, in: Kallenbach, Hans/Schemel, Willi (Hg.), Funktion des Gewissens im Recht, Frankfurt a. M. 1970, 5–8.

Pereboom, Derk, Living Without Free Will, Cambridge 2001.

Peters, Karl, Überzeugungstäter und Gewissenstäter, in: Geerds, Friedrich/Naucke, Wolfgang (Hg.), Beiträge zur gesamten Strafrechtswissenschaft. Festschrift für Hellmuth Mayer zum 70. Geburtstag am 1. Mai 1965, Berlin 1966, 257–280.

Piaget, Jean, Das moralische Urteil beim Kinde, 2. Aufl., Stuttgart 1983.

Pinkard, Terry, Hegel's Naturalism. Mind, Nature, and the Final Ends of Life, New York 2012.

Pippin, Robert B., Fichte's Alleged, One-Sided, Subjective, Psychological Idealism, in: Sedgwick, Sally (Hg.), The Reception of Kant's Critical Philosophy. Fichte, Schelling and Hegel, Cambridge 2000, 147–170.

Pippin, Robert B., Reconstructivism: On Honneth's Hegelianism, Philosophy and Social Criticism 40 (2014), 725–741.

Pong, Wen-berng, Das Verhältnis des kategorischen Imperativs und des Gewissens bei Fichte, Frankfurt a. M./Berlin/Bern/Brüssel/New York/Oxford/Wien 2002.

Preuß, Ulrich K., Politische Verantwortung und Bürgerloyalität. Von den Grenzen der Verfassung und des Gehorsams in der Demokratie, Frankfurt a. M. 1984.

Prinz, Wolfgang, Freiheit oder Wissenschaft?, in: von Cranach, Mario/Foppa, Klaus (Hg.), Freiheit des Entscheidens und Handelns. Ein Problem der nomologischen Psychologie, Heidelberg 1996, 86–103.

Pröchel, Wolf-Dietmar, Die Fälle des Notstands nach angloamerikanischem Strafrecht, Köln 1975.

Punt, Jozef, Die Idee der Menschenrechte. Ihre geschichtliche Entwicklung und ihre Rezeption durch die moderne katholische Sozialverkündung, Paderborn/München/Wien/Zürich 1987.

Quante, Michael, Die Wirklichkeit des Geistes. Studien zu Hegel, Berlin 2011.

Radbruch, Gustav, Der Überzeugungsverbrecher, ZStW 44 (1924), 34–38.

Radbruch, Gustav, Über die Frage vom Überzeugungstäter, in: Verhandlungen des 34. Deutschen Juristentages zu Köln vom 12. bis 15. September 1926, Bd. 2, Berlin/Leipzig 1927, 354–376.

Radbruch, Gustav, Gesetzliches Unrecht und übergesetzliches Recht, SJZ 1946, 105–108.

Ratzinger, Joseph A., Kommentar zur Pastoralkonstitution „Gaudium et spes", in: Höfer, Josef/Rahner, Karl (Hg.), Lexikon für Theologie und Kirche, Erg.-Bd. 3, Freiburg i. Br./Basel/Rom/Wien, 313–354.

Ratzinger, Joseph A., Der Streit um die Moral. Fragen der Grundlegung ethischer Werte. Festvortrag zur 72. Fortbildungstagung für Ärzte, Regensburg 1984.

Rawls, John, Political Liberalism, New York/Chichester/West Sussex 1993.

Rawls, John, Eine Theorie der Gerechtigkeit, 18. Aufl., Frankfurt a. M. 2012.

Reemtsma, Jan P., Folter im Rechtsstaat?, Hamburg 2005.

Reese-Schäfer, Walter, Grenzgötter der Moral. Der neuere europäisch-amerikanische Diskurs zur politischen Ethik, Frankfurt a. M. 1997.

Ridley, Aaron, Nietzsche's Conscience, Journal of Nietzsche Studies 11 (1996), 1–12.

Rohlf, Michael, Immanuel Kant, in: Zalta, Edward N. (Hg.), The Stanford Encyclopedia of Philosophy, Spring 2016 Edition, unter: https://plato.stanford.edu/archives/spr2016/entries/kant/, zuletzt abgerufen am 25. September 2017.

Rohrmeier, Sophie, Wer als Schleuser bestraft wird – und wer nicht, in: Süddeutsche Zeitung vom 14. September 2015, unter: http://www.sueddeutsche.de/politik/fluechtlinge-in-deutschland-wer-als-schleuser-bestraft-wird-und-wer-nicht-1.2644588, zuletzt abgerufen am 25. September 2017.

Rose, Jürgen, Gewissensfreiheit statt Kadavergehorsam, Wissenschaft & Frieden 2006, unter: http://www.wissenschaft-und-frieden.de/seite.php?artikelID=0423, zuletzt abgerufen am 25. September 2017.

Rose, Jürgen, Der Primat des Gewissens, Ossietzky 2008, unter: http://www.sopos.org/aufsaetze/48923e72c45d8/1.phtml, zuletzt abgerufen am 25. September 2017.

Rossvaer, Viggo, Transzendentalpragmatik, transzendentale Hermeneutik und die Möglichkeit, Auschwitz zu verstehen, in: Böhler, Dietrich/Nordenstam, Tore/Skirbekk, Gunnar (Hg.), Die pragmatische Wende. Sprachspielpragmatik oder Transzendentalpragmatik?, 187–201.

Roth, Gerhard, Willensfreiheit, Verantwortlichkeit und Verhaltensautonomie des Menschen aus Sicht der Hirnforschung, in: Dölling, Dieter (Hg.), Jus humanum. Grundlagen des Rechts und Strafrecht. Festschrift für Ernst-Joachim Lampe zum 70. Geburtstag, Berlin 2003.

Rothe, Richard, Theologische Ethik, Bd. 2, hg. v. Albert, Jürgen, 2. Aufl., Wittenberg 1869.

Roxin, Claus, Die Gewissenstat als Strafbefreiungsgrund, in: Kaufmann, Arthur/Mestmäcker, Ernst-Joachim/Zacher, Hans F. (Hg.), Rechtsstaat und Menschenwürde. Festschrift für Werner Maihofer zum 70. Geburtstag, Frankfurt a. M. 1988, 389–411.

Roxin, Claus, Strafrecht Allgemeiner Teil, Bd. 1: Grundlagen. Der Aufbau der Verbrechenslehre, 4. Aufl., München 2006.

Roxin, Claus, Noch einmal: Zur strafrechtlichen Behandlung der Gewissenstat, GA 2011, 1–18.

Roxin, Claus, Der Abschuss gekaperter Flugzeuge zur Rettung von Menschenleben, ZIS 2011, 552–562.

Rudolphi, Hans-Joachim, Unrechtsbewußtsein, Verbotsirrtum und Vermeidbarkeit des Verbotsirrtums, Göttingen 1969.

Rudolphi, Hans-Joachim, Die Bedeutung eines Gewissensentscheides für das Strafrecht, in: Stratenwerth, Günter/Kaufmann, Armin/Geilen, Gerd/Hirsch, Hans J./Schreiber, Hans-Ludwig/Jakobs, Günther/Loos, Fritz (Hg.), Festschrift für Hans Welzel zum 70. Geburtstag am 25. März 1974, Berlin/New York 1974, 605–633.

Rudolphi, Hans-Joachim (Begr.), Wolter, Jürgen (Hg.), SK-StGB – Systematischer Kommentar zum Strafgesetzbuch, 8. Aufl., Stand: 148. Lfg. (Dez. 2014), Köln 2015.

Rühl, Ulli F. H., Das Grundrecht auf Gewissensfreiheit im politischen Konflikt. Zum Verhältnis von Gewissensfreiheit und universalistischer Moral zu den Institutionen des demokratischen Verfassungsstaates, Frankfurt a. M./Bern/New York 1987.

Nida-Rümelin, Julian, Über menschliche Freiheit, Stuttgart 2005.

Sachs, Michael (Hg.), Grundgesetz Kommentar, 7. Aufl., München 2014.

Sano, Makoto, The Origin of Human Rights and Georg Jellinek, Bull. Nara Univ. Educ. 61 (2012), 101–107.

Sarstedt, Werner, Der Strafrechtler und der psychiatrische Sachverständige, Die Justiz 1962, 110–119.

Sax, Walter, Der Ideologie-Täter und das Problem des irrenden Gewissens in juristischer Sicht, in: Gehring, Helmut (Hg.), Der Ideologie-Täter, Karlsruhe 1967, 13–28.

Schinkel, Anders, Conscience and Conscientious Objections, Amsterdam 2007.

Schaich, Jana B./Sinnott-Armstrong, Walter, Do psychopaths make moral judgments?, in: Kiehl, Kent/Sinnott-Armstrong, Walter (Hg.), Handbook on Psychopathy and Law, New York 2013, 107–128.

Schirrmacher, Thomas, Human Rights. Promise and Reality, Bonn 2014.

Schlink, Bernhard, Debatte: An der Grenze des Rechts, in: Der Spiegel 3/2005, 34–36.

Schmidt, Elke E./Schönecker, Dieter, Kants Philosophie des Gewissens – Skizze für eine kommentarische Interpretation, in: Egger, Mario (Hg.), Philosophie nach Kant. Neue Wege zum Verständnis von Kants Transzendental- und Moralphilosophie, Berlin 2014, 279–312.

Schmidt, Helmut, Außer Dienst. Eine Bilanz, Frankfurt a. M./Zürich/Wien 2008.

Schmidt-Bleibtreu, Bruno (Begr.), Hofmann, Hans/Henneke, Hans-Günter (Hg.), Kommentar zum Grundgesetz, 13. Aufl., Köln 2014.

Schmitt, Eric, U.S. Practices How to Down Hijacked Jets, in: The New York Times vom 03. Oktober 2003, unter: http://www.nytimes.com/2003/10/03/us/us-practices-how-to-down-hijacked-jets.html, zuletzt abgerufen am 25. September 2017.

Schmiegelt, Valerie/Schwarz, Jasmin, Folgen der Aussetzung der Wehrpflicht. Welche Folgen hat die Aussetzung der Wehrpflicht für die Auseinandersetzung mit dem Frieden und der Gewissensfrage?, in: Evangelische Friedensarbeit vom 25. März 2015, unter: http://www.evangelische-friedensarbeit.de/artikel/2015/folgen-der-aussetzung-der-wehrpflicht, zuletzt abgerufen am 25. September 2017.

Schockenhoff, Eberhard, Wie gewiss ist das Gewissen? Eine ethische Orientierung, Freiburg/Basel/Wien 2003.

Schockenhoff, Eberhard, Testimonium conscientiae. Was ist norma proxima des sittlichen Urteils?, in: Höver, Gerhard/Honnefelder, Ludger (Hg.), Der Streit um das Gewissen, Paderborn/München/Wien/Zürich 1993, 73–81.

Schönbohm, Jörg, Interview, in: Süddeutsche Zeitung vom 11. Mai 2010, unter: http://www.sueddeutsche.de/politik/interview-schoenbohm-krieg-gehoert-zum-dienst-1.433643!amp, zuletzt abgerufen am 25. September 2017.

Schönke, Adolf (Begr.), Schröder, Horst (fortgef.), Strafgesetzbuch. Kommentar, 29. Aufl., München 2014.

Scholler, Heinrich J., Die Freiheit des Gewissens, Berlin 1958.

Scholler, Heinrich, J., Gewissen, Gesetz und Rechtsstaat, in: Blühdorn, Jürgen (Hg.), Das Gewissen in der Diskussion, Darmstadt 1976, 407–440.

Scholler, Heinz, Das Gewissen als Gestalt der Freiheit. Das Gewissen als Sinngestalt und Strukturprinzip im Verfassungsrecht, Köln/Berlin/Bonn/München 1962.

Scholz, Rupert, „Befehl und Gehorsam sind existenznotwendig", in: Die Welt vom 25. Juni 2005, unter: https://www.welt.de/print-welt/article678574/Befehl-und-Gehorsam-sind-existenznotwendig.html, zuletzt abgerufen am 25. September 2017.

Schopenhauer, Arthur, Über die Grundlage der Moral. Mit einer Einleitung, Anmerkungen und einem Register, hg. v. Welsen, Peter, Hamburg 2007.

Schreiber, Hans-Ludwig, Gewissen im Recht – Gilt das allgemeine Gesetz nur nach Maßgabe des individuellen Gewissens?, in: Höver, Gerhard/Honnefelder, Ludger (Hg.), Der Streit um das Gewissen, Paderborn/München/Wien/Zürich 1993, 29–40.

Schünemann, Bernd, Die Funktion des Schuldprinzips im Präventionsstrafrecht, in: Ders. (Hg.), Grundfragen des modernen Strafrechtssystems, Berlin/New York 1985, 153–195.

Schünemann, Bernd, Rechtsfreier Raum und eigenverantwortliche Entscheidung, in: Neumann, Ulfrid/Hassemer, Winfried/Schroth, Ulrich (Hg.), Verantwortetes Recht. Die Rechtsphilosophie Arthur Kaufmanns, Stuttgart 2005, 145–156.

Schulz, Kirsten, „Wir sind euer böses Gewissen", in: Bundeszentrale für politische Bildung vom 20. April 2005, unter: http://www.bpb.de/geschichte/nationalsozialismus/weisse-rose/61008/die-flugblaetter-im-wortlaut, zuletzt abgerufen am 25. September 2017.

Seidel, Helmut, Johann Gottlieb Fichte zur Einführung, Hamburg 1997.

Seneca, Lucius A., Epistulae morales 41, 2, zitiert nach: Böckenförde, Ernst-Wolfgang, Geschichte der Rechts- und Staatsphilosophie. Antike und Mittelalter, 2. Aufl., Tübingen 2006.

Sereny, Gitta, Am Abgrund: Gespräche mit dem Henker. Franz Stangl und die Morde von Treblinka, 2. Aufl., München/Zürich 1995.

Sevecke, Kathrin/Krischer, Maya, 8. Emotionale Auffälligkeiten bei antisozialem Verhalten im Kindes- und Jugendalter, in: Dulz, Birger/Briken, Peer/Kernberg, Otto F./Rauchfleisch, Udo (Hg.), Handbuch der Antisozialen Persönlichkeitsstörung, Stuttgart 2017, 105–114.

Shubin, Daniel H., The Conscientious Objector and the United States Armed Forces, Bakersfield 2008.

Singer, Peter, Praktische Ethik, 2. Aufl., Stuttgart 2008.

Singer, Wolf, Ein neues Menschenbild? Gespräche über Hirnforschung, Frankfurt a. M. 2003.

Sinn, Arndt, Tötung Unschuldiger auf Grund § 14 III Luftsicherheitsgesetz – rechtmäßig?, NStZ 2004, 585–593.

Smilansky, Saul, Free Will: Form Nature to Illusion, Proceedings of the Aristotelian Society 101 (2001), 71–95.

Smith, Adam, The Theory of Moral Sentiments, hg. v. Haakonsson, Knud, Cambridge 2002.

Spilgies, Gunnar, Zwischenruf: Die Debatte über „Hirnforschung und Willensfreiheit" im Strafrecht ist nicht falsch inszeniert!, ZIS 2007, 155–161.

Steinlechner, Wolfgang, Gewissensprüfung nach Schablone, in: Die Zeit vom 15. Februar 1985, unter: http://www.zeit.de/1985/08/gewissenspruefung-nach-schablone, zuletzt abgerufen am 25. September 2017.

Stelzenberger, Johannes, Gewissen, in: Fries, Heinrich (Hg.), Handbuch theologischer Grundbegriffe, Bd. 2: F–K, 2. Aufl., München 1974, 150–159.

Stelzenberger, Johannes, Die Beziehungen der frühchristlichen Sittenlehre zur Ethik der Stoa, Hildesheim/Zürich/New York 1989.

Strawson, Galen, Freedom and Belief, Oxford 1986.

Strawson, Peter F., Freiheit und Übelnehmen, in: Pothast, Ulrich (Hg.), Seminar: Freies Handeln und Determinismus, Frankfurt a. M. 1978, 201–233.

Strohm, Paul, Conscience. A Very Short Introduction, Oxford/New York 2011.

Stuckenberg, Carl-Friedrich, Willensfreiheit und strafrechtliche Schuld. Antrittsvorlesung an der Universität des Saarlandes, gehalten am 01. Juli 2009, in: Rechts- und Wirtschaftswissenschaftliche Fakultät der Universität des Saarlandes (Hg.), Saarbrücker Bibliothek, unter: http://archiv.jura.uni-saarland.de/projekte/Bibliothek/text.php?id=535, zuletzt abgerufen am 25. September 2017.

Sulmasy, Daniel P., What is conscience and why is respect for it so important?, Theoretical Medicine and Bioethics 29 (2008), 135–149.

Taylor, Charles, Hegel, 7. Aufl., Frankfurt a. M. 2014.

Thadeusz, Frank, Kindheit ohne Gewissen, in: Der Spiegel 48/2012, 136–138.

Thiele-Dohrmann, Klaus, Abschied vom Gewissen? Die allmähliche Auflösung unserer moralischen Instanz, Hamburg 1991.

Thome, Helmut, Self-Control, Conscience, and Criminal Violence. Some Preliminary Considerations, in: Heitmeyer, Wilhelm/Haupt, Heinz-Gerhard/Kirschner, Andrea/Malthaner, Stefan (Hg.), Control of Violence. Historical and International Perspectives on Violence in Modern Societies, 121–144.

Tugendhat, Ernst, Selbstbewusstsein und Selbstbestimmung. Sprachanalytische Interpretation, Frankfurt a. M. 1979.

Twain, Mark, Adventures of Huckleberry Finn, 2. Aufl., Berkeley 2003.

United Nations, Conscientious Objection to Military Service, New York/Genf 2012.

United States Government, Selective Service, in: USAGov vom 08. August 2017, unter: https://www.usa.gov/selective-service, zuletzt abgerufen am 25. September 2017.

Vargas, Manuel, Building Better Beings. A Theory of Moral Responsibility, Oxford 2013.

Vieweg, Klaus, Das Denken der Freiheit. Hegels Grundlinien der Philosophie des Rechts, München 2012.

Virt, Günter, Wie ernst ist das Gewissen zu nehmen? Zum Ringen um das Gewissen auf dem 2. Vatikanischen Konzil, in: Kremer, Jacob (Hg.), Aufbruch des Zweiten Vatikanischen Konzils heute, Innsbruck/Wien 1993, 130–153.

Voland, Thomas, Ständig Streit um die Streitkräfte: Der Grundsatz der Wehrgerechtigkeit vor dem Hintergrund aktueller Entwicklungen, ZRP 2007, 185–188.

Volk, Christian, Urteilen in dunklen Zeiten. Eine neue Lesart von Hannah Arendts „Banalität des Bösen", Berlin 2005.

Von Aquin, Thomas, Summa totius theologiae s. Thomae Aquinatis, doctoris angelici, cum appendicibus p. Seraphini Capponi a Porrecta ordinis praedicatorum, prima secundae partis, Neapel 1846.

Von Aquin, Thomas, Das irrende Gewissen. Summa theologiae, Ia–IIae, Frage 19, Art. 5–6, unter: http://www.hoye.de/christentum/lieferung16.pdf, zuletzt abgerufen am 25. September 2017.

Von Bismarck, Otto, Vollständige Verhandlungen des ersten Vereinigten Preußischen Landtages über die Emancipationsfrage der Juden, Berlin 1847.

Von Goethe, Johann W., Maximen und Reflexionen, Altenmünster 2016.

Von Heintschel-Heinegg, Bernd (Hg.), Beck'scher Online-Kommentar zum StGB, 32. Edition, München, Stand: 01.09.2016.

Von Hippel, Robert, Deutsches Strafrecht. In 2 Bänden, Bd. 2: Das Verbrechen. Allgemeine Lehren, Aalen 1971.

Von Mangoldt, Hermann (Begr.), Klein, Friedrich (fortgef.), Starck, Christian (Hg.), Kommentar zum Grundgesetz, Bd. 2: Art. 20 bis 82, 6. Aufl., München 2010.

Von Münch, Ingo (Begr.), Kunig, Philip (Hg.), Grundgesetz Kommentar, Bd. 1: Präambel bis Art. 69, 6. Aufl., München 2012.

Von Scheliha, Arnulf, Theologische und ethische Essays, Osnabrück 2011.

Vorkoeper, Ute, Der Zwang der Freiheit, in: Zeit online vom 01. März 2006, unter: http://www.zeit.de/feuilleton/kunst_naechste_generation/tod_3/komplettansicht, zuletzt abgerufen am 25. September 2017.

Vujošević, Marijana, Conscience as the rational deficit of psychopaths, Philosophical Psychology 28 (2015), 1219–1240.

Wahl, Bernhard, Die Richterbriefe, Heidelberg 1981.

Wang, Gang, Die strafrechtliche Rechtfertigung von Rettungsfolter. Ein Rechtsvergleich zwischen Deutschland und den USA, Berlin 2014.

Ware, Owen, Fichte on Conscience, Philosophy and Phenomenological Research 2016, 1–19.

Watson, Alex, Conscience, Guilt; Nietzsche, Heidegger and Psychotherapy, Existential Analysis: Journal of the Society for Existential Analysis 25 (2004), 284–295.

Weber, Helmut, Die Bedeutung des Gewissens bei Friedrich Spee und in der Moraltheologie seiner Zeit, in: Franz, Gunter (Hg.), Friedrich Spee zum 400. Geburtstag. Kolloquium der Friedrich-Spee-Gesellschaft Trier, Paderborn 1995, 51–65.

Weinkauff, Hermann, Der Naturrechtsgedanke in der Rechtsprechung des Bundesgerichtshofes, in: Maihofer, Werner (Hg.), Naturrecht oder Rechtspositivismus?, 2. Aufl., Darmstadt 1962, 554–576.

Weinkauff, Hermann, Das Naturrecht und die Große Justizreform. Die Abschiedsrede des Chefpräsidenten beim Bundesgerichtshof, Dr. Hermann Weinkauff, in: FR vom 06. April 1960, zitiert nach: Fröhlich, Claudia, „Wider die Tabuisierung des Ungehorsams". Fritz Bauers Widerstandsbegriff und die Aufarbeitung von NS-Verbrechen, Frankfurt a. M./New York 2006.

Welzel, Hans, Zum Notstandsproblem, ZStW 63 (1951), 47–56.

Welzel, Hans, Niederschriften über die Sitzungen der Großen Strafrechtskommission, Bd. 3: Allgemeiner Teil, 26. bis 37. Sitzung, Bonn 1958.

Welzel, Hans, Gesetz und Gewissen, in: von Caemmerer, Ernst/Friesenhahn, Ernst/Lange, Richard (Hg.), Hundert Jahre Deutsches Rechtsleben. Festschrift zum hundertjährigen Bestehen des Deutschen Juristentages 1860–1960, Bd. 1, Karlsruhe 1960, 383–400.

Welzel, Hans, An den Grenzen des Rechts. Die Frage nach der Rechtsgeltung, Wiesbaden 1966.

Welzel, Hans, Der Irrtum über die Rechtswidrigkeit des Handels, in: Ders., Abhandlungen zum Strafrecht und zur Rechtsphilosophie, Berlin/New York 1975, 250–257.

Welzel, Hans, Naturrecht und Rechtspositivismus, in: Ders., Abhandlungen zum Strafrecht und zur Rechtsphilosophie, Berlin/New York 1975, 274–287.

Welzel, Hans, Vom irrenden Gewissen, in: Blühdorn, Jürgen (Hg.), Das Gewissen in der Diskussion, Darmstadt 1976, 384–406.

Welzel, Hans, Naturrecht und materiale Gerechtigkeit, 4. Aufl., Göttingen 1980.

Welzer, Harald, Moralische Mörder? Einige Überlegungen zu den moralischen Selbstbildern von Holocaust-Tätern, in: Reese-Schäfer, Walter (Hg.), Identität und Interesse. Der Diskurs der Identitätsforschung, Opladen 1999, 279–293.

Welzer, Harald, Sinn, Mord und Moral. Sozialpsychologische Überlegungen zum Handeln von Holocaust-Tätern, in: Europäisches Kultur- und Informationszentrum in Thüringen (Hg.), VIA REGIA – Blätter für internationale kulturelle Kommunikation 2001, unter: http://www.via-regia.org/bibliothek/pdf/heft70_71/welzer_sinn_mord_und_moral.pdf, zuletzt abgerufen am 25. September 2017.

Wenar, Leif, John Rawls, in: Zalta, Edward N. (Hg.), The Stanford Encyclopedia of Philosophy, Spring 2017 Edition, unter: https://plato.stanford.edu/entries/rawls/#ReaPluPubPolCul, zuletzt abgerufen am 25. September 2017.

Wessels, Johannes/Beulke, Werner/Satzger, Helmut, Strafrecht Allgemeiner Teil. Die Straftat und ihr Aufbau, 44. Aufl., Heidelberg 2014.

Wessels, Johannes/Beulke, Werner/Satzger, Helmut, Strafrecht Allgemeiner Teil. Die Straftat und ihr Aufbau, 46. Aufl., Heidelberg 2016.

Weltgesundheitsorganisation, *ICD*-10-GM – International Statistical Classification of Diseases and Related Health Problems, 10. Revision, German Modification, Version 2017.

Will, Herbert/Grabenstedt, Yvonne/Völkl, Günter/Banck, Gudrun, Depression. Psychodynamik und Therapie, 3. Aufl., Stuttgart 2008.

Williams, Robert R., Hegel's Ethics of Recognition, Berkeley/Los Angeles/New York 1997.

Witte, Franz-Werner, Die persönliche Gewissensentscheidung des Kriegsdienstverweigerers, DVBl 1962, 891–894.

Witte, John, A Dickensian Era of Religious Rights: An Update on Religious Human Rights in Global Perspective, William & Mary Law Review 42 (2011), 707–770.

Wollenweber, Marianne, Die Abgeordneten und ihr Glaube, hg. v. Deutschen Bundestag, Referat Öffentlichkeitsarbeit, Berlin 2016.

Won, Jun-Ho, Hegels Begriff der politischen Gesinnung. Zutrauen, Patriotismus und Vertrauen, Würzburg 2002.

Wood, Allen W., Hegel's Ethical Thought, Cambridge/New York/Port/Chester/Melbourne/Sydney 1990.

Wood, Allen W., Kantian Ehtics, Cambridge/New York/Melbourne/Madrid/Kapstadt/Singapur/São Paulo/Delhi 2008.

Wood, Allen W., Fichte's Ethical Thought, Oxford 2016.

Zimbardo, Philip, Das Stanford Gefängnis Experiment. Eine Simulationsstudie über die Sozialpsychologie der Haft, 3. Aufl., Goch 2005.

Zimmei, Dieter E., Das Unbehagen an der Autorität. Erziehung: „Respekt und Liebe schließen sich nicht aus" (II), in: Die Zeit vom 14. August 1981, unter: http://www.zeit.de/1981/34/das-unbehagen-an-der-autoritaet, zuletzt abgerufen am 25. September 2017.

Zimmermann, Rolf, Holocaust und Holodomor. Was lehrt historische Erfahrung über Moral?, in: Konitzer, Werner/Gross, Raphael (Hg.), Moralität des Bösen. Ethik und nationalsozialistische Verbrechen, Frankfurt a. M./New York 2009, 13–29.

Zippelius, Reinhold, Das Grundrecht der Gewissensfreiheit. 3. Aussprache und Schlussworte, VVDStRL 28 (1970), 90–148.

Zippelius, Reinhold, Glaubens- und Gewissensfreiheit im Kontext staatlicher Ordnung, in: Gründel, Johannes (Hg.), Das Gewissen: subjektive Willkür oder oberste Norm?, Düsseldorf 1990, 53–70.

Zuckermann, Moshe, Zur Bedeutung von Hannah Arendts „Eichmann in Jerusalem", UTOPIE kreativ 2007, 674–680.

FSC
www.fsc.org
MIX
Papier | Fördert
gute Waldnutzung
FSC® C083411

Kolibri 360 GmbH
Ferdinand-Jühlke-Straße 7
99095 Erfurt, Deutschland
produktsicherheit@kolibri360.de

Druck:
CPI Druckdienstleistungen GmbH
im Auftrag der
Kolibri 360 GmbH
Ferdinand-Jühlke-Str. 7
99095 Erfurt